DES

SOCIÉTÉS ANIMALES

DU MÊME AUTEUR :

Principes de Psychologie de HERBERT SPENCER, traduits en collaboration avec M. Th. RIBOT, 2 vol. in-8°, de la Bibliothèque de Philosophie contemporaine. Prix : 20 fr.

DIJON, IMP. DARANTIERE, HÔTEL DU PARC.

DES

SOCIÉTÉS ANIMALES

PAR

ALFRED ESPINAS

ANCIEN ÉLÈVE DE L'ÉCOLE NORMALE, AGRÉGÉ DE PHILOSOPHIE
PROFESSEUR DE PHILOSOPHIE AU LYCÉE DE DIJON
DOCTEUR ES LETTRES

DEUXIÈME ÉDITION

AUGMENTÉE D'UNE

INTRODUCTION SUR L'HISTOIRE DE LA SOCIOLOGIE EN GÉNÉRAL

PARIS

LIBRAIRIE GERMER BAILLIÈRE ET Cⁱᵉ

108, BOULEVARD SAINT-GERMAIN, 108

1878

INTRODUCTION HISTORIQUE

SOMMAIRE. I. — Le problème : Qu'est-ce qu'une société d'animaux? Il n'a point d'autre histoire que celle du problème connexe : Qu'est-ce qu'une société d'hommes? — Ce problème posé en Grèce par les sophistes. — Solutions présentées : Théorie de Platon : La cité, vivant terrestre, auquel le Sage impose les lois de la vie divine. — Théorie d'Aristote : La société envisagée comme un être concret, faisant partie de la nature et étudiée par la méthode d'analyse expérimentale. — Théorie opposée de Hobbes et de Locke : La société envisagée comme une œuvre artificielle, une conception abstraite, soumise aux seules lois de la logique et placée en dehors de la nature. — Retour aux vues d'Aristote et à sa méthode : Spinoza. — Ces vues sont compatibles avec la métaphysique de Leibniz comme avec celle de Spinoza. Elles sont confirmées par Montesquieu, les économistes et Condorcet.

II. — Obstacle qui s'oppose à leur développement : l'idée d'absolu en politique; Rousseau : l'Etat conçu comme un

1

artifice qu'entretient la raison des citoyens perpétuellement
en acte. — Premier essai de conciliation entre les deux tendances opposées : Kant. — Fichte renouvelle Rousseau. —
Hégel obtient une conciliation définitive : la société, fait de
nature, être organisé, en même temps qu'idée de l'esprit réalisée artificiellement : l'absolu relatif. — Joseph de Maistre, sur
les traces de Vico, poursuit la démonstration du caractère
spontané, naturel de la vie sociale : « L'art est la nature de
l'homme. »

III. — A partir de Hégel, progrès continu des vues d'Aristote par une triple voie : L'histoire, l'économie politique, la
biologie. — La sociologie constituée par A. Comte et Spencer.
— Pénétration croissante des deux doctrines adverses l'une
par l'autre. — Si le point de vue naturaliste laisse subsister la
morale? Il y en a une, bien que rudimentaire, chez les animaux, en vertu des lois mêmes de la société, *a fortiori* chez
l'homme.

Τῶν φύσει ἡ πόλις ἐστί.

(ARISTOTE, *Politique*, I, ι, 9.)

I

Le fait des sociétés animales est connu : il n'est pas expliqué. On ne l'a rattaché à aucune loi générale de la nature. La seule conception qui dépasse à ce sujet la constatation du fait même se rencontre comme au hasard dans les écrits des naturalistes; ils ont appelé çà et là certaines agglomérations d'animaux colonies, républiques ou royaumes. Mais cette sorte d'appellation n'a que peu contribué à éclaircir la nature des sociétés animales; car en même temps les politiques voulant désigner les corps sociaux par un caractère qui leur fût commun avec d'autres êtres et songeant les uns à leur industrie, les autres à leur multitude, les autres enfin à leur croissance lente et spontanée, les appelaient ici des ruches, là des fourmilières, ailleurs des polypiers ou même des arbres. De la sorte, tandis que les naturalistes obéissaient à un besoin inconscient de généralisation en comparant les sociétés animales aux sociétés humaines, les politiques suivaient le même penchant en comparant les sociétés humaines aux sociétés animales. Mais comme ni les uns ni les autres ne se préoccupaient de savoir en quoi cette comparaison était rationnelle, ils augmentaient ainsi la confusion au lieu de la dissiper.

Il n'y a pas de science du particulier; ces deux

groupes de faits au moins analogues, désignés par le
même mot, ne seront expliqués que quand ils auront
été ramenés à une même loi par la découverte de leurs
caractères communs. C'est une tentative aussi vaine
que fréquemment renouvelée que celle de découvrir
les lois de la vie sociale dans l'homme indépendamment de toute comparaison avec les autres manifestations de la vie sociale dans le reste de la nature.
Mais il faut reconnaître qu'un simple rapprochement ne suffit pas : une étude approfondie des deux
termes de la comparaison est la condition préliminaire indispensable d'une détermination exacte de
leurs rapports. Voilà pourquoi nous portons cette fois
toute notre attention sur les sociétés animales. Quand
ensuite la connaissance expérimentale des sociétés
humaines sera assez avancée, la comparaison pourra
être fructueuse et une généralisation destinée à les
embrasser les unes ou les autres sous une même loi
sera tentée avec quelque chance de succès.

Nul être vivant n'est seul. Les animaux particulièrement soutiennent des rapports multiples avec les
existences qui les environnent ; et, sans parler de ceux
qui vivent en commerce permanent avec leurs semblables, presque tous sont entraînés par les nécessités biologiques à contracter, ne serait-ce que pendant un court moment, une intime union avec quelque
autre individu de leur espèce. Au-dessous même des
régions où les sexes sont distincts et séparés, on trouve
encore quelques traces de vie sociale soit chez les animaux qui demeurent, comme les plantes, attachés à
une souche commune, soit chez les êtres inférieurs

qui, avant de se séparer de l'organisme qui leur a donné naissance, restent quelque temps soudés à lui et incorporés à sa substance. Ainsi la vie en commun n'est pas dans le règne animal un fait accidentel; elle n'apparaît pas çà et là d'une manière fortuite et en quelque sorte capricieuse; elle n'est point, comme on le croit souvent, le privilége de quelques espèces isolées dans l'échelle zoologique, castors, abeilles et fourmis; elle est au contraire, et nous nous croyons en mesure de le prouver abondamment dans le présent ouvrage, un fait normal, constant, universel. Depuis les plus bas degrés de la série jusqu'aux plus élevés, tous les animaux se trouvent à quelque moment de leur existence engagés dans quelque société; le milieu social est la condition nécessaire de la conservation et du renouvellement de la vie. C'est là une loi biologique qu'il ne sera pas inutile de mettre en lumière. Et de plus, depuis les plus bas degrés de la série jusqu'aux plus élevés, on observe dans le développement des habitudes sociales une progression sinon uniforme, du moins constante, chaque groupe zoologique poussant toujours un peu plus loin dans un sens ou dans l'autre le perfectionnement de ces habitudes. Enfin, les faits sociaux sont soumis à des lois, et ces lois sont les mêmes partout où de tels faits se montrent, en sorte qu'ils forment dans la nature un domaine considérable ayant son unité distincte, un tout homogène et bien lié dans toutes ses parties.

C'en est assez pour que la science s'y attache. Si ce que nous avançons est vrai, il y aurait déjà quelque intérêt à établir par des observations la généralité du

fait de la vie collective, à en suivre les manifestations
de plus en en plus éclatantes dans toute l'échelle zoologique, à en chercher les lois essentielles. C'est là ce
que nous allons tenter, sans nous dissimuler la nouveauté, et, partant, les difficultés de l'entreprise.

Mais des questions plus délicates, d'une portée supérieure, viendront se mêler à cette recherche expérimentale et en accroîtront les difficultés en même temps
qu'elles en doubleront l'intérêt.

En effet, nous ne tarderons pas à nous apercevoir,
en suivant la série des groupes sociaux formés par
l'animalité, que la représentation, c'est-à-dire un phénomène psychologique, y joue un rôle de plus en
plus important, et qu'elle y devient bientôt la cause
prépondérante de l'association. Nous verrons dès lors
que comme les éléments constitutifs du corps vivant
forment par leur participation à une même action biologique un seul tout qui n'a dans la pluralité de ses
parties qu'une seule et même vie, de même les animaux individuels qui constituent une société tendent
à ne former, par l'échange de leurs représentations et
la réciprocité de leurs actes psychiques, qu'une conscience plus ou moins concentrée, mais une aussi et en
apparence individuelle. De là naîtra un double problème
que nous n'aborderons pas de front dès l'abord, mais
dont nous préparerons la solution au cours de notre
classification des sociétés : 1° Quel est le rapport des
individus avec le centre psychique auquel leur activité
se rattache, avec le groupe dans lequel ils naissent
à la vie comme corps séparés et comme consciences
distinctes ? Comment concilier l'individualité des par-

ties et celle du tout? et si le tout forme un individu véritable, comment, dans l'animalité, une conscience collective est-elle possible? 2° Quelle sorte d'être est la société? est-elle un être à proprement parler, quelque chose de réel et de concret, ou bien ne faut-il voir en elle qu'une abstraction, une conception sans objet, un mot? Bref, la société est-elle un vivant comme l'individu, aussi réelle, et dans ce cas même plus réelle que lui, ou bien n'est-elle qu'une unité de collection, une entité verbale dont l'individu forme toute la substance?

La gravité de ces problèmes n'est point restée inaperçue. Ils n'ont pas encore été posés nettement au sujet des sociétés animales, mais ils ont été agités plus d'une fois à propos des sociétés humaines. Çà et là dans ces controverses, le fait des sociétés animales a été indiqué sommairement, et on s'en est servi comme d'un argument pour soutenir les doctrines les plus opposées. Il nous appartient donc, avant d'entrer dans l'étude de ce fait, de passer en revue les principaux systèmes de philosophie sociale, ne serait-ce que dans leurs principes essentiels, d'abord pour découvrir quelles sont les solutions diverses que comporte le problème de la vie sociale en général, ensuite pour déterminer quelles sont les théories produites jusqu'ici, bien qu'en passant, par les philosophes sur les sociétés animales en particulier.

Les premiers qui aient, en Grèce, présenté une vue synthétique sur la nature de la société humaine sont les Sophistes. Quels sont ceux d'entre eux à qui nous devons faire honneur de cette conception? L'antiquité est muette à ce sujet; il semble que les idées que nous allons exposer appartenaient moins à un homme ou même à un groupe d'hommes qu'à un temps et à une société. Elles paraissent s'être répandues à Athènes comme d'elles-mêmes vers le moment où florissaient les Sophistes et n'avoir reçu d'eux qu'une forme plus frappante et des développements plus hardis. C'étaient à la vérité plutôt les citoyens épris de nouveautés qui les adoptaient; mais ils les adoptaient sans cesser d'être et de se croire honnêtes citoyens; et tandis qu'ils s'en servaient avec empressement pour critiquer les anciens abus, ils étaient loin de se douter qu'ils exposaient ainsi le vieil édifice de la cité à une ruine irrémédiable.

Les Sophistes pensaient donc en général plus ou moins explicitement (c'est Platon, un ennemi, qui résume ainsi leur doctrine) que le monde se divise en deux parts : l'une régie par la nature et ses lois immuables, l'autre gouvernée par l'arbitraire volonté des hommes (*Lois*, 889, b). La première est immense : tous les êtres inanimés et animés, l'homme lui-même en tant que production de la nature, y sont compris; la seconde est petite et inféconde, elle ne contient que les œuvres humaines, nos instruments, nos demeures, nos lois et nos croyances. De là, deux sortes de manière d'être : par nature (φύσει), par position ou artificiellement (θέσει).

La société est-elle donc un être de convention, créé
et entretenu par l'artifice humain? Telle n'est pas précisément la doctrine des sophistes. A en juger par le
discours de Calliclès dans le *Gorgias*, elle serait plutôt le contraire. La plupart de nos lois sont, il est
vrai, arbitraires et conventionnelles; mais il y en a
d'autres que nous négligeons, qui dérivent du jeu des
forces sociales, du choc des intérêts et des passions, et
celles-ci sont naturelles. C'est sur celles-ci que doivent
se modeler les autres; on se révolte inutilement
contre elles; il faut toujours y revenir bon gré mal
gré. En vain les hommes ont cherché à faire prévaloir le droit conventionnel sur le droit naturel; la
volonté du plus fort rompt facilement ces fragiles barrières (*Gorgias*, Discours de Calliclès). Du reste, la
doctrine est susceptible, comme le fait remarquer Platon lui-même, d'une interprétation fort acceptable, si
l'on considère que la volonté générale, d'où résulte la
détermination du bien et du mal suivant la loi civile,
est en somme plus forte que les caprices individuels.
Nous trouvons donc là pour la première fois exprimée
cette idée, que l'organisation sociale est un fait de
nature, qui se produit, sinon au hasard, du moins
spontanément, antérieur et supérieur aux conventions
et aux artifices humains.

Un passage ironique d'Aristophane (*Nuées*, 1410-
1430) nous apprend que les partisans de la sagesse
nouvelle recouraient à la comparaison de la société humaine avec les sociétés animales pour découvrir le vœu
de la nature dans l'organisation de la famille et de la cité.
« N'était-il pas un homme comme nous, celui qui porta

le premier cette loi, qu'un fils ne doit pas battre son père, et qui la fit adopter à ses contemporains ? Pourquoi ne pourrais-je pas faire une loi nouvelle qui permît aux fils de battre leurs pères, comme ceux-ci ont battu leurs enfants ? Vois les coqs et les autres animaux : ne se défendent-ils pas contre leurs pères ? Et cependant quelle différence y a-t-il entre eux et nous, si ce n'est qu'ils ne rédigent pas de décrets ? »

De ce point de vue les sophistes eussent pu conclure à la légitimité des haines de races ; de même que la lutte est naturelle entre deux familles ou deux bandes d'animaux, la guerre et la négation réciproque de tout droit semblent naturelles entre les Grecs et les Barbares. Mais ils étaient surtout frappés du caractère factice, arbitraire des institutions fondamentales de la cité grecque, et ils condamnaient comme participant à cet ensemble de conventions ces deux vestiges de l'état de nature, l'exclusion de l'étranger et l'esclavage. C'est ce qui résulté du moins de la parole si connue d'un sophiste dans le *Protagoras* « Vous tous qui êtes ici, je vous regarde tous comme parents, alliés et concitoyens selon la nature, si ce n'est pas selon la loi. Le semblable, en effet, a une affinité naturelle avec son semblable ; mais la loi, ce tyran des hommes, fait violence à la nature en bien des occasions (*Protagoras*, trad. Cousin, p. 70) » et c'est ce qu'indique le passage d'Aristote se rapportant sans aucun doute aux mêmes théories politiques. « D'autres prétendent que l'esclavage est contre nature ; car la distinction entre l'homme libre et l'esclave est l'œuvre de la loi ; la nature ne fait entre eux aucune différence. C'est pourquoi l'esclavage n'est pas juste, étant fondé sur une violence que fait la loi à la nature (ARISTOTE, *Politique*, I, II, 3). » On voit que les sophistes condamnaient déjà les faits existants au nom d'un état de nature plus parfait qui n'existait que dans leur esprit : procédé cher aux réformateurs de tous les temps.

Tout l'effort de Socrate, et de ceux que Cicéron appelle avec raison les socratiques, porta contre cette thèse, grosse de désordres : qu'il y a une divergence, un désaccord profond entre les lois naturelles et les lois positives de la cité. On ne peut nier, quoi qu'en ait dit Grote, qu'au point de vue athénien les sophistes furent ce que nous appellerions des révolutionnaires et les socratiques ce que nous appellerions des conservateurs (1). Socrate reconnaît que les phénomènes sociaux sont soumis comme tous les autres groupes de phénomènes à des conditions spéciales; et il soutient que ces conditions font l'objet d'une science sans laquelle on ne mérite pas le nom de *politique*. Il s'indigne de voir que nul ne saurait prétendre à être pilote, architecte ou médecin sans la connaissance des lois de la navigation, de la construction et de la vie, tandis que les premiers venus, dépourvus de toute connaissance spéciale, prétendent, sans exciter l'étonnement, au gouvernement des cités. Mais il soutient en même temps que ces lois ou conditions essentielles de l'existence des sociétés sont précisément les lois positives et la justice telle qu'elle est inscrite dans les codes. En

(1) Voir GROTE, vol. XII de son Histoire grecque.

effet, dit-il (*Mémor.*, IV, 4, 12, 13, 19, 25), les lois écrites ne sont pas arbitraires; elles reposent sur des lois non écrites que les dieux eux-mêmes ont gravées dans le cœur de l'homme. Sinon, comment les différents peuples tomberaient-t-ils d'accord sur les plus générales de ces conditions, et en auraient-ils fait le fondement de leur législation? Méconnaître ces lois c'est donc à la fois une impiété et une trahison envers la patrie. Telle est la tendance de tous les socratiques et particulièrement de Platon : ils se rangent du côté de ceux qui font de la société une chose de nature (τῶν φύσει); seulement ils regardent la nature comme un effet de la volonté divine, les lois morales naturelles sont en même temps surnaturelles à leurs yeux, et la religion, la morale religieuse n'est pas moins intéressée que la cité à leur conservation.

La politique de Platon peut donc être divisée en deux parties : d'un côté il soutient que les lois sociales sont naturelles et conformes aux lois observées dans les sociétés animales; de l'autre il s'efforce d'établir que la vraie nature de ces lois se trouve dans l'idée éternelle du Juste, et que les cités rencontrent leurs conditions normales d'existence dans leur conformité à l'idéal absolu. On va voir l'opposition profonde qui existe entre ces deux doctrines, opposition que Platon n'a jamais réussi à effacer dans une synthèse supérieure. Platon est à la fois le plus réaliste et le plus idéaliste des théoriciens de la politique.

Si ce n'est Xénophon, le plus fidèle représentant après lui des tendances politiques de Socrate, nul n'a

montré autant d'horreur que Platon pour ces impies
qui voient, dans les lois civiles et religieuses, des conventions humaines. Il veut qu'on se précipite contre eux
à grands cris (*Lois* 889, b, et tout le livre X) et qu'on ne
néglige aucun effort pour leur prouver que la société
avec ses institutions antiques est un produit de la
nature, une œuvre de la providence créatrice. Telle
est, en effet, la thèse qui fait le fond des dialogues
politiques. Elle y est, comme on va le voir, très fortement soutenue.

D'abord, la vie sociale a pour premier moteur l'habitude, c'est-à-dire un ensemble de tendances permanentes, en un mot des mœurs d'où dérivent les lois.
Sans les mœurs, les lois ne resteraient pas debout
un instant ; sans les mœurs, il n'y aurait pas de lois
à faire, puisque celles-ci ne sont que les mœurs
mêmes réduites en formules (*Lois* 793, a). Les mœurs
à leur tour dépendent de l'opinion, non de l'opinion
réfléchie et scientifique, mais de l'opinion spontanée et,
comme nous le dirions, inconsciente des peuples
(752, c). Le climat, la nourriture, toutes les circonstances extérieures de cette sorte, influent beaucoup
sur la tournure des idées comme sur la constitution
des corps (747, d). La bonne ou la mauvaise constitution des cités, leur bon ou leur mauvais gouvernement dépendent donc avant tout des influences du
milieu cosmique ; la nature leur dispense ou leur
refuse des circonstances favorables (709, a).

Le besoin est la cause déterminante de l'organisation sociale ; sous son action, la population, composée à l'origine d'individus semblables, se divise en

groupes occupés de fonctions diverses, lesquels sont bientôt indispensables les uns aux autres. Cette loi que nous appelons *de la division du travail* est posée par Platon avec toute la netteté désirable (*Rép.* 379, a), et il en donne les raisons précises : 1° on réussit mieux dans un travail qu'on a choisi conformément à ses aptitudes ; 2° on fait mieux et en plus grande quantité et avec moins de peine ce qu'on fait constamment ; 3° on perd moins de temps et moins d'occasions favorables quand on est tout entier consacré à une seule tâche (1). C'est ainsi que s'établit entre les diverses classes une solidarité qui les rend chères les unes aux autres.

De plus, les hommes d'une même cité sont issus de la même terre, et ne peuvent manquer de s'aimer comme des frères, s'ils se considèrent comme enfants de la même patrie (*Rép.* 414, d). Les liens du sang resserrent aussi incessamment l'union déjà intime de tous les membres de la cité platonienne ; comme dans un troupeau, les pères y sont inconnus de leurs enfants et ceux-ci de leurs pères, en sorte que tous les hommes faits sont disposés à se dévouer pour la progéniture commune, et que tous les jeunes gens ont de la déférence pour les hommes faits. Les femmes, comme les femelles de chiens, partagent tous les travaux des hommes. Si les plus belles s'unissent aux plus beaux, une sélection s'opère dans la race,

---

(1) Ἐκ δὴ τούτων πλείωτε ἕκαστα γίγνεται καὶ κάλλιον καὶ ῥᾷω, ὅταν εἷς ἓν κατὰ φύσιν καὶ ἐν καιρῷ, σχολὴν τῶν ἄλλων ἄγων, πράττη. (*Rep.* 370, c.)

d'autant plus sûrement que les enfants mal venus sont abandonnés. En général, les enfants ressemblent aux parents et apportent en naissant les mêmes aptitudes, ce qui les détermine à entrer dans la même classe. L'éducation, aussi puissante sur l'homme que sur l'animal et la plante, confirme les effets de la sélection et de l'hérédité. Elle inculque aux jeunes citoyens ces croyances et ces habitudes sans lesquelles les lois sont inefficaces.

Ainsi s'établit en quelque sorte d'elle-même l'unité de la cité ; ainsi s'explique la résistance qu'offrent les corps sociaux aux nombreuses causes de destruction qui viennent les assaillir. Un Etat est un corps vivant, semblable à un individu. Ses différentes classes sont comme les différentes facultés de l'être individuel ; il est doué comme l'homme même, d'une âme, émanation de l'âme universelle. Comme l'homme, il naît, se développe et meurt ; comme l'homme, il a ses maladies qui résultent du conflit de ses fonctions, faites pour l'accord et l'harmonie. Ce sont bien là les caractères d'un être de nature : on ne peut pousser le naturalisme plus loin.

Voilà un aspect de la doctrine ; elle en a un autre tout opposé. Ne l'oublions pas : les sciences ont toutes commencé par être des arts ; et la politique pratique a été cultivée longtemps avant la connaissance spéculative des sociétés. Platon ne recherche pas ce qu'est la société humaine ; il veut savoir ce qu'elle *doit* être. Aussi ses ouvrages renferment-ils moins des observations sur les faits sociaux que des règles sur la vie sociale. La morale est le guide de sa politique. La

morale veut que l'homme soit vertueux ; c'est donc à
ce but que doit tendre la politique. En quoi consiste
la vertu? Elle est tout individuelle. C'est le triomphe,
dans l'individu, de la raison sur les penchants .orga-
niques, c'est la victoire de l'âme sur le corps. La cité
sera parfaite, non quand elle sera comme un animal
quelconque, saine, abondante et prospère, mais quand
elle sera construite de façon à rendre les citoyens
vertueux. Pourvu qu'elle atteigne ce but, peu importe
qu'elle dépérisse, ou plutôt il faut qu'elle l'atteigne à
quelque prix que ce soit, car à partir de ce moment
elle sera inévitablement prospère, et d'ailleurs, la vie
n'a par elle même aucune valeur. Nul ne sait s'il vaut
mieux vivre ou mourir. Mais, ce but, la cité peut-elle
l'atteindre à elle seule? Non : car elle est, en tant
que corps vivant, composée elle-même d'une âme et
d'un corps; et la matière qui est en elle est emportée
comme toute matière par un mouvement instable et
désordonné, outre qu'elle est composée de parties
multiples. Or, le changement et la multiplicité des
désirs sont contraires à l'essence de la vertu. Toute
vertu est une et constante. Pourquoi? Parce que
l'*Idée du bien* a elle-même ces caractères, et que la
vertu n'est que la réalisation de cette idée. Il est
donc nécessaire que la cité reçoive du dehors l'empreinte de la constance et de l'unité. Jamais une
multitude ne sortira, livrée à elle-même, des révolu-
tions et du chaos. Bête farouche et stupide, elle ne
saurait se conduire elle-même.

Ce principe posé, il ne reste plus qu'à dire comment
cette double marque sera imprimée à la cité. Les

êtres sont nés dans l'ordre même de leur perfection respective. Dieu, unité et immobilité absolues, est à l'origine des choses ; l'âme du monde où les éléments divers sont unis dans des proportions parfaites et où le mouvement, s'accomplissant, en cercle, revient sur lui-même, a préexisté à toutes les autres âmes. Puis sont venues les âmes des astres liées à de grands corps vivants, et qui dans ces corps sont la cause d'une unité moins parfaite, mais résultant encore des proportions simples, ainsi que d'un mouvement plus varié, mais autant que possible toujours semblable à lui-même. Ce n'est que postérieurement qu'ont été créés les démons de l'Ether, de l'Air et des Eaux ; enfin, l'homme et les autres vivants formés du limon de la terre. Or cette hiérarchie d'Etres est une hiérarchie de sociétés. Dans le premier principe résident les essences, formant entre elles une société parfaite, aussi incapable d'opposition que de changement ; les astres offrent le modèle d'une société dont les perfections reflètent, autant que le permet la matière qui est en eux, les perfections du premier principe. C'est ce modèle que l'âme sociale doit réaliser à son tour. En le faisant elle ne s'écartera pas de la nature ; car la nature est précisément ce qui est un et immuable en chaque chose. Rendre la cité des hommes une et stable comme la cité du ciel, effacer en elle toute opposition et toute variation, de façon à ce qu'elle ressemble autant que possible à Dieu même, c'est rapprocher cette cité de sa vraie nature. Quel beau dessein et quel but plus sublime peut se proposer le politique ! Mais que dis-je ? Le

politique ne peut être ici qu'un philosophe, puisque
seul le philosophe connaît l'Idée du bien dont il s'agit
de reproduire les caractères sur la matière éparse et
changeante.

Le sage est le représentant de Dieu, le bras dont
Dieu se sert pour façonner cette matière rebelle :
il est l'âme de la cité, qui devant lui n'est plus qu'un
corps inerte. Il dédaigne de réformer les vieilles cités,
trop corrompues et abandonnées sans remède à leurs
discordes et à leur amour du changement. Il prend
une jeune colonie ; commence par l'épurer avec soin
de tout élément pervers ; ni l'exil, ni les derniers sup-
plices ne lui paraissent trop sévères, s'il peut à ce
prix assurer la vertu de ceux qui restent. D'abord, il
établit des lois, mais le mieux est qu'il puisse s'en
passer ; sa volonté, partout présente et sans cesse en
éveil, étant illuminée par l'idée du bien, assurera
mieux les destinées morales des citoyens que des lois
incomplètes et boiteuses. Il décrète la communauté
des biens et exécute lui-même le partage des terres.
Il défend à ses sujets de s'enrichir ; il proscrit les
professions de luxe ; il bannit les poètes. Il prend les
mesures nécessaires pour que les plus beaux hommes
soient unis aux plus belles femmes en temps convenable. Il veille à ce que les enfants restent inconnus
de leurs mères elles-mêmes et fait conduire à certaines
heures toutes les mères près de leurs nourrissons
qu'elles allaitent indistinctement. Il fixe le nombre des
enfants dont la cité a besoin. Il détermine la classe
à laquelle chacun devra appartenir suivant ses aptitudes. Il empêche chacun de sortir de ses attributions,

qui ne doivent être que d'un seul genre. A chacun la
sienne : aux artisans le travail, aux guerriers le péril,
aux philosophes la science ; le bonheur à personne,
L'éducation est dans la main du roi philosophe ; les
études, les jeux, les chants des enfants, tout, jusqu'aux
promenades des femmes enceintes et au mouvement
des berceuses est réglé par sa volonté et rien de tout
cela ne doit changer jamais : son principal effort consiste à immobiliser tous les usages dans des formes
une fois établies. En résumé, il est dans la cité ce qu'est
le berger dans son troupeau. La comparaison n'a rien
de métaphorique ; il est, en effet, d'une race supérieure aux autres hommes, étant un homme divin.
Le gouvernement divin a jadis été réalisé sur terre ;
non seulement les fils de Neptune ont régné sur
l'île Atlandide, mais les dieux en personne ont dai-
gné antérieurement régner sur les mortels. « En ce
temps-là un dieu les gouvernait lui même, comme de
nos jours les hommes, race supérieure, font paître
les races inférieures des animaux (*Polit.* 271, e). »
Temps à jamais regrettable ! La vertu ne règnera de
nouveau, et l'humanité ne sera heureuse que quand
la philosophie ramènera ce régime sur la terre.

S'il y a une politique artificielle, s'il y a une doctrine
où la société est conçue comme une pure machine
dont une force extérieure fait mouvoir les ressorts,
on peut dire que c'est la politique et la doctrine de
Platon. Toute spontanéité est refusée par lui aux
membres du corps social, si ce n'est à un seul, qui
reçoit son impulsion du ciel. A vouloir communiquer
à la cité une nouvelle vie, il la réduit à n'être plus

qu'un instrument inerte entre les mains du sage ; ou
plutôt à vouloir se passer de l'observation, à prétendre
construire la science sociale *a priori*, il fait de la
société un amas d'abstractions, un système de concepts vides (1). C'est le sort réservé à tous ceux qui,
dans la suite, doivent se servir de la même méthode ;
nous nous en convaincrons bientôt.

Des deux parties que nous avons distinguées dans
la politique de Platon, son disciple, Aristote, accepte
la première et la remanie profondément pour lui
imprimer un caractère scientifique. Il rejette presque
entièrement la seconde.

La politique, selon lui, a pour but de savoir ce qui
est, non ce qui doit être. Elle ne fabrique pas une
nature humaine à son gré ; elle prend les hommes tels
que la nature les lui donne, et tâche d'en tirer le
meilleur parti possible (2). Elle ne dépend pas de la
morale ; au contraire, la morale n'en est qu'une partie.
Car la société civile porte en elle les conditions de
tout bien pour l'individu ; et c'est en elle que celui-ci
réalise sa fin, arrive à la plénitude de sa perfection, au
développement de sa nature. La fin de l'homme est
éminemment une fin sociale (*Ethiq. à Nic.* I, 5.). Les
règles de l'activité humaine dérivent donc de la connaissance des lois du milieu où se déploie cette activité ; la politique précède nécessairement la morale.
La cité est pour Aristote une production de la nature,

(1) Voir notre thèse latine : *De civitate apud Platonem qua fiat una,*
G. Baillière, 1877.

(2) Ἀνθρώπους οὐ ποῖει ἡ πολιτική, ἀλλὰ λαβοῦσα παρὰ τῆς φύσεως,
χρῆται αὐτοῖς. (*Politique*, I, III, 21.)

un vivant, ζῶον, qu'il convient d'étudier par la même
méthode que tous les êtres animés, par l'analyse expérimentale (ARIST., *Politique*, I, I, 3). Remonter de sa
forme actuelle à sa forme primitive, pour saisir l'élément qui le constitue, telle est la tâche qu'il s'est proposée. L'élément de la société n'est pas à proprement
parler l'individu, ç'est le couple, composé de deux
êtres qui n'ont à eux deux qu'une seule vie, parties
inséparables d'un même tout (*Politique*, I, I, 4), comme
Platon l'a pressenti dans le *Banquet*. La famille, en
se multipliant, forme le dême (Id., I, I, 7) ou bour-
gade; les dêmes en se multipliant forment la cité.
De l'individu à la cité s'établit ainsi, non plus un
rapport logique, par voie de comparaison, mais un
passage historique, par voie de filiation et de développement (voir tout ce même paragraphe 7). La loi
organique qui régit la société humaine est celle qui
régit tout corps vivant, toute collection d'êtres vivants.
L'homme, en effet, n'est pas seul sociable; il l'est
seulement, grâce au privilége du langage articulé, à
un plus haut point que les animaux (loc. cit., 9).
Il est vrai que les associations qu'il forme, nées de
la nécessité et du besoin, laissent loin derrière elles,
à mesure qu'elles se développent, les associations
analogues que l'on rencontre chez les animaux. La
vraie nature d'un être se révèle dans son achèvement;
or, la société humaine n'est achevée que le jour où
elle se fonde sur la communion des idées du bien
et du mal, du juste et de l'injuste, le jour en un mot
où elle devient un organisme moral (loc. cit., 10).
Mais bien que cette société semble s'élever par là

au-dessus de la nature, elle ne s'en détache point,
elle la résume. Tel est l'esprit de la philosophie politique d'Aristote : nous nous contenterons d'en indiquer les traits principaux.

1° Puisque la société est un vivant, elle est soumise
à la loi de naissance et de mort, de croissance et de
dépérissement qui régit toute vie. Le changement est
sa condition. C'est une tentative chimérique que de
prétendre lui imposer une constitution immuable.
Différentes selon les temps, les sociétés diffèrent aussi
suivant les milieux. Nulle constitution ne convient à
tous les peuples (*Politique*, IV, 1, 3 et 5).

2° Nul être vivant n'est composé de parties similaires. La société doit être composée de parties qui
sont séparées les unes des autres par des différences
intimes. Voilà pourquoi la famille, élément social, est
elle-même formée d'éléments hétérogènes : l'homme,
la femme, les enfants. Cette différence de nature entre
les éléments est la condition de leur concours. C'est
cette différence, en effet, qui rend possibles la subordination d'une part, la direction de l'autre, c'est-à-
dire le gouvernement (Id., I, 1, 4; II, 8 et 9). Au sein
de la famille, l'unité s'établit grâce à la supériorité
de l'homme sur la femme (Id , I, 1, 12; V, 1), les
enfants et les esclaves; au sein de la tribu, l'autorité
domestique se change en une autorité patriarcale,
et c'est à l'image de celle-ci que s'est formée dans
une association plus étendue encore, puisqu'elle est
composée de tribus, l'autorité royale. Bientôt le pouvoir royal lui-même change de forme; d'absolu qu'il
était, il devient limité. La justice élève de toutes parts

autour de lui ses barrières invisibles. Mais cette fiction admirable en vertu de laquelle tous les citoyens jouissent des mêmes droits (*Politique,* III, ix, 4), fiction sur laquelle repose toute cité digne de ce nom, ne change point la nature intime du gouvernement. Il reste l'expression extérieure de l'organisme social; le lien de subordination de ses parties diverses. Les vertus (ou mérites) des citoyens constituent un système de forces dont il révèle les variations d'équilibre (Id., III, vi, 15).

Conséquence nécessaire : le rapport des parties vient-il à changer? un mode d'équilibre nouveau en résulte; le gouvernement change. C'est ce qui arrive quand un des éléments de la cité croît en nombre. Il y a plus : le nombre des citoyens pris dans leur universalité vient-il à croître en proportion notable, l'ancienne constitution ne peut désormais leur convenir. A une constitution donnée correspond une population donnée, et réciproquement (Id., IV [7], iv, 6). L'organisme social de la cité antique est fait pour comprendre environ 10,000 citoyens : ou ce nombre sera maintenu, ou la cité périra. En résumé, la nature de l'organisme social dépend non seulement de la nature de ses éléments, mais encore du rapport numérique de leurs différents groupes et enfin de leur nombre absolu.

3° Il ne faut pas croire que dans la société la distinction des parties exclue l'unité organique. Certes, les instruments inanimés qui servent à la vie sociale, les richesses, les outils, les constructions, doivent être considérés comme en dehors du corps vivant collectif.

Mais tous les êtres humains qui le composent sont organes par rapport au tout, bien qu'à des titres divers, et plus ou moins directement (*Politique,* I, ii, 4). L'esclave est organe de la famille, bien que *séparé* du chef (1). Nous en pouvons tirer cette vérité générale que les seuls organismes ne sont pas ceux dont les parties se touchent, comme dans le corps individuel. L'organisation repose , non sur le contact des parties, caractère accidentel, mais sur la réciprocité des fonctions vitales (*Politique,* III, i, 11). Deux populations juxtaposées ne forment pas nécessairement une cité (Id., III, v, 12).

4° La fonction organique par excellence est la communion des pensées qui entraîne le concours des volontés. Une multitude d'hommes assemblés, délibérant sur les affaires d'une cité, doit être à la rigueur considérée comme ayant une même conscience, une seule raison (Id., III, vi, 4). La délibération qui précède la décision prise en commun n'est pas autre en nature que la délibération de l'individu; seulement ici l'individu collectif jouit d'une sagesse d'autant plus grande qu'il dispose d'organes plus nombreux , et condense des expériences plus étendues et plus variées (loc. cit.).

5° L'individu isolé ne saurait être le terme de la science. Il ne se suffit pas à lui-même et par conséquent ne s'explique pas lui seul (*Politique,* I, i, 12). Il ne se suffit pas pour la perpétuation de l'espèce; il ne se

---

(1) Id., I, ii, 20. Cette théorie de l'organe *séparé* nous paraît de la plus haute importance au point de vue sociologique.

suffit pas, du moins d'une manière durable, pour la défense et l'entretien de sa vie ; il ne se suffit pas pour le développement des idées et des puissances morales qui sont sa vraie nature et sa suprême fin. Supprimez l'organisme moral formé par la cité, les familles qui la composent vont aussitôt s'entrechoquer, puis se disperser et, si elles ne périssent point, se dégrader tellement qu'on sera embarrassé pour les distinguer des familles animales. Comme il arrive à la main séparée du corps, elles n'auront plus d'associations humaines que le nom. Et en effet, la famille animale est capable jusqu'à un certain point de se gouverner et de se conduire ; elle peut même, en s'associant avec d'autres familles, former un semblant de cité dont les membres sont unis par un échange de services et de signes sympathiques exprimant la joie ou la douleur (*Histoire des animaux,* I, 10) : ce qui lui manque, c'est l'idée du juste, et un langage assez développé pour l'exprimer. L'homme ne doit donc jamais être étudié en dehors de l'organisme social qui seul lui communique son véritable caractère. La cité est un tout dont il ne le faut pas séparer, même en idée, car, dans l'ordre de la science, le tout est antérieur à ses parties, la cité au citoyen.

Telle est dans ses traits essentiels la politique d'Aristote. Bien que composée des mêmes éléments que celle de Platon, elle est profondément différente parce qu'un autre esprit a présidé à leur disposition. Je sais bien qu'Aristote admet l'existence d'une vertu et d'une félicité contemplatives, purement individuelles ; lui aussi recherche un type d'état parfait ; mais d'une

part son idéal s'harmonise si bien avec les conditions
offertes par la réalité dans son temps et dans son pays,
qu'il n'est plus qu'un résumé des lois générales de la
vie sociale en Grèce; d'autre part, la vie contempla-
tive, telle qu'il la dépeint, n'est possible qu'à l'abri de
bonnes lois et d'un gouvernement tutélaire, œuvres de
la vertu agissante ; enfin, rien d'étonnant qu'Aristote
ait payé son tribut aux préjugés scientifiques de ses
contemporains; il suffit à sa gloire d'être le fondateur
de la politique expérimentale. C'est lui qui, le premier, a montré que l'art par lequel la société humaine
se construit et se gouverne n'est qu'une application
des lois de la nature (1).

(1) Les stoïciens posèrent le problème dans les mêmes termes :
τὸ δὲ δικαιόν φασι φύσει εἶναι καὶ μὴ θέσει. (STOBÉE, *Ecl.*, II, p. 184.) Mais
au moment où ils écrivent et enseignent, la cité expire. La cité de Jupiter dont parle Marc-Aurèle est la négation de toute cité. Les croyances
religieuses sur lesquelles était fondée la cité antique ayant disparu,
l'organisme politique dont elles étaient l'âme mourait avec elles. La religion des empereurs ne prêta au grand corps de l'empire qu'une vie
factice. La chrétienté s'efforça de réaliser le mot de saint Paul : « De même
que nous n'avons qu'un seul corps en plusieurs membres, chaque membre
ayant une fonction différente, de même, bien qu'innombrables, nous
ne sommes qu'un seul corps en Christ et sommes les membres les uns
des autres, chacun avec des grâces différentes. » (*Rom.*, XII, 4; I Co-
rinth., XII, 12.) Saint Augustin a montré dans sa *Cité de Dieu* ce qu'il faut
entendre par ces mots au point de vue de la théologie chrétienne. Vivre
conformément aux lois de la nature, ce serait pour une société former un
seul corps en Adam, corps plein de désordre et d'instabilité, puisque
Adam est irrémédiablement déchu. Former un seul corps en Christ, c'est
pour une société vivre de la vie de la grâce, seule condition d'harmonie
et de durée. Mais la vie de la grâce, c'est la vie spirituelle, celle où les
hommes obéissent non aux puissances terrestres, mais aux puissances
déléguées de Dieu. De là la distinction des deux cités : la cité des hommes
et la cité de Dieu, le siècle et l'Eglise. Ne reconnaît-on pas là la politique de Platon? Comme lui saint Augustin compare la société à un individu qui a sa jeunesse et son âge mûr. Mais, différence capitale, il place

Une doctrine ne se dégage nettement que quand elle a été mise en présence de la doctrine contraire. Pour une idée, la contradiction est un progrès décisif ; or, le dix-septième siècle (Hobbes, Locke, Bossuet) [1], abonde en doctrines politiques qui nient plus ou moins le caractère naturel de la société humaine. L'individu est, pour la plupart des philosophes de ce temps, le point de départ et le terme de la science sociale. La société n'est qu'un mécanisme artificiel, un vaste instrument fabriqué par les individus ; chose morte, conception abstraite qui n'a de réalité que dans leur pensée. Aristote avait déjà très nettement compris cette opposition ; un produit artificiel était suivant lui quelque chose dont la réalité réside dans l'intelligence de l'homme, et il définissait au contraire un être de nature : *une substance qui a en elle-même le principe de son mouvement*, ou encore : *une substance qui a en elle-même une tendance innée au changement ;* quand donc il appelait la société humaine un être de nature, il entendait bien l'opposer comme telle aux produits de l'art humain. Mais cette antithèse devait prendre une toute autre valeur le jour où elle se produirait dans l'histoire des idées sous la forme d'une lutte entre plusieurs écoles, où elle serait le principe caché d'un conflit entre des systèmes opposés.

dans l'avenir la réalisation de la cité céleste que Platon place dans le passé, et dont il n'espère que faiblement le retour. — Le moyen-âge n'eut point sur la société d'autre théorie que celle de saint Paul et de saint Augustin.

(1) BOSSUET, *De la connaissance de Dieu et de soi-même*, IV, 11. La famille, comme tout naturel, est opposée à l'Etat, qui ne peut plus être dès lors qu'un tout artificiel.

Hobbes et Locke regardent tous deux la société comme le résultat d'une convention. D'après le premier, l'Etat ne se forme que grâce à un consentement, exprès ou tacite, des individus. Avant ce moment, ceux-ci vivent dans ce que les deux philosophes anglais appellent l'état de nature, par où ils nous font entendre apparemment que l'homme, en se groupant avec ses semblables pour vivre sous des lois communes, sort de la nature. Il y a des sociétés dans la nature; par exemple celles des fourmis, des abeilles et des castors. Mais elles n'ont rien de commun avec la société humaine. Les animaux qui les forment ne méritent point le nom d'animaux politiques. Le concours qu'ils prêtent à la communauté est spontané; on ne voit point chez eux de rivalités, de haines, de séditions. En l'absence de tout pouvoir central l'harmonie reste assurée dans leurs républiques. Il n'en est pas de même dans la société humaine. Les dissentiments profonds qui l'agitent y nécessitent l'établissement d'un pouvoir absolu, qui y imprime d'en haut par une action en quelque sorte mécanique l'unité dont elle est incapable spontanément. Mais cette institution implique le contrat et le contrat s'oppose à la nature : « *Le consentement ou la concorde que nous voyons parmi les bêtes est naturelle, là où celle des hommes est contractée et par conséquent artificielle.* » (Hobbes, trad. française; Paris, 1651. L'*Empire,* v. 3.) La société humaine devient dès lors un je ne sais quoi, une chose à part et sans analogue dans l'univers, bref, suivant la juste expression de Spinoza, un empire dans un empire. Le *Leviathan* de

Hobbes est en effet une vaste machine où les individus dénués d'initiative reçoivent le mouvement
du souverain qui garde seul une apparence de vie.
A vrai dire, si dans ce système les individus ne
sont rien, l'Etat n'a pas plus de réalité, car il est
absorbé dans la personne du prince : l'Etat, c'est
lui (Id., v. 9).

La conception de Locke laisse aux individus leur
personnalité entière, mais c'est au détriment de l'Etat.
Les citoyens qui entrent dans l'association politique
y apportant des droits déjà définis (on ne sait d'où ni
comment), et restant toujours prêts à une sécession si
le moindre de ces droits est seulement menacé, leur
ensemble n'est plus qu'un tout de collection, un groupe
nominal. On se demande même quelle est sa raison
d'être; car, de deux choses l'une, ou les individus revêtent des droits en entrant dans la société, et les
tiennent d'elle, ou ils en jouissent déjà quand ils
s'unissent et la société n'est plus pour eux qu'un
luxe inutile. La théorie sociale de Locke est donc une
application de son nominalisme philosophique. Sa méthode, qui est, comme celle de Hobbes, purement
logique, à la rigueur près, explique la conformité fondamentale des deux doctrines. Tous les deux prennent
leur point de départ dans l'individu. Mais quel est cet
individu? un être de raison sans sexe ni âge, que l'on
suppose parvenu seul, hors de la famille et de la société, pendant le mystérieux « état de nature », à ce
qu'il faut de culture et de maturité pour construire de
toutes pièces un système politique. Peu importent ici
les conséquences pratiques que, suivant ses goûts par-

.ticuliers, chacun des deux philosophes tirera d'une telle hypothèse. Dès l'abord, nous sommes certains que, composée de pareils éléments, la société civile ne peut être que convention et qu'artifice. Comment une unité vivante résulterait-elle d'un assemblage d'abstractions toutes identiques?

Spinoza passe généralement pour un géomètre intraitable. Et cependant son *Traité politique* commence par un éloge de la méthode expérimentale. Nous le voyons, en tout cas, aboutir à des résultats tout autres. Il semble, il est vrai, abonder dans le sens de Hobbes. Les hommes, selon lui, vivent à l'origine sous l'empire de la passion, et leurs droits, qui égalent leur puissance, sont en perpétuel conflit. Chacun sentant alors qu'il encourt un plus grand dommage à vivre sous l'empire de la passion que sous celui de la raison, tous forment ensemble un pacte par lequel ce qu'ils ont de droit, c'est-à-dire de puissance — l'une est la mesure de l'autre — est transféré à la société qui devient ainsi souveraine. Mais ici Spinoza se sépare de Hobbes. La société ainsi formée n'est point en dehors de la nature; elle reste un tout physique où chaque individu agit en vertu de ses impulsions natives, et qui est soumis, comme tous les agrégats d'individus qui composent l'univers, aux lois constitutives de ses parties. L'ensemble de ses lois, que la société ne change en rien, mais utilise au contraire à son profit, sur lesquelles elle repose, s'appelle droit naturel. Il n'y a donc pas lieu de l'opposer au droit civil. La société est un système de forces. Elle n'a de puissance ou de réalité que ce que les individus lui en confèrent à tout

moment; si elle ôtait aux individus ce qu'ils ont de
droit et de puissance, elle s'évanouirait. « Une société
où la paix n'a d'autres bases que l'inertie des sujets,
lesquels se laissent conduire comme un troupeau et
ne sont exercés qu'à l'esclavage, ce n'est plus une
société mais une solitude » (Edition Saisset, *Traité
théologico-politique*, p. 381). Mais d'autre part, les
individus ne sont rien sans la société. Loin que le
droit qu'ils ont reçu de la nature se trouve diminué
par leur union au sein d'une société, ce droit se trouve
d'autant plus accru que les liens sociaux sont plus
étroits et que les individus qu'ils embrassent sont
plus nombreux : « *Si deux individus s'unissent ensemble et associent leurs forces, ils augmentent leur
puissance et par conséquent leur droit;* et plus il y
aura d'individus ayant ainsi formé alliance, plus tous
ensemble auront de droit. » En effet, « comme un seul
homme est incapable de se garder contre tous, il
s'ensuit que le droit naturel de l'homme, en tant qu'il
est déterminé par la puissance de chaque individu et
ne dérive que de lui seul, est nul; c'est un droit
d'opinion plutôt qu'un droit réel, puisque rien n'assure qu'on en jouira avec sécurité... Ajoutez à cela que
les hommes, sans un secours mutuel, pourraient à
peine sustenter leur vie et cultiver leur âme. D'où
nous concluons que le droit naturel qui est le propre
du genre humain ne peut guère se concevoir que là
où les hommes ont des droits communs (p. 361), » et
forment tous ensemble un seul corps et une seule âme.
Bref, l'indépendance individuelle et l'unité organique
de l'Etat sont en raison directe l'une de l'autre.

Allons plus loin et cherchons quelle est pour Spinoza l'essence intime du tout social. A plusieurs reprises dans son traité il nous répète que dès qu'un grand nombre d'hommes ont des droits communs, c'est-à-dire que leurs forces sont coalisées, ils agissent et se conduisent *comme avec une seule âme*. D'autre part, on voit clairement, par ce qu'il dit des alliances entre deux Etats, que le tout social, considéré à son tour comme un individu, peut former une seule âme avec les autres individus sociaux auquels il s'agrége. Qu'est-ce donc pour Spinoza qu'une âme? Nous le voyons dans l'*Ethique*. « L'idée qui constitue l'être essentiel de l'âme humaine, c'est l'idée du corps, lequel est composé de plusieurs individus fort composés eux-mêmes » (1). Ainsi, une multitude de corps déjà complexes, dont chacun avec ses éléments est représenté dans une seule idée (nous dirions dans une conscience), tel est le fondement de ce que Spinoza appelle une âme. Maintenant cette âme est individuelle quand un certain nombre de conditions sont remplies par les parties composantes. Les parties changeant (et elles changent sans cesse), l'individu ne change point en substance : 1° si le nombre des parties reste le même ; 2° si, le nombre changeant, il change dans une telle proportion que le mouvement et le repos de toutes ces parties considérées les unes à l'égard des autres s'opèrent suivant les mêmes rapports; 3° si, la direction du mouvement venant à

---

(1) *Ethique*, partie II, prop. 15. Voir encore *Déf.*, VII; prop. 13, Schol; *Lemme*, 7, Schol.

changer dans quelques parties, les autres parties
modifient leur propre direction en sorte que le mouvement continue et que les échanges dans la masse
restent dans les mêmes rapports; 4° si, la direction
de toutes les parties ensemble venant à changer, et
l'individu total passant du repos au mouvement ou
réciproquement, les parties gardent leur impulsion et
cela dans les mêmes rapports. En résumé, l'individu
est constitué par une harmonie permanente de mouvements ou d'impulsions, produisant un seul et même
effet, Leibniz dira tendant à une même fin. N'est-ce
pas là l'organisme, tel qu'un cartésien au xvii° siècle
pouvait le concevoir? En sorte que, pour Spinoza,
le corps social est un individu vivant, composé lui-
même d'individus, soumis aux mêmes lois que les
autres individus dans le reste de la nature, et dont
l'âme est la communauté des droits ou l'accord des
volontés. La théorie d'Aristote réapparaît donc ici
avec une clarté nouvelle; seulement il s'y ajoute une
vue des plus importantes. Aristote ne comprenait pas
que la cité pût sortir d'elle-même et s'étendre au
delà de ses limites. La théorie de Spinoza implique
que l'individu social peut s'associer à d'autres individus
pour former par la coalition des forces et la communion
des consciences un individu nouveau plus vaste que le
premier, et ainsi de suite à l'infini. On le voit, c'était
ouvrir à la science et à la vie sociale les plus vastes
perspectives. A défaut du passé, pendant lequel l'évolution des sociétés lui échappe, il pressent leur avenir,
et ne fixe point de bornes à leur développement.

Nous ne manquerions pas de réserves à faire sur la

métaphysique de Spinoza, si la métaphysique était de
notre sujet. Ce que nous recueillons ici, c'est sa théorie
si précieuse de la communion des individus dans
l'ordre du mouvement et dans l'ordre de la pensée,
par laquelle, pour la première fois peut-être depuis
Aristote, une théorie de l'unité collective était rendue
possible. Sans doute une autre métaphysique se plie-
rait sans peine au même résultat. Il est surprenant
que Leibniz, si inventeur en tous ordres de science,
n'ait pas songé à appliquer son système des monades
aux sociétés tant animales qu'humaines. Le corps
individuel est pour lui composé d'une infinité d'énergies simples, liées ensemble en un faisceau par une
monade centrale, avec laquelle les autres ne communiquent point directement, il est vrai, mais à laquelle
leur développement spontané se subordonne. Si l'unité
individuelle s'explique ainsi, pourquoi l'unité sociale
ne s'expliquerait-elle pas de même? Elle aussi est, en
un sens la résultante, en un autre sens la cause et la
fin d'un grand nombre d'activités composantes individuelles. Sa conscience n'est-elle pas comme la nôtre,
à la fois une et multiple? Plusieurs métaphysiques
peuvent donc convenir également à la doctrine de
l'unité organique du groupe social. Descartes le premier, malgré son principe du *Cogito, ergo sum* qui
semble élever une barrière autour de chaque individualité, malgré sa prédilection pour la méthode
géométrique et son mépris pour toute institution née
de la coutume non « ajustée au niveau de la raison »,
Descartes, disons-nous, n'avait-il pas préparé la voie
à ses disciples en montrant d'une part la continuité

des corps et la commutation indéfinie des mouvements, d'autre part, l'impersonnalité et l'universalité de la raison? La page fameuse où Pascal compare l'humanité à un seul homme, est évidemment inspirée par la métaphysique cartésienne.

Le mouvement se continue au siècle suivant. Montesquieu avait débuté par des études de physique générale et d'histoire naturelle. Ces pensées de jeunesse imprimèrent pour toujours leur marque sur son esprit. Si la société, même la société civile, est pour lui soumise à des lois, c'est qu'elle fait partie de la nature où rien n'échappe à leur empire. L'organisation du corps social, en effet, avant de reposer sur des idées repose sur des impulsions instinctives, le sentiment confus de la faiblesse individuelle, le besoin d'aliments, le penchant sexuel et les inclinations sympathiques. La société ne se constitue qu'ensuite en Etat. Mais l'Etat, œuvre de l'esprit, ne cesse pas de tenir par ses racines au milieu physique où il s'est développé : il en subit les influences et les reflète dans sa constitution. Les lois expriment cette constitution, c'est-à-dire formulent les rapports essentiels qu'ont entre elles les différentes parties du corps social; elles sont liées intimement les unes aux autres; leur ensemble forme un tout rationnel, systématique, tel qu'on peut, si l'on connaît bien les principales, par exemple celles qui touchent à la forme du gouvernement (nous les appelons organiques), en voir dériver toutes les autres comme de leur source. Chaque peuple a les siennes propres; elles sont essentiellement individuelles; celles d'une nation ne conviennent à nulle autre, et ne se rencontrent en effet chez nulle autre. De plus celles qui ont convenu à un temps ne conviennent plus à un autre et ne se retrouvent plus en effet ce temps passé, sinon modifiées profondément. Les Etats ont, comme les individus vivants, leur naissance, leur accroissement, leur décadence et leur mort : leurs institutions disparaissent à jamais avec eux.

Ces principes posés, il n'y avait plus qu'à les développer par l'étude expérimentale des phénomènes sociaux et de leurs lois. C'est ce que firent les économistes. « La société humaine, dit Quesnay, est un fait nécessaire et régi par des lois providentielles... La mission du gouvernement, de l'autorité, est, non pas de faire les lois, mais de déclarer, de proclamer les lois naturelles et d'en assurer le maintien. » Mais les phénomènes ne peuvent être connus d'une manière exacte, leurs rapports constants ne peuvent être déterminés que s'ils sont susceptibles de mesure. Aussi l'économie politique s'applique-t-elle dès sa naissance à embrasser les faits qu'elle étudie sous des formules mathématiques. Tel est le but de Hallez (1693), de Jean de Witt, de Vauban, de Quesnay, de Turgot, de Lavoisier, de Stewart et de Smith. C'est par la confection des tables de mortalité et leur interprétation au moyen du calcul des probabilités que la science débuta. Elle ne tarda pas à étendre cette méthode à l'étude d'autres classes de phénomènes, particulièrement à celle des phénomènes de la richesse. Bientôt même les mouvements de la richesse devinrent pour quelques-uns l'objet exclusif de l'économie. Mais les esprits philosophiques du xviiie siècle se refusèrent

toujours à cette limitation de la méthode mathématique appliquée aux faits sociaux. Quand le siècle finit,
cette méthode avait atteint dans l'esprit de quelques
hommes (en France plus qu'ailleurs) sa plus haute généralité, et sa portée la plus étendue. Condorcet écrivait : « En méditant sur la nature des sciences morales,
on ne peut s'empêcher de voir qu'appuyées comme
les sciences physiques sur l'observation des faits elles
doivent suivre la même méthode, acquérir une langue
également exacte et précise, atteindre au même degré
de certitude. Tout serait égal entre elles pour un être
qui, étranger à notre espèce, étudierait la société humaine comme nous étudions celle des castors ou des
abeilles. Mais ici l'observateur fait partie lui-même de
la société qu'il observe, et la vérité ne peut avoir que
des juges ou prévenus ou séduits. La marche des
sciences morales sera donc plus lente que celle des
sciences physiques (1). » Et plus tard, dans un *Ta-*
bleau général de la science qui a pour objet l'applica-
tion du calcul aux sciences politiques et morales :
« L'étendue de ces applications permet de les regarder
comme formant une science à part... Comme toutes
ces applications sont immédiatement relatives aux
intérêts sociaux ou à l'analyse des opérations de l'esprit humain, et que dans ce dernier cas elles n'ont
encore pour objet que l'homme perfectionné par la
société, j'ai cru que le nom de *Mathématique sociale*
était celui qui convenait le mieux à cette science...
Cette exposition en montrera toute l'utilité. On verra

(1) Discours de réception à l'Académie française, 1782.

qu'aucun de nos intérêts individuels ou publics ne lui est étranger, qu'il n'en est aucun sur lequel elle ne nous donne des idées plus précises, des connaissances plus exactes; on verra combien, si cette science était plus répandue et plus cultivée, elle contribuerait et au bonheur et au perfectionnement de l'espèce humaine. » Condorcet répète en effet en plusieurs endroits de cet ouvrage que la politique ne peut pas plus se régler efficacement d'après les principes généraux de la justice que l'industrie d'après les données de la physique populaire; que les découvertes de la science sociale sont nécessaires à la vie quotidienne du genre humain, que le rapport, enfin, entre la spéculation et la pratique est le même dans l'ordre des faits humains que dans tout autre. Il en conclut que, comme la nature offre à la science une mine inépuisable de découvertes, il n'y a pas de limites aux avantages qu'on peut retirer de ses progrès; la perfectibilité de notre espèce est indéfinie. Rien désormais ne peut arrêter l'humanité dans sa marche, si ce n'est une révolution du globe qui la porte. La vitesse et la direction de son mouvement à venir peuvent même être calculées d'après la vitesse et la direction de son mouvement passé. En résumé, mesurer les phénomènes sociaux pour en connaître les lois, tirer de la connaissance des lois la prévision des phénomènes futurs, fonder sur cette prévision des combinaisons qui assurent avec un succès croissant le bien-être et l'amélioration de la race humaine, telle était, suivant Condorcet, la tâche, telle était la puissance de la science sociale envisagée comme la plus élevée des sciences naturelles.

C'étaient là de séduisantes applications de la méthode d'Aristote en politique : faisons un instant abstraction des autres doctrines que vit surgir le XVIIIe siècle ; il semble qu'à partir de ce moment les applications pacifiques d'une telle doctrine n'ont plus qu'à se dérouler, favorisant le progrès social et favorisées par lui (1). Mais il n'en devait pas être ainsi. Cette conception du problème était sans doute trop simple et s'en tenait trop à la surface. Une élaboration nouvelle était nécessaire, et par conséquent une nouvelle et plus radicale contradiction. Quoiqu'il en soit, pendant ce même siècle une idée était apparue qui, bouleversant la science politique et la société elle-même, devait suspendre tout à coup les progrès théoriques et les applications pratiques de la méthode expérimentale, et renvoyer à un demi-siècle plus tard la continuation du mouvement d'idées si heureusement résumé par Condorcet. Cette idée, c'est l'idée d'absolu : c'est dans le *Contrat social* qu'elle apparaît nettement pour la première fois. Là devait aboutir la réforme cartésienne, avec sa méthode a priori, toute géométrique, avec son dédain de la coutume et son ignorance des voies cachées par lesquelles la raison se fait jour à la longue dans les masses populaires. Une constitution où tout s'ensuivrait nécessairement comme dans une série de théorèmes, une constitution fabriquée en une fois par la raison d'un seul homme et instantanément appliquée, tel est, malgré les réserves et les précautions de langage dont il s'entoure, l'idéal politique de Descartes.

(1) *OEuvres*, II, p. 33. On sait que Turgot était l'ami de Condorcet.

Le *Contrat social* est en germe dans la troisième partie du discours de la méthode.

II

Comment la doctrine qui fait de la société une partie de la nature a-t-elle pu rencontrer un adversaire dans Rousseau, l'apôtre de la nature et des droits naturels de l'homme ? Rien de moins surprenant pour qui sait le sens tout platonicien que prêtent à ce mot de nature le *Contrat social* et les autres écrits du même auteur (1). La nature n'est pas un état primitif d'imperfection d'où l'homme se serait élevé péniblement jusqu'au point où nous le voyons parvenu ; c'est un état de perfection, celui où serait l'homme qui aurait développé toutes ses puissances, seul état dont on puisse dire que c'est le vrai état de l'homme, puisque l'être qui s'en écarte est par cela même incomplet et dégradé. En ce sens, la société, telle que la veut la nature, est la société idéale, parfaite. Le droit naturel est le droit absolu, aussi complet du moins que la raison peut le concevoir. La méthode consiste dès lors à déduire de l'idéal une fois posé les conséquences qu'il implique. Quant à la réalité, l'idéal ne l'explique pas, il la juge. Conception de la raison, il ne se dégage pas des faits comme une lumière qui leur serait propre et s'aviverait par leur contact ; il projette sur eux, à la

(1) Rousseau a beaucoup emprunté à Platon. L'*Emile* et le *Contrat social* renferment un très grand nombre d'idées et de préceptes évidemment tirés de la *République* et des *Lois*.

façcn de l'éclair, des lueurs soudaines qui les con-
damnent.

C'est de l'individu qu'il faut partir ici encore. Il naît
libre. Non d'une liberté de fait, mais d'une liberté de
droit. Le droit est invariable, égal, absolu, impres-
criptible ; telle est la liberté en chacun de nous. Elle
est inaliénable, puisqu'elle tient à la qualité d'homme :
on se séparerait plutôt de sa propre nature que de son
droit d'homme libre. Contre tout faux droit tendant à
opprimer le droit primitif, la revendication est éternellement ouverte parce qu'éternellement l'homme est
libre. Les jeux de la force et du hazard ne changent
rien à notre nature. Certes, la liberté est souvent
violée : elle l'est chez l'enfant qui se trouve incorporé
malgré lui dans une société qu'il ignore ; chez les peuples opprimés, chez les citoyens même des Etats en
apparence les plus réguliers : la force règne partout et
la liberté absolue n'est nulle part. Mais le triomphe de
la force n'abolit pas le droit ; ils ne sont pas de même
ordre ; l'une est toute physique, l'autre appartient à
une sphère supérieure, à la moralité. Chaque homme,
à ce point de vue, est un monde qui se suffit ; monde
absolu et indépendant: il est cette réalité auguste qu'on
appelle une personne. Contre la personne et son autonomie native, nulle puissance de fait ne saurait prévaloir.

Ce n'est pas une tâche facile que d'organiser entre
eux, c'est-à-dire de subordonner les uns aux autres des
éléments de valeur absolue. C'est cependant le but du
Contrat social. Il ne s'agit de rien moins que de « trouver
une forme d'association qui défende et protège de toute

la force commune la personne et les biens de chaque
associé et par laquelle chacun s'unissant à tous n'o-
béisse pourtant qu'à lui-même et reste aussi libre qu'auparavant. » Une telle association ne peut d'abord se
former que du consentement exprès de ses membres.
Emile choisit la société civile où il aime le mieux vivre ;
il ne naît pas citoyen d'un pays, il se fait tel au jour
de sa maturité. Il reste libre, du reste, de se retirer de
l'association dès qu'il le voudra. Chaque génération
qui naît jouit de la même faculté ; l'Etat reste ainsi
sans cesse en question dans le fait même de son existence. Et cela est juste ; loin d'opprimer les volontés
libres qui le composent, il doit être incessamment leur
œuvre. « La constitution de l'Etat est l'ouvrage de
l'art. » De là résulte la nécessité pour chacun des
membres de l'association d'intervenir à chaque moment dans l'entretien de ce frêle artifice : leur assemblée doit être pour ainsi dire permanente pour
que la volonté qui maintient l'Etat reste perpétuellement en acte ; sans cela, il n'y a plus d'Etat. Que les
citoyens ne s'avisent pas de se préoccuper des intérêts
publics : « ce mot de finances est un mot d'esclaves ; »
qu'ils se gardent surtout d'en confier le dépôt à un petit
nombre d'hommes choisis : toute délégation est une
abdication. La souveraineté est intransmissible, comme
la liberté. « La volonté ne se représente point ; elle
est la même ou elle est autre, il n'y a point de milieu...
Le peuple anglais croit être libre ; il se trompe fort. Il
ne l'est que durant l'élection des membres du Parlement. Sitôt qu'ils sont élus, il est esclave, il n'est rien. »
La souveraineté réside donc dans le peuple, en tant

que composé d'individus libres, d'une manière continue et en totalité, sans exclusion de l'application qu'il en peut faire pour se dissoudre. Chacun des individus a toujours le droit de rentrer en possession de sa liberté naturelle; comment tous le perdraient-ils par le fait de leur réunion? Rousseau ne s'effraye pas de cette conséquence extrême du principe qu'il a posé : « l'association civile, dit-il lui-même, est l'acte du monde le plus volontaire. »

Ce n'est pas que les conséquences ne soient embarrassantes. Ainsi comment l'association pourra-t-elle mettre à mort légitimement un de ses membres révoltés? De quel droit frappera-t-elle une de ces *personnes* que sa fin est de protéger et de la volonté de laquelle dépend actuellement son existence? Rousseau déclare que quand la société saisit l'auteur d'un crime, elle n'est plus en présence d'une personne morale, mais d'un ennemi, d'un « homme physique »; il veut dire d'une bête. Mais par quel miracle subit la personne perd-elle son caractère inaliénable et comment la société qui n'a point investi l'individu de ses droits, puisqu'il les apporte en naissant, pourrait-elle légitimement les lui ôter? D'autre part une guerre que je trouve injuste est déclarée par mon pays : qui me déniera le droit de rompre à ce moment le pacte social? Rousseau le fait, mais il ne dit pas en vertu de quelle raison. Il n'y en a pas de valable à tirer de son système.

Nul Etat n'est possible, ainsi constitué. On n'est pas surpris de voir Rousseau déclarer que l'avénement de sa cité idéale suppose un peuple de dieux. Un concours permanent de volontés pleinement délibérées et toujours en acte, n'ayant pour objet que le maintien de droits abstraits, outre qu'il manque de toute raison d'être, puisque de l'aveu de Rousseau il porte à ces droits d'inévitables atteintes, est en dehors des conditions biologiques où se meut l'homme, être vivant qui naît, qui grandit, qui vieillit et qui meurt, qui a des besoins et des maladies, qui aime et qui hait, qui ignore et qui oublie, produit d'influences qu'il subit le plus souvent sans le savoir, et d'habitudes à peine conscientes, en partie personnelles, en partie héritées. Ce que Descartes avait fait pour l'âme individuelle, Rousseau le fait pour l'âme sociale; il y supprime l'involontaire. C'est ôter à l'une comme à l'autre le sol où elles reposent, où elles ont leurs racines.

Kant reprit cette thèse de la liberté absolue et en fit, comme on sait, la pièce maîtresse de sa métaphysique. Mais il en sut corriger les excès par ses vues aussi délicates qu'étendues sur l'accord de la nature et des réalités supérieures. Entre le monde des phénomènes réglé par des lois invariables qui sont en définitive celles du mécanisme, et le monde des noumènes qui ne connaît pas de loi, parce que c'est celui de la liberté pure, sa *Critique du jugement* montre un lien subtil, la finalité. En abordant l'étude du monde, notre esprit s'attend à le voir livré au désordre et à l'incohérence, car si le mécanisme implique la détermination des phénomènes, il n'en suppose en aucune façon l'arrangement harmonieux. Frappé de voir, au contraire, ce monde si plein dans toutes ses

parties d'un merveilleux accord, étonné d'y trouver
ses propres intentions comme réalisées d'avance par
la sourde nature, l'esprit est porté à *croire*, sans pouvoir le démontrer, à un ordre latent, substantiel, à une
conspiration secrète des phénomènes en vue de la
manifestation des noumènes ou réalités métaphysiques. Mais cette conspiration se fait au sein même du
mécanisme et sans rompre l'inflexibilité de ses lois.
Le divorce doit donc cesser à ce point de vue entre la
métaphysique et la physique, entre la théologie et la
science. La Providence agit et développe ses desseins
au cœur même de la nature. Kant lui même a pris soin
d'appliquer ces vues profondes à l'évolution de l'humanité. Il l'a fait avec une précision telle que nulle analyse ne peut remplacer ses propres paroles. « De
quelque façon, dit-il, que l'on veuille en métaphysique
se représenter le libre arbitre, les manifestations en
sont dans les actions humaines déterminées comme
tout autre phénomène par les lois générales de la
nature. L'histoire qui s'occupe du récit de ces manifestations, quelque profondément qu'en soient cachées
les causes, ne renonce cependant pas à un espoir :
c'est que, considérant en grand le jeu du libre arbitre,
elle y découvre une nature régulière, et que ce qui,
dans l'individu, frappe les yeux comme confus et sans
règle, se reconnaisse dans l'espèce comme un développement continuel, bien que lent, des dispositions
originelles. Ainsi les mariages, les naissances et les
morts paraissent n'être soumis à aucune règle qui
permette d'en calculer à l'avance le nombre; et cependant les tables annuelles faites en de grands pays

témoignent que cela obéit autant à des lois constantes que les variations de l'atmosphère, dont aucune en particulier ne peut être prévue à point nommé, mais qui, en somme, ne manquent pas à procurer d'une façon uniforme et sans interruption, la croissance des plantes, le cours des fleuves, et tout le reste de l'économie naturelle. *Les individus et même les peuples entiers ne s'imaginent guère que tout en s'abandonnant chacun à leur propre sens, et souvent à des luttes l'un contre l'autre, ils suivent à leur insu, comme les abeilles et les castors, le dessein de la nature à eux inconnu, et concourent à une évolution qui, lors même qu'ils en auraient une idée, leur importerait peu* (1) »

Malheureusement les sages efforts de Kant pour concilier la métaphysique et la science, la liberté et le mécanisme, ne devaient pas être continués par son successeur immédiat. Fichte pose tout d'abord le caractère absolu des volontés humaines : aucune ne doit être, dans la société civile, considérée comme un moyen par rapport aux autres : toutes sont fins en soi, c'est-à-dire sans condition. Entre de tels éléments de société, il ne peut être question de subordination ; le seul rapport possible est un rapport de coordination. Mais les volontés libres ne constituent dans le fond qu'une seule volonté, puisque rien ne les distingue et ne les sépare que ce qu'il y a d'imparfait en elles, c'est-à-dire l'organisme. « La véritable destination de l'homme est donc de former avec les

_____

(1) KANT, *Idée d'une histoire universelle au point de vue de l'huma-nité*, 1784.

autres hommes une union qui par son intimité soit toujours plus étroite, par son étendue toujours plus large... Le but final et suprême de la société est d'amener à une entière unité tous ses membres possibles (1). »

En dépit des améliorations que le point de vue métaphysique où se plaçait Fichte après Kant lui permettait d'apporter à la doctrine de Rousseau, on voit que celle-ci subsiste ici dans ses traits essentiels. Une telle société est moins un corps vivant qu'une juxtaposition de volontés, un monde des âmes. Rousseau fixait à cette cité idéale d'étroites limites, pensant la rendre ainsi plus réalisable; Fichte au contraire l'affranchit de toute limite et veut en faire une *communauté universelle*. Il a raison. Ainsi entendue, elle est en dehors des conditions de l'espace et du temps; elle n'a plus aucun rapport avec la réalité. C'est une conception, non plus politique, mais morale, esthétique surtout, analogue à la cité de Jupiter des Stoïciens. Arrivée à ce point, la théorie qui élève la société au-dessus de la nature et n'emprunte rien à l'expérience pour se constituer atteignait sa limite extrême; elle ne devait pas tarder à se résoudre en son contraire.

Fichte lui-même, quelque temps après, prenait les armes pour combattre la réalisation de cette cité universelle tentée par la révolution française. A partir de ce moment commence en Allemagne même une réaction contre cette doctrine. On y cherche dès lors à constituer la science de la cité concrète, particulière, de

_____

(1) *Destination du Savant*, p. 39 de la trad. française.

l'Etat réel ; et par suite on est forcé de tenir compte de
ces conditions de temps et de lieu, de race et de tempérament, hors desquelles il n'y a place que pour des
chimères. D'autre part ce ne sera plus seulement la
volonté libre, délibérée, qui sera regardée comme
l'auteur de la société ; ce sera l'impulsion plus ou
moins consciente ; et l'involontaire, un instant mé-
connu, reprendra ses droits dans la psychologie sociale. Partant la société ne sera plus considérée comme
un pur produit de l'art, indépendant de la nature au-
dessus de laquelle elle serait suspendue dans une
sphère différente ; on y verra un être physique qui ne
peut devenir un être moral et s'élever au-dessus du
monde materiel qu'en obéissant à ses lois. Tel est le
point de vue de Hégel(1).

L'absolu est partout dans le langage de Hégel ; dans
le fond de sa doctrine il n'est nulle part. Toutes les
existences, suivant lui, manifestent l'idéal absolu, mais
comme aucune de ces manifestations particulières ne
l'épuise, toutes sont relatives et réelles, c'est-à-dire
concrètes, soumises aux conditions de l'espace et du
temps. La société humaine est l'une de ces existences.
Elle a pour conditions toutes les existences inférieures
qui l'ont précédée, toutes les influences du milieu
d'où elle se dégage. Comme tout ce qui est, elle est
soumise à la loi du développement successif et de

(1) Nous omettons à dessein les idées de Herder dans cette revue des
systèmes originaux de philosophie sociale. Herder (1744-1803), après
Montesquieu et Kant, n'apporte rien de nouveau en proclamant l'enchaînement des phénomènes historiques. Son système (si ses idées diffuses
méritent ce nom) est celui même de Kant, avec la netteté en moins.

l'organisation par parties. La famille en est le germe : la société civile montre ce germe développé ; mais il n'atteint son achèvement que dans l'Etat, supérieur à la société civile.

Tout d'abord l'individu sort de soi par l'amour. Dans l'union qui en résulte, les deux sexes prennent conscience d'eux-mêmes comme parties d'un tout unique ; mais cette abdication de leur indépendance, loin de les diminuer, les accroît, en les élevant à la conscience d'eux-mêmes comme espèce. L'espèce en effet, ou le genre, est plus réelle que l'individu. Le mariage, fondé sur le rapport sexuel, dépasse de beaucoup ce lien sensible et temporaire par la confiance réciproque, par le partage des sentiments, par l'éducation en commun des enfants, et revêt ainsi une haute signification sociale. Mais cela n'est possible que par la communauté des biens et la permanence de l'union, par conséquent par un contrat : c'est par là que le mariage suppose l'intervention de la société civile.

On est encore conduit à celle-ci par la considération des enfants issus de la famille. Ils font d'abord partie intime de la famille. Ils sont l'amour mutuel des époux, devenu de subjectif objectif, c'est-à-dire extérieurement réalisé et vivant. Mais bientôt l'unité de la famille se rompt. L'individualité des enfants se sépare de celle des parents, se pose même en face de la leur. De plus chacun s'oppose aux autres et veut vivre pour soi. Ils resteraient à l'état de dispersion et d'isolement sans le besoin qui les unit. La satisfaction des exigences les plus pressantes du besoin amène un progrès d'intelligence et celui-ci rend possible la division du travail, par où la dépendance de l'individu vis-à-vis de la société se trouve solidement établie. Il y gagne en revanche une valeur nouvelle par sa participation à une production plus abondante de richesses et d'idées, surtout par l'estime et la dignité que lui vaut son travail, utile à tous. La conscience généralisée des rapports réciproques de ces individus, dans le travail et la possession, fonde la loi. Il y a des lois dans tout être de nature, les animaux aussi bien que les astres. Mais ces lois ne sont pas connues de ceux qu'elles régissent. Au contraire la loi pour l'homme n'existe qu'autant qu'elle est à quelque degré connue de lui. Elle est en lui à la fois idée et mode essentiel d'existence.

Cependant, en raison de leur généralité même, les lois ne peuvent tout prévoir ; le conflit des intérêts exige l'intervention d'une force collective supérieure. D'ailleurs l'intérêt est toujours égoïste ; il faut que des sentiments plus puissants obligent les individus à sortir d'eux-mêmes en vue d'un grand objet qui les unisse tous : sans quoi la société, née des besoins, va se dissoudre. Cette force coercitive et cet attrait se trouvent dans l'Etat. « Il est la substance sociale arrivée à la conscience d'elle-même (*Philosophie de l'esprit*, trad. Vera, vol. II, p. 319). » Sa fin est plus haute que celle de l'association civile. Dans celle-ci les individus peuvent encore poser leur intérêt comme but de l'action commune, d'où il suit que le lien commun est arbitraire et dépend de ceux qu'il unit. Ici l'union à elle seule et pour elle seule est la fin ; conserver la famille, maintenir les droits de l'association civile, l'Etat doit le faire, mais il doit aussi briser les résistances qui lui pourraient venir de ces sphères inférieures dans la réalisation de son œuvre.

Les aspirations subjectives de chacun vers l'unité entrent dans le domaine de la réalité par l'action du gouvernement, lequel, représentant la volonté de l'Etat, en est le point culminant, en pénètre toutes les parties et en figure l'unité vivante. C'est lui qui pourvoit au concert des différents pouvoirs ; sans son initiative ceux-ci s'opposeraient incessamment les uns aux autres dans un balancement stérile ; c'est lui qui crée parmi les activités particulières les différenciations nécessaires aux jeux de l'organisme, et c'est à lui que ces activités diverses aboutissent comme à leur suprême résultat. C'est cette différenciation qui rend l'égalité absolue chimérique comme la liberté absolue : ces deux prétentions sont faites pour dissoudre le plus solide des Etats. Néanmoins, ce que les citoyens ont de liberté et d'égalité, c'est de l'Etat qu'ils le reçoivent, puisque l'un et l'autre sont impossibles sans la loi, œuvre de l'Etat. La limite seule des concessions est assez difficile à fixer d'une manière générale ; elle s'écarte ou se rapproche suivant les mœurs, les circonstances, l'esprit de la législation. Plus l'Etat est fort, plus les citoyens sont libres, et réciproquement. En principe, aucune loi ne vaut par sa lettre seule. Ce qui en détermine la portée, ce sont les habitudes plus ou moins conscientes des individus. La constitution d'un peuple, plus que tous les autres groupes de lois, reçoit sa réalité de cette sorte d'influences ; on ne la fait pas, *elle se fait ;*

mieux encore, elle est. Tout changement dans la constitution suppose déjà une constitution, puisque ce changement est un acte collectif que l'Etat ne peut accomplir s'il n'est assis déjà sur certaines bases. « C'est l'esprit immanent des peuples et l'histoire qui ont fait et qui font les constitutions. » Ils les défont aussi, d'une manière également insensible, quand l'individu social subit la loi de toute vie et meurt, ayant achevé son œuvre.

L'unité nationale se manifeste surtout dans les rapports d'un peuple avec les autres. C'est là, c'est dans cette opposition violente que l'individualité de l'Etat se détermine et affirme son caractère absolu ; à l'extérieur, en brisant les obstacles qui s'opposent à son indépendance, à l'intérieur en absorbant les existences individuelles dans la sienne propre. La guerre est « le moment où l'Etat atteint à son unité idéale, à son idéalité, en ce que toutes les autres fins, tous les autres biens, la propriété et la vie elles-mêmes, viennent se concentrer et s'absorber en lui (Op. cit., p. 417).

Mais quelle est cette idée en qui une société prend conscience d'elle-même comme Etat ? C'est ici que réapparaît la notion de l'absolu, mais transportée de l'individu à la société. Le pouvoir collectif, expression de la conscience et de la volonté commune, représente un moment de la manifestation de l'absolu, et tant que la pensée n'a pas dépassé ce moment, tant que les contradictions qu'il renferme inévitablement n'ont pas apparu aux yeux, il doit passer pour l'absolu lui-même. De là le caractère divin de l'Etat. L'Etat est un Dieu réel. Cependant ce qu'il y a de divin en lui n'est pas l'organisation concrète par laquelle il exerce son action, c'est l'esprit collectif d'où il émane. Et cet esprit prend conscience de lui-même comme concep-. tion religieuse avant de se déterminer sous forme d'Etat. La séparation absolue que l'on tente d'établir entre les sentiments religieux d'un peuple et sa constitution politique part d'une « erreur monstrueuse..... Il ne peut y avoir deux consciences : une conscience religieuse et une conscience sociale » (Op. cit., p. 434). — « L'idée-de Dieu constitue la base sur laquelle repose toute nationalité. De la religion découle fatalement la forme de l'Etat et sa constitution, et cela à tel point que la constitution politique d'Athènes et de Rome n'est possible qu'avec le paganisme particulier de ces peuples... Le génie d'un peuple est un génie déterminé, individuel, qui prend conscience de son individualité en différentes sphères : il en prend conscience par son art, par sa religion, par sa science. » La pensée de Schelling est la même sur ce point, puisqu'on a pu se demander si les lignes précédentes ne sont point un écho de son enseignement, déjà prêt à cette époque, sur la Philosophie des mythes (1).

Ce qu'il y a d'essentiel et de vraiment personnel dans la philosophie sociale de Hégel, c'est la synthèse des deux doctrines dont nous venons de voir l'opposition se manifester pendant le dix-septième et le dix-huitième siècle. D'une part l'Etat était considéré comme

---

(1) Voir SCHELLING, *Leçons sur la Philosophie de la Mythologie*, I, p. 107 (all.), et Max MULLER, *Science des religions*, p. 77 de la trad. franç.

un être vivant soumis aux lois biologiques, et dont l'étude appelait la méthode même des sciences naturelles ; d'autre part il était regardé comme un produit de l'artifice humain, comme une œuvre arbitraire de la volonté individuelle, soumis en tant que conception de l'esprit aux lois absolues de la logique, et formant en dehors de la nature un monde à part. Hégel fait sentir pleinement, en vertu de son principe de l'identité de l'idée et de l'être, de la logique et de la vie, que l'Etat, notion abstraite dans chaque intelligence, est en même temps principe d'action et source de vie pour les volontés conspirantes, en sorte que les individus ont à la rigueur leur réalité en lui, et qu'ils forment en lui un tout organique, un corps à la fois intelligible et naturel. Bref, la société humaine apparaît comme un organisme concret, mais en même temps comme un organisme moral. C'est une conscience vivante dont le fond substantiel est une réciprocité de penchants et de besoins, mais dont l'épanouissement suppose chez tous ses membres la volonté plus ou moins définie de ne plus faire qu'un dans une seule idée. Ainsi se trouve levée l'opposition radicale qui semblait exister entre l'individu et l'Etat. Ainsi se trouve ramené à une direction unique, par un retour à la conception d'Aristote, le double mouvement que nous venons de suivre.

Bien que professant une métaphysique toute différente, l'école antirévolutionnaire française obéissait, dans sa lutte contre Rousseau, à des tendances semblables. Joseph de Maistre nous en fournira l'expression la plus complète.

· C'est très vraisemblablement à Vico que celui-ci
a emprunté ses idées. Vico (1668-1744. — La science
nouvelle est de 1725), antérieur à Montesquieu, mais
presque ignoré de ses contemporains, ne mérite
pas d'occuper une place distincte dans l'histoire de
la philosophie sociale : à l'époque où il a commencé
à être connu, il était déjà de beaucoup dépassé ;
son obscurité est si grande que ce qu'on admire chez
lui, ce que l'on cite d'ordinaire, à savoir sa théorie
des âges et des *ricorsi*, n'est pas ce qu'il a de plus
original, ni même ce à quoi il tient le plus. L'idée
fondamentale de ses ouvrages est la restauration
du fait, c'est-à-dire de l'expérience dans la science
sociale à la place qu'avait usurpée la raison a priori.
Nettement opposé à Descartes, il aspire à remplacer
les conceptions abstraites, géométriques, dont se
nourrissait déjà la spéculation dans les sciences ju-
ridiques et morales, par les données concrètes de
ce qu'il appelle la philologie, c'est-à-dire de l'histoire.
La société n'est pas l'œuvre de la raison explicite à
laquelle le cartésianisme veut tout subordonner; elle
n'est pas l'œuvre du sens individuel. Elle résulte de la
sagesse inconsciente et collective qui se manifeste dans
les institutions même des peuples primitifs et qui
n'est que l'expression des nécessités sociales. Pour
exister, une société doit être régie par des coutumes
appropriées à son état; ces coutumes, la Providence,
c'est-à-dire la nature, les produit sans que personne
les invente expressément, sans que ceux qui les
observent sachent même quel en est le but. « Sans
doute les hommes ont fait eux-mêmes le monde social,

c'est le principe essentiel de la science nouvelle;
mais ce monde n'en est pas moins sorti d'une intelligence qui souvent s'écarte des fins particulières que
les hommes s'étaient proposées, qui leur est quelquefois contraire et toujours supérieure. Ces fins bornées
sont pour elle des moyens d'atteindre les fins plus
nobles qui assurent le salut de la race humaine sur
cette terre. » (P. 384 de la trad. Michelet.) Bref, la
société est l'œuvre d'une raison, mais d'une raison
instinctive, implicite, non d'une raison réfléchie et
savante; les lois ne sont que la tardive expression
des conditions d'existence de chaque société. Telle est
l'idée fondamentale de Vico; on va voir que c'est celle
de Joseph de Maistre. Si le parallèle offrait plus d'intérêt, nous verrions que la pensée des deux auteurs coïncide jusque dans les détails; mais celle du plus récent
est de beaucoup plus précise et dans le fond et dans la
forme. Elle a eu de plus un grand retententissement
au commencement de ce siècle. Voilà pourquoi nous
nous y attachons surtout.

— Joseph de Maistre s'élevait vigoureusement contre
la méthode chère à l'auteur du *Contrat social*. Il n'y a,
suivant de Maistre, qu'une bonne méthode en politique, la méthode expérimentale; « toute question
sur la nature de la société doit se résoudre par l'histoire. » (Œuvres inédites. Vaton frères, éd., Paris, 1870.)
— « Si un être d'un ordre supérieur entreprenait
l'*histoire naturelle* de l'homme, certainement c'est
dans l'histoire des faits qu'il chercherait ses instruc-
tions. Quand il saurait ce que l'homme est et ce qu'il
a toujours été, ce qu'il fait et ce qu'il a toujours fait, il

écrirait, et sans doute il repousserait comme une folie l'idée que l'homme n'est pas ce qu'il doit être et que son état est contraire aux lois de la création. »

Cette méthode est peut-être plus nécessaire dans l'étude des corps politiques que partout ailleurs en raison de la complexité de leur structure et de la délicatesse de leurs organes. En effet, s'il s'agit ici d'un édifice soumis aux lois de l'équilibre comme tous les autres, si « au physique et au moral les lois sont les mêmes », cependant il ne faut pas oublier que les lois de la société diffèrent des autres lois. « Dans le monde physique nous sommes sans doute entourés de merveilles, mais les ressorts sont aveugles et les lois raides. Dans le monde moral et politique, l'admiration s'exalte jusqu'au ravissement lorsqu'on réfléchit que les lois de cet ordre *non moins sûres que les lois physiques* ont en même temps une souplesse qui leur permet de se combiner avec l'action des agents libres. C'est une montre dont toutes les pièces varient continuellement dans leurs forces et leurs dimensions et qui marque toujours l'heure exactement. »

En raison de cette variabilité des phénomènes et de cette flexibilité des lois de la vie sociale, l'observateur désireux d'obtenir des résultats précis est contraint de se contenter de *moyennes,* partageant en cela le sort de l'astronome lui-même. « Par quelle bizarrerie ne veut-on pas employer dans l'étude de la politique la même manière de raisonner et les mêmes analogies générales qui nous conduisent dans l'étude des autres sciences? Toutes les fois qu'il s'agit dans les recherches physiques d'estimer une force variable, on la ramène à une quantité moyenne. Dans l'astronomie en particulier on parle toujours de distance moyenne et de temps moyen. Pour juger le mérite d'un gouvernement il faut opérer de même. De cette façon, on voit que les corps politiques ont une durée moyenne suivant leur genre ; qu'ils naissent, se développent et meurent « au pied de la lettre » comme les corps vivants.

Bien plus, ils ont une âme commune en qui réside leur individualité. Ils sont doués d'une véritable unité morale. Mais, pas plus que l'être vivant ne se donne à lui-même le principe qui l'anime, la nation ne se constitue elle-même de toutes pièces, après une délibération explicite, par le vote d'une assemblée. Œuvre de la nature, c'est-à-dire de Dieu, elle « germe presque toujours insensiblement comme une plante, par le concours d'une infinité de circonstances que nous nommons fortuites. » — « La constitution *naturelle* des nations est toujours antérieure à la constitution *écrite* et peut s'en passer..... Toute constitution proprement dite est une création dans toute la force du terme, et toute création passe les forces de l'homme. » L'art humain y a contribué, puisque tout ce à quoi travaille l'homme est un produit de l'art ; mais l'*art, c'est la nature de l'homme* (p. 189)... L'homme, avec toutes ses affections, toutes ses connaissances, tous ses arts, est véritablement l'*homme de la nature,* et la toile du tisserand est aussi *naturelle* que celle de l'araignée. « Le castor, l'abeille et d'autres animaux déploient bien aussi un art dans la manière dont ils se logent et se nourrissent : faudra-il aussi faire des livres pour distinguer dans chacun de ces ânimaux ce que la volonté divine a fait de ce qu'a fait l'art de l'animal? Suivez ce raisonnement (le raisonnement de Rousseau : que l'activité humaine viole les lois de la nature en modifiant l'ordre des phénomènes), et vous verrez que c'est un abus de faire cuire un œuf. Dès qu'on oppose l'art *humain* à la *nature,* on ne sait plus où s'arrêter : il y a peut-être aussi loin de la caverne à la cabane que de la cabane à la colonne Corinthiènne, et comme tout est *artificiel* dans l'homme -en sa qualité d'être intelligent et perceptible, il s'ensuit que, en lui ôtant tout ce qui tient à l'art, on lui ôte tout. »

La souveraineté n'a donc point une origine extranaturelle; elle fait partie de la structure native des sociétés. « Il est aussi impossible de se figurer une société humaine, un peuple sans souverain qu'une ruche ou un essaim sans reine : car l'essaim, en vertu des lois éternelles de la nature, existe de cette manière ou n'existe pas. » Les sauvages eux-mêmes sont gouvernés, et ils le sont d'une manière conforme à leur état; leur gouvernement ne nous conviendrait pas à nous, ni le nôtre à eux. Il n'y a pas de gouvernement absolument bon (p. 197). Il est absurde de chercher le meilleur gouvernement. « Le meilleur gouvernement pour chaque nation est celui qui, dans l'espace de terrain occupé par cette nation, est capable de procurer la plus grande somme de bonheur et de force possible au plus grand nombre d'hommes possible, pendant le plus longtemps possible. » Ce

n'est pas qu'il n'y ait de mauvais gouvernements,
mais ils ne tardent pas à périr par leurs excès,
parce que la souveraineté est de sa nature in-
coercible, si ce n'est par les lois naturelles qui inter-
disent à toute force de dépasser ses propres limites
et d'ailleurs la raison individuelle qui prétendrait
les détruire pour en fabriquer de nouveaux, comme
l'horloger fabrique une montre (p. 212), échoue-
rait misérablement dans cette entreprise insensée. La
vie d'un corps politique repose sur des préjugés communs à une multitude d'hommes; la raison individuelle qui analyse et discute ces croyances ne produit
que divergences et conflits. « Qu'est-ce que la philosophie dans le sens moderne? C'est la substitution de
la raison individuelle aux dogmes nationaux. »
Or, partout où la raison individuelle domine, il ne
peut exister rien de grand : le scepticisme est le dis-
solvant universel..... « Si l'on veut, dans l'ordre politique, bâtir en grand et bâtir pour des siècles, il faut
s'appuyer sur une croyance large et profonde. »
« La foi et le patriotisme sont les deux grands thau-
maturges de ce monde. Tous les deux sont divins.
N'allez pas leur parler d'examen, de choix, de discussion...., ils disent que vous blasphémez; ils ne savent
que deux mots : *soumission* et *croyance;* avec ces deux
leviers, ils soulèvent l'univers..... Mais ce feu sacré
qui anime les nations, est-ce toi qui peux l'allumer,
homme imperceptible? Quoi! tu peux ne faire qu'une
volonté de toutes les volontés? les réunir sous tes lois?
les serrer autour d'un centre unique? donner ta pensée aux hommes qui n'existent pas encore? te faire

obéir par les générations futures et créer ces coutumes vénérables, ces préjugés conservateurs, pères des lois et plus forts que les lois ? — Tais-toi. » (1).

Nous n'avons pas à examiner si, poussée jusqu'à cette conséquence, la théorie ne renferme pas déjà quelque contradiction ; car la raison commune ne se forme que des pensées individuelles, et un préjugé a toujours commencé par quelque jugement. Même à regarder les conséquences politiques que de Maistre a tirées de sa doctrine, il semble bien près de mériter à son tour le reproche qu'il adresse à Rousseau ; s'il n'est pas vrai que la moitié de son livre soit consacrée à réfuter l'autre, il lui arrive du moins d'exprimer dans une même page des idées fort opposées. Mais nous ne nous occupons ici que des problèmes généraux de philosophie sociale. La solution que nous ve-

---

(1) Il faut rapprocher des doctrines de Joseph de Maistre, outre celles de Bonald et de Ballanche, celles qui se trouvent exposées dans le livre intitulé : *Restauration de la science politique, ou Théorie de l'état social naturel opposée à la fiction d'un état civil factice*, par Charles-Louis DE HALLER, 1824, 3 vol. in-8°.

« Voici, dit l'auteur, les véritables principes de ma théorie que je ne crains pas d'énoncer en peu de mots: — Le prétendu abandon de l'état de nature, la formation d'un contrat social arbitraire ou factice, soit qu'on le considère comme un fait, comme une hypothèse ou comme un idéal, n'est qu'une chimère fausse, impossible et contradictoire. — La nature, au contraire, produit par l'inégalité des moyens et des besoins naturels divers rapports sociaux entre les hommes, tels que nous en voyons tous les jours. — Dans chacun d'eux (de ces rapports) elle assigne l'empire au plus puissant et la dépendance ou le service volontaire au plus faible, c'est-à-dire à celui qui a besoin de secours. — Cet empire ou cette puissance a pour règle de son exercice une loi naturelle de justice ou de charité, la même qui est donnée à tous les hommes sans exception. — La nature seule fournit assez de moyens de faire respecter cette loi et d'empêcher les abus de pouvoir en tant que le comporte la condition humaine. — Les Etats ne se distinguent des autres rapports sociaux que

nons de retracer est assurément sinon l'une des plus
complètes, du moins l'une des plus profondes qu'on
en ait présentées avant les grands systèmes que nous
devons analyser tout à l'heure. Et c'est à notre avis un
fait très significatif que cette adhésion de l'école théo-
logique à la doctrine qui fait de la société un être de
nature et veut qu'on applique à ce grand objet la méthode expérimentale. Rien ne montre mieux le faible
lien qui rattache telle conception sociale théorique à
telle métaphysique d'une part, et d'autre part, tant que
la science n'est pas organisée, à telle politique. Mais
rien ne montre mieux surtout que cette doctrine, en
possession dès lors de tout ce qui pouvait séduire
les esprits les plus fidèles aux traditions religieuses,
était à la veille d'être acceptée presque universellement. Aucun de ceux qui seraient tentés de l'attaquer

par plus de puissance et de liberté, par l'indépendance de leur chef. —
Cette indépendance est le comble de la fortune (*summa fortuna*) à laquelle
l'homme puisse atteindre ; elle est le résultat naturel de la puissance relative, et peut appartenir soit à un individu, soit à une corporation. Dans
le premier cas, qui est beaucoup plus fréquent, on voit naître des monarchies ; dans le second, des républiques. — Enfin, les droits des princes
sont comme ceux des autres hommes, fondés sur leur liberté ou sur leur
propriété, et leurs obligations sur les devoirs communs à tous. Ces
principes seuls sont la base de notre système ; *ils deviendront la pro-
fession de foi de tous ceux qui combattent le jacobinisme avec les armes
de la science....* Quelque simples qu'ils paraissent, et qu'ils soient en
effet, ils renferment néanmoins la véritable *contre-révolution de la science*,
et ce n'est pas ma faute si mes recherches m'ont conduit à des résultats
diamétralement opposés aux doctrines révolutionnaires de nos jours. »
(Discours préliminaire, p. xlvij.)

Louis de Haller, petit-fils du célèbre physiologiste de ce nom, attaché
sous la Restauration au ministère des affaires étrangères, se convertit au
catholicisme (1768-1854). On voit que son système se rapproche beaucoup
de celui de Spinoza. C'est, pour la politique, un Spinoza royaliste et
chrétien.

comme contraire aux intérêts moraux de l'humanité ne devra dans l'avenir oublier que cette parole hardie : « Ce ne sont pas seulement les individus qui constituent la société, mais la société qui constitue les individus, puisque les individus n'existent que dans et pour la société », a été prononcée par le vicomte de Bonald.

III

A partir de ce moment aucune contribution nouvelle de quelque importance ne viendra plus vivifier la théorie nominaliste de la société. Elle semble maîtresse des esprits, et porte dans le domaine des faits ses conséquences heureuses ou malheureuses ; mais elle perd en profondeur ce qu'elle gagne en surface. Bientôt une infiltration lente emplit le langage d'expressions conformes à la théorie adverse ; puis le courant se détermine et s'accélère : tandis que la pensée dans les siècles précédents n'était parvenue au point où nous venons de nous arrêter avec Hégel que par des voies divergentes, à travers des oppositions plus ou moins décidées, c'est, en ce siècle, par des voies convergentes, partant à la fois de tous les points de l'horizon intellectuel, qu'elle tend à la confirmation des mêmes principes désormais de moins en moins contestés.

La linguistique est la première des sciences historiques qui soit venue dévoiler l'une des faces de l'organisme social. Elle a montré que les phénomènes du langage sont soumis à des lois naturelles, et elle a déterminé quelques-unes de ces lois. Elle a exposé le mode de formation des langues qui évoluent à partir de racines élémentaires toujours simples et flottantes, jusqu'à ce qu'elles constituent des agrégats volumineux de mots complexes et définis; et elle a comparé cette œuvre d'une raison qui s'ignore elle-même à une végétation, à un processus organique. Elle a su découvrir que cette manifestation partielle de la raison d'un peuple se lie à toutes les autres et peut en quelque sorte s'en déduire, comme on peut, étant donné un type zoologique, déduire d'un seul organe tous les autres. L'histoire littéraire et esthétique a adopté les mêmes principes. Elle a montré les arts et, parmi eux, la poésie elle-même se développant au sein d'un peuple en vertu de ses caractères ethniques et des influences de son habitat, en connexion avec les événements de sa vie, son langage, ses institutions, ses mœurs et ses croyances. L'histoire proprement dite, enfin, était, dès avant le commencement du siècle, entrée dans cette voie. Elle avait d'abord, elle aussi, proclamé le déterminisme des faits sociaux dans le temps, y compris ceux qui émanent de la liberté humaine. « Comme l'homme, avait dit Herder, dans l'ordre des choses naturelles ne s'enfante pas lui-même, il est tout aussi loin de se donner l'être quand il s'agit de ses qualités intellectuelles. Chacun de nos développements est ce que l'ont fait être le temps, le lieu, l'occasion, toutes les circonstances de la vie. C'est sur ce principe que repose l'histoire de l'humanité. C'est lui qui fait que l'histoire du genre humain est nécessairement un tout, c'est-à-dire une chaîne de traditions depuis le premier anneau jusqu'au dernier. » Le déterminisme des faits posé, il en fallait chercher les lois. C'est ce que les historiens de ce siècle ont fait avec plus ou moins de succès. Tous cependant croient à l'existence des lois, et les plus grands attribuent à la nouveauté de cette recherche, au petit nombre des faits comparés, l'insuffisance des résultats (Macaulay). La moins contestée des lois de l'histoire est celle du progrès. Ses origines sont déjà anciennes. Pascal l'a formulée, Leibniz l'a justifiée a priori indirectement, Condorcet l'a vérifiée par un rapide examen des faits. Les historiens plus modernes n'ont eu qu'à la recueillir, peut-être sans l'examiner assez sévèrement dans ses conséquences les plus étendues. Ainsi donc la durée des nations est, pour la plupart de ceux qui écrivent leur histoire, une succession d'états dont le désir du mieux est le secret principe; c'est un mouvement, une marche vers un idéal, c'est une véritable vie. Et si cette marche est réglée, si cette vie a ses conditions, on ne peut dire que la loi empêche la spontanéité, ni que la liberté détruise la loi. Michelet, celui des historiens français qui est le plus pénétré de l'idée que chaque événement a ses causes, et que ces causes sont générales, salue en maint endroit de ses œuvres le génie de la France dont la spontanéité se révèle à travers la trame des événements. Il repousse également le fatalisme historique qui explique tout par les influences extérieures, et cette méthode biographique qui fait tout dépendre des impulsions isolées des individus, comme si un homme pouvait être grand autrement que pour participer en quelque chose à l'âme de la patrie ! La Grèce, la France, sont pour lui des organismes, des êtres animés, des personnes collectives. La vie en toute chose est sa passion, et on n'est pas surpris de le voir, lui qui l'avait étudiée dans les manifestations les plus hautes, la rechercher dans ses foyers les plus humbles, jusque dans l'oiseau, jusque dans l'insecte. Ce grand historien a parlé de la famille animale comme personne ne l'avait aussi bien fait avant lui. Avec lui déjà l'histoire penche évidemment vers les sciences naturelles. Qu'il se rencontre un historien philosophe, et il comprendra où vont les tendances de l'histoire en ce siècle, je veux dire à un *naturalisme* élevé, aussi convaincu des droits de la science que respectueux de la dignité humaine. « Une grande nation, dira-t-il, est, comme le corps humain, une machine admirablement pondérée et équilibrée ; elle se crée les organes dont elle a besoin, et, si elle les a perdus, elle se les redonne. » Elle a, ajoutera-t-il, le « tempérament » délicat, et il y a une chose surtout qu'elle ne peut supporter, c'est que les principes de sa vie soient mis un seul instant en question. Il en résulte pour elle une angoisse semblable à celle de l'homme qui se verrait fermer les voies de la respiration : moment de convulsion et de fureur. Il est aussi insensé qu'impie de faire dépendre d'un vote incessamment renouvelable les destinées d'une nation. Son homogénéité est, comme celle du corps vivant, le produit de l'habitude et de l'hérédité. Il faut, pour qu'elle subsiste, qu'elle s'impose insensiblement aux volontés et les domine, au lieu d'implorer de leur assentiment une existence précaire. Sans cela, la société ressemble à ces amas de poussière que le vent déplace incessamment. Seul, un matérialisme à courte vue peut concevoir le pacte

social sous la forme d'une convention réfléchie où
aucun rôle n'est réservé à l'action du temps. « Aux
yeux d'une philosophie éclairée, la société est un
grand fait providentiel, établi non par l'homme, mais
par la nature elle-même, afin qu'à la surface de notre
planète se produise la vie intellectuelle et morale »
(M. RENAN, *Revue des Deux-Mondes,* 1er nov. 1869).

La société est donc un organisme dont les fonctions
sont liées l'une à l'autre et s'engendrent l'une l'autre.
Mais quel est le *primum movens* d'entre ces organes?
M. Fustel de Coulanges s'est chargé d'établir par des
faits ce qui n'était qu'une vue de l'esprit chez Hégel :
pour lui l'impulsion première, la fonction dominante,
génératrice, appartient dans le corps social à l'idée
religieuse. Il a pu clore ses recherches sur la cité
antique par ces paroles significatives (*Cité antique,*
p. 431) : « Nous avons fait l'histoire d'une croyance.
Elle s'établit : la société humaine se constitue. Elle
se modifie : la société traverse une série de révolu-
tions. Elle disparait : la société change de face. Telle
a été la loi des temps antiques. » M. Maine en Angleterre arrivait en même temps aux mêmes conclusions.

Mais si les croyances diffèrent d'une manière essentielle dans les différents groupes humains, la constitution de ces groupes doit offrir les mêmes et profondes
différences. Chacun d'eux doit être construit en vertu
du mode de conception fondamental de ses membres
sur un plan spécial, sans que cependant le nombre de
ces plans puisse être infini. Bref, il doit y avoir des
types généraux auxquels toute nation individuelle

puisse se rapporter. La classification des langages, des races, des gouvernements, des religions a été en effet maintes fois tentée. Jusqu'à quel point de telles tentatives ont réussi, c'est ce qu'il ne nous appartient aucunement de déterminer; nous nous bornons à enregistrer cet essai comme l'indice d'une croyance générale à l'existence de types sociaux. Du moins, une science récente a-t-elle obtenu des résultats incontestables au sujet de l'histoire du groupe social le plus restreint, la famille. On a déterminé avec précision les différents systèmes de parenté suivis, soit dans les sociétés anciennes, soit dans les sociétés rudimentaires actuelles, et on a ramené les différents systèmes à un petit nombre de types constants et généraux (1).

Il restait à l'histoire de prendre conscience du nouvel esprit de sa méthode. Elle n'y a pas manqué. Un contemporain, abordant vers la fin de sa carrière d'historien l'étude de la nature, est tout surpris de voir que celle-ci procède dans son développement suivant les mêmes lois que l'humanité. « L'idée me vint, dit Quinet, que si l'histoire de la nature éclaire l'histoire de l'homme, réciproquement l'histoire de l'homme peut éclairer celle de la nature, puisqu'après tout l'une et l'autre font partie d'un même ensemble. La même loi doit présider au développement de l'une et de l'autre. » Et il constate que, si l'idée de loi et de type est passée des sciences naturelles aux sciences

(1) BACHOFEN, *Das Mutterrecht*, 1861; MAC-LENNAN, *Primitive Marriage*, 1865; MORGAN, *System of consanguinity*, 1871; GIRAUD-TEULON, *Les Origines de la Famille*, 1874; LUBBOCK, *Les Origines de la Civilisation*.

historiques, l'idée de progrès est passée des sciences historiques aux sciences naturelles. Fait étonnant, cet échange s'est opéré par des voies souterraines presque à l'insu des deux parties. « D'un côté, la famille des historiens, de l'autre, celle des naturalistes ont fait chacune leur œuvre à part, sans se connaître ni s'entendre mutuellement, et il se trouve que cette œuvre est la même!... Les naturalistes et les historiens se sont emprunté instinctivement leur esprit ; la méthode des uns est devenue la méthode des autres. Osons le dire, cette rencontre est le plus grand événement intellectuel de notre temps. » *(La Création,* vol. 1ᵉʳ, p. 73 et 54.)

Pendant que l'histoire se préparait à formuler ces conclusions, des sciences dont l'objet, partiel et fragmentaire, est encore mal défini, l'anthropométrie, la démographie et l'économie politique, sciences que nous désignons dans leur ensemble sous le nom de sciences sociales, s'acheminaient au même but avec plus de précision à la fois et plus de hardiesse. De 1835 à 1848 paraissent en Belgique une série d'ouvrages faisant suite aux travaux de Condorcet, un *Essai de physique sociale* (1835), une *Lettre sur la théorie de probabilités appliquées aux sciences morales et politiques* (1846), enfin un traité *Du système social et des lois qui le régissent* (1848). L'idée dominante de leur auteur, M. Quételet, était non l'application des mathématiques aux faits sociaux (il ne faisait en cela que suivre d'illustres devanciers), mais la recherche, au moyen de la mesure, d'un ordre défini, d'une harmonie en quelque sorte géométrique entre les divers groupes de ces phénomènes. Il était pénétré de la croyance que tous les corps naturels ayant leurs proportions et ne se maintenant qu'en vertu d'un certain équilibre constant de leurs parties, les corps sociaux devaient aussi offrir des phénomènes non seulement réguliers, mais harmoniques, et avoir une certaine constitution qui les conservât dans leur intégrité.

C'est dans cet esprit qu'il aborda l'étude des faits sociaux. Il ne tarda pas à s'apercevoir qu'en effet ils présentaient une certaine fixité; que d'une année à l'autre les nombres qui les résument, pourvu qu'ils fussent suffisamment considérables, ne variaient pas d'une manière sensible ; bref, qu'ils oscillaient au delà et en deçà d'un nombre moyen. La moyenne est une fiction, mais qui permet à l'esprit de se représenter en abrégé beaucoup de nombres particuliers dont les différences encombreraient inutilement la mémoire ; c'est ainsi que l'idée générale, qui n'existe nulle part en dehors de nous, embrasse, tout en les effaçant, les cas particuliers. Mais l'idée générale comporte des variations quelconques dans les cas particuliers qu'elle résume, et ceux-ci n'en peuvent être tirés. Ne serait-il pas possible, au contraire, de tirer du nombre moyen les nombres particuliers qui y sont contenus puisqu'ils en constituent les matériaux premiers? En d'autres termes, n'y a-t-il pas entre les éléments d'une moyenne un rapport tel qu'on puisse en quelque sorte en dérouler la série a priori, du sein du nombre moyen qui les enveloppe? Quételet trouva cette belle loi. Il montra que les oscillations en deçà et au delà de la moyenne sont régulières aussi, qu'elles suivent une courbe géomé-

trique et qu'on peut les en déduire à priori sans
craindre d'être démenti par les faits. Il y a une condition cependant : c'est que les éléments qui ont servi
à former le nombre moyen soient puisés dans un
milieu homogène, *c'est que les faits mesurés appar-*
tiennent à un ensemble naturel. Car entre les faits
empruntés partie à une nation, partie à une autre, il
ne faudrait pas s'attendre à rencontrer une harmonie.

La loi est ingénieuse ; mais qu'il nous soit permis
d'insister surtout, conformément à notre dessein, sur
cette dernière condition.

Entre les faits pris au hasard il n'y a pas d'harmonie. Il y en a une et des plus étonnantes entre des
faits empruntés à l'un de ces touts de formation spontanée, l'individu, la famille, la cité, la nation, ensembles dont les parties sont liées par la corrélation de
leur croissance et les nécessités de leur équilibre.
C'est que les moyennes ne sont pas absolument constantes, mais qu'elles se déplacent elles-mêmes gra-
duellement dans la suite des temps, quand on considère une longue série de nombres. Ce fait révèle dans
l'objet étudié une force de développement qui ne peut
être que la vie. Les corps sociaux naturels sont vivants,
Quételet le reconnaît. « Un peuple ne doit donc pas
être considéré comme un assemblage d'hommes
n'ayant aucun rapport entre eux ; il forme un ensemble,
un corps des plus parfaits, composé d'éléments qui
jouissent des propriétés les plus belles et les mieux
coordonnées (*Anthropométrie*, p. 413)..... La vie d'un
Etat est comme la vie d'un simple particulier ; elle a

sa jeunesse, son âge mur, elle atteint le développement de sa puissance et de sa richesse en même temps que se produit le complet épanouissement des arts, des sciences, des lettres, qui est assez généralement l'indice de sa prochaine réforme. » — « Les caractères de la jeunesse, de l'âge mur, de la décrépitude se dessinent dans ce grand corps avec autant d'énergie que chez les différents êtres de la création. Un pareil corps a sa physiologie spéciale » (*Du Système social et des lois qui le régissent*, Préface, p. xii et xiii). Des lois spéciales président à son développement et règlent ses destinées. Et cependant un objet aussi distinct n'a pas sa science propre! « L'économie politique se borne à rechercher comment les richesses se produisent, se distribuent et se consomment. Elle examine la plupart des grands problèmes qui touchent à la vie matérielle des peuples. Mais aucune science jusqu'à présent n'a recherché les principes d'équilibre et de mouvement et surtout les principes de conservation qui existent entre les différentes parties du système social » (loc. cit.).

Quételet va plus loin. Il sait que tout déterminisme suppose un mécanisme caché. Aussi a-t-il tenté, mais seulement en passant et sous forme d'hypothèse timide, de réduire les phénomènes sociaux où la volonté se déploie à de simples applications de la force. Cette analogie l'avait séduit; il se contente de l'indiquer sans en poursuivre la preuve. D'autres la développeront.

Ces vues hardies devaient rencontrer des objections. Aussi Quételet a-t-il pris soin de les réfuter par avance.

On accorde que les faits d'ordre physique concernant le corps social se prêtent à une mesure exacte. Rien ne s'oppose à ce qu'on mesure la taille d'un homme ou son poids. Mais les faits qui émanent de l'activité morale, s'ils se prêtent à la mesure en eux-mêmes, ne nous apprennent rien sur la cause dont ils sont les effets. Il n'y a entre eux et elle aucun rapport direct réductible à une formule. En mesurant les uns on ne mesure donc pas l'autre : les qualités morales échappent à toute détermination numérique. — Quételet ne le nie pas; sans se demander quel rapport absolu unit les qualités morales aux mouvements qu'elles engendrent, persuadé seulement qu'il y a entre ces deux termes un rapport, puisque l'un sort de l'autre, il cherche à obtenir du premier par le second une mesure toute relative. Se trouve-t-il par là en dehors des conditions ordinaires de la science? Nullement, et il ne fait que subir des conditions qui lui sont communes avec le physicien. « Nous devons procéder comme le physicien qui, pour les phénomènes électriques, ne peut donner également que des valeurs relatives et se trouve réduit à juger des causes par leurs effets. Nous ne percevons pas plus ce qui donne naissance au phénomène moral que ce qui a produit le phénomène électrique. Nous ne voyons que l'effet lui-même et c'est cet effet que nous cherchons à apprécier » (Du système social, p. 74).

Mais une pareille méthode ne supprime-t-elle pas la liberté, trait essentiel des activités morales? Que devient le libre arbitre emprisonné dans des nombres qui lui tracent d'avance les étroites limites où il se peut

mouvoir? Il résulte par exemple de statistiques antérieures qu'il y a par an tant de suicides, tant de vols,
tant d'assassinats dans une population donnée ; faut-il
considérer comme libres les hommes qui commettent
de tels actes au sein de cette population dans le courant de cette année, alors qu'ils doivent les commettre
nécessairement puisque leur nombre est déjà compté?
Quételet présente à cette question plusieurs réponses.
Il recourt d'abord pour expliquer la liberté à ce qu'il
reste d'*alea* dans les évaluations de la statistique sur
les phénomènes à venir. Jamais l'action de l'individu
n'est prévue ni ne peut l'être. Un joueur a, dans une
suite de parties, des chances qui sont déterminées par
le calcul. Cependant nul ne peut dire quand il s'assied
à la table de jeu quelle sera l'issue de cette partie.—On
peut répliquer que cela prouve, non pas l'indétermination de la partie, mais notre ignorance de ses conditions spéciales. Il en est de même de l'action de l'individu dans un ensemble de faits sociaux. Si on ne peut
la prévoir, ce n'est pas qu'elle soit indéterminée, c'est
parce que nous ignorons le détail de ces déterminations
ou conditions. — Quételet recourt donc à une autre
théorie pour sauver la liberté telle qu'on l'entend d'ordinaire. La liberté, dit-il, apporte dans les nombres un
élément de variation et d'irrégularité et « joue le rôle
d'*une cause accidentelle* » (*Du système social*, p. 69)...
Nous en usons rarement (*Du système social*, p. 104),
et « il arrive alors que, en faisant abstraction des individus et en ne considérant les choses que d'une manière générale, les effets de toutes les causes accidentelles doivent se neutraliser et se détruire mutuellement

de manière à ne laisser prédominer que les véritables causes en vertu desquelles la société existe et se conserve. » Ces causes sont en quelque sorte instinctives. « L'homme possède avant tout son individualité; mais il est éminemment sociable et son individualité se trouve engagée dans celle d'un grand corps qui a sa vie et sa volonté propres. » Cette volonté pèse sur lui d'autant plus lourdement qu'il en aperçoit moins l'effet; elle l'enveloppe d'influences tyranniques et invisibles; ses moindres actions, ses coutumes, ses promenades, ses discours, ses plaisirs, les heures de ses repas et de son sommeil; comme les plus importantes : le moment de son mariage, le choix de sa compagne, le mode d'éducation de ses enfants, etc..., ont pour régulateur non plus son vouloir seul, mais celui du peuple auquel il appartient. Sa liberté consisterait à s'en affranchir dans des cas exceptionnels. — Cette théorie qui confine la liberté dans ce qui reste d'indéterminé et de hasardeux au sein des mouvements sociaux, qui la représente comme luttant contre le courant des forces inconscientes avec un si mince succès que son effet ne compte pas dans la résultante totale, cette théorie ne pouvait satisfaire Quételet tout le premier. D'ailleurs n'avait-il pas lui-même montré que ces variations de la cause accidentelle sont elles-mêmes « groupées symétriquement autour de la moyenne » et soumises à une loi qu'il a précisément appelée la loi des causes accidentelles? (Préf., p. VIII). Et les différences individuelles, loin d'être le propre de la liberté, ne se rencontrent-elles pas aussi dans les faits les moins volontaires comme la taille et le poids du corps, comme les décès? Il fallait renoncer à cette explication. — La vraie pensée de Quételet et la plus profonde est que le libre arbitre est en réalité soumis, quant à ses effets extérieurs, à la mesure et à la prévision comme toutes les autres forces. « L'homme, dit-il, est donc pour les facultés morales comme pour les facultés physiques soumis à des écarts plus ou moins grands autour d'un état moyen, et les oscillations qu'il subit autour de cette moyenne suivent la loi générale qui régit toutes les fluctuations que peut subir une série de phénomènes sous l'influence des causes accidentelles » (*Système social*, p. 92). Eh quoi! il n'y a aucune différence entre l'action de la volonté et celle des autres forces! Il y en a une. L'action de la volonté est plus régulière. Plus rationnelle, elle est plus calculable, elle produit des effets plus constants. C'est la force aveugle qui est perturbatrice, parce qu'elle est irrationnelle. « Bien loin de jeter des perturbations dans la série des phénomènes qui s'accomplissent avec cette admirable régularité, le libre arbitre les empêche au contraire dans ce sens qu'il resserre les limites entre lesquelles se manifestent les variations de nos différents penchants. L'énergie avec laquelle notre libre arbitre tend à paralyser les effets des causes accidentelles est en quelque sorte en rapport avec l'énergie de notre raison. Quelles que soient les circonstances dans lesquelles il se trouve, le sage ne s'écarte que peu de l'état moyen dans lequel il croit devoir se resserrer. Ce n'est que chez les hommes entièrement abandonnés à la fougue de leurs passions qu'on voit ces transitions brusques, fidèles reflets de toutes les causes extérieures qui agissent sur eux. Ainsi donc le libre arbitre, loin de porter obstacle à la production régulière des phénomènes sociaux, la favorise au contraire. Un peuple qui ne serait formé que de sages offrirait annuellement le retour le plus constant des mêmes faits. Ceci peut expliquer ce qui semblait d'abord un paradoxe, c'est-à-dire que les phénomènes sociaux, influencés par le libre arbitre, procèdent d'année en année avec plus de régularité que les phénomènes purement influencés par des causes matérielles et fortuites » (*Système social*, p. 96, 97).

La méthode que nous venons d'exposer, par laquelle Quételet s'efforce de découvrir les harmonies qui unissent les divers groupes de faits tirés d'un organisme social humain ne s'applique pas seulement selon l'auteur à l'humanité. Les sociétés animales devraient être étudiées au même point de vue et ne manqueraient pas de donner les mêmes résultats. La loi de proportion qu'il a découverte comporte la plus grande généralité (*Anthropométrie*, p. 414).

L'économie polique, sans doute en raison du caractère particulier de son objet, a le plus souvent négligé ces vues générales. Cependant l'un de ses premiers principes a été, comme nous l'avons vu, que la société économique s'organise de la manière la plus avantageuse sans requérir l'intervention d'une autorité politique extérieure. Le principe implique lui-même la reconnaissance des lois naturelles qui résultent d'une certaine communauté de sentiments et d'idées antérieure à toute délibération. C'est par là que les économistes ont été conduits à se servir d'expressions comme celles de corps social, d'organisme social, de physiologie sociale, expressions qui trahissent toutes l'idée d'un *consensus* d'autant plus harmonieux qu'il est moins expressément volontaire. C'est sur cette idée que repose le · principe que les économistes ont poussé si loin, du *laissez faire* et du *laissez passer*. Il n'est donc pas étonnant que les sciences naturelles aient rencontré dans les sciences économiques la matière d'importants emprunts. On sait que la loi de la division du travail a trouvé dans la biologie des applications fécondes. Et c'est aussi à l'un des plus illustres économistes qu'est due l'observation d'un fait si souvent invoqué par les biologistes modernes, le fait de la concurrence pour la vie. D'autre part, la science des êtres vivants n'a pas manqué de rendre à l'Economie les services qu'elle avait reçus d'elle. De tout temps, les vrais économistes, instruits par le spectacle de la lente croissance des corps naturels, ont su distinguer l'évolution de la révolution, et tout en proclamant la nécessité du progrès, ont banni les coups de théâtre de la vie sociale. Enfin plusieurs, renonçant aux traditions de leurs devanciers, ont soutenu que la science économique était à la fois l'une des sciences naturelles et l'une des sciences sociales. « N'est-ce pas, a dit l'un d'eux, une partie des études du naturaliste et l'une des plus intéressantes d'observer les travaux de l'abeille au sein d'une ruche, d'en étudier l'ordre, les combinaisons et la marche. Eh bien ! l'économiste fait exactement de même par rapport à cette abeille intelligente qu'on appelle l'homme : il observe l'ordre, la marche et la combinaison de ces travaux.

Les deux études sont absolument de même nature »
(COQUELIN, *Dictionnaire d'Economie politique*). De
tels échanges d'idées indiquent assurément une tendance de l'économie politique à considérer comme un
être vivant la société, objet de son étude ; mais cette
tendance ne devait pas aboutir à une théorie expresse
de la nature du corps social avant l'apparition d'une
science qui pût embrasser dans son ensemble un si
vaste objet, la *Sociologie.*

Toutefois, avant ce progrès décisif, la vie elle-même
et les êtres vivants devaient être mieux connus. La
biologie et la zoologie, qui étudient, l'une les conditions
générales de la vie, l'autre les êtres vivants réels, sont
comme les degrés que l'esprit humain devait franchir
avant d'aborder définitivement l'étude expérimentale
des groupes sociaux supérieurs.

La biologie a établi trois propositions importantes
qui forment à elles seules une science sociale en raccourci, bien que dans les limites de l'individu. Il est
maintenant hors de doute : 1° que l'individu est une
société, c'est-à-dire que tout vivant est lui-même un
composé de vivants ; 2° que l'individualité du composé,
loin d'exclure celle des éléments composants, la suppose
au contraire et croît avec elle ; 3° que la composition
organique comporte un nombre indéterminé de degrés
superposés (ou mieux de sphères concentriques).

1° L'individu est une société. En effet, tout vivant
est organisé. Or la notion d'organisation se réduit à
celle d'une association de parties diverses accomplissant des fonctions distinctes. Les dernières de ces
parties, physiologiquement irréductibles, bien qu'elles

ne le soient pas chimiquement, portent le nom d'éléments anatomiques. Leur extrême petitesse n'ôte rien à leur individualité. Ce sont des animaux doués d'une forme propre, de *véritables infusoires*, que l'on classe comme les animaux qui se développent à l'état libre, hors de l'organisme. L'œil, aidé du microscope, les distingue ; la physiologie leur assigne des fonctions spéciales. Ils empruntent à l'organisme un milieu favorable à leur développement : « chaque élément anatomique, dit M. Robin, se comporte à l'égard du sang comme l'organisme entier par rapport aux milieux ambiants où il puise ses éléments et où il rejette ses excrétions. » Mais, hors de cet organisme, ils accomplissent encore leurs fonctions sous l'influence d'excitants appropriés. La fibre musculaire isolée se contracte sous l'action de l'électricité. Les organes globulaires du sang sont empoisonnés par l'oxyde de charbon dans une éprouvette comme dans les canaux sanguins. L'organisme est-il virtuellement détruit par la mort récente, il suffit que les milieux partiels subsistent quelque temps pour que les fonctions de chaque groupe d'organes élémentaires suivent encore leur processus normal. Le bulbe pileux donne naissance, chez le cadavre, à ses produits spéciaux. Le foie fabrique du sucre. Dans la mort causée par le choléra, l'éréthisme du grand sympathique cessant, les tissus reprennent un instant leur activité et le corps se réchauffe. Il y a plus, qu'on enlève un groupe d'éléments anatomiques superficiels à leur milieu natal et qu'on les transplante dans un milieu analogue, ils continueront de vivre, et quelquefois avec une nouvelle intensité.

Les expériences de greffe animale sont trop connues pour que nous y insistions ici. La transfusion du sang est un fait de même ordre encore plus frappant peut-être. Qu'est-ce d'ailleurs que le fait de la génération chez les animaux supérieurs si ce n'est l'acte par lequel un ou plusieurs éléments anatomiques émis hors de leur milieu natal passent d'un individu dans un autre et vont chercher un milieu nouveau où leur évolution s'achèvera? Ces derniers éléments passent normalement, disons-nous, d'un organe dans un autre et sont par conséquent mobiles ; mais, quoique le mouvement soit le signe de l'indépendance, il ne la fait pas seul, et elle résulte avant tout de la spécialité des fonctions. Si les leucocytes et les globules sanguins voyagent, eux aussi, dans les liquides où ils sont baignés, les autres éléments anatomiques, fixés dans les tissus solides, restent immobiles. Aucun d'eux cependant ne se confond avec son voisin ; « ils s'unissent et restent distincts comme des hommes qui se donneraient la main » (Cl. Bernard). Chacun réagit en effet pour son compte sous les excitations qu'il reçoit du milieu commun. Chacun a son histoire séparée, naît et périt à son heure. Chacun réunit en lui, à un degré éminent, les caractères qui constituent l'individu.

2· Mais cette individualité des éléments anatomiques ne rompt pas l'individualité du vivant formé de leur réunion. Au contraire. Dans l'espace actuel comme dans les temps successifs, leur conspiration universelle et incessante est précisément ce qui produit l'unité de la vie. Leur indépendance montre assez qu'ils y travaillent comme d'eux-mêmes, et que d'eux-

mêmes ils fournissent à l'activité générale les forces
nécessaires à l'exercice de sa suprématie. Certes, les
fonctions supérieures de commandement et de prévoyance sont dévolues à celle-ci ; mais les fonctions
les plus humbles et les plus intimes, comment y sau-
rait-elle pourvoir, complexes et multiples comme elles
sont ? Elles ont donc dû rester confiées aux organismes
élémentaires qui s'en acquittent spontanément avec
un accord et une régularité irréprochables (Bert).
Il n'est pas un seul d'entre eux qui n'ait besoin du
concours de tous les autres et ne puisse en effet
compter sur ce concours. Chargés comme ils le sont
chacun d'une fonction différente, leur existence commune repose sur la plus étroite solidarité. Mais ce qui
décèle l'unité la plus parfaite, ce sont les correspon-
dances de leurs processus divers à travers les temps.
De sa naissance à sa mort, l'individu total traverse une
multitude de phases tant spécifiques que personnelles
en vue desquelles les organismes composants évoluent tous à point nommé, et dans chacune desquelles
ils ont soin en quelque sorte de représenter ce qu'ont
été et ce que seront toutes les autres. Et plus ils sont
eux-mêmes complexes dans leur structure, c'est-à-dire
plus leur individualité est décidée, plus leur conspiration est énergique, plus par conséquent est élevé
dans l'échelle l'être total qui en résulte. « Plus au contraire l'organisme d'un animal est simple, plus simple
est aussi la constitution de chacun des ordres d'éléments anatomiques dont ses tissus sont formés »
(Robin), plus par conséquent est faible l'individualité de ces éléments. En d'autres termes, loin qu'il

y ait opposition entre le tout et les parties sous le rapport de l'individualité, l'unité organique, la division du travail, la différenciation des individus sont dans tout le domaine de la vie en raison directe les uns des autres.

3° Si la vie est composition, groupement, association, il est difficile d'admettre que les « millions de milliards de petits êtres » (Claude Bernard), qui composent un vivant supérieur soient directement subordonnés à son activité centrale : des intermédiaires doivent nécessairement exister de ceux-là à celle-ci. D'après les doctrines généralement admises en France, les *éléments anatomiques* commencent par se grouper en *tissus*, puis les tissus s'entrelacent pour ainsi dire de manière à former des *organes*, et les organes se fédéralisent en *appareils* qui constituent l'*individu*. Les organes, il est vrai, jouissent d'une notable individualité. Le cœur par exemple continue à se contracter sous les excitants convenables quand la vie générale s'est retirée, les systèmes nerveux partiels entrent pareillement en action sous l'influence de l'électricité. Mais les tissus répondent-ils aussi bien à ce que nous entendons par une unité organique, un tout vivant? Et que faut-il penser de l'unité des appareils? (1) Certains biologistes ont cru pouvoir envisager autrement les rapports des parties élémentaires au tout. Suivant eux

---

(1) « Quelque grandes que soient les complications et les divisions du travail que nous offrent ensuite les appareils digestif et circulatoire chez les êtres placés au sommet de l'échelle animale, ces appareils ne nous représentent toujours qu'un mécanisme destiné à servir d'intermédiaire

le mode de constitution attribué jusqu'ici aux seuls
invertébrés se retrouverait, quoique moins apparent
de beaucoup, chez les vertébrés. Certains animaux
inférieurs sont, comme on le sait, composés de parties qui se suffisent plus ou moins à elles-mêmes, et
sont déjà chacune un animal distinct (métamère).
Cette proposition ne fait pour personne l'objet d'un
doute. « Chez les annelés, chaque ganglion correspond à un segment du corps formé souvent de plusieurs anneaux, comme par exemple chez la sangsue,
dont toutes les parties se répètent de cinq en cinq
anneaux (1). » Et même, d'après Gratiolet, chez les
annelés placés très bas dans l'échelle, à chaque anneau correspond un ganglion distinct : il en est ainsi
dans le lombric terrestre. « Chaque segment possède
ainsi, outre son ganglion, une portion semblable des
principaux appareils, même parfois des appareils des
sens... Ces segments séparés ont été appelés des
zoonites par Moquin-Tandon. Ce professeur considé-
rait les animaux de cet embranchement comme formés chacun de plusieurs animaux élémentaires placés
les uns à la suite des autres » (VULPIAN, *Leçons de
physiologie générale du système nerveux*). C'est cette

entre les éléments anatomiques et le milieu extérieur; mécanisme dont
le fonctionnement, en raison même de son perfectionnement, devient
indispensable, mais qui néanmoins ne présente rien d'essentiel dans les
phénomènes de la vie : les éléments anatomiques, par leurs propriétés,
sont seuls le siège de ces phénomènes essentiels. » (C. BERNARD, *Revue
des Cours scientifiques*, 1875, p. 778)

(1.) DURAND DE GROS. Les vues de M. Durand de Gros sur la constitution des êtres vivants nous paraissent de la plus haute importance
pour la science sociale.

conception que certains naturalistes philosophes ont tenté d'appliquer aux vertébrés supérieurs malgré l'unité apparente de leur organisme. Graticlet inclina vers cette doctrine. « Les vertèbres, dit-il, sont à l'ensemble du squelette ce que sont les anneaux au corps des articulés. Or, de même que la définition d'un cylindre se retrouve dans toutes les sections de ce cylindre parallèles à sa base, de même dans une seule vertèbre se retrouve l'idée du tout entier, en un mot une vertèbre est au tronc ce que l'unité est au nombre dans une quantité concrète homogène. Ainsi il y a des segments dans le squelatte ; il y a des segments dans les muscles. Les nerfs périphériques s'accommodent à leur tour à cette segmentation, et l'observation démontre qu'il y a également des segments dans le système nerveux central... Mais cette partie, ce segment idéal est-il un segment réel ? Y a-t-il pour chaque vertèbre un ganglion nerveux central ? Cette question importante, Gall a essayé l'un des premiers de la résoudre. Il pensait avoir vu dans la moëlle des renflements successifs au niveau de chaque vertèbre. Cette proposition est surtout fort évidente dans la moëlle épinière des oiseaux. M. de Blainville avait accepté cette opinion de Gall à laquelle les expériences de Legallois, de Marshall Hall et de Müller semblaient avoir donné beaucoup de force ; et en effet si l'on accepte les idées de ces deux derniers physiologistes sur la force excito-motrice de la moëlle, il semble que la division de l'axe médullaire en segments distincts s'ensuive nécessairement. » Mais Gratiolet, tout en admettant que l'excitabilité automatique appartenait aux différents segments de la moëlle, leur refusait la sensibilité et attribuait au cerveau cette dernière fonction, la seule dont dépende à ses yeux l'unité de l'être. D'autres physiologistes sont allés plus loin. Il y a chez tous les expérimentateurs contemporains une tendance marquée à dépouiller les organes centraux de chaque fonction du privilége exclusif de pourvoir à cette fonction, et à signaler la participation active que prennent à son accomplissement toutes les autres parties du même système. Le cœur semblait le seul organe de la circulation ; mais on a examiné de plus près les artères et on a vu qu'elles sont aussi, quoique à un moindre degré, contractibles, qu'elles sont, comme le cœur, dilatées et rétrécies par des nerfs spéciaux et que par conséquent elles jouent un rôle actif dans la circulation. Ce ne sont point des « tubes inertes » où la seule impulsion du cœur chasserait le courant sanguin. « La circulation générale n'est que la source d'une série de *circulations locales* bien plus importantes à connaître et bien plus difficiles à étudier » (Cl. Bernard, *Revue scientifique*, 1875, p. 779). Lavoisier pensait que les poumons étaient la source unique de la chaleur animale ; mais un examen plus attentif a montré que l'intimité des tissus était le théâtre de combinaisons chimiques tout aussi importantes, et que la chaleur était produite en une foule de points de l'organisme. La respiration n'est plus attribuée seulement aux poumons ; on a reconnu l'existence d'une respiration cutanée, répandue sur toute la surface du corps en contact avec l'air ambiant. Pourquoi refuserait-on

d'appliquer au système nerveux cette loi de diffusion si
généralement acceptée pour les autres systèmes d'organes? On comprendrait alors, disent les physiologistes dont nous interprétons les tendances, comment
chaque segment du vertébré peut avoir non seulement
sa circulation, mais encore son innervation locale, et se
suffire à lui-même, si ce n'est quant aux fonctions supérieures de la vie de relation, celles-ci ayant été confiées
au segment terminal pour qu'il soit le guide ou le représentant de tous les autres. C'est ce que semblent
confirmer l'embryologie et la tératologie. « J'ai pu me
convaincre, dit un savant contemporain, qui a donné
à la tératologie une forme systématique, du défaut de
solidarité des diverses parties de l'organisme dans les
premiers temps de son existence. Il semble qu'alors
chacune des parties de l'organisme existe pour son
propre compte et qu'elle puisse se développer isolément et d'une manière indépendante comme les différentes parties de l'organisme des végétaux (1). » Le
passage suivant du docteur Carpenter résume assez
bien ce qui résulte de ces considérations diverses :

(1) DARESTE, *Origine et mode de formation des monstres omphalo-
sites* (Comptes-rendus de l'Académie des sciences, série de l'année 1865).
Voici un exemple des faits d'où ces inductions sont tirées : « Nous avons
eu déjà plusieurs fois l'occasion de signaler des moustruosités du genre
de celle dont M. Depaul place un spécimen sous les yeux de l'Académie.
C'est un fœtus n'ayant ni tête ni membres supérieurs; les cavités thora-
cique et abdominale sont rudimentaires; la place du crâne est marquée
à l'extrémité du tronc par une houppe de cheveux; le cuir chevelu est
réduit à cette simple trace. Il résulte de l'examen du *placenta* que cet
être informe était greffé sur un coin du *placenta*, dans une cavité secondaire, sans communication avec la grande cavité amniotique contenant
un fœtus normal et qui a vécu. » (Compte-rendu de l'Académie des
sciences, 15 mars 1875.)

« Le cerveau et la moëlle épinière de l'homme dans laquelle se termine la très grande partie des nerfs afférents et de laquelle naissent presque tous les nerfs moteurs peuvent être considérés comme formés par l'agglomération d'un certain nombre de centres ganglionnaires distincts, dont chacun a ses attributions propres et se rattache à des troncs nerveux qui lui sont particuliers. Commençant par la moëlle épinière, nous trouvons, en la comparant à la chaîne ganglionnaire des animaux articulés, qu'elle consiste réellement en une série de ganglions disposés suivant une lignè longitudinale et qui se sont soudés l'un à l'autre, et dont chacun constitue le centre du circuit nerveux propre à tout segment vertébral du tronc (1). » Si cette hypothèse prévalait, si la vue d'ensemble adoptée universellement pour la composition des invertébrés était reconnue applicable, avec les restrictions et les atténuations voulues, aux vertébrés eux-mêmes, on obtiendrait une idée systématique de la composition des êtres vivants. Chaque segment vertébral serait considéré comme un vivant intimement lié aux autres, quoique distinct, comme une province dans un empire, et lui-même comprendrait des organes doués à un moindre degré d'individualité et d'autonomie, jusqu'à ce que l'on arrivât aux éléments organiques, atomes biologiques au-dessous desquels s'ouvre le domaine de la chimie. Une telle hypothèse ne pourra s'imposer aux esprits que quand elle aura reçu la consécration expérimentale ; mais, sans même recourir à

---

(1) CARPENTER, *Manuel of human phyiologÿ*, cité par M. Durand de Gros, *Origines animales de l'homme*, p. 10.

cette hypothèse, la théorie actuelle justifie suffisamment la proposition d'où nous sommes partis et où
nous aboutissons; à savoir que les individualités diverses dont se compose un tout organique ne sont pas
absolues ni fermées, mais s'ouvrent en quelque sorte
les unes sur les autres, celles qui sont moins compréhensives sur celles qui le sont davantage, et qu'elles
forment, pour ainsi parler, un ensemble de sphères
concentriques communiquant par de larges voies.
Cette proposition établie, on conçoit que l'individu
total lui-même soit devenu pour certains biologistes
l'élément initial d'une nouvelle composition. Plusieurs
en effet inclinent à considérer l'espèce comme constituée par un couple, c'est-à-dire par un individu
double. Mais arrêtons-nous; nous entrerions par là prématurément sur le terrain de la science des sociétés.

La biologie a donc, en établissant les trois propositions essentielles précédentes, fondé une véritable
science sociale des éléments anatomiques, et en effet
elle-même n'est pas autre chose depuis que les éléments anatomiques ont été découverts. Ses affinités
avec la science sociale proprement dite ont-elles été
constamment senties par les biologistes des écoles les
plus diverses. Hæckel a écrit : « Les cellules qui composent un organe vivant sont donc comparables aux
citoyens d'un Etat qui remplissent les uns telle
fonction, les autres telle autre; cette division du travail et le perfectionnement organique qui en est la
suite permettent à l'Etat l'accomplissement de certaines œuvres qui seraient impossibles pour les individus isolés. Tout organisme vivant, composé de

plusieurs cellules, est, de même, une sorte de république capable d'accomplir certaines fonctions organiques dont ne pourrait s'acquitter une seule cellule ou amœbe, ou une plante monocellulaire. » Et notre Claude Bernard : « Le système circulatoire n'est autre chose qu'un ensemble de canaux destinés à conduire l'eau, l'air, les aliments aux éléments organiques de notre corps, de même que des routes et des rues innombrables serviraient à mener les approvisionnements aux habitants d'une ville immense (1). »

La zoologie a préparé plus directement encore l'avénement de la science sociale par l'étude des associations entre individus dans le règne animal. Parmi les zoologistes qui se sont acquittés de cette tâche, nous citerons : Cuvier (Georges et Frédéric), Hubert père et fils, MM. de Quatrefages, Milne Edwards, Lacaze-Duthiers, Houzeau et Giard. Les uns ont étudié les associations formées par les animaux inférieurs de la classe des radiés, les autres ont déterminé l'organisation sociale des insectes vivant en groupes; enfin une foule de naturalistes et de voyageurs ont recueilli les phénomènes par lesquels se manifeste la vie de relation chez les animaux supérieurs, phénomènes qui ont été présentés en un vaste tableau dans le bel ouvrage de Brehm. Nous ne pourrions sans anticiper sur le corps de cet ouvrage exposer, même sommairement, les résultats de tant de recherches; qu'il nous suffise de dire que si, pour la bio-

---

(1) *Revue des Deux-Mondes*, 1ᵉʳ septembre 1864. Nous pourrions citer des passages où Virchow et Milne Edwards se servent presque des mêmes termes.

logie, il n'y a entre les associations d'éléments anatomiques qui forment l'individu et les sociétés animales composées d'individus qu'une lointaine analogie, la zoologie tend à établir entre les premières et les secondes mieux qu'une comparaison et semble disposée, en présence des nombreuses transitions qui les unissent, à les embrasser dans un seul système (1).

Ainsi donc, depuis le commencement de ce siècle, trois groupes de sciences, la linguistique, l'histoire et la paléontologie d'une part, — d'autre part la statistique et l'économie politique, — enfin, la biologie et la zoologie ont convergé spontanément vers un même but. Chacune d'elles a apporté pour sa part et suivant son point de vue, quelque contribution à la théorie aristotélicienne qui fait de la société un organisme naturel, soumis aux mêmes lois, développant les mêmes énergies que les autres corps vivants. Mais avant que ces diverses sciences aient atteint le terme jusqu'où nous nous sommes plu à les suivre, un philosophe français est venu coordonner ces mouvements et leur imprimer une direction déterminée. Le premier il a cherché à fixer d'une manière systématique l'objet et la méthode de la science sociale, et il l'a fait de telle sorte que, depuis, cette tentative n'a jamais été renouvelée à l'étranger si ce n'est à partir de lui, et en quelque sorte sous les auspices de son nom. Nous ne

(1) Voir JÆGER, *Manuel de zoologie*, et Mᵐᵉ Clémence ROYER, *De la Nation dans l'humanité et dans la série organique*. De ces deux ouvrages, le second n'a paru que le 1ᵉʳ novembre 1875 dans la *Revue économique*; le premier n'a été connu de nous que quand notre travail était presque achevé. (Voir l'appendice de ce volume.)

pouvons donc échapper à la nécessité de prononcer ce nom et d'exposer cette doctrine.

A. Comte n'existe plus depuis bientôt vingt ans. Son œuvre appartient à l'histoire. Le vaste monument qu'il a laissé comprend une religion, une métaphysique négative, une méthodologie. La fondation religieuse qu'il a tentée est de sa part un fait pathologique qui s'explique peut-être suffisamment par l'incroyable tension intellectuelle à laquelle il s'était condamné dans son désir d'embrasser tout le savoir humain. La métaphysique négative qu'il a soutenue, nous n'avons pas à la discuter ici; elle n'est pas plus de notre sujet que celle de Spinoza et celle de Hégel. Quant à sa méthodologie, nous sommes engagé à y entrer, surtout en ce qui touche la place attribuée à la science sociale dans l'ensemble des sciences et les principes sur lesquels il l'a fondée.

Avant de commencer l'exposition de cette doctrine, indiquons de quelle condition elle relève. A. Comte se rattache au xviiie siècle par Saint-Simon qui avait eu pour précepteur d'Alembert. Il appelle souvent Condorcet son principal précurseur. Tout d'abord son ambition se bornait à « élever les sciences morales au rang des sciences physiques. » Mais bientôt ses vues s'élargirent et il comprit que la science de l'humanité devait être la fin et le couronnement de toutes les autres. Sa pensée se porta d'elle-même à cette hauteur; mais elle y fut aidée très certainement par le commerce du philosophe dont les principes sont constamment invoqués dans la *Politique positive,* « l'Incomparable Aristote. »

L'homme pressé par le besoin ne peut agir utilement sur la nature que s'il en connaît les lois. Cette connaissance, d'abord toute fragmentaire et bornée aux nécessités des arts les plus humbles, a pris en s'accroissant une indépendance de plus en plus grande par rapport à la pratique, et s'est organisée en groupes distincts. Aujourd'hui ces groupes sont au nombre de six, correspondant à des existences d'ordre essentiellement différent. Les mathématiques qui étudient les idées abstraites de nombre et de grandeur tirées des mouvements concrets; l'astronomie qui mesure les mouvements concrets des astres; la physique qui détermine les lois des changements extérieurs des corps; la chimie qui pénètre les changements intérieurs de leurs molécules, la biologie qui observe ce qu'il y a de constant dans les phénomènes de la vie, la sociologie qui recherche à quelles conditions en général les corps sociaux se maintiennent et se développent. De l'un à l'autre de ces groupes de phénomènes aucun passage n'est possible. Ils sont irréductibles les uns aux autres. C'est une chimère que de vouloir ramener les phénomènes sociaux aux phénomènes vitaux, les phénomènes biologiques à leurs conditions physico-chimiques, les phénomènes chimiques aux phénomènes physiques, et ceux-ci aux faits élémentaires de la mécanique; mais ce n'est pas à dire qu'il n'y ait aucun ordre entre ces groupes d'événements dissemblables. A commencer par le mouvement pour finir aux faits sociaux on parcourt une série dont les termes sont de plus en plus complexes, de plus en plus particuliers et de plus en plus nobles. Enfin, et c'est ce qui importe

le plus, la connaissance de chacun de ces termes n'est possible qu'après et par celle du terme immédiatement antérieur : la science la plus élevée, la plus particulière et la plus complexe ne peut être abordée utilement que la dernière de toutes, après que tous les degrés inférieurs de cette longue échelle ont été franchis. Et cet ordre spéculatif se trouve confirmé par deux faits éclatants, l'un tiré de l'histoire des sciences, l'autre de l'histoire du monde. D'une part, en effet, les différentes sciences ont opéré leur avénement dans l'ordre même où nous venons de les voir rangées; et d'autre part, les existences qui offrent à l'étude les groupes d'avénements correspondants sont apparus suivant une loi de succession identique, c'est-à-dire les plus imparfaites, les plus étendues et les plus simples précédant toujours les plus nobles, les plus spéciales et les plus complexes, et par suite leur imposant leurs lois (*Système de politique positive*. Paris, 1851, p. 597). Que les existences supérieures et les sciences corrélatives aient existé en germe simultanément aux existences et aux sciences inférieures, Comte ne le nie pas; mais il soutient que le plein achèvement de chaque science, comme l'épanouissement de chaque existence, ne s'est produit qu'après l'accomplissement du groupe antérieur de faits et de doctrines qui en est la condition.

S'il en est ainsi, il n'est pas surprenant que la science des faits sociaux, ébauchée dans ses grands traits par la sagesse antique au déclin de son premier essor, ait attendu dans les temps modernes jusqu'au milieu du XIXe siècle la main qui devait lui tracer ses limites et la constituer définitivement. Il fallait en effet que la biologie accomplît auparavant son évolution, il fallait qu'elle lui pût transmettre sa méthode élaborée et les vérités essentielles qui devaient lui servir de base. Bref la société ne pouvait être connue avant les lois générales de l'organisation. Et d'autre part il était nécessaire que la société humaine atteignît une pleine conscience de son unité au moins dans ses parties les plus avancées pour que la science pût concevoir l'Etre social dans son ensemble et se le proposer comme objet d'étude distinct. Comment la connaissance devancerait-elle le fait auquel elle s'applique?

Mais cette inévitable préparation une fois terminée, la science sociale apparaît dans son indépendance et sa supériorité. Elle a pour objet cet « immense organisme » (op. cit., p. 329), « le plus vivant des êtres connus » (p. 335), qui se compose : 1° de tous les hommes actuellement vivants, 2° de tous les hommes disparus qui vivent dans la pensée de leurs descendants et y développent une action égale à l'ascendant de leur souvenir. Cet être est le plus composé de tous, en ce sens d'abord qu'il embrasse dans sa conscience actuelle les générations passées comme la génération présente; ce que ne fait aucun être vivant; mais en ce sens aussi qu'il est constitué par une réunion d'êtres à la rigueur séparables, qui ne restent unis en lui que par les liens de l'amour mutuel, tandis que les autres êtres composés (tous les vivants le sont) sont faits de parties matériellement unies qui ne peuvent un seul instant se dissocier sans périr. Enfin cet être est le plus spécial de tous; car de même qu'un petit nombre de corps chimiques s'unis-

sent pour former les corps vivants, de même un petit
nombre d'entre les êtres vivants s'unissent pour former des sociétés : le mode de vie sociale n'est possible
dans la série organique que là où les sexes sont distincts, et il ne s'épanouit que là où il existe un langage articulé. L'être collectif humain est à ces titres
le plus variable de tous. Il subit l'action de la nature
entière, soumis qu'il est, comme habitant de cette planète, aux phénomènes mécaniques, sidéraux, physiques, chimiques et biologiques, soumis de plus aux
phénomènes sociaux développés dans son sein par le
contre-coup de tous les autres et les rapports d'organe à organe. Aussi est-ce celui de tous les êtres qui
peut le plus énergiquement réagir sur le monde et agir
sur lui-même. Nul n'est capable d'un progrès aussi
vigoureux, ni (par cela même que seul il domine le
temps) aussi *continu*. En résumé l'être qui est l'objet
de la science sociale diffère de ceux qui sont l'objet de
la biologie, ce qui suffit pour établir la distinction de
ces deux sciences.

Mais peut être l'humanité n'est-elle qu'une conception de l'esprit, une idée? Bien au contraire, c'est
l'homme qui n'existe que comme abstraction dans la
pensée des philosophes. « *Il n'y a au fond de réel que
l'Humanité.* » Non qu'il faille voir en elle une entité
ou cause inaccessible à l'expérience! Elle est constituée par un groupe de phénomènes irréductibles à
tout autre; ces phénomènes ont leurs lois; et c'est
assez pour constituer une existence aux yeux de la
philosophie positive. On peut objecter, il est vrai, avec
une apparence de raison, que l'humanité dans sa tota-

lité existera peut-être un jour, mais n'existe pas encore.
Cette objection n'empêche pas que l'humanité n'existe
au moins dans l'esprit de ceux qui la conçoivent
comme réalisable, et ne soit par conséquent pour
ceux-là un objet de désirs, de travaux, de sacrifices.
Si peu nombreux qu'ils soient, ils forment déjà l'humanité, et par la solidarité qui les unit à travers
l'espace, et par la tradition qui les enchaîne à travers
les temps. Mais ce n'est pas assez dire; l'unité sociale
humaine est sortie depuis longtemps de la région de la
pensée pour entrer dans le domaine des faits et de
l'histoire. Plusieurs fois déjà cette réalisation a été
tentée dans la partie la plus avancée de l'humanité et
non sans succès. Témoin le grand effort du moyen-
âge. Quoi qu'il en soit, il n'est pas nécessaire que l'organisme social ait atteint son unité pour qu'il y ait une
science sociale. Appliquée à l'un des centres les plus
minimes, pourvu que ce centre se suffise à lui-même, la
science sociale y découvre les mêmes lois d'équilibre
et d'évolution que dans un corps qui comprendrait
toute l'humanité. Elle a pour objet tout aussi bien les
sociétés partielles et temporaires que la société universelle appelée à régner un jour définitivement sur
le globe; et si l'on refuse la réalité à celle-ci, du moins
sera-t-on forcé de l'accorder à celle-là.

En possession d'un objet distinct, la science sociale
mérite une appellation distincte. Comte propose de
lui donner le nom de Sociologie. — Un nom nouveau
n'est rien en lui-même; mais c'est une chose qui n'est
point à mépriser quand ce mot détermine une réalité
nouvelle. Or, par ce nouveau terme, Comte a distingué

la science qui nous occupe de celles qui envisagent le même objet sous un point de vue plus restreint : l'Histoire, l'Economie politique, la Statistique, la Physique et l'Arithmétique sociales. Il l'a distinguée de la politique, terme autrefois général, mais employé dans les temps modernes pour désigner bien plutôt l'art du gouvernement que la science des phénomènes sociaux; à quoi il faut ajouter que la politique ne s'applique qu'à l'humanité, tandis que la sociologie peut s'appliquer, s'il y a lieu, aux faits sociaux partout où ils se présentent. Certes, ce mot n'est pas sans reproches du côté de la structure; Comte ne se l'est pas dissimulé. Mais il est court; il évite les périphrases; mais (et ceci est une raison que nous avons pour l'adopter, que Comte ne pouvait avoir), le voilà consacré par l'usage. En France et en Angleterre, tous ceux qui ont poursuivi les mêmes recherches dans le même esprit se sont servis du même terme, l'un d'entre eux avec éclat.

Reste la question de méthode. Comte l'avait d'abord tranchée comme ses prédécesseurs en disant que la sociologie, l'une des sciences naturelles, devait être étudiée comme les sciences naturelles par l'observation et l'induction. Mais, parvenu au milieu de sa carrière philosophique, il se rangea à un avis tout différent. La sociologie expérimentale fondée sur la mesure précise des phénomènes et la détermination de leurs rapports constants ne pouvait être même ébauchée par un seul homme. Une élaboration même incomplète des lois principales de cette science demandait, en raison de l'infinie complexité des phénomènes, le concours de plusieurs générations d'observateurs.

Comte devait-il donc renoncer à la constituer dans ses lignes essentielles, comme c'était le rêve de ses jeunes années ? L'humanité elle même devait-elle attendre pour agir et pour vivre, l'achèvement de la sociologie expérimentale ? Comte comprit, et c'est là un mérite que des travaux ultérieurs plus parfaits ne pourront effacer, que la vie des nations ne repose pas sur des théories explicites entièrement revêtues du caractère démonstratif. Que faudrait-il, en effet, pour cela ? Il faudrait d'abord que la théorie abstraite de l'état statique et de l'essor dynamique des sociétés en général fût achevé, travail immense. Mais est-ce là tout ? En aucune façon ; car, en supposant cette théorie abstraite accomplie, il faudrait encore que la théorie particulière de chaque groupe de sociétés, puis de chaque société, puis de chaque série de phénomènes sociaux, eût été déduite à la lumière des faits de la théorie générale. A défaut de la solution de ces problèmes, nulle prévision scientifique des faits, et partant nulle action systématique conforme aux procédés du laboratoire, n'est possible pour la science sociale. Or, pour quel ordre de faits demande-t-on un pareil travail ? Pour celui qui, de l'aveu de tous, offre une complication et un enchevêtrement inouïs, et qui dépasse à ce titre l'ordre des phénomènes vitaux autant que celui-ci dépasse l'ordre des phénomènes physico-chimiques. « Les six ordres d'influences (mathématique, astronomique, physique, chimique, biologique et sociologique) concourant en effet toujours à de tels résultats, l'omission d'une seule ferait avorter la construction ou n'y permettrait qu'une insuffisante réalité » (Vol. I, pag. 430).

Mais ce qu'on demande ici pour les phénomènes sociologiques, a-t-il du moins été obtenu pour les ordres de phénomènes inférieurs? Bien rarement, à coup sûr; car, dans les cas mécaniques excessivement simples, créés par notre propre intervention, les tentatives de précision exacte échouent d'ordinaire misérablement. « Alors même surgissent d'énormes déceptions, comme celles que le tir effectif des projectiles présente aux orgueilleux calculs des géomètres.» Il est donc d'une sagesse élémentaire de ne pas requérir, pour la science la plus haute et la plus complexe, une détermination concrète à laquelle il faut renoncer même pour les sciences les plus humbles et les plus simples. « J'ose aujourd'hui garantir, dit Comte, que les sciences vraiment concrètes resteront toujours interdites à notre faible intelligence » (vol. I, p. 431).

Il convient donc, pour la science sociale encore plus que pour les autres, de se borner à la construction de la théorie abstraite, qui suffit d'ailleurs à la direction de notre activité. « Nos besoins théoriques n'exigent au fond que la science abstraite, qui seule nous est accessible (loc. cit.). » En quoi consiste maintenant la spéculation abstraite sur un sujet donné? La mécanique et la physique nous le montrent. On a obtenu une connaissance vraiment générale du mouvement en négligeant l'étude des forces accessoires qui viennent dans la réalité modifier profondément les mouvements les plus simples. « C'est ainsi que nous ignorerions encore les lois dynamiques de la pesanteur, si nous n'avions pas fait d'abord abstraction de la résistance et de l'agitation des milieux » (vol. I, p. 426).

De même, pour construire la sociologie abstraite, il faut savoir négliger les complications infinies des cas particuliers et s'élever à la conception des lois essentielles qui président au concours des individus dans les êtres composés. Bref, à une analyse expérimentale, minutieux effort d'érudition à peu près impossible et stérile la plupart du temps, la sociologie doit substituer, surtout à son début, une synthèse d'ordre tout différent, dont les résultats, prochainement accessibles, suffiront à régler l'action des sociétés et celle des individus.

L'emploi de cette méthode est urgent. L'anarchie règne avec la méthode analytique, non seulement dans la sociologie, mais dans tout le domaine des sciences. Chacun, se cantonnant dans son étude de prédilection, refuse de reconnaître les rapports qui l'unissent aux autres études. Bien plus, égaré par l'orgueil, chaque savant s'efforce de ramener les sciences supérieures aux sciences inférieures qu'il cultive ; tendance fatale et qui conduit à un matérialisme sans issue. Enfin, l'ivresse de la spéculation individuelle pousse la plupart des esprits à méconnaître le rôle social de la science. Ils se croient destinés à penser pour eux seuls et par eux seuls ; comme si leur pensée ne trouvait pas son meilleur aliment dans les découvertes de leurs devanciers, comme s'ils n'étaient pas redevables à l'humanité des secours qu'ils ont reçus d'elle ! Le particularisme scientifique engendre donc l'égoïsme pratique : il déprave le savant en même temps qu'il rabaisse la science. Bientôt même l'ardeur scientifique va s'éteindre, imparfaitement soutenue par l'amour-

propre. Si seulement la pensée, ainsi dévoyée, se
bornait à se détruire elle-même! Mais elle se retourne contre les autres puissances de notre nature,
et, par son analyse négative, détruit tout ce qu'elle
touche. La critique paralyse l'action comme elle
dessèche le sentiment. Nulle puissance n'est aussi
destructive que celle de l'esprit, quand une fois il
s'est insurgé contre le cœur. Qu'il triomphe, et l'unité
des consciences individuelles fera place comme l'harmonie des sociétés à une incohérence grosse de
conflits.

L'esprit ne peut trouver en lui-même un principe
régulateur : où le trouvera-t-il? C'est ici que nous
assistons à un spectacle singulier : le fondateur du
positivisme abandonnant la tradition du·xviii° siècle
pour se rapprocher sciemment de Pascal et des
mystiques du moyen-âge.

Le cœur seul a en lui une source d'impulsion qui
lui est propre. Seul il est capable de ramener à l'unité
les tendances divergentes qui constituent l'être humain. « Privées de cette excitation, l'intelligence et
l'action s'épuisent chez l'individu en tentatives stériles
et désordonnées. » Et dans la vie sociale les êtres
indépendants appelés à former par leur concours un
être unique ne sortiraient jamais d'eux-mêmes s'ils
n'étaient poussés les uns vers les autres par une sympathie aveugle mais irrésistible, antérieure à toute
spéculation comme à toute volonté (vol. I, p. 15, 16
et 17). Eh bien! cette force qui est dans la réalité le
point de départ, le *primum movens* de notre individualité et de notre cohésion sociale, c'est elle qui nous

fournira le principe de la systématisation théorique que nous cherchons. Posons comme clef de voûte de l'édifice des sciences l'amour universel, et, au sommet de la hiérarchie des êtres, plaçons l'humanité dont l'amour cimente et renouvelle incessamment les innombrables organes. Que ce soit là un acte de conviction plus que d'intelligence, ne discutons pas ce point initial; mais cette concession une fois faite à la prépondérence du cœur, examinons attentivement ce qui va en résulter pour la conduite de la pensée et de la vie.

Certes la voie nouvelle ne manque pas d'écueils. Signalons le principal avant de la parcourir. Il faut se garder avant tout, en effet, de renouveler les tentatives de la raison métaphysique pour attendre les causes des phénomènes. La méthode bien entendue ne recherche que les lois. On évitera facilement cet écueil si l'on comprend que, pour se subordonner au cœur, l'esprit n'abdique aucun de ses droits essentiels. « L'esprit doit toujours être le ministre du cœur, jamais son esclave. »

La science qui prend l'homme comme point de départ et peut s'appeler à ce titre subjective, ne s'oppose pas radicalement à la science qui prend au contraire pour point de départ le monde et porte le nom d'objective : la première complète l'autre et combat ses tendances dispersives, mais elle ne la contredit pas. Bien au contraire, elle trouvera dans ses analyses les bases nécessaires pour soutenir les constructions synthétiques qu'elle-même édifie. « Aucune vérité ne saurait être définitivement établie qu'après avoir été démontrée par les deux méthodes, quelle que soit celle dont elle émane d'abord » (vol. I, p. 449).

Examinons maintenant les avantages qu'offre l'emploi de la méthode subjective. Tout d'abord on voit comment le cœur, pris pour principe, ordonne toutes les puissances de notre nature. L'intelligence, il la tourne tout entière à la recherche des moyens par lesquels on peut servir l'humanité ; l'action se trouve par lui consacrée à l'accomplissement de ces moyens mêmes. L'être humain constitue donc une unité, mais qui ne se détermine qu'en se liant seulement avec d'autres unités de même sorte dans un organisme commun. Ce n'est pas à l'humanité que va l'amour, de son premier élan ; c'est à une partie de l'humanité : la famille est ainsi constituée, et la solidarité s'étend de proche en proche jusqu'à son terme extrême qui est l'union de toutes les parties de l'humanité sur la planète terrestre. Et ce qui est vrai de l'individu simple est vrai de l'individu composé ; en lui l'action doit être employée par l'intelligence à satisfaire le sentiment, c'est-à-dire que les conditions du milieu social étant données, l'intelligence sociale doit s'appliquer à les connaître, sans jamais oublier que son but unique est de réagir favorablement sur le milieu qui l'environne, par cela même qu'elle agit convenablement sur elle-même. « D'abord émanée de la vie active, la systématisation finale y revient avec un surcroît d'énergie » (vol. I, p. 322).

Le particularisme scientifique est du même coup aboli. Chaque science ayant deux faces, l'une par laquelle elle regarde la science inférieure et subit les conditions objectives que celle-ci lui transmet, l'autre par laquelle elle regarde la science supérieure et se rattache à la destination subjective qu'elle y puise, on voit aussitôt l'ensemble des connaissances humaines converger vers l'homme et la vie sociale comme en un centre vivant d'attraction, et former ainsi un seul organisme. A vrai dire, il n'y a qu'une science : la science de l'humanité, dont les autres sciences ne sont que les préliminaires, parce qu'il n'y a qu'un art suprême : la vie sociale, dont tous les autres arts ne sont que les serviteurs. Bornons-nous à montrer ce que devient la biologie envisagée à ce point de vue synthétique. S'il est vrai que les plus hautes propriétés vitales, la pensée et l'amour, ont pour condition les propriétés les plus basses, s'il est vrai que le moindre changement dans ces conditions objectives altèrerait profondément toute notre économie morale qui repose sur cette base fragile, on n'en peut pas moins affirmer que l'esprit est d'une nature hétérogène à ses instruments, et dépasse les conditions du sein desquelles il surgit : « Nous ne saurons jamais pourquoi l'oxygène, l'hydrogène, l'azote et le carbone sont susceptibles de vivre, tandis que le chlore, le soufre, l'iode ne vivent aucunement. » L'esprit ou l'âme est donc par rapport a ses organes corporels, non un effet, une simple résultante, mais bien plutôt un but, une raison d'être, la seule suffisante.

En effet, si le corps ne constituait pour chacun des membres de l'organisme social une individualité indépendante, le concours organique y serait impossible, puisqu'il a pour caractère essentiel l'existence distincte

de ses éléments. Point de concours sans indépendance
préalable; c'est la grande loi de la vie collective,
établie à jamais par la *Politique* d'Aristote. Et en
second lieu, si la vie corporelle n'imposait à chacun
des membres la mort, l'être collectif composé d'éléments éternels ne saurait se renouveler, et le progrès
lui serait interdit. Enfin, si l'individu passager n'était
soumis à la nécessité de recevoir et de perpétuer la
vie par la génération, les lois de l'hérédité ne lui
seraient point applicables, et la source de la continuité
historique serait tarie dans le corps social; même un
organisme social engendrant un autre organisme n'aurait point de tradition à lui léguer. La chaîne des états
successifs serait perpétuellement rompue dans l'humanité. Ainsi, la biologie prépare la sociologie, la
vie physiologique pose par une sorte de destination
intentionnelle le fondement de la vie morale. De
même, la science plus concrète des espèces animales
ou zoologie, nous montre en germe la vie sociale chez
les êtres inférieurs à l'homme. D'abord, nous voyons
chez les plus élevés l'énergie des appareils nutritifs
(laquelle exige la conquête d'une proie vivante) entraîner un développement correspondant des facultés
intellectuelles (vol. I, p. 597), ce qui produit un pouvoir croissant de discerner les conditions de milieu et
de s'adapter à leurs exigences. « Par là, l'être vivant,
jusqu'alors solitaire, ouvre des rapports habituels avec
tout ce qui l'entoure.» (vol. I, p. 598). Mais en s'élevant
ainsi au dessus de la vie végétative, il entre nécessairement, par la participation à des sensations et à des
mouvements réciproques, en communauté avec ses

semblables, surtout dans les intervalles où, échappant
à l'étreinte des besoins, il vit d'une existence moins
intéressée, partant moins égoïste. C'est surtout dans
la reproduction que ce renoncement à l'individualité
absolue devient nécessaire. « Les espèces même les
plus égoïstes se trouvent, alors, modifiées par une satisfaction qui, quoique individuelle, suppose ailleurs
quelque assentiment volontaire. » On voit ainsi la vie
de relation se rapprocher davantage de la sociabilité
(vol. I, p. 601). L'éducation des petits l'en rapproche
bien plus encore ; elle appelle la mère d'abord seule,
puis le père avec elle, à un échange continu d'informations et de services entre eux et avec leur progéniture,
d'où résulte « une ébauche de la vie de famille. » Dans
la continuité inévitable de la vie domestique, une certaine prévoyance ne tarde pas à venir lier l'avenir au
passé, en même temps que les nécessités communes
plient les membres de la famille à une sorte de disci-
pline, déjà morale en quelque degré, puisque l'affection
la rend parfois volontaire. « L'animal, même mâle,
offre souvent d'admirables exemples de la plus tou-
chante abnégation personnelle pour mieux assurer la
conservation des siens » (vol. I, p.611). Ce n'est pas tout
cependant. La vie en troupe nous montre une extension considérable de la famille, soit qu'elle ait pour
but la défense comme chez les espèces herbivores,
soit qu'elle ait pour but l'attaque comme chez certaines
espèces carnassières. Ces lignes sont l'effet de l'inclination sociale proprement dite ; d'autres sont dues à
une inclination que Georges Leroy a distinguée fort à
propos de la première, l'inclination domestique (domes-

tication), celle-ci étant toute individuelle et accidentelle, celle-là spécifique et normale. La part de la
contrainte n'y est pas toujours aussi considérable qu'on
le pense; il est naturel que l'animal aspire à vivre
plutôt avec un être dont il sent à tant de marques la
supériorité qu'avec ses égaux. Cette subordination,
en grande partie volontaire, de l'animal à l'homme
est le plus haut point où l'animal parvienne dans la
voie de la sociabilité; car c'est là que l'indépendance
se concilie le mieux pour lui avec le concours. « Tous
les principaux caractères que l'orgueil et l'ignorance
érigent en priviléges absolus de notre espèce se montrent donc aussi à l'état plus ou moins rudimentaire
chez la plupart des animaux supérieurs. » La zoologie
offre ainsi une ébauche de sociologie. Mais ces mêmes
phénomènes seraient pour elle autant d'énigmes si la
sociologie complète ne lui en prêtait la clef. Il en est
de même des autres sciences situées au dessous d'elle
dans la hiérarchie signalée plus haut. La méthode
synthétique, en faisant rayonner sur les sciences inférieures les clartés qu'elle puise dans la science de
l'humanité, donne donc à ces sciences leur complément
indispensable et leur imprime la seule unité dont elles
soient susceptibles. Dès lors, le matérialisme étroit qui
veut rabaisser toute connaissance à ses conditions et
réduit finalement toute existence à des nombres et à
des figures n'est plus un seul instant possible. Tout
progrès dans une branche quelconque du savoir humain se trouve rattaché au progrès de ce savoir dans
son ensemble et, par conséquent, à la marche de la
civilisation tout entière, depuis le plus lointain passé.

L'humanité apparaît comme la mère de toute culture, par suite, de tout bien-être; et l'investigation scientifique, loin d'être tentée de porter sur ses divers organes : la patrie, la cité, la famille, une critique destructive, se trouve invitée à de pieux efforts pour les consolider et les servir.

Ainsi ressort pleinement la signification morale de cette doctrine qui, suivant son auteur, a « l'amour pour principe, l'ordre pour base, et le progrès pour but. » Quel qu'ait pu être le point de départ de Comte, on ne peut nier qu'il a su porter à quelque hauteur son « nouveau spiritualisme. » C'est une noble pensée que celle qu'il exprime dans les lignes suivantes : « Quand même, dit-il, la terre devrait être bientôt bouleversée par un choc céleste, vivre pour autrui, subordonner la personnabilité à la sociabilité, ne cesserait pas de constituer jusqu'au bout le bien et le devoir suprêmes » (vol. I, p. 507). Et quant à la politique qui résulte de la sociologie, elle rompt entièrement avec les tendances révolutionnaires de l'école de Rousseau. Loin d'admettre avec Fichte que le rôle du gouvernement est de se rendre inutile, elle proclame que l'organisme social ne peut agir qu'en s'incorporant dans une personnalité individuelle; elle établit de plus que l'action centrale doit croître en raison de l'indépendance et de la vitalité des membres composants. Une nation est d'autant plus gouvernée qu'elle est plus libre. Une part considérable est aussi laissée par cette politique à l'esprit de continuité et de tradition.

L'influence que Locke avait exercée sur les théoriciens politiques français au xviiie siècle, Comte l'a-

exercée en ce siècle, peut-être dans une plus large
mesure, sur les théoriciens politiques de l'autre côté
du détroit. Stuart Mill lui accorda de son vivant même
une adhésion tellement complète, que nous pouvons
nous dispenser de faire ici à ce penseur plus exact
qu'original, une place à part dans notre étude. Vint
ensuite M. Spencer qui, tout en rejetant le couronnement du système, en adopta les lignes fondamentales
et en fit les assises de sa vaste construction (1).

Ce qu'il y a d'original et à notre avis de profond
dans la philosophie de Comte, prise intégralement,
c'est la tentative qu'il a faite pour marier deux éléments d'ordinaire séparés dans les autres systèmes :
la pensée et l'amour, l'esprit et le cœur, la science et
la moralité. La pente du siècle portait ailleurs tous les
savants, ses contemporains ; partout on entendait dire
que les conséquences morales d'une doctrine ne devaient compter pour rien dans le jugement qu'on en
portait, que la spéculation était une chose, la pratique
une autre, que la vérité n'avait rien à voir avec nos
désirs et que, pourvu que ses déductions fussent
exactes, le philosophe n'avait pas à se préoccuper de
ses conclusions, dussent-elles engendrer le chaos. Ce

(1) M. Spencer a lui-même exposé que ses conceptions ne sont pas
puisées que dans les ouvrages de Comte et ont une tout autre origine.
Il admettrait seulement que le positivisme français a influé sur sa pensée,
et encore à son insu, par la résistance continue qu'il a dû lui opposer
dans son développement original. On comprend que l'antagonisme au
sein d'une doctrine commune puisse imprimer même aux divergences
un caractère de symétrie et de solidarité. Quoiqu'il en soit, nous devons
déclarer ici nettement que, si nous établissons un lien entre les doctrines
de Comte et celle de M. Spencer, il s'agit d'un rapport logique et non
d'une filiation.

zèle pour la science objective avait un bon côté; car
il ne faut pas que la science soit asservie par de mes-
quines préoccupations d'utilité immédiate; la spéculation doit garder une indépendance relative dans sa
sphère. Cependant il ne faut pas oublier non plus que
la science n'a pas sa fin elle-même; qu'à côté de la
pensée qui voit le monde tel qu'il est, il y a en nous
la volonté qui aspire non seulement à le conserver,
mais encore à le façonner de manière à ce qu'elle s'y
développe plus au large; qu'enfin l'esprit ne scrute si
âprement la réalité que pour en tirer en définitive un
peu plus de joie. La spéculation est donc subordonnée
à la pratique; et c'est l'art, depuis ses plus hautes
jusqu'à ses plus humbles manifestations, qui est le vrai
maître de la vie. Avec Kant, mieux que Kant peut-être,
notre compatriote a compris, je ne dis pas cette souveraineté du point de vue moral, mais ses rapports
profonds avec le point de vue scientifique. Malheureusement ces deux éléments sont si intimement unis
dans son système final, qu'ils paraissent quelquefois
confondus et que la clarté en souffre. De plus, après
avoir frayé cette voie nouvelle, Comte ne s'en sert que
pour conduire son lecteur à des conceptions religieuses
tout-à-fait inattendues, qu'il annonce sur un ton pro-
phétique bien propre à déconcerter les savants. Aussi
un grand nombre qui l'avaient suivi volontiers d'abord,
se sont-ils écartés de lui à mesure que cette seconde
phase de son évolution intellectuelle s'avançait; cou-
pant ainsi arbitrairement son système en deux parts
pour rejeter celle à laquelle le maître tenait le plus.
C'est ce qu'a fait M. Spencer, quand sa pensée déjà

adulte rencontra celle de Comte. Répudiant cette dualité de la doctrine positive, il en accepta toute la partie
philosophique ou mieux scientifique ; la partie religieuse, il préféra l'ignorer. Pour lui, point de différence
entre la sociologie et les autres sciences, du moins
quant à la forme et à la méthode : le fait que nous
sommes les acteurs en même temps que les spectateurs
des faits sociaux (*Polit. pos.*, vol. II, p. 68), loin de
nous aider à résoudre les difficultés de cette science, les
augmente à ses yeux en une fâcheuse proportion.
Mais, nous avons tort de dire que M. Spencer repousse
le côté moral de la doctrine et en conserve le côté
spéculatif ; car ici encore il y introduit des changements considérables.

1º On a vu que Comte, pour mieux établir que les
sciences ne peuvent recevoir leur unité que d'un principe supérieur à elles, insiste vivement dans son
ouvrage fondamental sur leur discontinuité. Chaque
mode d'existence est, suivant lui, radicalement différent des modes qui le précèdent et qui le suivent, en
sorte que nulle synthèse purement scientifique ne
peut embrasser ces divers domaines. M. Spencer
rompt les barrières élevées par Comte. Chaque mode
d'existence lui apparaît comme le développement du
mode antérieur et le germe du mode postérieur. Notre
esprit seul marque des temps et des limites dans les
divers degrés de cette évolution continue. A tous les
degrés de l'ensemble des êtres, la science a sa tâche
bornée à une seule fonction : dégager la formule constante d'une grande quantité de faits variables. Mais
cette première opération achevée, la science ne s'ar-

rête pas là; il lui faut dégager d'un certain nombre de formules, renfermant encore quelque variabilité, une formule plus compréhensive et plus constante : et ainsi de suite, jusqu'à ce qu'on arrive, si cela est possible, à une formule d'une fixité absolue et qui embrasse tous les cas sans exception. Or, cette simplification de l'expérience a été réalisée. Tous les faits observés, quels qu'ils soient et à quelque ordre qu'ils appartiennent, ont ce trait commun qu'ils obéissent aux lois du mouvement, qu'ils sont des mouvements eux-mêmes. Il faut donc bien reconnaître qu'il n'y a qu'une seule science, laquelle comporte seulement des degrés de complication divers et cela presque à l'infini.

Comment les mouvements se combinent-ils pour former tels ou tels faits qui se révèlent à nos sens par des propriétés spéciales, c'est ce que la science entrevoit pour quelques-uns, c'est aussi ce qu'elle est appelée à découvrir successivement pour tous. En effet, les origines ne sont obscures pour nous que parce qu'elles sont reculées dans les temps lointains ou confinées dans les espaces infiniments petits ; mais elles ne sont comme tout le reste que des connexions de phénomènes plus ou moins complexes et rien n'empêche d'en saisir la formule que des obstacles temporaires. Ainsi donc une synthèse intellectuelle sans limites assignables est en voie de développement depuis que la science du monde a commencé ; elle travaille sans relâche à absorber cet univers depuis les plus simples jusqu'aux plus composées de ses manifestations ; elle sort de la science seule, ou plutôt elle est la science même, et toute la science, car celle-ci ne

8

connaît pas deux procédés ; elle est la même depuis
ses débuts les plus humbles jusqu'à sa plus large
extension. Elle aboutit à un mécanisme universel de
mieux en mieux démontré : mécanisme dont l'unité
résulte de l'impulsion qui en ébranle successivement
toutes les pièces et non du but, de la destination où
elles tendent. Les sociétés humaines, comme toutes
les masses agrégées, vont prochainement être soumises
aux lois de ce mécanisme par l'intermédiaire de la
biologie, qui n'est elle-même qu'un cas plus complexe
des mouvements physico-chimiques.

Les preuves de cette conception sont trop étendues
pour que nous les rapportions ici dans leur détail :
qu'il nous suffise d'en indiquer l'esprit. Si tous les
phénomènes sont réductibles au mécanisme, les phénomènes de la pensée le sont aussi. Non qu'ils puissent
se prêter à cette réduction en eux-mêmes, en tant que
subjectifs, c'est-à-dire en tant qu'états de conscience ;
mais ils doivent rentrer sous les lois universelles en
tant que modifications du système nerveux, sans lequel
nulle pensée ne se produit ; c'est-à-dire en tant que
phénomènes objectifs. C'est cette démonstration que
M. Spencer a tentée dans ses *Principes de psychologie.*
Il y est établi que le système nerveux est un effet et un
cas particulier du mécanisme, en d'autres termes
qu'il est dans sa structure et ses fonctions le produit
des impulsions exercées par le milieu sur la matière
vivante faiblement organisée. Pour la première fois, il
a été tenté dans cet ouvrage d'expliquer mécanique-
ment la genèse et le fonctionnement des nerfs dans
l'organisme. Voici comment. La loi essentielle de la

pensée est que la tendance possédée par l'antécédent
de tout changement psychique à être suivie par son
conséquent est d'autant plus forte que les objets extérieurs dont chacun de ces changements est le symbole
se sont montrés plus fréquemment unis. En d'autres
termes, la constance des associations d'idées est en
raison directe de la constance des connexions de
faits qu'elles expriment. Or, si on examine les organismes élémentaires encore dénués de système nerveux, on peut concevoir comment la répétition des
mêmes actions mécaniques exercées par le milieu y
introduit une tendance parallèle à réagir semblablement sous des actions semblables. Etant donné, en
effet, un choc répété en un point quelconque de la
masse du protoplasma qui constitue l'être rudimentaire, les molécules du protoplasma doivent nécessairement se trouver plus disposées à laisser passer les
répercussions suivant une direction que suivant une
autre, et il y a un point extérieur de la masse où
le courant d'ébranlements moléculaires doit aboutir
plutôt qu'en d'autres points. Car en aucune masse de
matière les éléments ne sont à l'état d'homogénéité et
d'uniformité absolue : bien moins encore ceux d'une
masse vivante, faite de composés éminemment in-
stables. Mais ce passage d'un courant d'ébranlements
rend les mêmes molécules qui lui ont ouvert une voie
quoique difficilement, plus incapables de résister au
passage d'un second courant. Si donc une seconde fois
le choc a lieu, la résistance étant moindre, il y aura
encore plus de raisons pour que le courant nouveau
suive la même direction et aboutisse au même point.

De plus, les molécules subiront dans la succession des ondes d'ébranlement des changements intimes de plus en plus marqués, et ces changements intimes auront pour résultat d'en faire des réservoirs de force latente toujours prêts à déverser dans le courant, à son passage, les impulsions qu'elles auront ainsi en quelque sorte enmagasinéés. Le courant croîtra dans sa marche en volume et en rapidité. De tels changements favoriseront de plus en plus le passage et exclueront de plus en plus le passage par une autre voie; en sorte que le point terminal deviendra un lieu d'appel de plus en plus énergique et transmettra au dehors le choc initial, non plus seulement sans déperdition, mais même avec accroissement. Il y aura ainsi dans la masse un système de communication tel que, si en un point du mouvement est reçu, en un autre point du mouvement sera dégagé. Et la connexion des ébranlements en ces deux points, au moyen de cette chaîne de molécules maintenant spécialisées à un tel usage, sera d'autant plus forte que le choc extérieur aura été plus répété. Ainsi s'établit la correspondance la plus simple de l'être sentant avec le monde extérieur par le plus rudimentaire des filaments nerveux. Nous n'avons pas dessein de suivre l'auteur dans l'exposé très étendu des complications successives par lesquelles ce filament se transforme en un système de ganglions à ramifications multiples, et devient propre à la pensée réfléchie. Mais ces quelques mots suffisent pour indiquer la méthode suivie : on tire la pensée, considérée comme la fonction d'un système nerveux composé, comme une action réflexe d'un degré supérieur, de la fonction d'un élément nerveux rudimentaire, d'une action réflexe simple ; et celles-ci, avec la structure matérielle correspondante, des actions mécaniques exercées par le milieu sur une masse de protoplasma. La constance des associations d'idées ainsi obtenues est donc bien le résultat de la constance des phénomènes de la nature. Bien entendu, cette cohésion qui unit dans l'esprit les groupes d'expériences les plus généraux et les plus constants ne s'est pas réalisée dans chaque individu ; propre à la race tout entière, elle est le fruit de l'hérédité ; l'accumulation immense qui l'a produite remonte même à travers nos premiers ancêtres à des organismes moins parfaits que le nôtre qui en ont déjà reçu les premières réserves des organismes inférieurs. Mais cela ne fait que confirmer la conclusion précédemment énoncée ; que la pensée est le produit des actions du milieu cosmique de qui elle tient sa structure et son contenu. L'homme est donc en dernière analyse une machine pensante. Mais si tel est l'homme individuel, élément de la société, la société sera-t-elle autre que ses éléments ? Rien n'autorise à le penser. Tout agrégat d'éléments est soumis aux mêmes lois que les éléments eux-mêmes. On dresse un mur droit avec des pierres de taille, une pyramide avec des boulets, un amas informe avec des cailloux oblongs ; et ces formes spéciales s'imposent dans chaque cas à l'ensemble én raison de la forme de ses parties. Chaque sorte de cristaux revêt une forme toujours la même qui dépend de celle des éléments. De même la société dépend dans sa structure et ses fonctions de la nature des êtres qui la composent.

Les phénomènes sociaux ne sont donc que des phénomènes mécaniques, infiniment plus compliqués seulement que les phénomènes organiques et psychiques
individuels. La sociologie est une science physique
comme toutes les autres. L'observation aidée du calcul est son point de départ. La réduction de ses lois
aux lois universelles du mouvement est son point d'arrivée, terme encore lointain de ses efforts. Et qu'on ne
dise pas que le rapprochement entre les phénomènes
sociaux et les phénomènes du mouvement est une
comparaison, une analogie. Ces rapprochements veulent être « interprétés littéralement. » Les phénomènes psychiques collectifs, désirs, passions, sentiments, sont comme les phénomènes individuels en
toute réalité des phénomènes mécaniques, du moins
sous le point de vue objectif, le seul par où ils puissent
être connus scientifiquement. « La pression de la faim
est une force réelle. » Pascal s'indignait de voir
Descartes réduire les émotions à des chocs mécaniques, et ne pouvait se persuader que le plaisir soit un
phénomène semblable à *un coup de pierre*. Qu'on s'en
étonne ou non, c'est bien la théorie du coup de pierre,
c'est bien le mécanisme cartésien que M. Spencer vient
de rajeunir et de consolider.

2° Un enchaînement sans fin de chocs chaotiques
ne fait pas un monde. C'est le *consensus* de ces mouvements, c'est leur évidente conspiration, c'est en un
mot l'ordre du Cosmos qui détournait Comte d'accepter
le mécanisme vers lequel il avait maintes fois incliné.
On le voit souvent revenir à ce principe de la persistance de la force dont le philosophe anglais devait faire

la clef de voûte de son système. L'habitude n'en est
pour lui que l'application. Mais, préoccupé de faire
dériver l'unité d'une source morale, il résista aux
séductions du mécanisme et maintint la discontinuité
des différents ordres de phénomènes. C'est ainsi qu'il
aboutit à une sorte de finalité toute nouvelle, qu'on
pourrait appeler une finalité sans Dieu. On ne voit pas
pourquoi le monde dans son système met tant de
bonne volonté à préparer le règne humain, Dieu
n'étant pas là pour y pourvoir. M. Spencer qui proclame la continuité absolue des phénomènes avec tant
de décision rencontre devant lui la même difficulté,
mais cette fois bien autrement aggravée. Il ne peut,
en effet, être question pour lui de finalité, de tendance
à la perfection ; ni l'un ni l'autre de ces mots ne se
trouve une seule fois dans le plus considérable de ses
ouvrages ; ce sont des solutions auxquelles il a définitivement renoncé. Il semble donc qu'il se soit fermé
toute issue. Mais voici que, par une tactique toute
nouvelle, il va sortir du mécanisme brut en dégageant
du mouvement même les lois d'harmonie et de détermination qu'on avait jusqu'alors rapportées à une tout
autre origine. La grande loi de l'Evolution explique la
genèse de toutes les existences concrètes et cette loi
dérive elle-même du principe dernier de toute philosophie naturelle, la Persistance de la force. Nous
devons renoncer à expliquer cette dérivation, résumée
d'ailleurs à la fin des *Premiers principes ;* mais nous
devons dire du moins quelques mots de la loi même
de l'Evolution. Toute existence, organique et inorganique, étant constituée par une masse de matière et

un ensemble correspondant de mouvements, son histoire consiste dans la suite de redistributions de matière et de mouvements qui s'accomplissent en elle, depuis le moment où elle devient perceptible jusqu'au moment où elle cesse de l'être. Une concentration de matière la rend perceptible, une diffusion de matière la fait redevenir insaisissable. Le mouvement suit un ordre correspondant. Tandis que la matière se concentre, la masse dégage du mouvement et croît en énergie active ; tandis que la matière se disperse, la masse reçoit du mouvement et décroît en énergie, devient de plus en plus passive. Ce double processus résume l'histoire de tout ce qui est, des parties d'un tout quelconque comme de ce tout lui-même. Poursuivons-en les conséquences. Pendant que le premier processus s'accomplit, les parties de la masse, d'abord homogènes, deviennent de plus en plus dissemblables, mais non sans qu'un ordre préside à cette différenciation. En effet, les parties, dissemblables par rapport au tout, doivent nécessairement ressembler en quelque degré les unes aux autres. Les semblables se réunissent inévitablement sous l'action de causes semblables, et les dissemblables, inévitablement aussi, se séparent. Au bord de la mer, les vagues fortes font une ligne de gros galets, les vagues moindres une autre ligne de petits cailloux, les vagues faibles une autre ligne de sable fin. Il en est de même dans tout agrégat. A mesure qu'il devient plus hétérogène, les parties se groupent en ensembles de plus en plus distincts. Mais cette distribution de la masse totale en masses distinctes diversement groupées lutte précisément

contre les effets dispersifs de la complexité croissante;
elle amène une unité et une détermination croissantes;
l'ensemble de la masse devient de mieux en mieux
défini, constituée qu'elle est par un petit nombre de
grandes parties où les ressemblances générales sont
résumées et dont l'arrangement est de plus en plus
simple. C'est ainsi que la surface terrestre s'est peu à
peu divisée en larges mers et en vastes continents, et
que les continents se sont distribués en un petit nombre
de bassins étendus, ayant entre eux des relations précises. C'est ainsi que dans une société la population
se groupe en classes et que se dessinent des ordres
politiques comme la noblesse, le clergé, le tiers-état,
nettement coordonnés les uns par rapport aux autres.
Donc « *à côté d'un progrès allant de la simplicité à la*
complexité, il se fait un progrès allant de la confusion
à l'ordre, d'un arrangement indéterminé à un déter-
miné. » Et tout cela s'accompagne de dégagements de
forces de plus en plus considérables et de mieux en
mieux concertés dont l'accord produit sur les masses
environnantes des réactions de plus en plus vigoureuses. L'être est à son plus haut point de démarcation avec tout ce qui l'entoure. Son individualité est
constituée. Le processus formatif atteint son apogée.
Alors, en effet, les forces incidentes exercées par le
milieu sont contrebalancées par les forces émanant de
la masse agrégée; il y a équilibre. C'est l'ensemble des
phases par lesquelles passe un être quelconque pour
atteindre l'équilibre que M. Spencer appelle Evolution.
Mais l'équilibre ne saurait durer longtemps. Pendant
même que les parties se groupent d'une manière dis-

tincte et tendent à des rapports définis, il se fait en elles un travail inverse. Ce travail que nous ne suivrons pas, mais qui a pour effets évidents d'une part la confusion et la désagrégation des parties, d'autre part la diminutio. incessante, l'épuisement des forces accumulées, jusqu'à ce que, l'équilibre étant finalement rompu, la masse soit résorbée dans le milieu d'où elle est sortie, ce travail c'est la Dissolution. Evolution et Dissolution, ces deux mots sont la formule qui embrasse toutes les existences concrètes, depuis la vague qui paraît et disparaît en un instant sur la surface de l'eau, jusqu'à la société la plus hautement organisée dont l'accroissement et la décadence occupent des siècles, jusqu'à la terre et aux systèmes sidéraux dont les phases énormes et les immenses proportions, non moins que l'infinie complexité, dépassent absolument les limites de notre intelligence. L'univers est compris dans cette formule et elle en fait un Cosmos. Où est, encore une fois, la raison de cette harmonie? Dans la nature même de la force qui en est l'universel instrument. Si la finalité gouverne le mécanisme, c'est qu'elle en sort.

3° Nous pouvons entrevoir maintenant (et sans l'exposé précédent cela eut été absolument impossible) ce qu'est une société pour M. Spencer. Une société est un fragment de ce Cosmos partout à la fois *mécanique* et *organique;* c'est un épisode, semblable en nature à tous les autres, de l'évolution universelle. M. Spencer divise assez volontiers les existences en trois grands groupes, les existences inorganiques, les existences organiques, et les existence superorga-

niques. Les dernières se manifestent par « des faits
que nul corps organisé pris isolément ne présente,
mais qui résultent des actions que ces corps organisés agrégés exercent les uns sur les autres.» (SPENCER,
Premiers principes, p. 386, tr. franç.) Mais on sent
combien ces divisions sont au fond conventionnelles
quand on envisage la nature intime des existences ainsi
classées. Un cristal, une couche géologique, aux yeux
de la philosophie de l'évolution, sont organiques non
pas au même degré mais au même titre qu'un arbre,
un animal, une société. « Que les parties composantes
soient contiguës ou séparées, dès qu'un objet est composé de parties ne formant qu'un tout, on observe en
lui ordination et subordination. Cette condition est
inhérente à la constitution même des êtres vivants.
Mais les êtres inanimés eux-mêmes présentent des
traces d'une ordination et comme un accord. » (ARIS-
TOTE, *Polit.*, I, 2, 9.) On ne peut s'empêcher de se rappeler ces paroles d'Aristote à propos de l'idée que l'on se
fait actuellement de l'organisation dans l'école positive
anglaise. Les Grecs n'avaient qu'un mot pour désigner
la chose qui sert à une fin et l'être vivant qui s'y plie
de lui-même ; les deux étaient des *organes*. Depuis, la
pensée moderne avait nettement distingué l'instrument de l'organe. Voici que la théorie de l'évolution
tend à effacer de nouveau toute démarcation essentielle entre ces deux idées. Animées ou inanimées,
dès qu'elles sont composées de parties conspirantes,
les choses participent de l'organisme, seulement à des
degrés divers. La société humaine y participe à un
degré plus haut que les autres existences planétaires ;

voilà tout ce qui l'en distingue. Quant aux lois qui la
régissent, elles sont les mêmes que celles qui régissent l'amibe au fond des mers, aussi simples, aussi
belles.

En résumé, le point de vue le plus général auquel la
philosophie sociale soit maintenant parvenue en Angleterre est le suivant. L'association ou le groupement
est la loi générale de toute existence organique ou
inorganique. La société proprement dite n'est qu'un
cas particulier, le plus complexe et le plus élevé, de
cette loi universelle. Un être, social ou autre, est
donc, non quelque chose d'absolu, d'indivisible, mais
quelque chose d'essentiellement relatif et multiple :
c'est le point d'application d'un faisceau de forces
conspirantes, point instable dans la nature inorganique, plus stable à mesure qu'on monte dans l'échelle
de la vie, mais toujours susceptible de se résoudre en
des points multiples si la cohésion diminue, ou de se
rattacher à de nouveaux centres si la cohésion s'ac-
croit. Il n'y a donc pas, à proprement parler, des êtres
dans la nature, mais de l'être à des degrés divers de
concentration. Même au point de vue de la conscience
l'être est frappé de relativité. Une conscience est
plutôt un *nous* qu'un moi. En elle-même elle est un
agrégat, susceptible, suivant le nombre de ses éléments,
d'accroissement et de diminution ; elle peut, en raison
de leurs dispositions diverses, s'élever à des degrés
divers d'intensité. Dans ses rapports avec d'autres
consciences, elle peut, sortant de ses limites idéales,
s'unir avec elles et former ainsi une conscience plus
compréhensive, plus une et plus durable, de qui elle

SPENCER   129

reçoit et à qui elle communique la pensée, comme un
astre emprunte et communique du mouvement au système auquel il appartient. C'est pourquoi il est très difficile de fixer nettement les démarcations entre les différentes sciences, particulièrement entre la biologie et
la sociologie. Les sociétés animales rentrent-elles dans
la sociologie? C'est ce que M. Spencer n'a pas dit. A
quel degré de concentration organique et de division
du travail un être composé devient-il objet de sociologie, c'est ce qu'il a encore omis de spécifier jusqu'à
présent. Ces omissions mêmes sont significatives; elles
montrent à quel point ce philosophe est plus préoccupé
d'unir que de séparer les éléments de son système
comme les êtres de l'univers, voulant les embrasser
tous sous une seule loi.

Ce sec résumé ne peut donner une idée de la fécondité de développements que M. Spencer tire de cette
loi en ce qui concerne l'esprit de l'homme et les sociétés humaines. Il y a une incontestable ampleur dans
le déploiement d'exemples auquel il se livre pour expliquer chacune des phases de l'évolution sociale. Le
principe posé, nous ne pouvons le suivre dans toutes
ses applications. Indiquons seulement les plus remarquables d'entre les notions sociologiques qui dérivent
de la théorie de l'évolution. A) D'abord la classification des sciences, et par conséquent la place de la sociologie dans le système, ne peut être la même pour
M. Spencer et pour Comte. Le premier se refuse à voir
dans leur progrès une filiation en série linéaire, conception chère au philosophe français. Le savoir humain
est un organisme et son évolution se fait comme toutes

les autres à partir d'un germe où tout est confondu jusqu'à un ensemble mieux défini, dont les parties sont distinctes et de plus en plus interdépendantes. La sociologie a donc existé de tout temps, seulement à l'état rudimentaire, et elle n'est pas née de toutes pièces dans le cerveau du fondateur du positivisme. B) Secondement, Comte a négligé l'une des sciences sans lesquelles la sociologie est impossible, la Psychologie expérimentale. Il est vrai que de nombreuses vues psychologiques, et quelques unes profondes, se rencontrent dans ses ouvrages ; mais enfin il a nié l'existence distincte de la psychologie ; ce qui est une lacune considérable de son système. Si la nature de l'agrégat est déterminée en sociologie comme en biologie par la nature des éléments, si la société repose sur des combinaisons d'états de conscience, sentiments ou idées, l'étude de l'homme individuel en tant que capable de représentation est de la plus haute importance : c'est la préparation dernière, immédiate à l'étude de la sociologie. C) Cette erreur a été inspirée à Comte par la conviction où il était que la méthode synthétique convenait seule à la sociologie et que le point de départ de cette science était la considération de l'humanité tout entière. Sauf l'emploi des hypothèses, commun à toutes les sciences, la sociologie doit être étudiée par l'analyse expérimentale. A ce point de vue l'homme individuel est un être réel, puis les groupements actuels d'individus : l'humanité n'existe pas, son intégration n'étant pas assez complète. D) Cette conception d'une humanité en marche qui va s'arrêter dans un état définitif dès qu'elle connaîtra le système positiviste et pratiquera la religion nouvelle est radicalement contraire à la loi de l'évolution. Nul équilibre n'est absolu, ni par conséquent définitif. De nouveaux réarrangements de la matière se préparent pendant même qu'un arrangement s'établit. L'humanité a donc des destinées limitées, en dépit de la longue durée des temps pendant lesquels elles s'accompliront : l'humanité cessera de penser, comme la terre cessera de tourner, comme le soleil cessera de rayonner. L'éternité n'appartient qu'à l'univers. En revanche, si l'avenir de l'humanité s'abrège suivant la doctrine de l'évolution, son passé se recule ; car elle a des racines plus profondes que ne le pense le positivisme français. Le Darwinisme, nié préventivement par Comte, M. Spencer l'accepte formellement comme une dérivation de son système. Quand donc M. Spencer étudie à la fin de ses *Principes de Psychologie* les sociétés animales, il n'y voit pas une annonce figurative, symbolique de la société humaine : il en fait une préparation effective, historique de cette société, les instincts sociaux dont il décrit la naissance devant se transmettre et s'accroître par l'hérédité jusqu'à l'organisme humain, continuateur d'une lointaine lignée. E) Enfin, — et c'est une dernière différence dans l'analogie, — si A. Comte est conservateur en politique, M. Spencer pousse la même tendance au point de paraître immobiliste. Dans l'immense organisme social, l'action volontaire individuelle joue suivant lui un rôle presque nul. L'évolution de l'ensemble est déterminée par des habitudes inconscientes, lesquelles reposent sur des conformations organiques héréditaires et que chaque individu subit nécessaire-

ment. Il est donc loin de se montrer favorable aux
tentatives de réformation brusque ; il he fait pas appel
comme Comte à un dictateur qui préside à la période
transitoire entre l'anarchie et l'ordre définitif : toute
entreprise isolée de changement lui paraît déraison-
nable, et les fondations politiques et religieuses que
son prédécesseur rêvait d'accomplir dans l'espace de
quelques années l'ont fait sans doute plus d'une fois
sourire. Le gouvernement même influe à son avis
beaucoup moins qu'on ne pense en mal et surtout en
bien sur les destinées d'une société. Il est vrai que
nulle société véritable ne se forme sans qu'une démarcation ne s'établisse entre les parties gouvernantes et
les parties gouvernées. Mais les organes régulateurs
puisent, comme le système nerveux le fait au sein des
liquides de l'organisme, leur vie même et leur mouvement au sein des organes soumis à leur action, et s'ils
réagissent sur eux, ce n'est qu'avec les forces qu'ils en
reçoivent. En sorte que le point de départ du mouvement dans un corps politique, l'arbitre de ses destinées est toujours le tempérament de la population
elle-même, c'est-à-dire l'ensemble de tendances et
d'habitudes inconscientes liées à la constitution organique de cette population.

Sans nous arrêter à la doctrine du *Nihilisme admi-
nistratif* que M. Huxley reproche à M. Spencer de pro-
fesser (1), c'est sur cette formation en quelque sorte

---

(1) Voir, *Fortnightly Review*, deux intéressants articles : l'un de
M. Huxley, novembre 1871 ; l'autre, de Cairnes, janvier 1875. M. Huxley,
tout en répugnant à se servir de l'analogie entre les corps vivants et
les sociétés pour bâtir des théories politiques, énonce cependant l'idée

inconsciente de l'organisme social que nous devons
insister encore quelques instants. M. Spencer s'est servi
pour le désigner d'un mot (growth) qui s'appliquerait
aussi bien à la croissance du végétal et qui, par conséquent, semble exclure toute intervention délibérée des
individus dans la destinée collective. L'expression a
paru choquante. Essayons de bien comprendre la doctrine. Il serait absurde de dire en effet que les actes par
lesquels la vie sociale est entretenue sont absolument
inconscients, qu'il s'agisse non pas seulement des
hommes, mais même des animaux. La vie de relation
suppose dans toutes les occasions où elle s'exerce un
rapport établi à distance entre des êtres distincts et
ce rapport ne peut-être établi que par la représentation. Il y a donc représentation, c'est-à-dire pensée,
c'est-à-dire, et nécessairement, conscience dans tous
les actes de la vie sociale, chez les animaux comme
chez l'homme. Mais d'abord cette conscience est susceptible de décroître insensiblement, jusqu'à se confondre presque avec l'absence même de conscience,
sous l'influence de l'habitude. La fréquence de l'acte
change peu à peu par le processus que nous avons
indiqué plus haut l'état du système nerveux sur le
point correspondant, en sorte que l'appareil nécessaire
à la fonction s'étant fixé, toute résistance finissant par
disparaître, aucune oscillation, aucun conflit de penchants en sens divers n'accompagne plus l'acte pro-

que cette analogie serait, suivant lui, toute en faveur de la concentration
du gouvernement. « Le fait est, dit-il, que le souverain pouvoir du corps
pense pour l'organisme physiologique, agit pour lui et régit les composants individuels avec une règle de fer. »

posé. Au lieu de se faire après des hésitations qui nécessitent des appels de renseignements, c'est-à-dire
des envois de décharges nerveuses dans les différents
organes sensoriels, il se fait, comme on dit, tout seul.
Il est automatique, ou mieux, réflexe. Si maintenant
on suppose l'appareil nerveux dont cet acte est la fonction transmis de génération en génération à des êtres
qui l'exécutent de plus en plus fréquemment, on comprendra que la conscience en sera de plus en plus
oblitérée, en même temps que l'exécution en deviendra
de plus en plus nécessaire. Il ne requerra bientôt plus
aucun apprentissage : il sera instinctif. Il est une autre
raison pour laquelle les actes sociaux peuvent être dits
inconscients. Un des éléments de la claire conscience
d'un acte, c'est la représentation du but où il tend,
c'est-à-dire de ses effets possibles. Mais il est évident
qu'étant donné un acte aussi clairement conscient
qu'on veuille le supposer, une partie considérable de
ses conséquences ultérieures échappe à l'agent ; car
c'est une des propositions importantes des *Premiers
principes* que les effets d'un mouvement se multiplient
à l'infini à mesure qu'ils s'en éloignent. Ces conséquences cependant entreraient dans la conception du
but et l'examen des motifs, si elles étaient connues.
Donc un acte est toujours conscient en ce sens que
les plus immédiates de ses conséquences sont visées
dans la décision qui l'amène ; mais il est toujours inconscient en ce sens que quelques-unes de ces conséquences (les plus importantes sans doute, en vertu du
principe de la multiplication des effets) échappent à
celui qui en est l'auteur, et restent sinon en opposi-

tion avec sa volonté, du moins en dehors d'elle (1).
Grâce à ce nouveau groupe d'actes inconscients,
c'est-à-dire d'actes ayant un tout autre résultat que
celui que l'agent en attend, un consensus organique peut s'établir dans un ensemble d'éléments qui
paraissent uniquement occupés de leur fin propre.
Directement, chacun d'eux se veut lui-même à l'exclusion de tous les autres, indirectement et par le jeu de
lois générales absolument ignorées de lui, il veut sans
le savoir tout son groupe ou toute son espèce. Ces
deux sortes d'inconscience se retrouvent dans la croissance en quelque sorte végétative de l'organisme social. C'est tout-à-fait à l'insu de chaque animal d'une
horde qu'une correspondance s'est établie dans son
organisme entre certaines émotions et certains gestes
ou certains cris. Cette correspondance est organique,
c'est-à-dire dépend d'une structure particulière de
son système nerveux, hérité de ses ancêtres. De même
c'est tout-à-fait à notre insu que s'est établie en nous
la correspondance entre certains spectacles, comme la
vue d'un acte de barbarie, et les sentiments de douloureuse indignation qui en résultent. Cette correspondance est, elle aussi, organique; nous naissons
avec une structure nerveuse telle que cette liaison est
en nous inévitable. Il se trouve, il est vrai, que dans
l'un et l'autre cas ces dispositions sont des plus utiles,

---

(1) Voir le chap. de Hartmann : l'Inconscient dans l'histoire, t. I de la
Phil. de l'inconscience. On sait que nous ne prenons pas le mot *inconscient*
dans le même sens que lui. L'inconscient, pour nous, signifie le dernier
degré de la conscience. Mais le fait que les peuples souvent veulent une
chose et en exécutent une autre est abondamment démontré dans ce
chapitre.

d'une part à l'existence de la horde, d'autre part à l'existence d'une société humaine, car la disposition à produire certains cris d'avertissement en présence de dangers indéterminés assure le salut de tout le troupeau, et les progrès de la sympathie font que tout homme est pour son semblable une chose sacrée. Mais est-ce que dans l'un et l'autre cas l'individu veut expressément la conservation du groupe dont il fait partie? En aucune façon, et ce sont des lois générales, ignorées de l'individu, quoique résultant de son action, qui produisent ces effets en apparence aussi intentionnels qu'harmoniques. C'est de ce point de vue que M. Spencer se croit autorisé à représenter la vie des sociétés humaines comme une croissance naturelle spontanée. C'est en se fondant sur ces observations qu'il rend à l'involontaire la place considérable à laquelle il a droit et que les philosophes des xviiᵉ et xviiiᵉ siècles lui avaient refusée dans leurs théories politiques (1).

(1) Avant de clore cette revue des différents systèmes de philosophie sociale, nous devons rappeler quel est le point de vue auquel nous nous sommes placé. Nous avons cherché à déterminer quelles explications ont été proposées dans le cours de l'histoire du fait même de la société humaine; nous avons voulu savoir quelle était, d'après les plus grands philosophes, la nature de cette société : bref, nous nous sommes demandé comment on avait répondu depuis Aristote jusqu'à nos jours à cette question : qu'est-ce qu'une société, quelle est son essence? Nous avons donc dû omettre volontairement les théories d'ordre politique qui, bien que voisines de cette question, en sont nettement différentes. Par exemple, nous n'avons pas même mentionné la théorie d'Aristote sur le rôle des classes moyennes dans l'Etat, ni sa classification des formes de gouvernement. De même, dans les temps modernes, nous avons dû laisser de côté dans notre examen historique de belles et importantes conceptions qui ont contribué très efficacement aux progrès de l'art po-

On peut donc considérer le problème posé, il y a
plus de 2000 ans, par les sophistes comme résolu, ou
plutôt comme dépassé. Il n'y a rien hors de la nature,
et comme les impulsions organiques qui assurent la
vie de l'individu par leur concours, les conventions
expresses, les actes volontaires par lesquels les sociétés s'organisent sont des mouvements naturels soumis
aux lois de la vie dans leur évolution. Et même l'oppo-

litique, mais qui n'ont eu qu'une influence indirecte sur la philosophie
sociale. Ainsi, la question des rapports de l'individu et de l'Etat a pas-
sionné les esprits, les uns voulant accorder beaucoup à l'Etat, les autres
défendant les droits de la liberté individuelle, tous s'efforçant de tracer
une limite précise qui pût servir de règle à l'action des Etats et des
particuliers. D'un côté figurent, pour ne parler que des écoles les plus
récentes, les socialistes (Saint-Simon, Owen, Fourrier, Pierre Leroux et
Proudhon); de l'autre, les politiques qu'on pourrait appeler les indivi-
dualistes (Tocqueville, Mill, Bastiat), combattus en dehors des rangs du
socialisme par un apologiste éminent de la centralisation, M. Dupont
White. Mais nous ne pourrions, sans sortir de notre sujet, dresser même
un tableau rapide de ce vaste mouvement; nous devons nous borner à
l'histoire d'un seul problème plus général : qu'est-ce que la société? (*)

(*) Nous laissons cette Introduction telle qu'elle a été écrite de février à mai 1875.
Depuis, deux ouvrages importants ont vu le jour : la *Sociologie* de Spencer et le livre
de M. Schœffle intitulé *Structure et Vie du corps social* (*Bau und Leben des socialen
Kœrpers.* Tubingen 1875). — Le premier de ces ouvrages ne contient, en fait de *principes*, rien qui ait échappé à notre analyse. Cependant nous y relevons les remarques
suivantes. Entre l'objet de la biologie et celui de la sociologie, il y a, dit l'auteur
ces deux différences : 1° que « les parties d'un animal forment un tout vraiment concret, tandis qu'une société n'est qu'un tout discret. Les unités composantes sont, d'un
côté, soudées entre elles; de l'autre, elles sont plus ou moins dispersées, libres et
sans contact; » 2° que « chez l'animal la conscience est concentrée dans un *sensorium*,
c'est-à-dire dans une petite partie de l'agrégat; le reste en est dépourvu ou à peu
près; dans une société, la conscience est répandue partout : tous les membres sont capables de bonheur et de souffrance au même degré, ou peu s'en faut : il n'y a pas de
sensorium social. » La première objection qui tendrait à écarter les analogies entre
le corps social et l'organisme a été également présentée par Hartmann dans sa *Philosophie de l'inconscient.* Hartmann croit que l'essaim d'abeilles réunit toutes les conditions de l'unité organique sauf une, à savoir la cohésion et la contiguïté des éléments
composants et il lui semble que l'absence de cette condition suffit pour rendre illusoire
tout rapprochement entre l'unité organique et l'unité sociale : l'une est individuelle,
l'autre ne l'est pas. Spencer répond à cette objection que les individus qui composent
une société sont liés étroitement par la vie de relation : nul d'entre eux ne saurait éprou-

sition entre ces deux groupes de faits n'a plus de raison d'être, puisqu'on s'accorde à reconnaître une part d'intention dans les faits sociaux les moins réfléchis qui se rencontrent chez l'animal comme chez l'homme, et une part de spontanéité, d'inconscience dans les faits sociaux les plus délibérés par lesquels les nations s'organisent et se gouvernent. De l'un à l'autre groupe il n'y a plus qu'une différence de degré ; ou plutôt ils

ver un effet quelconque sans que les autres ne le ressentent par contre-coup plus ou moins vivement et sur une surface plus ou moins étendue. M. Schæffle a traité spécialement cette question et il a montré que les cellules dans le corps vivant ne sont pas toujours contiguës, qu'elles sont liées les unes aux autres par une substance moins hautement organisée qu'il appelle substance intercellulaire (sérum du sang, névroglie), et que, de même, la matière appropriée aux besoins de la vie de relation (routes, voies ferrées, télégraphes, et en général toute la richesse d'une nation) établissant un lien entre les individus d'une société, joue par rapport à eux le rôle de substance intercellulaire.) Voir dans son Introduction le chap. III, § 2, intitulé : Analogies et différences entre les organes, les tissus, les cellules et les substances intercellulaires des plantes, des animaux et des sociétés, p. 53 ; et dans le corps du livre, Ire Section, IIIe division : La richesse comme substance intercellulaire sociale, p. 93. On serait surpris que des philosophes, sachant combien l'idée de distance est une idée relative, s'arrêtassent à cette distinction. Car c'est une question s'il n'y a pas une distance entre les atômes, au point que certains chimistes cherchent à mesurer cet intervalle ! Qu'importe donc la distance entre les éléments qui composent une substance organisée, du moment que cette distance est comblée par l'action réciproque des éléments ? La vraie continuité est celle de la transmission des forces ; quand une force ne peut pénétrer dans un milieu sans se faire sentir dans toute son étendue, ce milieu est un et concret, quel que soit le vide apparent qui sépare les corps qui y sont placés. Reste la seconde objection. Il serait possible que ce défaut partiel d'analogie entre la société et l'organisme, au lieu de détruire l'analogie en général, révélât seulement dans la physiologie actuelle une fausse appréciation de la manière dont la sensation se produit chez l'individu. Nous l'avons déjà remarqué ; après avoir assigné à chacune des grandes fonctions un organe spécial comme siège exclusif, on commence à comprendre que tout l'appareil participe à cette fonction, dont l'organe central — cœur, poumon, etc., — n'est plus que l'agent principal. M. Lewes a établi dans son livre sur la *Base physique de l'esprit* que les nerfs, souvent réduits au rôle de simples voies de transmission, étaient au contraire des générateurs de force nerveuse au travers desquels l'excitation s'accroît en se propageant ; il a été plus loin et il a montré que la sensibilité appartient encore, sous des formes différentes, à d'autres parties qu'au système nerveux. (*The physical basis of mind*, Action without nerve-centres, p. 202 et suiv.) « Ce n'est pas le cerveau, c'est l'homme qui pense et qui sent. » tel pourrait être le résumé de sa doctrine. Si cette vue est acceptée, le cerveau sera considéré comme concentrant en lui à un très haut degré une propriété qui est répandue partout à l'état diffus dans l'organisme vivant. Dès lors on voit tomber l'opposition entre le corps social et le corps individuel fondée sur ce que toutes les parties de l'un sont sensibles tandis que certaines parties de l'autre jouissent seules de cette propriété. Du reste on sait que toutes les parties du ne forment tous les deux qu'un seul ensemble régi par les mêmes lois qui sont celles de l'évolution biologique. La sociologie, comme science générale, a donc trouvé sa méthode et paraît constituée, puisqu'elle est cultivée dans les différents pays et dans les différents groupes scientifiques par les mêmes procédés, à partir de certaines données fondamentales qu'il devient de plus en plus oiseux de discuter. Ce n'est pas que les

corps social ne sont pas également accessibles aux émotions politiques ; et quelques-unes même sont presque indifférentes à leurs suprêmes intérêts, surtout dans des sociétés peu civilisées. On sait l'impassibilité des Orientaux en présence de la mort. Et on trouve encore en Europe des hommes qui, comme les condottieri, s'exposent à la mort pour une somme d'argent. Sans prétendre soutenir cette thèse absurde que les personnes humaines et les organites occupent dans l'échelle de la vie le même niveau — cela est contraire au fond même de notre théorie des sociétés, — nous pouvons donc admettre que les unes et les autres sont vivants et parties de vivants, seulement que les différentes personnes d'une même société et les différents organites d'un même corps sont des foyers d'activité vitale d'intensité fort diverse. — L'ouvrage de Spencer est tout entier consacré à établir expressément que les sociétés sont des organismes.

Le livre de M. Schæffle ne renferme rien qu'il soit nécessaire de rappeler ici avec quelque détail, hormis cette idée que nous venons d'indiquer, sur la richesse comme substance intercellulaire sociale. Nous avons émis cette idée nous-même à la soutenance de la présente thèse — juin 1876 — avant de connaître le livre de M. Schæffle. Quant au contenu de ce volume de 850 pages in-8°, on y trouvera un admirable complément aux travaux de Spencer. Tandis que le philosophe anglais étudie l'évolution sociale, ou les sociétés dans leur devenir et dans leur formation, l'économiste allemand s'attache à l'analyse des sociétés actuelles et décrit par le menu avec une infatigable attention la prodigieuse complexité de leurs ressorts. Les vues philosophiques et synthétiques sont loin de manquer dans ce tableau. La plus originale est la théorie très complète, neuve, nous le croyons, de ce que l'auteur appelle *die Güter der Darstellung und Mittheilung*, c'est-à-dire de ces combinaisons et appareils qui servent à l'expression, à l'échange et à la tradition des idées, biens sans lesquels aucun progrès n'est possible. L'ouvrage comprend, après une introduction de 60 pages, six sections dont voici les titres : 1° Les éléments du corps social ou les conditions de son milieu et ses parties constitutives essentielles (nature, ressources, population). 2° La famille comme unité vitale élémentaire du corps social (cellule sociale). 3° Les arrangements sociaux essentiels ou les tissus du corps social. Science des principaux tissus sociaux (histologie sociale). 4° Faits psychiques de la vie sociale et leur connexion traités en général, ou phénomènes généraux de l'âme sociale (partie générale d'une esquisse de psychologie sociale) 5° Perception sociale, direction motrice sociale (exécutif). Activité sociale intellectuelle, sensitive et volontaire. 6° Structure organique des sociétés (organographie). On voit que le champ parcouru est des plus vastes. Celui qui aurait le courage d'exécuter la traduction de ce volume rendrait un service signalé à la sociologie en France. Nous ne connaisssons pas l'ouvrage de M. de Lilienfeld : *Réflexions sur la science sociale de l'avenir*. Nous savons seulement qu'il est conçu dans le même esprit et antérieur à celui de M. Schæffle qui le cite dans sa préface.

problèmes particuliers les plus importants de cette
science soient pour cela résolus; nous ne voulons pas
dire, par exemple, que l'on sache par cela même mieux
qu'auparavant à quoi s'en tenir sur les rapports à établir entre l'individu et l'Etat dans telle nation ou dans
telle autre, sur les limites que la loi doit imposer à de
grandes associations qui tendent à une existence indépendante au sein des états modernes, sur le fondement du droit de punir, etc.; nous pensons seulement
qu'un certain accord s'est établi sur les principes mêmes de la science et sur la méthode qu'il convient
d'employer à son étude : le reste est affaire de temps
et demandera de longues recherches expérimentales
qui ne pourront elles-mêmes être bien interprétées
qu'après de longues discussions. Ainsi à l'heure qu'il
est, en Angleterre, au sein même de l'école évolution-
niste, les uns soutiennent que le progrès en matière
de gouvernement consiste dans l'amoindrissement de
l'action centrale, tandis que d'autres croient qu'il consiste dans son extension croissante. Loin donc que les
solutions précédemment exposées soient de nature à
clore immédiatement les débats des politiques, elles
leur ouvrent une vaste carrière. Seulement un terrain
commun est trouvé, un terrain scientifique où les discussions peuvent avoir lieu utilement à l'avenir : étant
bien entendu que la science sociale ne recherche ce
qui doit être qu'après avoir étudié ce qui est, qu'elle
ne peut guider la pratique qu'après avoir soigneusement examiné les faits et leurs lois, qu'en un mot elle
est une science expérimentale comme toutes les autres
et atteint la vérité par ces procédés admirables, con-

nus et éprouvés depuis trois siècles dans l'investigation de la nature.

Et non seulement les livres traitant des sciences sociales se pénètrent de plus en plus d'expressions dérivées des solutions que nous venons d'exposer (1), mais la pratique elle-même a recours de plus en plus régulièrement à des procédés qui en impliquent l'acceptation générale. Il n'est pas un parlement européen qui voulût trancher une des questions particulières qui lui sont soumises sans s'éclairer des données de la statistique. La démographie ou statistique des faits concernant les mouvements de la population est, dans les assemblées, d'un perpétuel usage (2), et il n'est pas téméraire de croire que des questions particulières cet usage sera petit à petit étendu à des questions plus générales. Or se donnerait-on la peine de constater avec des déterminations numériques l'ordre des phénomènes passés si l'on n'était assuré que les phénomènes à venir se succèderont suivant les mêmes proportions et conformément aux mêmes lois ?

Cependant on ne saurait nier sans aveuglement que de telles doctrines ne froissent encore les idées qui ont cours assez généralement en France en dehors des

(1) Voir le *Dictionnaire politique* de M. Block, articles Société et Science sociale, p. 915. Les titres des ouvrages de M. M. Ducamp : *Paris et ses organes, Les convulsions de Paris,* sont curieux à ce point de vue.

(2) On peut citer comme exemples d'applications partielles de cette méthode le rapport de M. Roussel à l'Asemblée nationale sur le travail des enfants (1874), et l'admirable rapport de M. Bert sur la création de nouvelles Facultés de médecine (même année). M. Sainte-Claire Deville a présenté en 1872 à l'Académie des sciences une étude sur l'influence de l'Internat dans l'éducation conçue dans le même esprit. Le nom de M. Bertillon et celui de la Démographie sont inséparables.

milieux scientifiques proprement dits. Ces idées reposent presque toutes sur un principe contraire aux vues dont nous venons de retracer le développement : à savoir que l'individu est par son âme une force entièrement indépendante et constitue un monde à part. Ouvert par le côté où il touche à l'infini d'où il émane, et recevant par là ses principes de conduite sous forme de prescriptions absolues, il est fermé du côté de la société, et ne se rattache à elle que par les modifications accidentelles qu'il en reçoit. Il y a des concessions que l'on est assez disposé à faire aux tendances nouvelles. Ainsi, on admet assez volontiers que la conception suivant laquelle la société est un artifice humain se concilie avec cette autre conception qui fait de la société l'ouvrage de la nature. Car on sent de divers côtés que la nature est artiste elle aussi, et que le temps est venu d'effacer des démarcations surannées entre le travail de ces artisans invisibles dont l'animal et le végétal sont composés et l'industrie des êtres humains. Le premier des arts et le plus étonnant de tous est celui par lequel chaque organisme se construit suivant un plan toujours le même, avant de construire sa demeure ou ses engins de chasse avec des matériaux et suivant un plan déterminés aussi, en général, selon l'espèce. Que l'art soit plus ou moins conscient, qu'il s'applique à un objet ou à un autre, il n'en est pas moins au fond le même, et on sait trop ce qu'il y a d'inconscient dans le génie pour le séparer entièrement du procédé ordinaire de la nature dans l'élaboration de ses plus belles œuvres. On admet encore sans peine que la société change et que son changement est une véritable vie.

Puisqu'elle n'est pas comme ces produits de l'art qui une fois sortis de la main de l'ouvrier restent à jamais inertes, puisqu'elle subit incessamment les remaniements des artistes épris d'idéal qui la composent en même temps qu'ils la construisent, elle participe donc à leur mouvement, elle marche avec eux, et sa marche est un progrès. On va encore plus loin ; on ne nie pas que ce progrès ne soit réglé et que les lois n'en soient plus ou moins difficilement saisissables. Et même c'est une vérité généralement reçue que la connaissance de ces lois est nécessaire à ceux qui veulent agir sur la marche des nations : quelques-uns iraient peut-être jusqu'à les regarder comme conciliables dans leur inflexible nécessité avec la liberté humaine bien entendue. De tous côtés la science et le langage politiques sont envahis par l'idée d'organisation, qui est la même que celle de vie. Mais il est un domaine où de telles habitudes de pensée, si sympathiques et presque inévitables ailleurs comme on vient de le voir, sont repoussées encore par une fin de non recevoir absolue, c'est celui de la morale traditionnelle, fondée elle-même sur la métaphysique intuitive (à priori). Sans entrer dans la discussion des mérites intrinsèques de la sociologie moderne, montrons qu'elle ne mérite pas d'être ainsi rejetée au préalable à cause, en quelque sorte, de son aspect même et par ses dehors seuls, au nom de la plus haute autorité qu'il y ait dans le monde après l'évidence, je veux dire au nom de la conscience morale.

On lui reproche d'abord d'être une doctrine exclusivement positiviste. Mais l'exposé historique qui précède aura, nous l'espérons, dissipé cette prévention ; on y a vu en effet les théories sociales dont Comte et Spencer se sont faits en ce siècle les promoteurs énergiques défendues antérieurement par Aristote, par Kant et par Joseph de Maistre, sans qu'aucun de ces penseurs spiritualistes à divers degrés ait cru devoir renoncer en les acceptant à ses croyances essentielles. On y a vu également que, si ces théories s'accommodent de la métaphysique de Spinoza, elles ne se concilient pas moins aisément avec la métaphysique de Leibnitz. Pour nous, nous avouons ne pas comprendre pourquoi, après que Joseph de Maistre (esprit clairvoyant sans aucun doute autant que convaincu), a cru nécessaire de les accepter pour échapper aux théories du Contrat social, pourquoi, disons-nous, un spiritualiste de nos jours, théiste ou chrétien, se montrerait plus difficile? Il s'agit apparemment de maintenir en tout état de cause la possibilité de l'action divine sur la société humaine; or, si cette action ne s'exerce plus au moyen de telle ou telle personnalité privilégiée, ne peut-elle pas s'exercer par l'ensemble même des mouvements spontanés qui animent les multitudes et les conduisent par des transformations insensibles au résultat marqué ? Le mouvement de l'histoire, dit Schiller, se déroule « sous le regard perçant d'une sagesse qui voit de loin, qui sait enchaîner les caprices déréglés (?) de la liberté aux lois d'une nécessité directrice et faire servir les fins particulières que poursuit l'individu à la réalisation inconsciente du plan général. » (Vol. VII, p. 29 all.) C'est du reste, au témoignage de Hartmann, l'idée commune de tous les philosophes depuis Kant. L'action divine ne se manifeste pas dans la nature (dans la

croissance d'un arbre, par exemple) par l'intervention
extérieure d'une volonté réfléchie. C'est sur les forces
élémentaires cachées au sein du végétal qu'elle se fait
sentir sans doute, puisqu'il n'y en a pas d'autres dans
cet être dépourvu de conscience centralisée. Pourquoi
ne pourrait-elle se faire sentir de même au plus profond des âmes collectives, dans la région inconsciente
d'où naissent les tempêtes sociales mais où germent
aussi ces salutaires résolutions par lesquelles une nation se régénère? Que si on juge nécessaire de croire
aux hommes providentiels, encore sera-t-on forcé
d'admettre que leurs desseins ne peuvent se réaliser
sans le concours de circonstances favorables et recon-
naîtra-t-on que les populations devront être préparées
par la Providence à saluer leur avènement. Mais dès
lors il faut encore assimiler les organismes sociaux aux
organismes naturels sur lesquels l'action de la Providence s'exerce en quelque sorte par le dedans et qui
déploient une puissance de développement spontanée.

C'est de la même façon que le caractère à priori des
prescriptions de la conscience peut se concilier avec
l'origine historique que la sociologie assigne aux sentiments dont elles donnent la formule abstraite. La
doctrine qui attribue à une inspiration divine la voix
de la conscience et les idées de la raison n'est point
intéressée à ce que cette sorte de révélation se fasse
d'une façon ou d'une autre. Les lois nécessaires de
l'existence sociale s'imposant à l'esprit par la transmission héréditaire, par l'éducation, par les influences
inévitables du milieu, ne pourraient-elles pas être re-
gardées comme la volonté de Dieu même qui se ma-

nifesterait à nous par l'intermédiaire de la nature?
C'est ainsi que Vico et Joseph de Maistre l'entendaient.
Car suivant les dispositions des esprits, là où les uns
ne voient que l'action de la nature, les autres préfèrent voir l'action d'une Intelligence qui se sert de la
nature pour arriver à ses fins. A moins qu'on ne veuille
soutenir que cette Intelligence ne réalise jamais ses
desseins que par une infraction formelle aux lois qu'elle
a établies, rien n'empêche de la considérer comme
l'auteur des arrangements sociaux qui prévalent tour
à tour et des croyances morales sur lesquelles ces arrangements sont fondés. Il est beau par exemple de
croire qu'en se livrant, suivant une impulsion héréditaire, aux affections domestiques et patriotiques, on
conspire avec la Providence pour la réalisation de
l'ordre universel et le développement de la civilisation.

Mais, dira-t-on, les prescriptions de la morale sont
absolues; celles de la politique, dont vous voulez en
somme faire dériver les devoirs individuels, sont essentiellement relatives. « Plaisante justice qu'une rivière
borne! » Nous n'essayerons pas, comme il nous serait
facile de le faire, de repousser l'objection en faisant
ressortir les divergences incontestables qui existent
en fait à l'heure qu'il est entre les diverses conceptions
du droit tant privé que public des innombrables
nations ou peuplades qui couvrent la surface de la
terre. Nous n'invoquerons pas davantage les variations
que la connaissance du devoir a subies et, il faut le
dire, les progrès qu'elle a réalisés depuis les temps
primitifs. Et nous n'insisterons pas sur les diverses
manières d'agir que le même homme ou le même gou-

vernement est contraint d'adopter suivant qu'il entre
en rapport avec des hommes civilisés ou avec des sauvages, suivant qu'il est placé dans des circonstances
normales ou dans des circonstances exceptionnelles.
Nous aimons mieux reconnaître que, en dépit de ces
variations dans le temps et dans l'espace, la morale
s'est toujours en effet composée d'un petit nombre de
principes essentiels, conditions essentielles de la vie
sociale, qui forment en quelque sorte le thème fondamental de la moralité, et qui se développent suivant les
milieux et les circonstances en prescriptions particulières plus ou moins précises et plus ou moins
étendues. Mais quelle doctrine est plus autorisée à
affirmer cette universalité et cette immutabilité des
principes fondamentaux de la morale, celle qui fait
reposer le discernement du juste et de l'injuste sur une
révélation transcendante instantanée, ou celle qui la fait
reposer sur la constitution tant organique qu'intellectuelle de l'individu, dont la race et le milieu social
sont les principaux facteurs? Si en effet la science
montre à un point de vue tout objectif que les obligations varient avec les rapports sociaux, au point de vue
subjectif et dans la vie pratique, comme il ne dépend
pas de nous de changer nos sentiments les plus profonds et la structure même de nos organes à laquelle
les aspirations de notre conscience sont peut-être liées
et depuis des siècles, les obligations sont absolues dans
tout le sens du mot, c'est-à-dire que nous ne pouvons
admettre un seul instant que notre caprice ou notre
intérêt nous en puissent relever. Le monde serait
réservé à une ruine prochaine, la société dont nous

faisons partie devrait avec nous s'abîmer dans le
néant demain, ce soir, sur l'heure même, nous ne nous
sentirions pas moins tenus par nos devoirs, en tant
qu'ils dérivent de la nature des choses et des croyances
implantées en nous par l'éducation et l'hérédité.

C'est là le grand avantage des théories que nous
avons présentées. Elles ne font plus de l'action morale
une marque de déférence en quelque sorte platonique
vis-à-vis d'une loi abstraite (formalisme qui est le vice
fondamental de la morale de Kant), ou une sorte de
précaution intéressée en vue d'une satisfaction personnelle plus ou moins lointaine (elles demandent le
plus souvent des sacrifices sans compensation), elles
en font un service, une fonction normale dont le but
est le développement de la vie dans la société dont
on est membre : elles lui communiquent une raison
d'être tirée des intérêts de l'univers, que le pessimiste
seul ou le nihiliste peuvent négliger. Un éminent
penseur écrivait récemment ceci : « Si on remonte
aux principes, je pense que le mot de mal ne peut
avoir qu'un sens en philosophie, à savoir un principe de destruction ; et le bien, au contraire, est
un principe de conservation. Hors de là, il n'y a
qu'arbitraire et fantaisie..... Un peuple voué à l'anarchie ajoutait-il, se dissout nécessairement ou est absorbé par de plus puissants que lui. » (*Causes finales,*
p. 743, M. P. JANET.) Nous voudrions qu'il nous fût
permis de nous approprier cette pensée et d'en faire
le résumé de notre philosophie sociale..Elle seule
donne aux règles de la moralité un sens plein, une
valeur réelle, sans rien leur enlever de leur dignité.

La vertu ne saurait être un vain mot dès qu'elle est la condition d'existence du groupe, dès qu'elle devient en vérité le fondement de l'édifice social. Il a suffi que les sociétés en aient un obscur sentiment pour qu'elles lui attribuent un caractère sacré.

Du reste, il serait inexact de croire que la philosophie de l'utilité tende inévitablement à diminuer l'autorité de la conscience et à lui substituer le seul empire de la science, agissant conformément aux lois de la sociologie. Il en serait ainsi dans le cas où la sociologie méconnaîtrait la part qu'ont l'instinct et l'habitude dans les déterminations humaines ; mais l'une des premières vérités que cette science nous enseigne, c'est, nous l'avons vu, le caractère spontané et irréfléchi de la plupart de nos croyances et de nos actions. Il sera donc en tout temps désirable que l'homme veuille le bien en raison de ses tendances natives ou contractées, plutôt qu'en raison de ses idées abstraites. Les sentiments, les affections, la sympathie et la pitié seront toujours les véritables sources du bien moral en chacun de nous. La science sociale suit la conscience d'un pas lent. Elle ne peut étudier que ce qui est ; et la conscience seule dans ses obscurs mouvements donne naissance à de nouvelles formes de société, à de nouveaux sentiments moraux. Une société n'est pas un mécanisme formé d'un nombre de rouages défini, toujours le même ; c'est un corps en voie de renouvellement perpétuel ; chacun de ses états est plein du passé, mais aussi gros de l'avenir. Ce qui dégage l'avenir et l'appelle à l'existence, c'est l'*idée* plus ou moins définie que les peuples s'en font d'heure en

heure ; ce sont surtout les ardents désirs que cette idée
suscite dans les cœurs, impatients de goûter les joies
que sa réalisation leur promet. L'idéal a donc des
droits à déterminer les actions des hommes, qu'aucune
doctrine sociale ne devra méconnaître. Il est le principe et le ressort de la vie morale individuelle dans
l'humanité. Mais il ne faut pas non plus que les aspirations irréfléchies et les rêves poétiques prétendent
s'ériger en règles objectives absolues. De ce qu'un
mode d'action, de ce qu'une forme de société a semblé
belle à un homme, il n'est pas par cela seul autorisé à
les déclarer obligatoires et à les imposer à ses semblables. C'est ici que la science intervient pour contrôler l'idéal, pour en apprécier la valeur pratique
au moyen de lois connues, pour dire s'il est ou non
contraire aux conditions actuelles d'existence d'une
société donnée. L'impulsion, on le voit, vient de la
conscience ou du cœur; mais la règle et la mesure
viennent de la science. Sans l'amour de la vie, d'une
vie qui promet d'être de plus en plus intense et de plus
en plus douce, étant partagée par un nombre toujours
plus grand d'êtres sympathiques, il n'y aurait pour la
société ni existence, ni progrès; sans la conception
scientifique de la loi, c'est-à-dire de rapports constants entre les phénomènes, sans la connaissance de
l'ordre social reposant sur l'ordre de la nature, la
société irait sans guide à la poursuite d'irréalisables
chimères. L'induction est-elle autre chose que la forme
supérieure des combinaisons d'idées par lesquelles
tout être intelligent s'adapte aux conditions du milieu?
Et peut-on concevoir qu'un être aussi complexe que la

société humaine, ayant des rapports avec un milieu aussi varié et aussi étendu, puisse subsister sans pourvoir de la manière la plus précise à cette adaptation ?

Il serait imprudent de reprocher à la science expérimentale avec trop de sévérité ses erreurs passées ou présentes. Ceux qui ont prétendu dicter au nom de l'idéal des constitutions aux gouvernements et des devoirs aux particuliers ne sont pas exempts de méprises analogues. Si Aristote justifie l'esclavage, momentanément nécessaire à la cité grecque, Platon rêve d'abolir la famille et la propriété, conditions éternelles de la vie sociale civilisée. En fait de folies sanglantes ou ridicules, les visionnaires ne le cèdent en rien aux empiriques. Et les empiriques qui se livrent à l'utopie le font précisément parce qu'ils abandonnent la méthode scientifique et recherchent ce qui doit être sans tenir compte de ce qui est. Non que la science atteigne la vérité du premier coup ; l'erreur est pour elle une épreuve inévitable ; mais le temps juge les hypothèses et tôt ou tard les faits parlent assez haut pour faire taire les dissentiments individuels. Certes il vaudrait mieux pour nous avoir sous la main la vérité toute faite que d'être obligés de la chercher ainsi péniblement à la lumière de l'expérience ; mais comme les moralistes et les politiques qui ont les yeux fixés sur l'idéal nous en présentent une multitude infinie de copies très différentes les unes des autres, il nous faudra donc aussi nous livrer à un long et difficile examen afin de savoir quelle est la vraie. Entre les unes et les autres, c'est l'expérience qui dorénavant sera juge en dernier ressort.

Un dernier reproche a été élevé contre la philosophie sociale qui prend pour base l'observation de la
nature. Elle abaisserait l'homme au niveau de l'animal. Dans cette comparaison de l'organisation de la
cité humaine avec l'organisation de la cité animale,
ruche ou fourmilière, l'indépendance et la dignité de
la personne humaine seraient inévitablement compromises. Il en serait ainsi, en effet, si l'on prétendait
transporter les lois des sociétés animales, telles
quelles, dans les sociétés humaines, et si le résultat
d'une étude comparée des unes et des autres devait
être une identification des deux objets. Mais nous protestons contre une pareille conjecture. D'abord, ce ne
serait que des sociétés des mammifères supérieurs
qu'il conviendrait de rapprocher les plus dégradées
des sociétés humaines ; ensuite ce rapprochement ne
servirait qu'à montrer la supériorité des sociétés
humaines. Que si les lois de la vie sociale et les lois de
l'organisation *prises en général* peuvent être ramenées à des formules semblables, qu'on se rassure sur
les conséquences politiques et morales d'une telle
synthèse. La physique peut expliquer par la même
formule les premiers rayons de l'aube et la pleine
lumière du jour sans pour cela confondre l'aurore
avec le midi. Quand la sociologie animale sera faite,
on trouvera que les lois essentielles de la société
humaine, le respect du droit et la valeur absolue conférée à l'individu, que l'on se préoccupe de défendre
comme si elles couraient un réel péril, sont au contraire puissamment confirmées par les observations
des naturalistes. Comment ? C'est que les sociétés ani-

males n'existent, elles aussi, que par ces lois mêmes. Des sociétés les plus humbles aux plus élevées nous constaterons sans peine un progrès continu des sentiments affectueux, aboutissant de bonne heure à éveiller en chaque membre du groupe une sollicitude presque aussi vive pour les autres que pour soi. En fait, beaucoup d'animaux sociables supérieurs se conduisent les uns vis à vis des autres *comme si* la personne de chaque membre du groupe avait pour les autres une valeur absolue. Et puisque l'organisation sociale est soumise aux mêmes lois (*mutatis mutandis*) que l'organisation physique, ne sait-on pas qu'un organisme ne peut vivre et prospérer que dans la mesure où la vitalité des éléments qui le composent se maintient et s'accroît? Loin que la lutte pour l'existence, loin que l'écrasement de l'individu soit le trait caractéristique de la vie dans les limites d'un même corps et d'une même société, c'est la coalition pour mieux soutenir cette lutte, c'est le respect de l'individu qui en est la première condition et le caractère dominant.

Pourquoi veut-on que tous les philosophes qui relèvent les analogies entre l'homme et l'animal sociable n'aient d'autre but que de sacrifier ce qu'il y a de meilleur dans l'homme pour exalter ce qu'il y a de pire dans l'animal? Il nous semble au contraire inévitable que la majeure partie des sociologistes concluent comme le fait souvent Platon dans les Lois, c'est-à-dire en demandant à l'homme d'égaler au minimum la vertu de l'animal sur les points où il s'approche de nous, mais surtout de le surpasser et aussi (puisque la civilisation est aussi loin de l'état sauvage que l'état sauvage l'est de l'animalité) de se surpasser incessamment lui-même. Rappelons les paroles de Platon : « Puisque nous en sommes venus jusque-là sur cette loi et que la corruption des mœurs d'aujourd'hui nous a jetés dans l'embarras à ce sujet, je dis que nous ne devons plus balancer un moment à la publier et à déclarer à nos citoyens qu'il ne faut pas qu'en ce point les oiseaux et les autres animaux aient l'avantage sur eux. Plusieurs de ces animaux, au milieu des plus grands troupeaux, se conservent purs et chastes et ne connaissent point les plaisirs de l'amour, jusqu'au temps marqué par la nature pour engendrer: ce temps venu, le mâle choisit la femelle qui lui plaît et la femelle son mâle ; et étant ainsi accouplés, ils vivent désormais conformes aux lois de la sainteté et de la justice, demeurant fermes dans leurs premiers engagements. Or il faut que nos habitants l'emportent à cet égard sur les animaux.» (*Lois*, vol. II, trad. Chauvet et Saisset, p. 105) (1). Nous ne voyons pas ce que les défenseurs les plus jaloux de la dignité humaine auraient à reprendre à de telles vues s'appliquant aux manifestations diverses de l'activité humaine dans la société. Pour nous qui n'avons pas moins souci que qui que ce soit de la noblesse et des destinées de notre race, si nous entendions quelqu'un après la lecture de notre étude dire semblablement : Eh quoi ! dans plusieurs sociétés ani-

---

(1) Ce passage est un de ceux où le naturalisme de Platon corrige heureusement les excès de son idéalisme. Mais la contradiction entre ce passage des *Lois* et la *République* n'est pas absolue ; et il semble que Platon ne considère l'union exclusive et permanente décrite ici que comme un minimum de vertu. L'Idéal, c'est le haras humain de la *République*. (Voir notre thèse latine).

males les faibles sont protégés, les jeunes sont élevés
avec soin, les vieux même sont parfois secourus, les
membres d'une même peuplade et d'une même famille
sont prêts à se sacrifier les uns pour les autres sans
la plus légère espérance d'une compensation; et il
se peut que certains hommes en soient encore à
se demander si ce sont là des vertus! nous ne pourrions qu'applaudir à un tel langage. Relever les sociétés animales, c'est relever du même coup la société
humaine qui les surpasse de si loin et les domine de
si haut. Nous croyons servir plus efficacement la cause
de la civilisation en montrant que l'humanité est le
dernier terme d'un progrès antérieur et que son point
de départ est un sommet, qu'en l'isolant dans le monde
et en la faisant régner sur une nature vide d'intelligence et de sentiment.

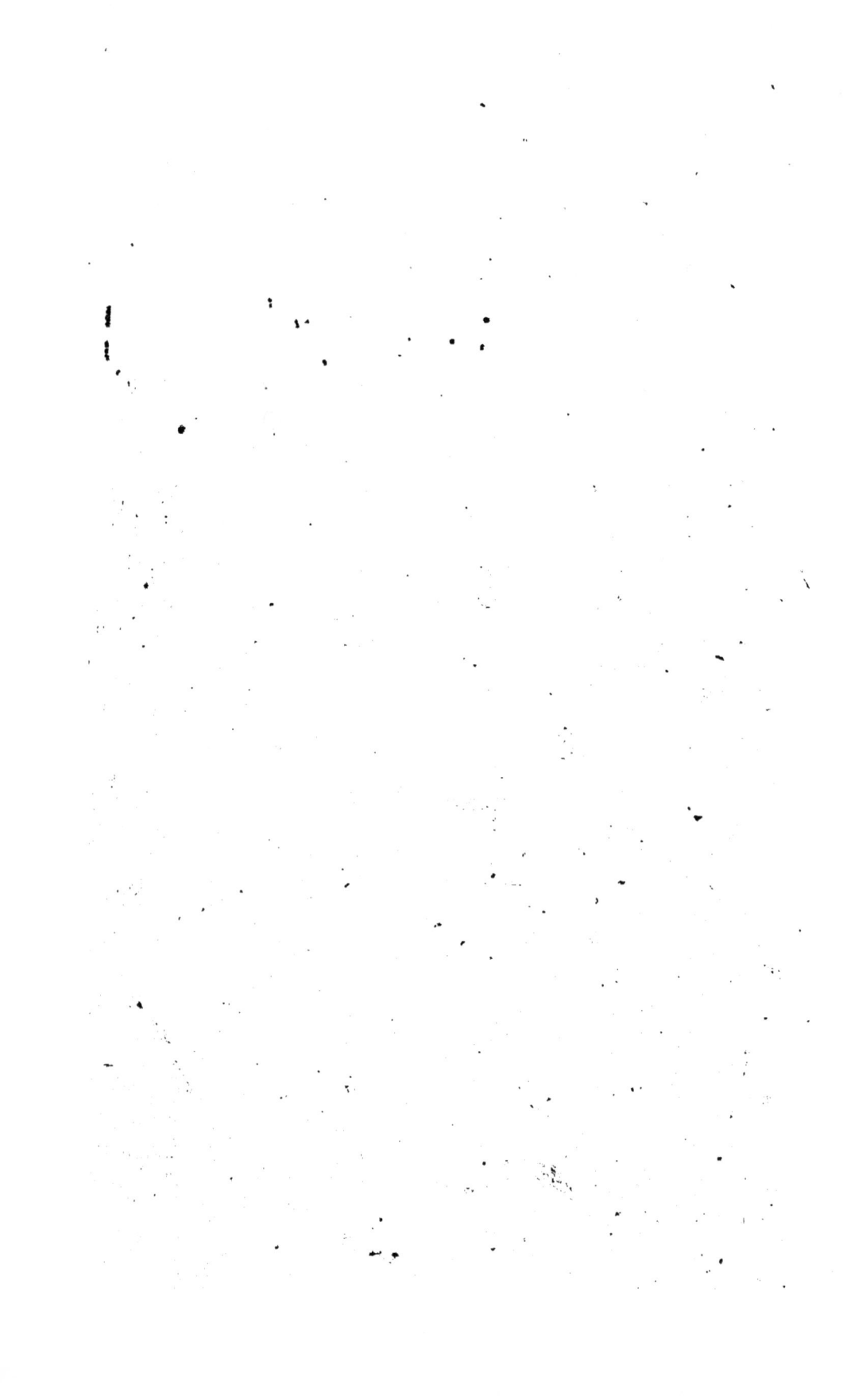

SOCIÉTÉS ANIMALES

SECTION PREMIÈRE

ASSOCIATIONS OU SOCIÉTÉS ACCIDENTELLES ENTRE ANIMAUX D'ESPÈCES DIFFÉRENTES :

Parasites, Commensaux, Mutualistes.

Le concours, trait essentiel de toute société, suppose l'affinité organique ; cependant des sociétés imparfaites peuvent s'établir accidentellement entre des êtres plus ou moins dissemblables. — Du parasitisme, comme de l'une des formes de la concurrence vitale ; animaux qui la manifestent. — Du commensalisme et de ses transitions à la mutualité ; régions de l'animalité où ils se rencontrent ; leurs causes. — De la domestication de l'animal par l'homme comme d'un cas de mutualité avec subordination ; origines probables de ce fait. — De la domestication des pucerons par les fourmis ; tentative d'explication psychologique : de l'intelligence non réfléchie, où raisonnement du particulier au particulier. — Généralité de ces observations.

L'idée de société est celle d'un concours permanent que se prêtent pour une même action des êtres vivants séparés. Ces êtres peuvent se trouver amenés par les conditions où leur concours s'exerce à se grouper dans l'espace sous une forme déterminée, mais il n'est nullement nécessaire qu'ils soient juxtaposés pour agir de concert, partant pour former une société. Une réciprocité habituelle de services entre activités plus ou moins indépendantes, voilà le trait caractéristique de la vie sociale, trait que ne modifie point essentiellement le contact ou l'éloignement, le désordre apparent ou la régulière disposition des parties dans l'espace.

Deux êtres peuvent donc former pour les yeux une masse unique et vivre, non seulement en contact l'un avec l'autre, mais même à l'état de pénétration réciproque sans constituer une société. Il suffit pour qu'on les regarde en ce cas comme entièrement distincts, que leurs activités tendent à des buts opposés, ou seulement différents. Si leurs fonctions, au lieu de concourir, divergent, si le bien de l'un est le mal de l'autre, quelle que soit l'intimité de leur contact, aucun lien social ne les unit.

Mais la nature des fonctions et la forme des organes sont inséparables. Si deux êtres sont doués de fonctions nécessairement conspirantes, ils sont doués aussi d'organes sinon semblables du moins correspondants. Or les êtres doués d'organes semblables ou correspondants sont ou de la même espèce ou d'espèces très rapprochées. La société ne peut donc exister qu'entre animaux de la même espèce dans la généralité des cas.

Cependant il peut se rencontrer des circonstances où deux êtres doués d'organes différents et appartenant à des espèces même éloignées soient fortuitement et sur un point utiles l'un à l'autre. Une corres-

pondance habituelle peut par là s'établir entre leurs
activités, mais sur ce point seulement et dans les
limites de temps où l'utilité subsiste. Il y a donc là
l'occasion sinon d'une société, du moins d'une association, c'est-à-dire qu'une union moins nécessaire,
moins étroite, moins durable pourra naître d'une telle
rencontre. En d'autres termes, à côté de sociétés normales formées d'éléments semblables spécifiquement et
qui ne peuvent vivre les uns sans les autres, il y aura
place pour des groupements accidentels, formés d'éléments spécifiques plus ou moins dissemblables que la
convenance unit et non la nécessité. Nous commen-
cerons par l'étude de ceux-ci.

Entre deux êtres vivants, les rapports les plus étrangers à la société qui puissent se produire sont ceux du
prédateur et de la proie. En général, le prédateur est
plus volumineux que sa proie, puisqu'il la terrasse et
l'engloutit; cependant il arrive que de plus petits s'attaquent à de plus gros, sauf à les dévorer par parcelles
et à les laisser vivre pour en vivre eux-mêmes aussi
longtemps que possible. Dans ce cas ils sont forcés de
demeurer pendant un temps plus ou moins long attachés au corps de leur victime, portés par elle partout
où les conduisent les vicissitudes de sa vie. De tels animaux ont reçus le nom de parasites. Le parasitisme
forme la ligne en-deçà de laquelle notre sujet commence; car si on s'imagine que le parasite, au lieu de
prendre sa nourriture sur l'animal dont il tire sa subsistance, se contente de vivre des débris de ses repas,
on se trouvera en présence, non pas encore d'une
société véritable, mais de la moitié des conditions de

la société : à savoir un rapport entre deux êtres tel que, tout antagonisme cessant, l'un des deux soit utile à l'autre. Tel est le commensalisme. Cependant cette association n'offre pas encore l'élément essentiel à toute société, le concours. Il y a concours quand le commensal n'est pas moins utile à son hôte que celui-ci ne l'est au commensal lui-même, quand les deux sont intéressés à vivre en relation réciproque et à développer leur double action dans des voies correspondantes vers un seul et même but. On a donné à ce mode d'action le nom de mutualisme. La domesticité, comme nous le verrons, n'en est qu'une forme. Le parasitisme, le commensalisme, la mutualité, existent chez les animaux parmi les espèces différentes. Exposons brièvement les faits et cherchons à en découvrir la signification au point de vue de la philosophie sociale.

. La première difficulté consiste à déterminer avec exactitude le fait même du parasitisme. M. Van Beneden nous paraît avoir laissé quelque chose à faire sur ce point : la limite qu'il établit entre le commensalisme et le parasitisme est variable et incertaine. Si nous considérons le parasitisme comme un cas particulier de la lutte pour l'existence, c'est-à-dire comme un fait d'hostilité entre deux activités divergentes (1), il nous apparaîtra comme le cas le plus grave de tous,

(1) « Tant que l'existence d'une partie est rendue nécessaire par celle des autres parties, tant que cette partie sera utile aux autres d'une manière quelconque, on ne saurait la nommer parasite : elle le sera du moment qu'elle deviendra *étrangère* ou *nuisible* au corps. » (VIRCHOW, *Path. cellulaire,* p. 538, ch. xxi.)

après celui d'absorption totale du faible par le fort.
L'acte de manger la proie en détail et vivante ne le
cède qu'à cette autre de l'égorger pour s'en nourrir en
une fois. De ce point de vue, la démarcation est facile
à tracer entre l'un et l'autre groupe de phénomènes.
Dès qu'un animal, au lieu de séjourner dans les tissus
d'un autre animal ou dans les cavités de son corps, au
lieu de s'établir même provisoirement à la surface de
ses organes, c'est-à-dire au lieu de se nourrir de sa
substance, vit constamment en dehors de lui et se contente d'une partie des aliments qu'il a réunis ou abandonnés, il cesse d'être parasite pour devenir commensal; la concurrence vitale est dans le second cas
beaucoup moins énergique et passe de l'hostilité qui
menace la vie, quoique plus ou moins sourdement, à
la rivalité qui la stimule; parfois même elle s'efface
tout à fait pour faire place à la mendicité.

Examinons les faits de plus près. Il y a deux grandes
classes de parasites, les entozoaires et les épizoaires.
Mais avant de parler des uns et des autres nous devons mentionner ceux qui vivent des œufs d'une autre
espèce. Il est évident que c'est le fait qui se rapproche
le plus de la simple chasse, puisque entre détruire un
animal dans l'œuf et le détruire une fois éclos la différence est légère. C'est le même acte accompli à des
moments plus ou moins avancés du développement.
Le singe et la couleuvre qui mangent des œufs d'oiseaux ne sont donc pas des parasites, ce sont des prédateurs véritables. Une Hirudinée qui séjourne sous
la queue des homards au milieu même de leurs œufs
ne joue pas un autre rôle. Laissons donc ces faits où

la guerre atteint instantanément son maximum d'intensité par la mort et l'absorption de la victime, et occupons-nous de ces autres faits où la guerre, moins redoutable d'ordinaire, devient durable parce qu'elle est intestine et utilise la proie vivante. Les larves d'Ichneumons qui rongent la graisse et les muscles de la chenille du Piéride nous conduisent tout près du parasitisme. Les entozoaires nous le montrent dans toute sa force. Ils habitent ou les tissus ou les cavités. Citons parmi les premiers les Arachnides et les Crustacés lernéens qui pénètrent dans les tissus et viscères des Tuniciers et y causent les plus graves désordres (1); d'autres Crustacés lernéens qui s'enfoncent jusque dans les os de nos poissons d'eau douce (2), d'autres encore qui plongent comme des racines dans la peau et même dans l'œil des Cétacés et des Squales ; des Distomes qui demeurent enfoncés les uns dans le foie des ruminants, les autres dans celui de la baleine ; un Cysticerque qui se loge dans le péritoine du bœuf et du porc ; un Strongle qui habite dans le rein du cheval, du chien et quelquefois de l'homme ; un Filaire qu'on trouve parfois dans le cœur des chiens au nombre de douze individus : on ne peut nier que de telles pénétrations ne portent de mortelles atteintes. Quant aux seconds, pour habiter les cavités, ils ne sont pas toujours inoffensifs (3); leur présence constitue à

---

(1) GIARD, *Thèse sur les Synascidies*, 1872, p. 54, 55 et 56.

(2) VAN BENEDEN, *Parasites et Commensaux*, passim. Voir p. 94 où des cas analogues sont énumérés en grand nombre; l'auteur n'y veut voir que des accidents.

(3) Voir BOUCHUT, *Maladies de l'enfance*, p. 557 et suiv.

coup sûr une maladie au moins imminente. En tout cas il est hardi d'affirmer qu'ils sont utiles à leur hôte. Aux orifices ils interceptent les aliments ou causent par leur multiplication des troubles notables, soit locaux, soit sympathiques. Viennent enfin les épizoaires. Ils font, dit-on, la toilette des animaux qui les portent, parce qu'ils se nourrissent de leurs sécrétions cutanées. Telles sont les Caliges qu'on trouve en très grande quantité sur la peau des poissons de mer, tels encore les Ricins qui se multiplient en nombre immense sur les oiseaux. Nous ne pensons pas que les poissons souffrent des mucosités normales qui leur couvrent la peau; en revanche nous ne pouvons croire que le cabillaud, par exemple, ne souffre pas de la présence des Caliges qui sont, dit M. Van Beneden, plus nombreux sur son corps que les écailles. Les oiseaux sont-ils incommodés par leurs sécrétions cutanées? Cela paraît douteux; mais ils le sont sans aucun doute par leurs parasites; nous en voyons un grand nombre se rouler dans la poussière pour s'en débarrasser; d'autres, comme la grue, s'enduisent de terre glaise au moment de la ponte, c'est-à-dire quand elles vont être condamnées à une immobilité prolongée, et partant plus exposées à leurs attaques. Dira-t-on que les mammifères trouvent un secours dans leurs parasites extérieurs? A quelles manœuvres cependant ne se livrent-ils pas pour les repousser ou les détruire? Les porcs et les rhinocéros se couvrent de boue, les buffles se plongent jusqu'au nez dans des mares qu'ils creusent exprès, les chiens et les chats les chassent avec leurs dents, le singe avec ses ongles, les rennes

émigrent au loin. (BREHM, vol. II, p. 486). A en
juger par les effets qu'ils produisent sur l'homme, on
peut dire que, s'ils rendent des services, ce sont des
services chèrement payés. Concluons donc que le parasitisme n'est inoffensif qu'accidentellement et que
son effet normal est de nuire. Il faut par conséquent
considérer comme aussi éloigné que possible de l'union
sociale tout être qui se nourrit de la substance d'un
autre. Au point de vue physiologique, sa fonction est
en opposition avec celles de sa victime; au point de
vue psycologique, il n'entre dans la sphère de sa
conscience que pour y causer de la douleur, autre
signe non moins manifeste d'opposition. Il appartient
à un optimisme plus courageux que clairvoyant de
chercher une harmonie au sein de la plus âpre concurrence.

Mais le parasitisme ne nuit pas seulement à la victime, il nuit au parasite lui-même, sinon immédiatement dans l'individu, du moins par accumulation, dans
l'espèce. Ceux d'entre eux qui se fixent dans les tissus
y subissent des dégradations telles qu'il a été souvent
difficile de reconnaître leurs véritables affinités zoologiques. La vie de relation étant suspendue chez eux,
puisqu'ils n'ont plus à chercher leur nourriture mais
la reçoivent toute préparée, les organes correspondants se sont atrophiés. Quelques Crustacés lernéens,
libres pendant une partie de leur existence, descendent soudain dans l'échelle animale dès que la phase
parasitique a commencé pour eux. (V. BENEDEN, op.
cit., p. 135.) Reconnaissons à ce nouveau trait l'anti-
pode de la vie sociale : celle-ci est caractérisée par un

profit et un perfectionnement mutuels ; le parasitisme a pour effet une diminution corrélative de puissance vitale chez l'animal qui le subit et de complexité organique chez l'animal qui le pratique.

Si nous cherchons de nouvelles lumières sur la nature de ce fait dans sa distribution et son origine, nous verrons que sa distribution tout d'abord n'est soumise à aucune loi harmonique. De ce que certains Annélides vivant sur des mammifères ont une organisation plus élevée que d'autres vivant sur des animaux inférieurs, on n'en saurait inférer une loi générale qui établirait un rapport direct de complexité organique entre le parasite et sa victime. Les conditions d'existence diverses expliquent suffisamment ce fait particulier; et on trouve une multitude d'autres faits en opposition avec lui. Les mammifères logent des parasites de tout grade, depuis la cellule cancéreuse, depuis les Arachnides les plus dégénérés jusqu'aux Pulicidés les plus agiles. Une seule loi ressort avec quelque netteté de la distribution générale des parasites, c'est que les espèces les plus faibles et les moins volumineuses s'en sont prises comme au hasard aux espèces plus fortes et plus grosses qni étaient à leur portée (1). A partir de l'embranchement des poissons les faits de parasitisme deviennent rares si on monte l'échelle, ils deviennent de plus en plus fréquents si on la descend.

_____

(1) « Les Sporocystes, les Rédies et les Cercaires, libres ou enkystées, se trouvent presque exclusivement chez des animaux invertébrés, tandis que les Trématodes correspondants se rencontrent chez les animaux vertébrés qui font leur proie de ces invertébrés. » (HUXLEY, *Eléments d'anatomie comparée des animaux invertébrés*, p. 115, trad. française.)

Les espèces vaincues dans la concurrence vitale sous
sa forme la plus apparente ont donc essayé de la soutenir sous une forme dissimulée, mieux appropriée à
leur faiblesse. De là cette universelle et permanente
insurrection des plus infimes animaux contre leurs
rivaux victorieux : insurrection gênante souvent, mena-
çante toujours. La civilisation en vient à bout, mais elle
a ses revanches, témoin l'invasion de trichinose de ces
années dernières, à laquelle il faudra peut-être joindre
les épidémies de variole, de choléra, de typhus, sans
parler des affections charbonneuses. Mais là où la civilisation faiblit, les petits ennemis deviennent redoutables. On sait combien il arrive souvent sur les bords
africains de la Méditerranée que des enfants perdent
la vue par l'attaque réitérée des mouches. Au Mexique, à Cayenne (1), au Brésil des mouches, à la
Guyane un Pulex, au pôle comme dans les pays chauds
des moustiques tiennent en échec les animaux et
l'homme. La tsetsé maintiendra longtemps encore certaines régions de l'Afrique centrale à l'état de soli-
tudes. Je laisse les cas de concurrence indirecte, ceux
où des adversaires, quelquefois invisibles, envahissent
non plus les vivants, mais les productions nécessaires
à la vie : est-ce que les sauterelles ne font pas périr
autant d'hommes qu'une guerre ? Mais ceci touche au
commensalisme. Le sens sociologique du parasitisme
ressort donc ici avec une suffisante netteté ; il est le
prolongement de la lutte pour l'existence que soutien-

---

(1) GIRARD, *Métamorphose des insectes*, p. 809 : *Lucilia hominivora.*
Cependant cette mouche n'est parasite qu'accidentellement.

nent contre les espèces nouvelles supérieures les inférieures depuis longtemps en possession de la terre. La
manière dont il s'est développé n'a rien de mystérieux.
Quoi d'étonnant si le scolex du lièvre et du lapin
devient ténia dans les intestins du chien, si le scolex
de la brebis devient ténia dans les intestins du loup et
du chien, si le scolex de la souris devient ténia dans les
intestins du chat? (1) Le contraire seul serait étrange.
Ce mode de succession né des circonstances varie avec
elles (2). Qu'un autre organisme ingère habituellement
les mêmes viandes à l'état de crudité ou de cuisson
imparfaite, il sera lui-même affecté habituellement des
mêmes parasites. C'est ainsi que l'intestin de l'homme
devient le siége accidentel ou même normal de ténias
qui ne lui semblaient pas destinés. Les entozoaires sont

---

(1) « Les vers rubanés ne se trouvent pas à la fois à l'état cystique et
à l'état cestoïde chez le même animal, mais la forme cystique se rencontre chez quelque animal qui sert de proie à l'animal chez lequel se
présente la forme cestoïde. (Huxley, *Elém. d'anat. comp. des animaux
invertébrés*, p. 120.) Et il donne le tableau suivant :

Forme cystique.	*Forme Cestoïde.*
Cysticerque du tissu conjonctif : lapin	Tenia solitaire : homme.
Cysticerque pisiforme : lapin.	Tenia dentelé : chien, renard.
Cysticerque fasciolaire : rats et souris.	Tenia crassicolle : chat.
Cœnure cérébral : cerveau du mouton.	Tenia cœnure : chien.
Echinocoque des vétérinaires : hommes, ongulés domestiques.	Tenia echinocoque : chien.

(2) « Chaque parasite a son hôte......; mais cela ne veut pas dire que
s'il ne trouve pas sa demeure il doit périr. Il peut vivre quelque temps
aux dépens d'un voisin et passer pour son parasite.» Il y a des parasites
cosmopolites. « L'*Ascaride lombricoïde*, si commun chez les enfants, se
loge également chez le bœuf, le cheval, l'âne ou le cochon. Le *Distoma
hepaticum*, qui est bien le parasite propre du mouton, peut s'égarer dans
le foie de l'homme ou dans celui du lièvre, du lapin, de l'écureuil, de
l'âne, du cochon, du bœuf, du cerf, du chevreuil et de diverses antilopes, etc. » (V. Beneden, *Parasites et Commensaux*, p. 91.) Que devient,
en présence de tels faits, le plan préconçu invoqué par l'auteur?

donc comme tous les animaux qui se saisissent d'une proie quand ils en trouvent une à leur gré ; ils ont, il, est vrai, comme les autres animaux leurs répugnances ; il y a des milieux pour lesquels ils se trouvent mieux adaptés que pour d'autres ; mais il ne leur est pas impossible sous le coup de la nécessité de s'adapter à de nouveaux milieux. « Qui donc, dit M. Van Beneden, en parlant du cestode de la souris qui achève son évolution dans le chat, qui donc a tracé cet itinéraire et a indiqué la voie, la seule par laquelle ce parasite peut espérer entrer en possession de son logis? Ce n'est ni le ténia, ni le chat évidemment? » Ils y sont cependant pour quelque chose sans doute, et il n'est pas téméraire de penser que de génération en génération le chat en mangeant la souris, le ténia en s'accrochant dans les intestins du chat pour y revêtir commodément sa dernière forme, ont contribué selon leur part à cet arrangement, du reste fort simple. L'instinct est réduit là à son minimum de complexité.

Dès que le parasitisme, abandonnant les tissus et les cavités, se rapproche des orifices et devient par conséquent de moins en moins nuisible, il se confond de plus en plus avec le commensalisme. Entre le commensal et son pourvoyeur, la différence est généralement moins grande qu'entre le parasite et sa proie. Celui-ci, en effet, est toujours incapable de rechercher sa proie par lui-même, dénué qu'il est des organes de la vie de relation. Le commensal, au contraire, ne reçoit sa nourriture qu'à demi préparée; il doit déjà exercer pour la conquérir certaines facultés de discernement et de locomotion ; par là il se rapproche de l'être capable de pourvoir lui-même à ses besoins auquel il emprunte sa nourriture. Pourtant dans ces rapports entre deux êtres où l'avantage est tout d'un côté, alors même que de l'autre aucun dommage n'est ressenti, il n'y a place encore pour aucune société.

Les plus nuisibles des commensaux sont ceux qui se nourrissent à leur naissance des aliments déposés par la prévoyance maternelle à côté des œufs de certains insectes, mais le plus grand nombre est moins redoutable. Dans les profondeurs de la mer, les faits de commensalisme n'ont pu être encore qu'imparfaitement observés; l'hôte porte avec lui son parasite quand on le retire de l'eau; il n'en est pas de même du pourvoyeur et de son commensal. Cependant certains voisinages permanents ont été signalés, comme celui du pilote et du requin, du Pagure et de son Annélide, qui ne paraissent pas avoir d'autre cause. Plusieurs animaux, entre autres des Crustacés, vivent des excrétions des poissons et purgent les eaux de ces impuretés comme le font sur terre certains insectes pour les excréments de mammifères. On trouve dans les fourmilières un certain nombre d'insectes dont la présence ne soulève aucun tumulte et n'est cependant justifiée par aucun service apparent (certains cloportes blancs sont les plus remarquables). Il y a assurément pour eux un intérêt à vivre en compagnie des fourmis, sans qu'on soit parvenu à savoir lequel. Mais où l'on recueille en plus grand nombre les faits de commensalisme, c'est dans l'embranchement des oiseaux. On connaît ces oiseaux de rivage, les Stercoraires, qui courent sus aux Mouettes, aux Lummes, aux Sternes

et aux Thalassidromes pour leur faire rendre leur proie
et la dévorer. La frégate agit de même à l'égard du
fou. Le milan vit des débris des repas du faucon, et celui-
ci est souvent dépossédé du fruit de sa pêche par l'Aigle
à tête blanche. Le Pagophile est le fidèle commensal
des morses. Des marsouins, poursuivant des brêmes,
se voient, au témoignage de Raulin, enlever leur
proie par des mouettes qui les épient. Le Pluvian fait
la chasse dans la gueule même du crocodile aux parasites qui y logent ; le *Buphago africa* rend aux éléphants un service analogue ; 15 à 20 de ces oiseaux
blancs se jouent sur le dos de l'énorme animal, pico-
rant ses parasites. Notre étourneau, le commandeur et
l'Alecto les buffles ont les mêmes habitudes ; mais déjà
l'Alecto qui doit à la longanimité du buffle cette pitance
quotidienne, non content de lui rendre service par le
fait même, l'aide encore en lui signalant l'approche
d'un ennemi. L'Ani fait de même pour le rhinocéros.
L'association effective commence ici avec la mutualité.
Mentionnons seulement, avant d'aborder ce nouveau
groupe de faits, les commensaux des carnassiers : le
chacal, le vautour, et enfin les nombreux commensaux
de l'homme, depuis le Dermeste du lard jusqu'au chat
et à la souris.

A la lutte pour l'existence d'abord directe, puis indirecte, va faire place la coalition pour l'existence, le
plus souvent destinée à mieux soutenir la lutte même.
Ici se présente quelque chose de nouveau ; les consciences, séparées par le parasitisme et le commensalisme à des degrés divers, s'unissent dans la mutualité
par l'identité des représentations qui entraîne à son

tour la communauté des craintes et des espérances,
C'est dire que le dernier groupe des phénomènes ne
peut se produire avec quelque constance que chez les
espèces supérieures, capables, d'opérations intellectuelles déjà complexes. Exposons les faits connus.

Toutes les fois qu'un même milieu rassemble plusieurs espèces douées d'habitudes semblables, des rapports ne manquent jamais de s'établir entre celles qui
n'ont rien à redouter les unes des autres et ont, au
contraire, à redouter les mêmes ennemis. Les oiseaux
des plaines et des bosquets s'unissent volontiers en
bandes, les bruants avec les alouettes, les pinsons et
les litornes, la Spizelle du Canada avec les pinsons et
les bruants, le Plectrophane de Laponie avec les
alouettes, la pie avec les corbeaux et les corneilles, les
grives avec les merles, les roitelets avec le torchepot,
les mésanges, les pinsons et les nonnettes, le Pic
épeiche avec les grimpereaux et aussi avec les mésanges et les roitelets. Les oiseaux des marais : l'échasse
et l'avocette, les hérons, les bihoreaux, les garzettes
et les blongios ; les oiseaux de rivage : les barges avec
les pluviers et les bécasseaux forment également des
groupes permanents hors de la saison des amours.
Voici la cause de ces réunions. Chacun de ces oiseaux
comprend plus ou moins clairement que sa vigilance
sera puissamment aidée par celle de ses compagnons ;
pour surveiller les alentours, les sens de plusieurs
oiseaux tous également tendus en des directions diverses leur paraissent offrir une meilleure garantie que
les sens d'un seul, et pour lutter s'il le faut contre un
ennemi, les moyens de défense de tous réunis leur sem-

blent supérieurs aux armes d'un seul. Il n'est besoin
pour les engager à de telles associations d'aucune contrainte ni d'aucun pacte ; chacun accourt spontanément au-devant de ses voisins et la bande se trouve
formée ; nous verrons plus tard ce qui cimente ces liens.
Quand le renard est en chasse, les geais, les merles et
les pies poussent un cri qui exprime spontanément
leurs émotions à la vue du carnassier. Mais les autres
oiseaux, entendant ce cri d'alarme, en cherchent la
cause et, l'ennemi découvert, se mettent à leur tour sur
leurs gardes. Que ce fait se répète plusieurs fois : la
liaison entre le cri des avertisseurs et la représentation
du péril deviendra de plus en plus étroite dans leurs
consciences ; ils fuiront de confiance au premier signal.
Les Tocks rendent en Afrique le même service aux
autres oiseaux, quand un serpent ou un léopard paraissent. L'antilope elle-même recueille avec attention
leurs avis. De même le cri du vanneau est entendu de
tous les oiseaux d'un même rivage et immédiatement
mis à profit. L'autruche est admise comme vigilante
gardienne dans les troupeaux de gazelles, de zèbres
et de Couaggas ; et le Daman d'Abyssinie protége, sans
le savoir, en se gardant lui-même, un lézard et un
Ichneumon attentifs à tous ses mouvements. Ces derniers faits ne peuvent donner naissance à des sociétés,
puisqu'ils ne sont pas réciproques. L'avertisseur, mieux
doué que ses protégés, n'a que faire le plus souvent
de leur concours, et d'ailleurs ceux-ci peuvent avoir
eux-mêmes quelque chose à redouter de lui, comme
c'est le cas de nos petits oiseaux vis-à-vis de la pie
vulgaire. Mais que les mêmes faits se produisent *entre*

oiseaux qui tous ont besoin les uns des autres sans avoir rien à redouter les uns des autres, ils s'uniront inévitablement. L'habitude fera le reste. Sans cesse occupés à se regarder, à s'écouter mutuellement, ayant associé dans leur pensée ces représentations aux sentiments de sécurité qu'elles leur inspirent, ils ne pourront se séparer de leurs compagnons sans perdre quelque chose d'eux-mêmes, et seule l'action plus puissante du penchant sexuel pourra les disperser au printemps nouveau (1).

Il est difficile que plusieurs êtres vivent habituellement groupés sans que des différences ne se manifestent entre eux et que leurs rapports d'abord uniformes ne se spécialisent suivant les aptitudes des individus. Aussi voyons-nous plusieurs de ces bandes offrir un commencement d'organisation. Nous n'en donnerons qu'un seul exemple. Les barges qui forment une troupe avec de plus petits oiseaux de rivage exercent toujours

---

(1) On verra que nous distinguons plus tard deux causes principales concourant à la formation des sociétés, l'intérêt ou l'utilité plus ou moins ressentie, c'est-à-dire l'instinct de conservation d'une part et d'autre part la sympathie. Ici, dans les sociétés accidentelles, c'est l'intérêt qui a, ce semble, le rôle prépondérant; la sympathie ne fait que consolider les liens qu'il a établis. Elle s'oppose aussi à ce que des sociétés se forment entre des êtres quelconques : ceux-là seuls s'unissent d'une manière durable et étroite, parmi ceux qui ont intérêt à le faire, qui sont capables d'éprouver de la sympathie les uns pour les autres. Autrement, on verrait les associations les plus étranges. Quant aux sociétés normales entre animaux de même espèce, nous avons cru, au contraire, devoir donner le premier rôle à la sympathie dans les explications que nous en avons tentées, n'admettant l'instinct de conservation que comme un élément qui les consolide. Du reste, la sympathie n'a d'autre raison d'être que son utilité future, bien qu'ignorée des êtres qui se sentent ainsi attirés les uns vers les autres ; et elle se rattache ainsi à la loi de l'évolution. De plus, au moment où elle est ressentie, elle détermine un besoin pressant.

sur leurs compagnons une sorte d'autorité. Ce que fait le barge, les autres l'imitent; ses mouvements et ses cris guident la troupe tout entière. La seule différence qu'il y ait entre cette forme d'association et la précédente consiste en ce que, grâce à la supériorité du barge, les représentations et les sentiments des autres oiseaux, au lieu d'être seulement réciproques, sont simultanés et se rapportent tous à la fois au même membre de la troupe. Quant aux sentiments de satisfaction d'un ordre tout spécial que le barge éprouve à exercer cette hégémonie, qu'il nous soit permis d'en différer l'explication jusqu'à un moment plus favorable. Signalons seulement la fréquence de tels sentiments parmi les animaux domestiques. Il n'est pas de volière qui n'ait son maître, quelque différents qu'en soient les hôtes. C'est même sur cette propension des uns à la domination, des autres à la subordination que repose l'usage que l'on fait à la Guyane de l'agami pour diriger les oiseaux domestiques, en Afrique, de la grue cendrée pour conduire un troupeau de moutons, dans tout le monde, du chien pour gouverner le bétail grand et petit (1).

La domesticité elle-même est une forme du mutualisme, la plus élevée qui soit possible entre espèces différentes, parce qu'elle suppose la subordination. Subordination et organisation, c'est même chose. L'association est ici volontaire de part et d'autre ; c'est là le fait élémentaire de toute mutualité ; mais

---

(1) On verra plus bas, sect. IV, quel parti on en peut tirer pour assurer la protection des petits singes dans les ménageries.

elle comporte de plus une autorité exercée par l'un des membres de cette association, et cette autorité pleinement acceptée des autres lui permet de faire tourner l'association entière à son profit. Il en est le chef et la fin.

Quand nous disons que la domestication est une association volontaire, nous ne voulons pas dire qu'elle le soit au début. On ne sait pas d'une manière certaine comment les espèces actuellement domestiques ont été conquises à l'origine ; on ne le saura jamais. Mais nous pouvons nous représenter ce moment décisif dans les destinées de l'humanité d'après des analogies. Certaines espèces sont encore à demi domestiques, à demi sauvages, et l'empire de l'homme sur elles, toujours contesté, doit toujours être raffermi. On ne peut s'empêcher de penser que les moyens dont celui-ci se sert actuellement pour consolider ou renouveler sa domination sont peu différents de ceux dont il s'est servi jadis pour l'établir. Or nous voyons que toute tentative de domestication débute de nos jours par un acte de contrainte et de coercion. L'homme, avec sa ruse audacieuse, parvient à lier même l'éléphant, puis une fois en son pouvoir, il l'intimide et le châtie jusqu'à ce qu'il en obtienne l'obéissance. C'est ainsi qu'il a pour les premières fois pu recueillir le lait des animaux sauvages ; de nos jours le Lapon ne trait la femelle du renne à demi domestique qu'en la maîtrisant avec le lasso (V. BREHM ; et DARWIN, *Voyage autour du monde*, p. 162). En Australie on attire les vaches en leur présentant leurs veaux dans une sorte de travail où elles sont immobilisées et où elles revien-

nent bientôt d'elles-mêmes pour se débarrasser de
leur lait (De Castella, *Tour du monde,* 1861, p. 116).
Mais cette conquête de l'individu n'assure pas l'avenir;
elle est toujours à recommencer. La domestication
de l'éléphant en est à peu près restée là. La véritable
domestication commence avec l'élevage. C'est un fait
commun dans nos fermes voisines des bois que l'appri-
voisement des jeunes loups et des marcassins. Cette
idée de prendre un animal jeune et de l'élever, si fré-
quente en pleine civilisation, n'a pas dû être étrangère
aux esprits des hommes primitifs. Elle a dû surtout
agréer aux femmes, à qui elle offrait une satisfaction
en forme de jeu des instincts maternels. L'animal en
grandissant devenait-il féroce? il était sacrifié. Mais
s'il avait pu s'accoupler et devenir fécond soit avec ses
semblables restés sauvages, soit avec quelque compagnon de captivité, un certain nombre de générations
ont pu rester ainsi au pouvoir de l'homme et accepter
de plus en plus volontiers son joug. Vieux, il est probable qu'il se refusait à tout commerce comme il arrive en Corse au mouflon captif : mais ce fait, qui se
produit même dans les troupeaux libres où les vieux
mâles vivent presque toujours à l'écart, n'empêchait
pas de plus jeunes déjà adultes de rendre à l'homme
les services intermittents et irréguliers que celui-ci
réclamait d'eux. La contrainte a donc été exercée très
probablement par l'homme à l'origine sur les animaux
devenus depuis domestiques, tantôt sur les animaux
adultes, tantôt et plus efficacement sur les jeunes.
Les habitants du Kamtschatka sont forcer de domp-
ter pour ainsi dire chaque génération des chiens

qu'ils emploient aux traîneaux : ils les jettent à peine nés avec leurs mères dans une fosse profonde où ils les replongent pendant longtemps après chaque course.

Mais après que les volontés sont ainsi vaincues, commence une tâche nouvelle ; il faut que l'homme se les concilie. Il s'appuie pour cela sur une tendance héréditaire très puissante que l'on rencontre, à l'état libre, chez tous les animaux devenus domestiques, je veux dire l'instinct de subordination volontaire aux plus intelligents et aux plus forts. Sauf le chat qui est resté, en effet, plutôt le commensal que le serviteur de l'homme, tous, chiens, moutons, chèvres, bœufs, rennes, chevaux, sangliers, éléphants vivent en troupes organisées plus ou moins étendues, soumises à un chef. Retrouvant à un plus haut degré chez leur nouveau maître l'ascendant qu'ils étaient disposés à subir de la part de leurs congénères, ils n'ont pas eu de peine à se soumettre à lui. Quand l'homme a eu en sa possession un certain nombre d'entre eux, il est devenu naturellement le chef de leur bande, se substituant ainsi au chef que cette bande eût suivi, ou même obtenant de lui tout le premier une obéissance imitée de tout le troupeau. On ne sait pas jusqu'à quel point l'intimité peut aller entre le gardien d'un troupeau et ses bêtes, soit au sein de notre civilisation, inattentive à ces faits d'ordre inférieur, soit surtout sur les confins de la civilisation et de la barbarie. « Quelle vie est la leur ! dit Brehm (liv. II, p. 486) des Lapons des fjelds conducteurs de rennes ; ils n'ont point par eux-mêmes de volonté ; ce sont leurs troupeaux qui les mènent. Les

rennes vont où ils veulent, les Lapons les suivent. Le
lapon des fjelds est un véritable chien. Pendant des
mois entiers, il reste presque toute la journée en plein
air, souffrant en été des moustiques, en hiver du froid,
contre lequel il ne peut se défendre... Souvent il en-
dure la faim, car il s'est plus éloigné qu'il ne le vou-
lait.... Il ne se lave jamais; il se nourrit des aliments
les plus grossiers... son genre de vie le rend à moitié
animal. » Je me tais sur des pratiques dont la pensée
fait horreur, mais qui sont de nos jours fréquentes
chez les sauvages de la Nouvelle-Calédonie, comme
elles l'ont été chez les anciens juifs (1). Assurément
rien n'autorise à croire que de tels faits aient jamais
revêtu un caractère normal; mais ils indiquent au
prix de quelle communauté d'existence avec les animaux l'homme a pu leur faire accepter son empire.
S'il a réussi à gouverner leur société, déjà existante à
côté de la sienne, c'est à la condition d'y entrer lui-
même comme membre prépondérant (2).

Cette explication n'est valable que si les animaux

---

(1) Jacobs, *l'Océanie*, p. 166 ; Deutéronome, XXVII, 21.— « L'une de celles
(des panthères) qui sont actuellement à la ménagerie, naturellement mé-
chante, se laisse approcher quand elle est *en amour*, et cherche à être
flattée. C'est, du reste, ce qui arrive à la plupart des animaux féroces. »
(LEURET et GRATIOLET, *Anatomie comp. du syst. nerv.*, vol. I, p. 478.)

(2) Fréderic CUVIER, cité par FLOURENS, et BOULEY, inspecteur général
des écoles vétérinaires, *Revue scientifique*, 2 mai 1874.— « Ceux qui, à l'état
de nature, vivent en société, sont en général plus faciles à apprivoiser
que les autres. Cependant, on apprivoise l'ours, le lion, le glouton, etc.
qui sont des animaux solitaires, et on n'apprivoise pas le couagga qui vit
en troupes. » (GRATIOLET et LEURET, p. 545.) Le rapport serait peut-être
plutôt avec l'intelligence qu'avec la sociabilité; seulement il y aurait souvent coïncidence, parce que les plus intelligents sont en général les plus
sociables.

sont capables de reconnaître en effet la supériorité de
l'homme. Elle devient excellente s'il est établi que ce
qu'il y a de confus dans la représentation de cette supériorité l'accroît encore et revêt celui à qui elle est
attribuée d'un véritable prestige. Or l'animal sauvage,
oiseau ou mammifère, témoigne très nettement, par le
luxe de précautions qu'il prend à notre égard, qu'il
sait le pouvoir de nos armes. Il suffit d'avoir traversé,
un fusil à la main, des prairies coupées de peupliers et
de saules pour savoir à quel point les pies, les corbeaux, les geais, les pics, les ramiers et les oiseaux de
proie de nos contrées sont en défiance contre ses effets.
En revanche, le chien de chasse qui voit son maître
sortir armé manifeste assez bruyamment ce qu'il
attend de cette expédition. Et, à vrai dire, dans la
plupart des cas, l'arme n'est pas tant redoutée que
celui qui la porte habituellement. Pour l'animal comme
pour le sauvage, l'instrument ne fait qu'un avec celui
qui s'en sert ; ce n'est pas l'engin de chasse, c'est le
chasseur qui foudroie à distance. De là, dans certaines
contrées de l'Afrique et de l'Amérique où les Européens seuls portent d'ordinaire des armes à feu, la
frayeur causée au loin par leur présence dans certaines
sociétés d'oiseaux, tandis que nul ne se soucie de la
présence des indigènes même armés (BREHM, vol. I,
642 ; II, 510, 645, 647). Les instruments de l'homme
primitif ont certainement produit sur les animaux
des impressions analogues ; aidés surtout qu'ils étaient
par divers moyens d'intimidation employés sur les
animaux en captivité , comme par exemple le séjour dans l'obscurité, la privation de nourriture, l'im-

mobilité par contrainte. Les corrections d'ailleurs,
et d'autre part les aliments favoris, toujours reçus de
cette même main qui sait châtier, ont imprimé de
tout temps dans les consciences neuves des animaux
pris jeunes une empreinte ineffaçable, leur appre-
nant que l'homme est un être dont ils peuvent tout
craindre et tout espérer, leur faisant sentir qu'ils
sont pour ainsi dire dans sa main. Qu'on ajoute à cela
l'expression de bonté suprême et d'énergie concentrée manifestée si éloquemment dans les gestes, dans
les traits, dans la voix de l'un et de l'autre sexe humain, et l'on comprendra que l'animal intelligent
regarde l'homme comme un être infiniment supérieur
à lui, dont l'association mérite d'être recherchée par
dessus toutes les autres. C'est ce qui explique les effu-
sions passionnées de tendresse comme les témoignages
d'humilité sans réserve que prodiguent à leur maître
ceux d'entre eux à qui le don d'expression a été dé-
parti en quelque mesure. On croit trop généralement
que le chien est seul capable de telles manifestations.
Le chat, élevé à force de bontés du rang de commensal
à celui de compagnon, étonne parfois par le caractère
expressif de ses mouvements. On l'a vu, accroupi sur
les genoux d'une personne, embrasser de droite et de
gauche le corps de cette personne avec ses pattes et,
inclinant la tête, l'en frapper à petits coups. Le singe
donne de véritables baisers et enlace de ses bras les
genoux de qui le menace. Le chimpanzé dédaigne les
autres singes, mais témoigne à l'homme un véritable
respect (BREHM, *Revue scientifique,* 1874, p. 973). A
l'état sauvage, plusieurs simiens ont des gestes de

supplication pour détourner le coup de l'arme à feu
qui les vise. Domptés, les félins les plus féroces se
traînent aux pieds de leur vainqueur. Les oiseaux eux-
mêmes se livrent à des gestes analogues. Laissons
les perroquets et les perruches qui sont sous les yeux
de tous; l'œdicnème criard, au témoignage de Nau-
mann, ne trouve pas pour exprimer l'espéce d'ado-
ration qu'il ressent pour l'homme d'autres moyens que
ceux qui lui servent au temps des amours pour faire
fête à sa femelle. Il exécute autour de lui une véritable
saltation accompagnée de petits cris. La grue en captivité danse de même avec des inclinations et des battements d'ailes devant celui qui la nourrit. Que si les
sentiments ainsi exprimés obtiennent en retour des
témoignages d'affection, ils s'exaltent chez certaines
espèces d'une manière extraordinaire. Si au contraire
c'est à d'autres que vont ces témoignages tant désirés,
une jalousie ardente en résulte. Plusieurs chiens ont
mordu cruellement de jeunes enfants à qui l'on don-
nait sous leurs yeux des caressses qu'il eussent sou-
haité obtenir seuls; d'autres, délaissés pour de petits
chats, se sont presque laissés mourir de faim; on raconte mille traits de jalousie des singes; le chat montre dans les mêmes circonstances une maussaderie
morne vraiment comique. Et ces faits sont d'autant
plus remarquables que jamais, en dehors des relations
sexuelles, les animaux n'ont laissé voir de jalousie à
l'égard d'autres animaux. L'homme est donc pour les
plus élevés des vivants qui viennent après lui un être
à part, vraiment royal et en quelque sorte surnaturel.
Il n'est pas surprenant qu'ils acceptent volontiers son

joug. En fait, malgré les abus qui signalent le pouvoir dont il dispose sur ses serviteurs, on ne voit guère ceux-ci tenter de révolte, même partielle et isolée. La rage seule, et encore à son dernier période, jette le chien contre son maître; sa fureur s'exerce longtemps sur les autres chiens avant d'en venir à cette extrémité.

Si l'intelligence des uns assure leur coopération volontaire à notre activité, l'inintelligence des autres explique leur résignation à la servitude. Certes si la claire pensée du sort qui les attend pouvait se présenter aux moutons et aux bœufs de nos prairies, nous pourrions craindre de leur part une insurrection générale qui ne laisserait pas que d'être embarrassante, au moins pendant un instant. Mais si tout animal redoute les coups et surtout la faim, il n'en est point qui redoute vraiment la mort, parce que nul d'entre eux ne sait ce qu'elle est : comment la concevraient-ils quand l'homme primitif n'y réussit que si difficilement? à plus forte raison les ruminants, qui ne sont pas les plus intelligents des mammifères, ont-ils dû, même à l'origine, avant l'abâtardissement qui suit la domesticité prolongée, comprendre à peine la disparition de leurs compagnons. En tous cas, ils l'ont vite oubliée en présence de la crèche chaque jour bien garnie. Qu'est-ce qu'un mal, fût-ce le dernier de tous, dès qu'on l'ignore? D'ailleurs il n'est pas démontré que quand la domestication de ces espèces a commencé, elle ait eu pour but la possession plutôt de leur chair que de leur lait ou de leur toison (1).

_____

(1) Nous ne parlons pas des sociétés par trop accidentelles formées entre individus de l'animal à l'homme, et qui, loin de dépasser la généra-

Une objection nous attend ici. Comment se fait-il, si le propre de la société est de procurer à tous ceux qui la contractent un perfectionnement réciproque, que la domestication de certaines espèces ait précipité leur décadence? Remarquons d'abord que nous n'examinons que des sociétés imparfaites, qu'il ne s'agit ici que de mutualité, c'est-à-dire de services réciproques *partiels*. Deux êtres se trouvent exercer deux fonctions non pas semblables, non pas même correspondantes, mais accidentellement convergentes ; ils le remarquent et utilisent d'une manière durable cette rencontre qui leur rend la lutte pour l'existence plus facile ; il y a là, nous l'avons dit, quelque chose de plus que le commensalisme, mais rien qui soit d'un autre ordre. C'est un commensalisme bilatéral. La communauté de conscience, aussi bien que la communauté d'intérêts, reste toujours limitée à l'exercice commun des deux fonctions qui ont donné lieu à l'accord, sans permettre une identification véritable de deux êtres en un seul. Si donc l'une de ces deux fonc-

tion où s'est produit le phénomène, excluent la plupart du temps la reproduction ou en détruisent les fruits. Il n'est pour ainsi dire pas un animal qui ne puisse être dompté et amené soit par la crainte, soit par la douceur, à force d'insistance ou de soins, à nous rendre quelque service. L'éléphant est le type de ces animaux. On sait à quels résultats arrivent certains dompteurs pour les bêtes féroces, les charmeurs de serpents et les instructeurs d'oiseaux, et on n'a pas oublié ces puces à qui on avait réussi à enseigner certaines manœuvres. Lubbock a montré une guêpe qu'il avait apprivoisée et M. Rouget a familiarisé un nid de frelons. Ces faits isolés ou du moins discontinus ne méritent pas d'être étudiés comme faits sociaux ; ils méritent d'être mentionnés comme expliquant les origines de la domestication. Il n'est guère d'espèce intelligente qui n'ait été soumise à de pareils essais, essais poursuivis avec plus ou moins de persévérance suivant le profit espéré et les résultats obtenus.

tions entraîne un certain développement de la vie de
relation, comme par exemple celle de pourvoir à la
protection et à la nourriture d'autrui, et que l'autre
ne mette aucunement en jeu l'activité cérébrale comme
est celle de se reproduire et de croître pour servir
d'aliment, non seulement la fonction végétative se subordonnera inévitablement à la fonction intelligente,
mais encore la différence ira croissant avec le temps,
et la mutualité, sans disparaître, dégénérera en servitude. Cependant, par cela même que l'homme est de
plus en plus capable de penser grâce à cette association et aux loisirs qu'elle lui crée, de même, et par la
même cause, l'animal qui sert d'aliment est de plus en
plus capable de se reproduire et de croître. Les deux
fonctions associées se favorisent en effet l'une l'autre.
Sur le point précis où il y a eu association, consciente
ou non, chacun des deux membres du groupe ainsi
constitué a gagné incontestablement. Jamais les bœufs,
les moutons ni les porcs, jamais les lapins ni les vo-
lailles n'auraient eu comme espèces vivantes, au point
de vue physique, les destinées prospères que la civilisation leur a faites, s'ils n'avaient pas été domestiqués.
Il est certain aussi qu'ils n'eussent pas varié autant
qu'ils l'ont fait. S'ils y ont perdu en intelligence, c'est
que ce n'est pas à titre d'êtres intelligents qu'ils sont
entrés en association avec l'homme; le chien, sous
l'empire de la même loi, devient de plus en plus intelligent, parce que c'est pour cette faculté même que
l'homme a fait de lui son allié : et les diverses espèces
de chiens sont développées de ce côté dans la mesure
où la destination qu'elles ont reçue sollicite leur discer-

nement (1). En résumé la domestication est un fait de mutualité; c'est une société où les services, au lieu d'être unilatéraux comme dans le commensalisme, sont réciproques; mais comme cet échange de services est partiel, ne porte que sur une fonction, comme cette fonction est seule favorisée, l'animal domestiqué n'y gagne que partiellement, à moins que la fonction mise en commun, appartenant des deux parts à la vie de relation, ne nécessite l'emploi des facultés cérébrales les plus complexes. Dans ce cas l'organisme y gagne tout entier. Voilà pourquoi nos serviteurs occupent des grades si différents et forment une échelle descendante qui montre à son sommet celui qu'on a appelé l'ami de l'homme, à son dernier échelon cet être qui n'est plus qu'une cuisine vivante, et aux places intermédiaires l'éléphant, le cheval, l'âne, le renne, la chèvre, le mouton, le lapin, les oiseaux de basse-cour, etc. Voilà pourquoi les uns sont devenus plus parfaits, tandis que les autres ont dégénéré (2).

Une société ne peut s'organiser que grâce à une direction d'une part, à une subordination de l'autre. Aussi hors de l'humanité les cas de mutualisme véri-

---

(1) Dans les îles Polynésiennes et en Chine, où le chien est élevé pour servir de nourriture, on le signale comme un animal fort stupide. DARWIN, *Variation des animaux et des plantes*, trad., vol. II, p. 233.

(2) Animaux associés à l'homme pour le convictus et l'ornement;
- singe, chien de salon, cabiai, chat, marmotte.
- oiseaux familiers : paon, pie, corbeau, cigogne, grue, perroquet.
- oiseaux chanteurs : serin, pinson, sansonnet, merle, etc.
- insectes phosphorescents.

pour la chasse et pour la pêche;
- chien, furet, loutre.
- cheval, éléphant.
- faucon, cormoran.

table sont-ils rares. Le parasitisme ne requiert que la moindre des actions réflexes : se jeter sur la proie à son passage et s'y tenir accroché tant qu'elle n'est pas dévorée. Le commensalisme suppose déjà quelque complexité de représentation. Cependant les dangers signalés par l'avertisseur ne sont pas de toute nécessité clairement représentés dans l'esprit de celui qui entend son signal et le voit fuir. C'est en quelque sorte machinalement, c'est-à-dire en vertu de mouvements

pour la garde des troupeaux, des jardins ;	chien, grue, agami. tortue, hérisson.
pour la locomotion et la traction ;	chien lapon. renne, cheval, âne, bœuf. dromadaire, chameau, vigogne, lama, éléphant.
pour les produits (soie, cuir, toison, lait, viande).	lapin, porc, vache, mouton, chèvre, cheval, (lait de jument). poule, pintade, canard, oie, dinde, faisan, pigeon, casoar. ver à soie, abeilles.

Nous donnons cette liste incomplète et qui n'a rien de systématique, comme un aperçu sommaire des motifs qui ont déterminé de la part de l'homme la domestication des espèces alliées et par conséquent des fonctions développées par lui chez ces différentes espèces. — M. Anquetil (*Aventures et chasses dans l'Etrême Orient*, 1re part., p. 74) raconte une singulière chasse au coq de bruyère, où les poules, à ce moment en train de couver, étaient découvertes par une couleuvre à collier dressée à cet effet. Une dame Birmane la lâchait, et elle se glissait sous les fourrés faisant retentir un grelot qu'elle avait au cou. Quand elle avait découvert un nid, sa maîtresse la rappelait en frappant dans ses mains, mais elle n'écoutait pas toujours ce signal et, pour manger les œufs, attaquait la poule qui les défendait avec un dévouement admirable. La plupart du temps cette couleuvre extraordinaire revenait au signal et on l'encapuchonnait comme un faucon jusqu'à ce qu'on ait rencontré un nouvel endroit favorable. F. Keller-Leuzinger (*Tour du Monde*, 1874) assure que sur les rives de l'Amazone des couleuvres apprivoisées circulent librement dans les maisons et y rendent de grands services en détruisant la vermine.

peu éloignés des réflexes, quoique compliqués, que celui qui voit fuir se trouve entraîné à fuir à son tour. L'impulsion résulte de la représentation seule du fait imité, comme nous ne pouvons plonger notre regard au fond d'un précipice sans éprouver le vertige qui nous y attire. De là chez les foules la soudaineté des explosions de sentiment. L'émotion s'y répand par l'oreille et la vue avant que les motifs en puissent être connus. C'est ce qui se passe la plupart du temps dans les bandes d'oiseaux d'espèces différentes et dans tous les groupes que nous avons signalés. On les voit agités de mouvements soudains ; le moindre coup d'aile, le moindre bond y dégénère en panique. Des facultés plus hautes sont la condition de la mutualité organisée, ou domestication. Elle suppose, chez celui qui la provoque, la représentation d'avantages futurs plus ou moins éloignés, et la conception des moyens plus ou moins complexes par lesquels peut être assurée la possession de ces avantages. Cette opération intellectuelle, qui consiste à réunir en un groupe les faits passés de façon à ce qu'ils contiennent les faits à venir, cette combinaison de moyens en vue d'une fin médiate mérite un nom nouveau ; ce ne sont plus des mouvements réflexes, mais des pensées réfléchies. Voilà sans doute la cause de la rareté des faits de domestication dans l'animalité. Mais ce qui est extraordinaire, ce qui touche à la merveille, c'est que le seul cas qu'il nous ait été possible de recueillir se rencontre à un degré fort inférieur de l'échelle animale, en dehors des vertébrés, chez les insectes ! Oui, ce fait qui exige, comme nous venons de le voir, les facultés tout humaines de réflexion et de combinaison, ne se rencontre hors de l'humanité que chez les fourmis. Avec nous, seules entre tous les êtres vivants, elles ont domestiqué d'autres animaux : elles élèvent des pucerons dans leurs nids ! Comment expliquer ce fait vraiment extraordinaire ?

Reconnaissons d'abord que les explications données jusqu'ici ne peuvent s'appliquer à ce nouveau cas. Quand nous disions que les antilopes, les gazelles, les zèbres se plaisent à voir au milieu d'eux l'autruche au long cou dont les yeux perçants surveillent pour eux les alentours, nous leur attribuions un mode de penser qui appartient à l'homme, mais que le lecteur leur a sans aucun doute concédé facilement. Beaucoup de faits de la vie mentale des mammifères et des oiseaux s'expliquent très naturellement si on leur accorde une intelligence comme la nôtre, quoique moins étendue, si on leur prête notre esprit, diminué. Les opérations intellectuelles sur lesquelles se fonde le mutualisme ordinaire ne semblent en aucune façon, suivant le même point de vue, dépasser la capacité de l'animal. Il n'en est pas de même de celle que suppose la mutualité organisée, ou domestication. Attribuer à l'animal, même au mammifère, une prévision aussi étendue et des combinaisons de moyens aussi délicates, serait déjà contraire aux opinions les plus généralement admises sur la puissance de son intelligence. Qu'est-ce donc quand il s'agit, non plus d'un mammifère, mais d'un insecte ! Il serait téméraire d'investir ce cerveau presque microscopique de fonctions semblables à celles qu'accomplit le nôtre.

Essayons de résoudre ce malaisé problème ; mais auparavant efforçons-nous d'en bien poser les termes.

Le fait ne se montre pas brusquement à son moment le plus accompli. Cela serait contraire à ce que nous savons de la marche générale des phénomènes, réglée partout et toujours par le principe de continuité. Il est précédé, au témoignage de Huber, par une série de faits analogues, beaucoup moins étonnants, qui nous conduisent pas à pas au dernier stade. La fourmi est, dans certains cas, la simple commensale des pucerons. Errant sur les rameaux des plantes à la recherche d'une nourriture, elle rencontre des pucerons dont l'abdomen distille une goutte de liquide épais ; sucer ce liquide dont elle connaît la saveur et qu'elle a déjà, comme plusieurs autres insectes le font, léché sur les feuilles où le puceron le rejette, y revenir parce qu'il a été trouvé agréable, prendre l'habitude de cet acte de génération en génération, tandis que le puceron éprouve de plus en plus le besoin d'être débarrassé par·elle d'une sécrétion devenue plus abondante, ce sont là des phénomènes étroitement liés, qui sortent naturellement les uns des autres et qui nous conduisent pas à pas à la limite où le commensalisme finit, où la mutualité commence. Maintenant voici un cas plus surprenant. « Je découvris un jour, dit Huber, un tithymale qui supportait au milieu de sa tige une petite sphère à laquelle il servait d'axe; c'était une case que les fourmis avaient construite avec de la terre. Elles sortaient par une ouverture fort étroite pratiquée dans le bas, descendaient le long de la branche et passaient dans la fourmilière

voisine. Je démolis une partie de ce pavillon construit presque en l'air, afin d'en étudier l'intérieur ;
c'était une petite salle dont les parois, en forme de
voûte étaient lisses et unies ; les fourmis avaient profité
de la forme de cétte plante pour soutenir leur édifice ;
la tige passait donc au centre de l'appartement, et des
feuilles en composaient toute la charpente. Cette retraite renfermait une nombreuse famille de pucerons
auprès desquels les fourmis venaient paisiblement
faire leur récolte à l'abri de la pluie, du soleil et des
fourmis étrangères. » Huber a vu une autre de ces
étables sur une petite branche de peuplier, à cinq pieds
au-dessus du sol ; mais la hauteur n'a ici que peu d'importance. Comment rattacher ce fait à ceux qui précèdent et dont il diffère déjà sensiblement? Le patient
observateur nous l'indique lui-même. Les fourmis
étrangères, c'est-à-dire habitant des nids plus éloignés,
venaient, elles aussi, recueillir la miellée au grand mé-
contentement de celles-ci, qui, habitant au pied de la
plante, rattachées à la colonie de pucerons par une file
non interrompue d'allantes et de venantes, pouvaient
la considérer comme leur propriété. Il fallait donc la
protéger contre les incursions des étrangères. Un
moyen se présentait, déjà à demi exécuté sans doute ;
les fourmis ont coutume de conduire leurs galeries
aussi loin qu'elles vont elles-mêmes, partout du moins
où elles ont établi des communications régulières permanentes. Ces galeries venaient sans doute jusqu'au
pied de la plante ; peu à peu elles ont été conduites
jusqu'à l'endroit où vivaient les pucerons. La transformation de la galerie en une chambre aérienne a pu se

faire insensiblement, sous l'action spontanée de tant
de travailleurs obéissant à cette même pensée : mettre
à l'abri les bêtes nourricières. Maintenant si la tige est
un peu haute, les fourmis, sollicitées par un beau soleil, pourront apporter leurs larves dans la chambre
aux pucerons ; le nid sera en partie transporté en l'air ;
c'est ce qu'a vu Huber, sur une tige de chardons. Mais
si la tige n'est pas élevée, ou si la pluie menace de
détruire le frêle édifice, ou si on redoute une attaque,
quoi de plus simple que de prendre en même temps
que les œufs ces précieux auxiliaires et de les transporter au nid souterrain ? Cependant cela n'est pas
toujours nécessaire, les pucerons se rapprochant d'eux-
mêmes dans certains cas des orifices du souterrain
qu'il suffit alors de voûter. « Il est encore des fourmis,
dit Huber, qui trouvent leur nourriture auprès des
pucerons du plantin vulgaire ; ils sont fixés ordinairement au-dessous de sa fleur ; mais lorsqu'elle vient à
passer et que sa tige se dessèche, ce qui lui arrive à la
fin d'août, les pucerons se retirent sous les feuilles
radicales de la plante ; les fourmis les y suivent et s'enferment alors avec eux, en murant avec de la terre humide tous les vides qui se trouvent entre le sol et les
bords de ces feuilles ; elles creusent ensuite le terrain
en dessous, afin de se donner plus d'espace pour approcher de leurs pucerons et peuvent aller de là jusqu'à leur habitation par des galeries couvertes. » N'oublions pas que les pucerons, loin d'éviter les fourmis,
les recherchent ; que ceux qui ont des ailes et peuvent
fuir restent volontairement au milieu d'elles. Si donc
ces espaces libres à fleur du sol de la prairie sont tra-

versés par les racines des plantes herbacées, ils trouveront sur ces racines d'excellentes conditions d'existence et y demeureront volontiers. C'est ce qui arrive
en effet. Huber se demandait de quoi vivent les fourmis qu'on ne voit jamais sortir à la provende. « Un
jour, ayant retourné la terre dont leur habitation était
composée, je trouvai, dit-il, les pucerons dans leur
nid ; j'en vis sur toutes les racines dès gramens dont
la fourmilière était ombragée ; ils y étaient rassemblés
en familles assez nombreuses et de différentes espèces...
Je ne tardai pas à voir que les fourmis jaunes étaient
fort jalouses de leurs pucerons ; elles les prenaient souvent à la bouche et les emportaient au fond du nid ;
d'autres fois elles les réunissaient au milieu d'elles ou
les suivaient avec sollicitude. » Nous touchons enfin à
l'acte caractéristique de la domestication, l'élevage.
Les pucerons, vivipares en été, sont ovipares en automne. Les œufs déposés dans la fourmilière y deviennent l'objet de soins en tout semblables à ceux que
les fourmis donnent à leurs propres œufs. Comme les
leurs, elles les descendent dans les profondeurs de la
fourmilière, quand le dessus est découvert ; comme
les leurs, elles les vernissent et les humectent de leur
salive. Voilà la domestication complète. On le voit,
nous y sommes conduits par une série de faits voisins
les uns des autres, dont chacun demande un certain
effort d'intelligence, mais moindre assurément que si
le dernier de tous, le plus extraordinaire, devait être
accompli en une fois. Est-ce ainsi que les choses se
sont passées dans la réalité ? Nous ne le prétendons
pas, quoique les fourmis qui élèvent les œufs de pucé-

rons soient précisément ces mêmes fourmis jaunes qui
tiennent vers la fin de la mauvaise saison les pucerons
rassemblés dans leur nid, quoique chaque saison voie
le passage de l'un de ces faits à l'autre se renouveler,
c'est-à-dire des fourmis tenir leurs nourriciers au pied
des plantes voisines de la fourmilière dans le prolongement de leurs couloirs, puis les emporter au fond
de l'habitation, les y réunir et y recueillir leurs œufs.
Nous ne le prétendons pas, parce qu'il n'y aurait aucun
moyen de contrôler notre assertion ; nous voulions
seulement montrer que rien ne répugne à ce que les
observations d'Huber soient placées dans un ordre satisfaisant pour l'esprit, et par là préparer l'explication
psychologique que nous allons en tenter.

On pourait attribuer à la sélection l'évolution précédemment décrite. Celles des fourmis qui disposent
le plus à leur gré des pucerons, qui en savent réunir
le plus grand nombre dans leur nid auraient été
par là favorisées d'un avantage considérable n'ayant
plus à courir les chemins pour y conquérir une proie
incertaine, et auraient d'abord prospéré, tandis que
celles de leurs congénères, qui n'auraient point su
inventer la même industrie, auraient d'abord dépéri et
finalement succombé. C'est ainsi que Darwin explique
les instinct esclavagistes des fourmis (*Origine des
espèces*, trad. de Clém. Royer, p. 277). Mais cette
théorie souffre des objections diverses. D'abord on ne
voit pas que des fourmilières où l'élevage des pucerons
n'a pas lieu aient dû périr faute de cette industrie ; car
elles ont pu en développer d'autres, comme l'esclavage, la chasse aux insectes ou l'emmagasinement des

graines, qui ne les eussent pas moins favorisées. De fait,
il n'y a guère que quatre ou cinq espèces qui se livrent
à l'élevage des pucerons. Ensuite, la sélection étant
admise rencontrerait de grandes difficultés dans les
premiers commencements du phénomène. Un puceron emporté par une fourmi dans l'intérieur de la fourmilière constituait pour elle un bien chétif avantage ; cet
avantage pouvait à ce moment là même être compensé
par une multitude d'inconvénients venant d'autre part
et l'évolution être ainsi arrêtée dans son germe. Je
sais bien que la nature procède par actions lentes et
insensibles ; mais encore faut-il montrer la raison de
leur persistance et de leur conservation : les esprits les
moins prévenus répugnent à tenir compte des influences infiniment petites, presque négligeables à force
d'être minimes, quand on ne leur explique pas pourquoi ces influences, au lieu d'être combattues par
d'autres variations en sens contraire, comme il y a
mille chances que cela arrive, ont été pour ainsi dire
précieusement recueillies et patiemment confirmées.
Or de ce qu'*une* fourmi *neutre* a *une* fois emporté un
puceron dans la demeure commune ; s'ensuivra-t-il
une tendance chez les fourmis *neutres* de la génération
suivante à renouveler cette tentative, et cette tendance
ira-t-elle se confirmant de génération en génération ?
C'est, on l'avouera, une inférence qui n'est pas d'une
nécessité absolue. En tous cas, — et c'est là le point
décisif de l'objection, — le fait initial lui-même demande à être expliqué : emporter un puceron dans les
galeries souterraines, recueillir surtout ses œufs et les
soigner pendant un hiver, voilà le fait sur lequel repose

la théorie, fait dont la sélection explique ou n'explique
pas la répétition habituelle et héréditaire, mais qu'elle
n'explique assurément pas en lui-même. Toute accumulation d'instincts en vertu de la survivance des plus
aptes suppose un premier acte d'initiative et le discernement qu'il faut lui-même qualifier d'instinctif,
puisqu'il n'est pas explicable par les procédés connus
de notre propre intelligence. L'élément avec lequel on
construit cette théorie de l'instinct renferme donc l'instinct lui-même, c'est-à-dire le mode d'intelligence dont
la théorie a pour but d'expliquer la genèse. C'est là, si
nous ne nous trompons, un véritable cercle où la question sert de solution à la question même. Pour ces
raisons, il nous semble préférable de chercher ailleurs
l'explication désirée ; c'est à ce fait initial de discernement qu'il faut nous attacher ; c'est ce mode spécial
d'intelligence qu'il faut tâcher de définir. Cet éclair-
cissement obtenu, nous verrons peut-être l'évolution
tout entière de l'institution sociale qui nous occupe en
sortir par voie de progrès continu, en vertu des mêmes
principes qui en expliquent le germe.

Il est évident qu'un mode d'intelligence, quel qu'il
soit, ne peut être compris de nous que si nous en
trouvons l'analogue dans notre propre intelligence.
C'est là une condition de la psychologie animale qu'il
faut accepter résolûment. Ou la conscience animale
ne nous est pas accessible, ou, si elle l'est, elle ne nous
est connue qu'en fonction de la nôtre. En fait de conscience, plus encore qu'en tout ordre de connaissance,
ce que nous ne sommes pas, nous n'avons aucun
moyen de le connaître ; en d'autres termes, ici connais-

sance et conscience c'est la même chose. Si donc nous
prétendons expliquer les fait exposés tout à l'heure,
dans leur sens psychologique, ce ne peut être que
pour les avoir rencontrés dans l'intelligence humaine.
Or, nous croyons que le mode de penser employé ici
par la fourmi est en effet fréquent chez l'homme, bien
qu'inaperçu. Les psychologues se font à l'égard de
nos opérations intellectuelles une singulière illusion.
Depuis qu'Aristote a analysé le raisonnement, ils ont
pris le syllogisme pour la forme exclusive, pour le type
unique de nos connexions d'idées concluantes, et ont
semblé ignorer qu'elles en puissent revêtir aucune
autre. Cependant, dès le dix-septième siècle, nous
voyons des doutes s'élever à l'endroit de ce préjugé
scolastique. D'après Descartes, la vérité ne s'obtenait
que par « ces longues chaînes de raisons toutes simples
et toutes faciles » qui s'entresuivent à partir d'un principe unique. Pascal comprit que les hommes se con-
vainquent eux-mêmes et persuadent les autres plus
facilement sans ces longues chaînes de raisonnement
que par elles, et il reconnut l'instantanéité de chacune
de nos inférences, du moins au moment où elles sont
conçues. Ce n'est pas seulement au terme d'une longue
suite de répercussions sur une série de miroirs convenablement disposés que la lumière de la vérité nous
arrive, elle illumine soudainement l'esprit à chacun de
ses actes et à chaque fois par un principe nouveau.
Souvent même ces principes épars projettent sur nos
pensées une lueur dont la source nous reste inconnue;
et ce qui nous détermine à croire, ce ne sont pas les
pensées que nous voyons, mais d'autres qui sont situées

plus profondément et que nous ne voyons pas. Les
conclusions n'en sont pas moins légitimes. Cette péné-
trante analyse de notre mode le plus ordinaire de
penser n'eut pas de continuateurs en France. Mais
récemment elle vient d'être reprise en Angleterre.
M. Spencer a bien vu que le syllogisme, avec ses propositions explicites multipliées, n'est usité le plus
souvent que pour vérifier une inférence acquise, que
cette inférence est même déjà impliquée dans la découverte du moyen terme, enfin que l'esprit omet
presque toujours la proposition générale qui semble le
nœud de tout syllogisme, et même passe directement
du particulier au particulier (1). Les faits nous paraissent confirmer cette vue nouvelle. Il ne faut pas
oublier que la pensée a toujours pour fin une action
en qui elle se vérifie. Tout ce qui s'interpose entre
l'observation d'un mouvement extérieur et le mouvement volontaire correspondant, généralisation, classification, induction, syllogisme, n'a d'autre raison d'être
que de préparer pour l'avenir des actions mieux appropriées quand le même phénomène réapparaîtra, et
de nous permettre des combinaisons de moyens plus
étendues, plus exactes, plus variées : la spéculation
n'est pas sa fin à elle même. Maintenant, quelques

(1) Voir LEIBNIZ, *De anima brutorum*, et les *Essais* IV, XVII; ST. MILL,
Logique, trad. L. Peisse, II, chap. III; HARTMANN, tout le chapitre intitulé
l'*Inconscient dans la pensée*, et LEWES, *The physical basis of Mind*, p. 358,
(angl.) « The feeling which determines an action is *operative* although
it may not be *discreminated* from simultaneous feelings. When this is the
case, we say the feeling is unconscious, but this no more means that it is
a purely physical process taking place outside the sphere of sentience,
than the immoral conduct of a man would be said to be mechanical, and
not the conduct of a moral agent. »

ressources que ces opérations de synthèse et d'analyse communiquent à l'activité, tant que l'action reste relativement simple, elles ne lui sont pas indispensables : leur défaut n'empêche pas l'adaptation ; les combinaisons qui l'obtiennent sont seulement plus courtes, plus hésitantes et plus restreintes en nombre. C'est le spectacle que nous offre l'intelligence de l'enfant. Dénué d'idées générales, il sait néanmoins combiner ses mouvements en raison des circonstances pour maintenir son équilibre, pour saisir sa nourriture, pour tendre les bras à qui le caresse, pour obtenir ce qu'il souhaite, pour écarter ce qui le contrarie ou ce qui le blesse (1). A chaque sollicitation du monde extérieur, il correspond dans tous ces cas par une série de mouvements convenables, d'une façon immédiate, sans passer par des réflexions dont il est incapable encore. C'est le spectacle que nous offre de même l'art primitif de l'humanité. Croit-on que le levier, le javelot, les pratiques comme celles de se laver et de laver les aliments, de cuire ceux-ci, de fendre les os, de dépecer la viande avec des cailloux, qu'en un mot les découvertes les plus humbles et les plus essentielles aient été dues à des raisonnements fondés sur des idées générales ? Si nous ne nous trompons, la théorie mécanique du boomerang, cet instrument de chasse qui revient, après avoir touché le but, vers celui qui l'a lancé, embarras-

(1) Nous avons vu un enfant de trois mois dont on approchait une lumière tandis qu'il était couché dans son berceau, blessé sans doute du trop vif éclat de cette lumière, tirer peu à peu sa couverture par des mouvements mal concertés jusque sur ses yeux, et s'en cacher entièrement.

serait nos savants actuels. Il a fallu de longs efforts pour expliquer théoriquement les procédés chimiques dont l'humanité se sert depuis des temps immémoriaux dans la préparation des métaux, du vin, du laitage, etc.; l'horticulture a précédé la botanique, et c'est aux éleveurs que Darwin a emprunté l'idée de sélection, loin que ceux-ci la tiennent de lui. La pratique partout à devancé la théorie. En d'autres termes, l'action s'est partout adaptée aux circonstances sans le secours de la pensée abstraite. La combinaison de moyens concrets particuliers en vue de fins également concrètes et spéciales est donc possible; elle domine la vie sauvage et compte encore pour une bonne part dans la vie civilisée. Il y a des inférences qui se font sans concepts généraux, il y a un mode de conclusions qui se passe de la raison, du moins dans les cas simples et pour les combinaisons courtes. Mais la raison, c'est-à-dire l'ensemble de ces opérations abstraites dont nous parlions tout à l'heure, c'est la condition de la conscience, et en un sens, c'est la conscience même. L'homme peut donc penser utilement sans conscience, ou plutôt avec un très faible degré de conscience. La plus grande partie de sa vie, la plus inaperçue naturellement, appartient à l'instinct.

Une prévision, même assez éloignée, n'est pas exclue par ce mode d'action. Il n'est pas nécessaire, pour prévoir même à distance, de se guider d'après une règle générale. Laissons de côté les pressentiments; ce qui nous est arrivé une fois dans certaines circonstances, nous le redoutons ou l'espérons quand les mêmes circonstances réapparaissent. Mais même en l'absence de ces circonstances, par cela même que nous l'avons éprouvé une fois, nous l'attendons ou le redoutons encore, même en dépit des raisonnements explicites qui nous en démontrent l'impossibilité. A plus forte raison quand nous ne raisonnons pas clairement et nous abandonnons à nos impulsions. Il suffit dans ce cas qu'un fait ait été représenté confusément comme possible pour qu'il devienne l'objet d'une attente ou d'un effroi persistants. Inévitablement, cette anticipation suggère des actes destinés à provoquer ou à conjurer son apparition. Et ces trois phénomènes, représentation confuse d'un fait agréable ou redouté, attente de son apparition, activité déployée pour y correspondre ne feront pour ainsi dire qu'un seul et même fait dont les différentes parties seront liées par une sorte d'immédiation organique. On peut même aller plus loin et soutenir qu'une attente est provoquée parfois et des actes correspondants suggérés en l'absence de toute représentation d'un fait possible. Est-ce que l'expérimentateur dans son laboratoire ne tourmente pas la matière de mille façons sans toujours savoir ce qu'il attend de ses expériences ? Est-ce que plusieurs des plus importantes découvertes ne résultent pas de ces tentatives qui ont été faites *pour voir*? Est-ce que l'enfant et le sauvage n'exécutent pas sur-le-champ toutes les combinaisons de mouvements qui sollicitent leur fantaisie? Ne sait-on pas quelle surveillance est nécessaire pour prévenir les effets des idées bizarres qui peuvent passer par la tête des enfants dans nos demeures pleines de substances et d'instruments dangereux ? Il se dépense dans ces deux états de l'humanité une somme inouïe de forces en tâtonnements multipliés dirigés à la fois dans tous les sens. Que si ces tâtonnements réussissent, comme cela arrive, il ne faut pas en faire honneur au hasard seul. Une raison cachée détermine ces succès. C'est l'idée très indéterminée qu'il y a un parti à tirer des phénomènes de ce monde, idée née de trouvailles antérieures. Il n'est pas besoin que cette idée ait été formulée en une règle : toute confuse et obscure qu'elle est, elle explique ces reconnaissances désordonnées poussées incessamment par les activités ignorantes d'elles-mêmes dans toutes les voies qui leur sont ouvertes et même dans le champ de l'avenir où nulle route n'est frayée.

Supposons que l'une de ces mille et mille tentatives ait été suivie de succès. L'acte agréable sera répété; il n'est pas besoin de raisonnement pour cela. Nous répétons sans raison apparente les actes même indifférents. Sommes-nous entrés une fois dans un magasin, sommes-nous descendus à un hôtel, de deux routes indifférentes avons-nous suivi l'une, c'est assez pour nous déterminer à y revenir de préférence au prochain besoin que nous en aurons. A plus forte raison les actes agréables seront-ils réitérés, et de plus en plus nécessairement. Mais s'ils sont réitérés par un seul sans raisonnement, sans plus de raisonnement ils seront imités par les autres. Nous avons remarqué que la seule vue d'un acte entraîne un commencement d'exécution de cet acte, parce que nous ne pouvons nous le représenter sans le refaire, pour ainsi dire, en nous-mêmes. De là l'inévitable extension, au sein d'un groupe quelconque d'êtres humains, du mode d'action

inauguré par l'initiative inconsciente d'un individu. Et
si plusieurs l'imitent, chacun d'eux sera entraîné par
l'impulsion signalée tout à l'heure, c'est-à-dire par une
attente vague d'un avantage inconnu, à le varier de
mille manières, jusqu'à ce que l'activité ainsi dépensée
soit mieux adaptée aux circonstances où elle se développe. Par cela même qu'il sera imité, l'acte en question sera donc peu à peu corrigé, précisé, étendu,
ramifié de proche en proche en opérations partielles,
perfectionné en un mot. La raison expresse syllogis-
tique est si peu nécessaire à un tel progrès que le langage lui-même n'y semble pas indispensable. En fait,
dans les origines de l'humanité, comme chez les sauvages actuels, des améliorations semblables ont été
réalisées par des hommes dont le langage était incapable d'exprimer les connexions rigoureuses, logiques
de la pensée. Viennent ensuite l'habitude et l'hérédité ;
elles consolident ces modes d'action nouveaux dans
l'individu, puis dans la race, sans qu'il soit nécessaire
d'invoquer le secours ni de la fatalité sélective, ni de
la liberté rationnelle ; l'instinct étant, de l'aveu de tous,
intermédiaire entre le mécanisme aveugle et la claire
intelligence.

En résumé, il y a dans l'homme, si les faits que nous
avons cités sont exacts et bien interprétés, un mode
d'intelligence inconscient ou mieux subconscient, capable d'adapter nos actes à des circonstances même
en quelque degré complexes et éloignées. C'est ce
mode d'intelligence que nous croyons pouvoir attribuer
à l'animal dans la plupart des cas. C'est une solution
grossière du problème de l'instinct que de le présenter,

sans plus d'explication, comme un moindre degré
d'intelligence. Comme, en effet, on a toujours devant
les yeux, quand on parle de l'intelligence humaine,
l'intelligence explicite ou la raison, on réunit ainsi deux
conceptions contradictoires, car un moindre degré de
raison semble supposer toujours la pleine conscience
qui accompagne la raison, tandis que ce qui caracté-
rise l'activité de l'animal inférieur, c'est précisément
l'absence de conscience. C'est dire que cet animal réfléchit alors qu'évidemment il ne réfléchit point. De là le
facile triomphe de ceux qui veulent maintenir une séparation radicale entre son mode de penser et le nôtre.
Si, au contraire, il était reconnu, comme nous le de-
mandons, qu'il y a dans l'homme même une sorte d'intelligence différente de l'intelligence rationnelle et qui,
tout en étant un moindre degré de compréhension, est
en même temps, vu l'intervalle, une forme inférieure
de compréhension, la difficulté serait levée et l'adversaire réduit dans son dernier retranchement. Rien ne
s'opposerait à ce que cette sorte d'intelligence soit attribuée à l'animal, même inférieur, même doué d'organes
très imparfaits, car si nous avons un cerveau si développé, c'est surtout pour des fonctions de réflexion et
d'expression sans lesquelles la vie, quoique moins
énergique et moins variée, serait encore possible dans
ses fonctions essentielles. Bref l'humanité accomplit
ses premiers stades d'évolution, — dans l'individu et
dans l'espèce, — invente et perfectionne ses premiers
arts sans manifester la raison sous sa forme analytique
et explicite; pourquoi l'animal ne ferait-il pas de même
pendant son évolution tout entière?

Il semble qu'après cela le fait de domestication que nous nous proposions d'expliquer soit beaucoup moins extraordinaire. Otons à la fourmi toutes les facultés de réflexion et d'expression par lesquelles l'humanité est caractérisée à un si haut point; il pourra lui rester des facultés d'adaptation et de correspondance par rapport aux circonstances extérieures qui ressembleront aux nôtres dans leur mode le plus humble et dans leurs résultats les plus modestes. Ces actes successifs, dans lesquels se résout le fait total de la domestication des pucerons, ne sont-ils pas, chacun pris à part, à la portée d'une intelligence des moins développées? Quand la fourmi ne dispose que d'un seul moyen de défense ou de protection permanente, à savoir construire un mur de terre, qu'y a-t-il d'étonnant à ce qu'elle l'emploie pour mettre en sûreté les pucerons, d'abord sur la branche, ensuite sous les feuilles de plantin? Quand elle transporte chaque jour ses œufs et ses nymphes d'un endroit à l'autre de la fourmilière, qu'y a-t-il d'étonnant à ce qu'elle ait l'idée de transporter les pucerons dans ses galeries au moment où elle s'y retire elle-même? Quand elle soigne ses propres œufs dans ces galeries, qu'y a-t-il d'étonnant à ce qu'elle s'avise de rendre les mêmes soins aux œufs des pucerons *pour voir* et qu'ayant réussi elle continue cette industrie en la perfectionnant; si bien que peu à peu ils soient réunis en une sorte de couvoir commun? Il faut songer que l'intelligence dépensée ici n'est pas celle d'une fourmi individuelle, mais celle d'une multitude considérable qui vient s'ajouter dans le détail

des actes aux efforts de chacune, multipliant les tâtonnements, accumulant les corrections, ne laissant rien
perdre de tout ce qui réussit et l'imitant aussitôt pour
l'améliorer (1). Il faut se dire que tout cela se passe
probablement comme dans un rêve, sans une conscience plus nette que la promenade d'un somnambule
au bord d'un toit, et que cependant cela touche au but
par le même motif, à savoir qu'il n'est pas besoin de
syllogismes à la faculté mentale pour adapter les mouvements aux exigences du besoin. Il n'est pas inutile
enfin de rappeler que les pucerons vont, pour ainsi
dire, au-devant de la servitude, et que les circonstances
sont aussi favorables, j'allais dire aussi, tentantes que
possible ; d'autres espèces les eussent rencontrées,
elles en eussent sans doute profité, pourvu toutefois
qu'elles fussent sociales elles-mêmes ; car, assurément,
l'intelligence individuelle n'eût pas suffi à de pareils
effets.

Nous en avons fini avec les groupes composés d'animaux d'espèces différentes. Nous remarquerons seulement, avant de clore ce chapitre, que les trois sortes
de groupes étudiés ici ont des limites flottantes dont

(1) Des fourmis que j'ai observées (*Formica emarginata*), en allant à la
découverte, comme elles le font sans cesse, sur les plantes d'une petite
cour, se sont aperçues que les sépales d'un *Geranium macrorrhizon* sécré-
taient une liqueur douce et sont venues en foule boire ce liquide et même
brouter le bord des sépales. Pendant plusieurs jours le geranium avait été
en fleurs avant qu'elles ne s'avisassent de cettre trouvaille. Un autre
geranium de la même espèce, dans un jardin très-vaste, ne recevait
aucune visite de ce genre. Un cactus en fleurs fut aussi, au bout de
quelques jours, visité de même pour le liquide que contenait sa corolle
profonde. Ni l'un ni l'autre n'avaient, bien entendu, été toujours dans
cette cour. L'instinct avait donc ici dû commencer.

nous reconnaissons le caractère incertain. Nous avons
dû cependant forcer les lignes, comme il arrive à tous
ceux qui font des classifications. Qu'il soit donc bien
entendu que le parasitisme et le commensalisme, le
commensalisme et la mutualité sont, de notre aveu, en
certains cas intermédiaires, très difficiles à distinguer
les uns des autres ; la difficulté nous paraît cependant
devoir être moins grande, si l'on veut bien nous suivre
et adopter les définitions précises que nous avons
essayé d'en donner.

Nous allons maintenant étudier les sociétés normales. Nous retrouverons les fourmis à leur place dans
l'échelle des animaux sociables; ce n'est pas sans dessein que nous nous sommes étendu, à propos de la
domestication des pucerons, sur la question de l'instinct; nous espérons que le lecteur se rappellera ces
quelques pages et qu'il appliquera ce point de vue au
jugement des faits du même ordre qu'il rencontrera en
grand nombre dans le cours de cette étude.

SECTION II

SOCIÉTÉS NORMALES ENTRE ANIMAUX DE MÊME ESPÈCE :

Infusoires, Zoophytes, Tuniciers, Vers.

Sociétés normales, leur définition. Il y en a de trois sortes. De celles qui ont pour but l'accomplissement en commun de la fonction de nutrition; leur caractère. — Question préalable : où commence le domaine de la sociologie? limites qui la séparent de la biologie. — § 1er. Sociétés de nutrition sans communications vasculaires; les Infusoires; nature et cause de ces groupements. — § 2. Sociétés de nutrition présentant une communication vasculaire. A, les Polypes; B, les Molluscoïdes; C, les Vers. Interprétation de ces diverses structures au point de vue sociologique. — De la Zygose et de la concrescence; passage aux sociétés de reproduction.

Nous appelons normales des sociétés telles que leurs membres ne peuvent, à la rigueur, exister sans l'aide les uns des autres. Le concours est ici réciproque à ce point que les êtres conspirants développent à vrai dire une seule vie à plusieurs. L'hôte du parasite se passerait de son importun visiteur; et le parasite vivrait sans son hôte, puisqu'il en change. Les commensaux peuvent sans inconvénient grave se séparer, et pourvu que la transition soit ménagée, la mutualité serait rompue sans entraîner la perte des contractants. Au contraire, dès que deux êtres de la même espèce exécutent en commun l'une des fonctions vitales essentielles, ils deviennent indispensables l'un à l'autre. La chair et le sang les unissent. De tels liens sont indissolubles.

Les fonctions vitales vraiment essentielles à l'existence sont la nutrition et la reproduction. Il semblerait donc que nous ne devons reconnaître que deux sortes de sociétés normales. Mais nous verrons que les fonctions de relation sont le lien d'une troisième sorte de sociétés que nous avons placées, sous le nom de peuplades, au-dessus des sociétés domestiques. C'est que dans la peuplade, en effet, la sécurité est assurée et la vie sauvegardée par l'échange des services mutuels; c'est que surtout tous les membres de la peuplade sont unis entre eux par les liens du sang, sinon actuellement, du moins dans le passé en tant qu'issus des mêmes ancêtres, et dans l'avenir en tant que membres possibles de sociétés domestiques. Tous ceux de sexe différent peuvent contracter et contractent en effet au sein du groupe des unions conjugales : chez les animaux, il est rare qu'aucune alliance se produise en dehors de la horde ; même dans l'humanité les mariages ont lieu au sein de la même nation en nombre incomparablement plus nombreux qu'au dehors. Et de même qu'une masse d'hommes d'origines diverses ne forme pas un groupe cohérent, organisé, avant que ces éléments disparates soient fondus par les alliances, avant que l'agglomération ait commencé à constituer une race (le Yankee par exemple aux

Etats-Unis), de même un troupeau formé d'animaux de provenances diverses est loin de mériter aussitôt le nom de peuplade et de montrer l'organisation propre à ce genre de sociétés. Plus encore que dans la société humaine, l'union physiologique doit intervenir ici pour façonner, grâce au mélange des sangs, des organismes similaires, doués d'aptitudes et de tendances communes, et pour désigner les chefs qui sont ou de vieux mâles ou des mères expérimentées. Mais la société de reproduction repose à son tour, comme nous le verrons, sur la société de nutrition et s'y rattache étroitement. Quand donc une société normale se fonde sur le partage de la vie de relation, elle s'élève sur une base organique, elle suppose entre ses membres une véritable communauté ou correspondance d'organes. Elle est toujours greffée sur la société de reproduction, laquelle est greffée elle-même sur la société de nutrition. Aucune société accidentelle n'a ce caractère, puisque les êtres qui forment les plus unies d'entre elles n'appartiennent pas à la même espèce et ne peuvent par conséquent contracter entre eux de ces alliances physiologiques qui font de toute société normale un seul vivant dans toute la force du terme.

Les sociétés normales ainsi caractérisées, on peut les diviser en deux groupes. Ou les êtres associés pour une fonction essentielle se trouvent en naissant unis organiquement et mis en communication soit par leurs tissus, soit par leurs cavités, — ou bien cette union ne se fait que plus tard, et la communication des tissus ou des cavités ne s'établit que postérieurement à la naissance. Nous sommes par là autorisés à classer les sociétés normales en sociétés primitives ou natives ou en sociétés consécutives ou adventives. Disons tout de suite que les sociétés natives sont précisément celles où généralement la fonction exercée en commun est l'une des fonctions de nutrition, tandis que la fonction de reproduction (et *à fortiori* la vie de relation) sert en général de lien aux sociétés adventives, qu'on peut à ce point de vue appeler aussi électives, en raison du choix qui intervient nécessairement en quelque degré dans leur formation.

Nous ne nous dissimulons pas ce qu'ont d'abstrait ces premiers linéaments de notre classification, et nous allons nous hâter de leur donner un corps, en entrant dans le détail des sociétés concrètes qu'ils renferment. Mais nous sommes arrêtés par une difficulté préalable qu'il faut écarter avant de passer outre. Où devons-nous faire commencer l'étude des sociétés? La question est délicate, comme on va le voir.

Si nous examinons le point le plus élevé où l'on ait placé la limite inférieure du domaine sociologique, nous rencontrons l'opinion de M. Guarin de Vitry qui n'est que celle de M. Spencer, plus vigoureusement accentuée. Selon cet auteur, la société humaine mérite seule le nom de société. La sociologie a essentiellement l'humanité pour objet. Les manifestations de la vie sociale qui se rencontrent chez l'animal (troupeaux, vols, meutes, ruches, fourmilières) ne peuvent donner lieu qu'à une étude préliminaire ou *présociologie*. Le principe de cette délimitation est exprimé dans la phrase suivante : « Bien qu'au fond il n'y ait

que de simples différences de degrés dans les diverses
manifestations de la vie, nous devons, pour acquérir la
connaissance scientifique de chacune d'elles et de leur
ensemble, considérer chaque ordre de phénomènes à
son maximum de développement et l'étudier dans la
catégorie où il se produit avec le plus d'ampleur et
d'intensité (1). » Nous ne nions pas que l'ordre indiqué ici ne soit avantageux, mais à une condition, c'est
que les clartés recueillies dans l'examen des formes
parfaites soient appliquées ensuite à l'étude des formes
transitoires par lesquelles celles-là sont préparées,
car enfin une forme inférieure ne cesse pas, pour être
telle, de mériter une place dans la science. Il y a ici
deux extrêmes à éviter. Il serait fâcheux de prendre en
un sens exclusif le beau précepte d'Aristote, opposé à
celui-là : « Etudier les phénomènes de la vie en commençant par les rudiments premiers, c'est suivre, en
politique comme dans toutes les sciences, la meilleure
méthode. » Rien de plus juste que ce principe, si l'on
veut y voir un des moments essentiels de la méthode ;
rien de plus faux, si l'on veut réduire à ce moment la
méthode tout entière. L'objet de la science, c'est l'évolution totale de chaque groupe de phénomènes, à
partir de l'instant où il devient perceptible jusqu'à
l'instant où il cesse de l'être. Or, les faits sociaux sont
trop notables dès le règne animal pour qu'on n'y cherche pas les premières phases de l'évolution sociologique. Il serait tout à fait arbitraire de les exclure sous

(1) *Revue de philosophie positive*, mai-juin 1875. Le même auteur est
revenu sur cette question dans un article écrit à l'occasion du présent
ouvrage et inséré dans la même revue, nov.-déc. 1877.

prétexte qu'ils ne sont qu'un rudiment, comme aussi il serait arbitraire d'exclure de la science sociale les nations civilisées pour ne s'occuper que des sociétés primitives. Mais, dit M. Guarin de Vitry, les sociétés animales ne se distinguent ni du monde extérieur ni des autres sociétés; elles n'ont pas d'elles mêmes une conscience . définie qui leur permette de s'opposer nettement à ce qui n'est pas elles. — D'abord, exiger qu'une société ait une conscience distincte pour étendre jusqu'à elle les limites de la science, c'est peut-être exclure de la science les sociétés de sauvages; ensuite, est-il nécessaire que la conscience sociale aille jusqu'à se donner un nom et à se conserver dans une tradition pour exister? La conscience collective n'est-elle pas, comme la conscience individuelle, susceptible de degrés? Cesse-t-elle d'exister pour être obscurcie, et si elle subsiste là où elle s'oublie, pourquoi renoncerait-on à l'étudier là où elle se cherche? Il nous semble donc que l'étude des sociétés animales forme non pas un chapitre préliminaire, mais le premier chapitre de la sociologie.

C'est en vain que l'auteur assure que si la limite qu'il offre n'est pas acceptée il nous faudra descendre jusqu'aux sociétés de plantes et jusqu'aux sociétés d'astres. Que si un observateur exact réussissait à montrer dans les rapports des plantes entre elles ou dans les rapports des parties d'une même plante des traces de concours, nous ne verrions aucune difficulté à ce que ces études entrent dans le corps même de la science sociale, et nous ne doutons pas qu'on n'y trouve appliqués les principes généraux de cette

science. En fait, plusieurs des phénomènes que nous
allons rapporter appartiennent aussi bien au règne végétal qu'au règne animal, puisque plusieurs infusoires
sont d'une nature ambigüe. Des discussions sur le vrai
sens du mot *individu* et des termes par lesquels des
collections d'individus sont désignées, — *bourgeon,
provin, souche,* etc., — ont été soulevées par les botanistes avant de l'être par les zoologistes (1). Quant aux
astres, ils ne sont pas des êtres vivants. Masses de
matière inorganique, aucune réciprocité de fonctions
ne peut les unir; à moins qu'on n'abuse du langage
jusqu'à appeler de ce nom la gravitation universelle.

La sociologie comprend donc, à titre de moments divers d'une même évolution, les faits sociaux manifestés
par l'animal comme ceux manifestés par l'homme. De
même que l'on doit comprendre dans l'étude biologique
de l'être humain la vie fœtale, sans que la démarcation

---

(1) Voir M. de QUATREFAGES, *Métamorphoses de l'homme et des animaux,* p. 229 et suiv., et HARTMANN, *Philosophie de l'Inconscient,* vol. II,
p. 160. Après un résumé des diverses opinions des botanistes sur ce
sujet, le philosophe allemand conclut en ces termes : « Chacune de ces
opinions peut s'appuyer sur de solides raisons. Chacune est vraie en tant
qu'elle considère telle ou telle partie comme individu, mais est fausse en
tant qu'elle conteste les autres affirmations. Il n'est pas question ici de se
prononcer d'une manière exclusive sur tel ou tel élément, mais de les
affirmer également comme des individus. Non-seulement la plante entière,
mais chaque racine et chaque pousse, comme chaque feuille et chaque
cellule, réunissent en soi toutes les unités que nous avons reconnues plus
haut nécessaires pour constituer l'individualité. Cette manière de voir a
trouvé de plus en plus de partisans. Aussi de Candolle distingue cinq
classes d'individus dans le végétal (la cellule, le bourgeon, le provin, la
souche, l'embryon), Schleiden, trois (la cellule, le bourgeon, la souche);
Hæckel, six (la cellule, l'organe, le segment [antimère], l'acticle [métamère],
le rejeton, la souche [cormus]. » On va voir que la question s'est posée
pour nous dans les mêmes termes et que nous l'avons résolue de la même
manière.

entre cette phase de la vie et les autres cesse d'être nettement tranchée ; de même, sans cesser de voir dans la société humaine l'épanouissement de la vie sociale, on doit en étudier les rudiments dans les sociétés inférieures.

Faut-il aller plus loin ? Faut-il comprendre dans la sociologie les phénomènes de groupement permanent qui nous sont offerts par les éléments organiques constituant l'individu ? Nous le croyons encore. Si la netteté de la conscience, si l'opposition de soi au monde, si la mémoire et la prévision sont les caractères distinctifs de la société dans la cité humaine, pourquoi ces mêmes attributs seraient-ils exclusifs de l'association dans l'individu humain ? Et de fait, nous sommes composés de millions de petits êtres dont le concours a été comparé par les plus illustres physiologistes (1) au travail des ouvriers dans une vaste usine, des habitants dans une ville immense, les artères étant comme les routes et les canaux qui portent les aliments aux différents quartiers, tandis que les nerfs ressemblent aux fils télégraphiques qui transmettent les informations et les impulsions des parties au centre, du centre aux parties. Aucun fait biologique n'est mieux établi que la composition de l'individu.

Les objections sérieuses ne peuvent venir que du

(1) HÆCKEL., *Histoire naturelle de la création*, p. 292. — VIRCHOW, *Pathologie cellulaire*, chap. XV : vie des éléments, migration et mobilisation des cellules, voracité, etc., p. 319 et suiv. — C. BERNARD, *Revue des cours scientifiques*, 1864, 1er sept , et 1875, p. 778 — ROBIN, *des Eléments anatomiques*, p. 2, etc. — MILNE EDWARDS, *Leçons de physiologie*, vol. VIII, p. 440. — BERT, *Conférence* faite à Auxerre, citée par Gaëtan DELAUNAY, *Programme de sociologie*.

côté de la psychologie. Il semble, en effet, que le nom
d'individu implique l'existence d'atomes spirituels,
d'êtres absolument simples. Sans parler de l'individualité humaine qui reste en dehors de notre sujet, que
faut-il penser de l'individualité animale? Assurément,
elle n'a rien d'absolu ; elle est relative aux différents
états du sujet, aux différentes phases de son existence.
Pendant le sommeil elle est beaucoup moins décidée
qu'à l'état de veille; les anesthésiques la dépriment, les
excitants l'exaltent ; dans le jeune âge, mais surtout
avant la naissance, elle est toute virtuelle, au point que
le fœtus peut devenir un monstre double où la conscience est partagée comme le sont les fonctions vitales.
Que penser de la simplicité de la conscience chez un
chien empoisonné par le curare, sur lequel on pratique
la respiration artificielle? Qu'on arrête le mécanisme
qui entretient la respiration, les fonctions cessent de
concourir, s'isolent en quelque sorte l'une après l'autre ; le chien va mourir : qu'on maintienne ce mécanisme en activité, le chien vivra, grâce au rétablissement progressif de leur concours. Dans l'un et l'autre
cas, c'est aussi sa conscience qui se disperse et se
ressaisit avec sa vie. Par la section des diverses parties
de l'encéphale, on peut diminuer à volonté la concentration de la conscience. Que l'animal soit sacrifié, une
partie de son corps greffée sur un autre corps entrera
dans la sphère de la conscience de ce nouvel hôte, en
sorte qu'elle aura participé successivement à deux
consciences; chose impossible, si la conscience est
indivisible. Qu'y a-t-il de commun, qu'y a-t-il de distinct entre la conscience de la mère et celle du fœtus

chez les mammifères? Question fort embarrassante
encore si le principe qui anime chacun d'eux est un
atome psychique. A quelle individualité rattacher les
spermatozoaires qui, séparés du corps du mâle, mènent
une existence indépendante dans le sac spermatique
des bourdons et des guêpes, dans l'hectocotyle de certains céphalopodes (Argonautes, *Philonexis*, *Tremoc-
topus*)? (Sur l'individualité, voir SPENCER, *Biologie*,
vol. I, p. 251.) Enfin, la même question sera posée au
sujet des animaux qui, dans l'échelle zoologique, occupent un rang inférieur, précisément parce que leur
système nerveux (et partant leur conscience) est formé
de centres épars dont chacun se suffit, comme par
exemple les lombrics et d'autres annélides. Il est donc
plus conforme aux données de l'expérience de considérer la conscience animale comme un tout de coalition que comme une chose absolument simple. Dans ce
qu'on appelle ordinairement l'individu animal, comme
dans la société composée d'individus, l'individualité
est susceptible de degrés, et suppose partout l'association dont elle est en un sens la cause, en un
sens le résultat. A ce point de vue encore, l'individu,
simple en apparence, rentre, en tant que constitué
lui-même par d'autres individus, dans le cadre de la
sociologie. Plusieurs des questions dont il est l'objet
se rencontrent au seuil de la science sociale.

Certaines considérations morphologiques, c'est-à-
dire tirées de l'aspect des êtres vivants, jouent un rôle
prépondérant dans notre conception de l'individu. Nous
nous prenons nous-mêmes comme types de l'individualité et la refusons à tout être qui s'écarte de ce type.

Dès qu'un vivant cesse d'offrir des contours définis et de jouir du mouvement indépendant, il cesse de nous paraître *un* comme nous le sommes. Cependant il n'y a aucune raison de croire que nous soyons la mesure absolue des choses. L'homme même ne cesse pas d'être individuel quand sa forme extérieure vient à être mutilée et sa faculté locomotrice suspendue. Un cul-de-jatte idiot est encore un individu, quoique à un moindre degré. Un animal greffé sur un autre, comme le mâle de certains crustacés parasites l'est sur sa femelle, est encore individuel ; il l'est moins seulement que d'autres animaux à forme plus définie et à mouvements plus indépendants. Un fragment de Ténia ou de Myrianide à bandes offre ces mêmes caractères encore atténués. Nous arrivons ainsi jusqu'au polype qui est fixe, qu'on peut, dans certains cas, couper et retourner de mille manières sans que sa chétive unité vitale cesse de subsister ; jusqu'à l'éponge, jusqu'à l'amibe. Il ne faut donc pas dire que telle forme déterminée, tel degré de motilité indépendante est le type absolu de l'individualité. Mieux vaut reconnaître que ces deux caractères sont susceptibles de degrés infiniment nombreux et placer l'individualité commençante là où l'un où l'autre commencent à se montrer. Or, c'est la cellule simple, mobile ou non mobile, qui est le plus bas degré d'unité organique, comme peut-être d'unité psychique. C'est donc aux premiers groupements de cellules que la sociologie doit commencer. Or tout individu complexe est un groupement de cellules ou d'autres éléments organiques ; par là l'individu est un genre particulier de société qui relève de la sociologie.

Le cadre de cette science comprendrait donc d'abord les sociétés à conscience définie et à traditions constantes, c'est-à-dire les sociétés humaines supérieures, puis, soit dans le règne humain, soit dans le règne animal, les sociétés à conscience confuse et à traditions éphémères, enfin la série tout entière des individus composés, depuis ceux capables de conscience et de réflexion, jusqu'à ceux où le concours des éléments organiques constitue une individualité de plus en plus affaiblie. Mais cette conception souffre une objection nouvelle. Ne semble-t-il pas en effet qu'ainsi comprise la sociologie se confonde dans les régions inférieures de son domaine avec la biologie? Cette dernière science n'apparaît-elle pas, depuis quelques années, comme l'étude des formes et des fonctions des organismes élémentaires, en d'autres termes l'histologie n'y prend-elle pas une place de plus en plus prépondérante? Les lois qui régissent le groupement de ces éléments vitaux irréductibles ne sont-elles pas l'objet de ses plus actives recherches, et dire que la sociologie a aussi ces lois pour objet, n'est-ce pas lui proposer un empiétement aussi téméraire qu'inutile?

Nous répondrons à cette objection d'abord que les sciences supérieures se forment toujours, comme on l'a dit, d'un *résidu* de la science plus vaste et plus simple qui les a logiquement précédées. La biologie, constituée avant la sociologie, ne peut être achevée sans son secours. Elle constate en effet les groupements des organismes élémentaires et même elle en fixe les lois partielles; mais jusqu'ici elle a été impuissante à trouver la loi générale qui les explique. Quand

les plus éminents biologistes comparent, comme nous
l'avons vu tout à l'heure, l'association de ces organismes à une colonie, à une usine, à une cité, ils obéissent au besoin de trouver une formule plus haute qui.
coordonne les faits biologiques en les embrassant tous ;
et leur accord spontané dans le choix de cette similitude permet de lui attribuer la valeur d'un rapprochement scientifique. Dès 1827, M. Milne Edwards l'entendait ainsi. Seulement, tout en admettant que certaines lois de la société humaine se trouvent observées
dans le groupement des éléments organiques, on ne
voyait pas par quel passage ces deux mondes pouvaient
être unis. Depuis Comte, on le comprend mieux. Les
sociétés animales forment le lien entre les sommités
de la sociologie et la biologie proprement dite, celle-ci
offrant *à l'état de faibles linéaments* les phénomènes que
l'animalité d'abord, puis l'humanité, nous montrent sous
une forme plus accusée. Il n'est donc pas étonnant que
les comparaisons citées se rencontrent si naturellement
sous la plume des biologistes ; mais, dès lors, il faut
reconnaître qu'elles confirment nos vues, et que plus
elles sont justes, plus elles ouvrent à la sociologie de
jours sur la science de la vie. Non que le détail des
phénomènes et des lois biologiques appartienne à la
science sociale : la connaissance humaine veut des
limites entre ses différentes provinces, quelque incertaines qu'en soient souvent les frontières naturelles.
Mais on comprend que sans se confondre ces deux
sciences puissent s'accompagner quelque temps, l'une
sortant de l'autre, comme une branche latérale quelque temps parallèle au rameau qu'elle doit dépasser.

D'ailleurs, si la sociologie étudie certains groupes de faits concurremment avec la biologie, c'est à un point de vue tout différent. Plusieurs propriétés appartiennent aux corps organisés. La nutrition et la reproduction sont les plus importantes. La sociologie n'étudie ni l'une ni l'autre ; elle ne s'attache qu'à une propriété plus générale, celle de se grouper pour concourir à l'une ou à l'autre de ces actions, ce qui lui assigne un rôle spécial dans l'étude des phénomènes mêmes où elle se rencontre avec la science de la vie. On verra bientôt d'une manière plus précise dans quelles limites cette étude est circonscrite : elle ne peut, en effet, comprendre que ce que les phénomènes de groupement offrent de plus général, sans quoi elle entrerait dans l'économie des fonctions vitales elles-mêmes et sortirait de son domaine. C'est par la pratique des sciences plus que par des considérations abstraites que ces questions de frontières, toujours délicates, veulent être tranchées.

Nous allons donc commencer l'examen des sociétés normales par celles où des éléments organiques simples se trouvent assemblés. Nous considérons ces derniers, d'après les raisons exposées ci-dessus, comme étant les vrais individus, les seuls qui méritent ce nom dans toute sa rigueur. (Schleiden a adopté ce critérium pour la plante. Voir SPENCER, *Biologie*, vol. I, chap. VI, p. 251 de la trad. française). M. Robin a nettement établi ce caractère. Entre la matière organisée et la molécule inorganique, il y a, suivant lui, les différences suivantes. D'abord la matière organisée se coagule et ne se cristallise jamais. Ensuite elle donne naissance à des éléments anatomiques dont chacun possède une individualité, en ce sens qu'il a ses caractères propres par lesquels il se distingue de tous ceux de son espèce. Tous les cristaux qui se forment dans un composé chimique ont les angles égaux, tandis qu'aucun des éléments anatomiques appartenant à un même tissu n'est identique aux autres. Enfin, l'élément anatomique est le résultat d'un mode particulier d'association entre des principes chimiques appartenant à trois groupes distincts, temporairement indissolubles. C'est à ce mode d'association que la notion d'organisation peut être réduite. Il ne suffit pas, en effet, que ces trois principes soient réunis, il faut qu'ils soient unis, associés d'une certaine façon pour que le composé qu'ils forment soit organique. Ainsi, dans le véritable individu organique, l'analyse ne peut rien trouver de plus simple qui soit de la même sorte ; elle en obtient, quand elle le détruit, non d'autres vivants dont il serait composé, mais des principes chimiques incapables dans l'état actuel de revêtir spontanément les propriétés qui lui sont inhérentes. Il est donc bien l'atome biologique, l'élément vital au-dessous duquel le domaine de la biologie finit et celui de la chimie commence. Qu'on l'appelle élément anatomique, cellule, organisme élémentaire, organite, plastide ou d'autres noms, peu importe, son caractère irréductible, primitif, n'est nié par personne. Le domaine de la sociologie commence donc à ses premiers groupements.

Mais, — il y a encore cette difficulté, — est-ce que cet organite existe quelque part non groupé, hors d'un corps vivant ? Commence-t-il donc par nous apparaître

à l'état libre? Assurément ; car la cellule par laquelle
tout individu composé se manifeste d'abord, l'utricule
primordial d'où sort tout être vivant est un organite
et n'est que cela. Quelque innombrables que deviennent les organites qui constituent l'un des animaux
supérieurs, ils sont tous engendrés par ce premier
germe. Ce fait, qui est universel, suffit pour nous
autoriser à rapprocher les organites engagés dans un
organisme quelconque des cellules libres qui vivent
dans les eaux pour la plupart, et portent le nom d'Infusoires (1). Bien qu'en effet les animalcules des deux
sortes n'aient pas les mêmes destinées, ils sont de la
même nature au point de vue sociologique comme au
point de vue biologique. Ils naissent également au sein
du protoplasma, ils s'accroissent et se multiplient suivant certains modes semblables (ex. : la Segmentation).
Il n'y a donc pas lieu de faire dans notre étude une
place à part à ce que l'on désigne d'ordinaire sous le
nom d'individus : ce sont des organismes polycellulaires, et ils doivent être rapprochés des groupements
de cellules beaucoup moins parfaits qui ont lieu dans

---

(1) « Les éléments histologiques du corps humain susceptibles de mobilisation sont, outre les cellules lympathiques et les globules blancs du
sang, toutes celles de formation connective ou épithéliale. Etant connue
cette propriété, on peut assigner à un certain nombre de ces cellules de
véritables fonctions. Une fois mobilisées, elles se comportent comme les
amibes et les autres organismes unicellulaires et rentrent dans la classe
des monades de Hæckel. Elles ont toutes les apparences de corps libres
et indépendants et représentent dans toute la force de l'acception l'individualité cellulaire » (VIRCHOW, *Pathologie cellulaire*, p. 350). Voir la
même idée, HUXLEY, *Anatomie comparée des Invertébrés*, p. 77. On a vu
dans notre introduction que la plupart des biologistes tendent à considérer comme des individus tous les éléments histologiques, mobiles ou
non.

les derniers rangs du règne animal. Nous ne prétendons pas qu'une filiation directe existe des plus humbles aux plus élevés, cette question étant étrangère à
notre sujet ; nous soutenons seulement que ces divers
groupements sont de même nature et s'expliquent par
les mêmes lois générales.

M. Giard (1) voudrait que l'on réservât le nom d'individu pour les êtres composés d'organes, lesquels à
leur tour seraient composés d'éléments histologiques
(plastides). Ce système de dénomination a l'avantage de
rester d'accord avec le langage commun, et cet avantage n'est pas à dédaigner. Mais il nous paraît impossible de rester d'accord à la fois avec les faits et avec le
langage commun. La logique veut, ce semble, qu'on
aille et plus haut et plus bas que cette limite idéale. La
nation, d'une part, est un individu. Tout ce livre n'a

---

(1) *Des synascidies*, p. 92. Voir SPENCER, *Biologie*, ch. vi du vol. I,
de l'Individualité. — HARTMANN, *Philosophie de l'Inconscient*, t. II,
p. 156, définit l'individualité de la façon suivante : « L'individu est l'être
qui réunit en soi les cinq espèces possibles d'unité : 1° l'unité dans l'espace (la forme); 2° l'unité dans le temps (la continuité de l'action) ;
3° l'unité de la cause (interne); 4° l'unité de la fin; 5° l'unité de la réciprocité d'action entre les diverses parties (en tant qu'il y a diverses parties, autrement la dernière condition est supprimée). *Là où manque
l'unité de la forme, comme dans un essaim d'abeilles*, les autres unités ont
beau être réunies au plus haut degré, on ne parle pas d'individu. » Par
où l'on voit que Hartmann ne pense comme nous qu'en ce qui concerne
les colonies ou agrégats par masse continue. Il dit, un peu plus loin, à
propos des Pyrophores décrits par Vogt, et à propos des observations
de Virchow : « Celui qui ne croit pouvoir attribuer l'individualité qu'à
telle ou telle partie, sera sans doute embarrassé par de tels exemples...
Pour nous, le tout n'est qu'un individu d'ordre supérieur qui comprend
en soi tous les autres individus. Dans l'association des abeilles et des
fourmis, nous regarderions aussi le tout comme un individu d'ordre
supérieur, si l'unité dans l'espace, c'est-à-dire la continuité de la forme,
se montrait à nous. Nous la trouvons ici, voilà pourquoi nous n'hésitons
pas à parler d'individu » (p. 165, vol. II.)

point d'autre but que de démontrer indirectement cette
proposition. D'autre part, à l'autre extrémité de l'échelle,
l'élément histologique jouit vraiment d'une individualité
probre, bien que le langage la lui refuse ; et cette autonomie atteint, comme nous venons de le voir, un haut
degré dans tous les êtres vivants, si l'on considère le
moment décisif de la première naissance. A ce moment,
la cellule primitive n'est pas une partie composante ;
elle est un tout, un animal dans toute la force du terme,
et cet animal est monocellulaire. Pourquoi dès lors ne
le mettrait-on pas sur le même rang que les autres animaux monocellulaires? Nous savons que MM. Claparède et Lachmann répugnent à voir dans les infusoires
de simples cellules. La plupart sont, suivant eux, trop
compliqués dans leur structure pour se prêter à cette
assimilation. Des cellules qui sont munies d'une bouche, d'un pharynx, d'une cavité digestive, d'un anus,
des cellules qui nagent, qui rampent et qui courent,
quoi de plus bizarre, disent-ils. Ils refusent d'assimiler
à la cellule simple même les *Amœba*, car ce qu'on appelle nucléus au centre de l'amibe n'a rien de commun
à leurs yeux avec le nucléus de la cellule ; ce n'est pas
autre chose qu'une glande sexuelle, embryogène ; de
plus, l'amibe a, comme tous les infusoires, cette tache
claire qui se contracte à intervalles à peu près égaux
et qui est, suivant les vues de ces auteurs, l'analogue
du cœur chez les organismes plus élevés. « La vésicule
contractile est un organe bien embarrassant à loger
dans une simple cellule (1). » Nous laissons débattre

---

(1) *Des infusoires*, p. 430. Voir l'opinion de Huxley sur le rôle de la
vésicule contractile dans *l'Anatomie comparée des animaux invertébrés*,

aux micrographes la question de savoir si le nucléus de
toute cellule ne pourrait être assimilé, comme celui des
amibes, à une glande embryogène. Mais nous pouvons
remarquer, avec MM. Claparède et Lachmann eux-
mêmes, que la solution du débat sur la monocellularité
des infusoires dépend en effet de la définition qu'on
donne de la cellule. Pour nous, nous nous bornons à
appeler de ce nom tout organisme dans lequel aucun
élément défini plus simple n'est saisissable. Or, ils re-
connaissent eux-mêmes qu'avec les moyens d'observation dont nous disposons aucun élément histologique
plus simple ne peut être saisi chez les infusoires. Quand
un infusoire disparaît sous l'action d'un acide, il ne se
divise pas en éléments figurés, il se dissout véritablement. Dans l'état actuel de la science, l'infusoire est
donc bien l'analogue des éléments histologiques qui
constituent les organismes polycellulaires (1); comme
eux il est un atome biologique, c'est-à-dire au-dessous
duquel il n'y a rien que la substance chimique, pri-
vée des attributs de la vie. Nous n'attribuons donc pas
à ce mot de cellule un sens trop rigoureux; nous l'employons faute d'autre, et nous reconnaissons que la
cellule est susceptible d'offrir, tout en gardant son caractère d'élément vital irréductible, des configurations
et des degrés d'organisation très divers. Ce que nous

p. 4 de la traduction française. Il y croit voir plutôt un organe de respiration et d'excrétion.

(1) « En laissant de côté la vésicule contractile, la ressemblance d'un
amœbe aux points de vue de la structure, de la manière de se nourrir,
avec un corpuscule blanc du sang de l'un des animaux plus élevés, est
particulièrement digne de remarque » (HUXLEY, *Anatomie comparée des
Invertébrés*, p. 19).

avançons se réduit à ceci : c'est que les éléments histologiques des corps hautement organisés nous offrent,
comme les organismes élémentaires irréductibles à
l'état libre, un point de départ défini pour l'étude des
groupements ultérieurs ; c'est que les infusoires simples
peuvent être placés au point de vue sociologique sur le
même rang que la vésicule germinative et que les spermatozoaires par où commence l'évolution de tout individu composé. Nous ne prétendons pas donner à cette
limite un caractère absolu. Si l'observation venait à découvrir dans les infusoires et dans la vésicule germinative des éléments vitaux définis plus simples encore,
la sociologie devrait étendre jusqu'à eux son domaine ; mais jusqu'à présent, elle ne peut dépasser ce
que M. Milne Edwards appelle l'organite, que cet organite d'ailleurs soit libre ou engagé dans un tissu. Si
le véritable individu physiologique est celui qui se suffit
à lui-même pour l'accomplissement des fonctions
vitales essentielles, c'est ici que se réalise pour la
première fois dans cette sphère le type de l'individualité.

Sociétés de nutrition. — Nous avons vu que les
sociétés de nutrition ont ce caractère commun que les
individus qui les composent, attachés les uns aux autres d'une manière permanente sont ainsi attachés dès
leur naissance et n'ont jamais vécu libres. C'est le fait
même de leur mode de naissance qui les constitue en
sociétés. Dujardin a le premier établi cette loi, qui a
reçu depuis des corrections légères, mais n'a pas été
infirmée. Voici les paroles de Dujardin (*Infusoires*,

1841, p. 28, en note) : « Entre des animaux primitivement séparés, on n'a point observé d'une manière positive de soudure organique. Je crois que les soudures
des polypes sont le résultat de la gemmation, et non le
produit de la réunion de plusieurs animaux. Si les
jeunes ascidies composées qu'on a vues nager librement ne sont pas déjà des réunions de plusieurs jeunes
animaux, je n'en conclus pas cependant que les animaux primitivement séparés se soient soudés pour
former des amas, mais bien plutôt que ces amas proviennent d'une gemmation continuelle, puisqu'on
trouve toujours dans la même masse des individus de
tous les âges. » Et il ne perd pas une occasion de combattre les vues de ceux qui veulent élever au rang de
fait normal les réunions d'infusoires. Selon lui, cette
juxtaposition est toujours fortuite et n'intéresse jamais
l'intimité des tissus. Ici, son affirmation est trop étendue, comme nous le verrons à la fin de ce chapitre ;
mais nous pouvons dire avec lui que dans l'immense
majorité des cas les sociétés de nutrition sont composées non d'individus primitivement séparés, mais d'individus nés ensemble ou successivement d'une même
masse ou sur une même souche.

§ Iᵉʳ. *Sociétés de nutrition sans communication vasculaire, ou par accrescence.* — L'individualité est le
caractère dominant dans les derniers rangs du règne
animal, l'individualité en quelque sorte absolue. Des
êtres d'espèces multiples, et dont le nombre est prodigieux, vivent dans les eaux, sur la terre et sur les autres animaux à l'état d'isolement complet. Un grand

nombre de Foraminifères, dont les carapaces ont formé
des continents, sont isolés physiologiquement. De tels
êtres sont faibles, non seulement parce qu'ils sont
petits, mais encore parce qu'ils sont seuls. Cependant,
dès les premiers degrés de l'échelle de la vie, l'association apparaît. Elle se montre encore dès la première
phase de la croissance individuelle chez tous les animaux supérieurs.

Plusieurs Foraminifères sont agrégés. « Les sque-
lettes les plus simples sont sphériques ou piriformes
et uniloculaires ; telle est l'espèce appelée à cause de sa
forme *Lagena*. Mais ils se compliquent par l'addition
de nouveaux compartiments qui tantôt se disposent en
série linéaire (*Nodosaria*), tantôt forment des spires
superposées de diverses manières (*Discorbina*), tantôt
enfin se groupent irrégulièrement. Ce n'est pas tout ;
les nouvelles chambres peuvent recouvrir plus ou
moins celles déjà formées et les intervalles qui séparent les parois de ces loges peuvent se remplir à divers
degrés de dépôts secondaires, jusqu'à ce qu'il en résulte des corps aussi volumineux et d'apparence aussi
compliqués que les Nummulites. » (HUXLEY, op. cit.
p. 12.)

Les infusoires se reproduisent de plusieurs manières.
La plus simple est le fractionnement ; le plus souvent,
le fractionnement opéré, la cellule qui en résulte s'é-
loigne et mène une vie indépendante. D'autres fois,
et le cas est relativement rare, la cellule engendrée
reste attachée à la cellule mère et le fractionnement
continuant, un groupe de cellules juxtaposées ne tarde
pas à se former. Ce groupe, simple agglomération

mûriforme, se revêt ailleurs de cils qui lui permettent
de se mouvoir. Telles sont les Synamibes de Hæckel
(Monadiens agrégés de Dujardin). « A l'île de Eis-oe,
près de Bergen, dit le naturaliste allemand (*Histoire
de la création,* trad. française, p. 380), je trouvai nageant à la surface de la mer des petites sphères très
élégantes composées de trente à quarante cellules piriformes et ciliées, se réunissant toutes en étoiles par
leur extrémité amincie au centre de la sphère. Au bout
d'un certain temps, la masse se désagrége ; les cellules
vaguent isolément dans l'eau à la manière de certains
infusoires ciliés. Elles coulent ensuite au fond, et peu
à peu prennent la forme d'une amibe rampante. Elles
se revêtent ensuite d'une membrane, puis, par une
scission réitérée, elles se divisent en un grand nombre
de cellules, tout à fait comme l'ovule se segmente. »
Ce mode de développement appartient à toute la famille des Volvocinés (CLAPARÈDE et LACHMANN, 2ᵉ mémoire, p. 52). Mais déjà ici, un certain perfectionnement s'est opéré. Presque toujours la division des
cellules s'accomplit à l'abri d'une enveloppe commune
ou Kyste. C'est le cas du moins chez les *Stephanosphœra.* « Chaque *Stephanosphœra* se compose normalement de huit individus associés en famille dans une
enveloppe glutineuse commune. Une triple division
binaire (2, 4, 8) s'effectue chez chaque individu, de
manière que l'enveloppe commune se trouve renfermer huit groupes de chacun huit individus. Chacun
de ces groupes sort par une déchirure de l'enveloppe
commune et forme une nouvelle famille. Parfois aussi
les individus quittent isolément la famille et mènent

chacun pour son compte une vie errante (Claparède et Lachmann, loc. cit.) » (*Euglena viridis*, « qui pourrait toutéfois être un végétal », dit Huxley). « Les Euglènes s'enkystent dans une capsule incolore, résistante. Dans ce kyste s'opère une multiplication fissipare suivant la série 2, 4, 8, 16, 32, etc. » (Id., p. 47.) Le Volvox proprement dit (*Volvox globator*, « qu'on s'accorde généralement aujourd'hui à regarder comme une plante » Spencer, *Biologie*) présente les mêmes faits. Il est composé par un agrégat de cellules dont l'union est constante. « Parfois certains individus d'une famille deviennent excessivement gros.... Bientôt ces sphères s'entourent d'une substance gélatineuse, présentant des pointes coniques diversement découpées..» (Id., p. 50.) La famille parente meurt alors et le kyste passe immobile au fond des eaux l'hiver ou la saison sèche pour se résoudre ensuite en individus qui deviendront des familles. Les jeunes Grégarines s'enkystent de même dans le corps des mollusques, où elles vivent en parasites (Van Beneden, *Parasites et commensaux*, p. 145.) Chez les Radiolaires sociaux l'enveloppe commune atteint la solidité d'une carapace (Hæckel, p. 389.)

Ce fractionnement d'une cellule mère en un nombre considérable de cellules se présente à l'origine de tous les animaux supérieurs ; il est connu sous le nom de segmentation. Comme les infusoires que nous avons cités, l'animal supérieur, avant d'apparaître même à l'état d'embryon, offre l'aspect d'une mûre ou d'une framboise, c'est-à-dire d'une sphère garnie de mammelonnements d'abord mal définis, mais qui revêtent de plus en plus les caractères de la cellule. Les insectes, les araignées et quelques crustacés sont, si nous en croyons M. M. Edwards, les seuls chez lesquels la segmentation n'ait pas lieu ou se produise avec un caractère beaucoup moins décidé (*Physiologie,* vol. VIII, p. 401.) Cependant, d'après Huxley, le caractère commun de tous les Metazoaires, c'est-à-dire des animaux invertébrés autres que les infusoires, est la production d'un blastoderme par le fractionnement de cette cellule nucléée primitive.

Nous n'avons vu jusqu'ici que des groupements par simple juxtaposition. Des groupements où chaque individu composant serait porté par un pédoncule distinct et rattaché ainsi aux autres membres de la société dénoteraient une organisation un peu plus élevée. La forme générale qui en résulterait serait soit rameuse, soit sphérique. La forme rameuse est en effet réalisée chez les Vorticelles, désignées par MM. Claparède et Lachmann sous les noms de *Dendrosomes,* d'*Epistylis*, de *Carchesium* et de *Zoothamnium* (pages 141, 151-153, 160, 2ᵉ mémoire.) « L'arbre d'Epistylis présente toujours des ramifications dichotomiques parfaitement régulières. Celles-ci croissent toutes avec la même rapidité et les individus sont par suite tous et toujours portés à la même hauteur, de façon à se trouver dans un même plan horizontal. Il résulte de là qu'une famille d'Epistylis présente une forme comparable à ce qu'on appelle en botanique une *inflorescence en corymbe.* » (Fait général chez les Zoothamnium, 1ᵉʳ mémoire, p. 103). Les tiges sont vivantes comme les corps, s'accroissent avec eux et se contractent toutes ou isolément quand la colonie est menacée. (Voir, pour ce qui concerne la famille des Vorticellines, ce premier mémoire, à partir de la page 94.) Les Vorticelles, bien qu'immobiles, sont placées, sans conteste, au premier rang des infusoires. Aucun animal ne semble reproduire cette forme rameuse dans son développement primitif. La forme sphérique est nettement accusée par les Volvox adultes. Des cordons distincts partant de chaque individu lient ensemble tous les membres de la famille, qui nagent de conserve au moyen de cils appartenant à chacun d'eux. (CLAP. et LACH., p. 57.)

Chez les Gonium, ces cordons sont produits par des prolongements en pointé de chaque individu (loc. cit., p. 57.) Cela les rapprocherait des Synamibes qui sont, comme on l'a vu, réunis par leur extrémité amincie au centre de la sphère, et prennent également, en raison de cette structure, une apparence étoilée, si les Gonium ne présentaient une disposition qui les place, au point de vue social, au-dessus des Volvox eux-mêmes. En effet, leur accrescence est tabulaire et non sphérique. « Un Gonium se compose de seize individus réunis en famille sous une forme tabulaire dans une enveloppe gélatineuse (Id., p. 54.) » Le tout est doué de mouvement comme les Volvox. Nous pensons que ce type de disposition sur un plan est supérieur aux autres, parce qu'il se rapproche de la disposition linéaire dont nous chercherons bientôt à établir la supériorité sur tous les autres types. « On voit les Gonium se balancer avec grâce, pirouetter, se tourner en avant, en arrière, se ployer majestueusement ; ils forment une chaine qui se promène en décrivant toutes sortes de figures. » (Turpin cité par Cl. et L., 2ᵉ mémoire, p. 55.)

Maintenant en quoi consiste l'unité sociale de ces différents groupes d'individus élémentaires? Il faut le reconnaître, le concours qu'ils se prêtent mutuellement est à peine discernable. Ils gagnent sans doute par leur association un plus gros volume, avantage appréciable dans ce monde des infusoires où la voracité des appétits condamne les plus petits à être dévorés; ils gagnent une enveloppe plus ou moins résistante, autre moyen de protection. Ils gagnent, grâce aux cils qui garnissent chez les Synamibes les cellules extérieures, une motilité plus vigoureuse et plus variée peut-être; et quant aux Vorticelles, comme il est probable que la proie digérée par l'individu profite à tous les autres, c'est un avantage encore pour elles que d'occuper un espace plus grand et que d'étendre ainsi l'aire d'embuscades commune. Néanmoins, combien ce concours est encore faible et mal défini! Il ne peut en être autrement là où la division du travail physiologique est aussi peu avancée. Tous les membres de ces sociétés rudimentaires n'ont-ils pas ou peu s'en faut le même emploi? Voilà pourquoi l'unité colléctive peut être presque dans tous ces cas rompue impunément quand les individus se séparent pour se reproduire. La soudure organique, le lien matériel qui les attache ne saurait fonder une société quelque peu relevée tant que les individus composants ne sont pas physiologiquement solidaires.

Si l'unité du tout est faible, l'individualité des parties

ne l'est pas moins; l'une est en raison directe de l'autre. En effet, par cela même que chacune des parties peut se suffire à elle-même, ce qui paraît en un sens le plus haut degré d'individualité, elle ne se distingue des autres par aucun caractère propre, ce qui en est le plus bas degré à un autre point de vue. Pour rester indépendantes toutes restent à peu près similaires; c'est l'individualité du grain de sable.

Quelle peut être la cause de ces groupements au plus bas degré de l'animalité ? Nous sommes ici réduits à des conjectures. En somme, ce qu'il s'agit de découvrir, c'est ce qui détermine la partie d'une cellule qui va se détacher d'elle par scissiparité à rester unie avec la partie mère, et cela non pas seulement une fois, mais autant de fois qu'il y a de membres dans l'agrégat. Certes, si l'on admet que cette duplication répétée est avantageuse, la sélection tendra à la conserver : ici, en effet, la sélection naturelle jouera un rôle indispensable en l'absence de tout discernement. Mais ici encore si la sélection peut expliquer la fixation de l'habitude sociale, elle ne peut en expliquer la naissance. Faut-il admettre que dans certains cas, sous l'influence des circonstances, la scission des cellules a été retardée en quelque sorte par hasard et que pendant le peu de temps qu'a duré cette union, les avantages en ont pu se manifester? Cela est douteux. Faut-il croire qu'au contraire la prolifération a été, toujours en un cas fortuit, grâce à un excès de nutrition par exemple, tellement rapide qu'elle a prévenu les effets de la scissiparité et que dès lors l'avantage obtenu a assuré la survivance de la colonie? Le champ reste ouvert aux hypothèses. La sociologie naît en ce moment ; nous croyons mieux servir la science nouvelle en signalant ce problème qu'en le déclarant prématurément résolu.

Quant à la forme de ces sociétés, elle semble suffisamment justifiée par l'absence de raisons qui en détermineraient une autre. Les Synamibes et les Volvox sont sphériques, parce que les cellules qui les composent se disposent ainsi nécessairement dans leur fractionnement successif. Et si chacune de ces cellules s'étoile, c'est en se pressant comme cela est inévitable contre ses voisines. Les grains de raisins serrés l'un contre l'autre sur une grappe bien fournie prennent la même apparence. Mais pourquoi les Vorticelles ont-ils adopté la forme rameuse ? Peut-être en verrons-nous une raison suffisante dans ce fait que les individus de cette famille sont pourvus d'une bouche et d'un anus, vivent de proie, et ont par conséquent une activité nutritive assez intense, ce qui les force à être quelque peu éloignés les uns des autres. De là la naissance du pédoncule. Chez les Synamibes, au contraire, et les Volvox, les individus se nourrissent par imbibition et ne se nuisent pas par leur proximité.

§ 2. *Sociétés de nutrition présentant une communication vasculaire.* — A. *Les Polypes.* — Nous voici donc en présence d'une première sorte d'individus composés. Si nous supposons que ces individus s'agrégent à leur tour et forment un tout permanent, nous concevrons la possibilité d'une individualité d'espèce nouvelle, à savoir composée d'individus déjà composés, bref, d'un second degré de composition sociale. Tel est, en effet, le mode d'association réalisé par les Polypes.

La loi posée par Dujardin s'applique encore à ce groupe d'animaux agrégés. Ils naissent tels, et leur expansion la plus large a toujours pour point de départ non des animaux multiples qui se seraient agglomérés, mais un seul germe (larve née d'un œuf ou bourgeon) qui s'est accrû de proche en proche. Cette loi est de la plus haute importance ; nous la verrons se traduire en une loi analogue dans l'étude des faits de reproduction.

Entre les Infusoires et les Polypes, entre les sociétés du premier et celles du second degré de composition, il n'y a pas de transition à signaler parmi les animaux complétement développés. Seuls les Spongiaires semblent en offrir une ; mais leur développement étant encore mal connu (*Revue scientifique*, 3 juillet 1875), nous nous bornerons à les mentionner. Il faut donc recourir aux formes larvaires des Polypes pour trouver le passage exigé par le principe de continuité. Qu'une cavité se creuse dans le Synamibe, qu'une ouverture se fasse à l'une de ses extrémités, que l'outre ainsi formée prenne une forme ovale et se fixe par l'extrémité opposée à l'ouverture, qu'enfin des cils naissent à la surface des cellules internes, nous obtenons le Polype simple. Il ne nous restera plus pour concevoir la forme typique des Polypes agrégés qu'à imaginer que le premier Polype se scinde à demi en deux parties dont chacune s'ouvre sur une cavité commune (MILNE EDWARDS, *Coralliaires*, vol. I, p. 14). Le procédé différent du bourgeonnement aboutit au même résultat. La seconde forme d'association est donc constituée par l'agrégation d'individus composés, qui sont unis non seulement par la juxtaposition de leurs éléments et la soudure de leurs tissus, mais encore par l'abouchement permanent de leurs cavités. Le vrai lien social est ici par conséquent le liquide qui va de l'un à l'autre, chargé d'éléments organiques ou cellules à l'état libre, dont la fonction est d'accroître et de renouveler sans cesse les éléments de chaque individu composé (1).

Nous proposons pour ce genre de sociétés le nom de *blastodêmes*, l'appliquant indifféremment soit aux réunions d'individus, soit aux individus composés d'organes plus ou moins distincts, pourvu que les parties composantes soient nées sur une même souche et restent normalement soudées entre elles. Cette division correspond exactement à ce que le naturaliste allemand Jæger appelle *individualités morphologiques* et a beaucoup de rapports avec les *Bions* de Hæckel. Par le terme de Bions, Hæckel désigne toutes les formes terminales auxquelles aboutissent vers la fin de leur développement les individus ou réunions d'individus. Nous préférons le mot de Blastodême en raison de sa clarté et de sa signification sociologique précise.

(1) Supposons qu'à un moment donné de la croissance d'un polype primitivement simple, deux centres d'activité vitale viennent à s'établir l'un à côté de l'autre au milieu du disque tentaculifère et continuent à déployer parallèlement des forces égales : l'individu primitivement unique sera bientôt partagé en deux moitiés tout à fait semblables entre elles. Chacune de ces portions tendra à se compléter comme individu, et si elles se séparaient, elles constitueraient deux polypes complètement distincts ; mais la séparation ne se fait jamais chez les coralliaires suivant toute la longueur de l'animal, et la fissiparité donne toujours lieu à un coralliaire composé dont les divers polypes sont réunis au moins par la base et ont un pied commun » (M. EDWARDS, *Corall.*, I, p. 75).

Dans aucun des trois ordres déterminés par M. Milne Edwards, Acalèphes, Zoanthaires et Coralliaires, (Hydrozoaires, Actinozoaires et Coralligènes de Huxley ; parmi les Cœlentérés, les Cténophores seuls ne donnent jamais naissance par gemmation à des organismes composés), dans aucun de ces trois ordres, disons-nous, quel que soit le nombre des Polypes, quelle que soit la forme des polypiers, il n'est dérogé à ce principe. Sans nous étendre sur toutes les diverses modifications du type essentiel, qui sont suffisamment connues et relèvent de la biologie, nous allons décrire les principales, d'après le naturaliste allemand Jæger, qui a donné dans son Manuel de Zoologie une très savante étude des Individualités, tant biologiques que morphologiques. (Voir à l'Appendice.) Ensuite nous déterminerons la signification sociologique des matériaux que la biologie nous livre.

Suivant Jæger, la réunion d'individus dans le groupe des Cœlentérés se forment par les procédés génétiques suivants : 1° par bourgeonnement latéral; 2° par scission transversale incomplète (strobilisation) ; 3° par division longitudinale.

1° Par bourgeonnement latéral. A partir d'un individu primaire ou axe principal, des individus secondaires ou axes supplémentaires bourgeonnent de divers côtés plus ou moins irrégulièrement, en sorte que l'ensemble forme une trochée à laquelle on a donné le nom de Cormus. Ce procédé est le même que celui par lequel se forment les organes de l'animal, et il est très difficile de distinguer pour cette raison les individus secondaires des organes. A notre sens, il n'y a même pas lieu la plupart du temps de chercher à établir cette distinction. Quand les individualités ou organes ainsi formés sont semblables, le cormus est dit monomorphe ; quand ils diffèrent, le cormus est dit alors polymorphe. Ce polymorphisme, qui atteste une division supérieure du travail physiologique, se manifeste de différentes façons. Tantôt les individualités terminales offrent seulement une différence d'élévation ; tantôt les unes sont cylindriques, tandis que les autres sont foliacées ; tantôt les unes se groupent pour former un appareil complexe, les autres restant simples et isolées. Les Hydrozoaires montrent de très curieux exemples de ce groupement ultérieur d'individus nés sur une même souche à laquelle ils restent encore attachés par le pied. Quatre ou huit individus disposés en cercle se soudent par leurs bords pour former un *périgonium :* un autre, situé au centre, demeure libre et joue le même rôle que le pistil et l'ovaire dans un végétal. L'ensemble forme une véritable fleur animale. Une nouvelle différenciation nous montre chez les Siphonophores des fleurs sexuées et des fleurs asexuées, ces dernières connues sous le nom de cloches natatoires. Il arrive souvent que les fleurs fécondes, après avoir vécu sur le cormus, comme la fleur sur la plante, se détachent, et que, comme elles peuvent se nourrir, elles croissent en volume et mènent une vie indépendante. On a vu là un phénomène de génération alternante. Metschnikoff et après lui Huxley n'y voient qu'une dissociation de parties analogue à la fructification végétale, et considèrent les médusoïdes (méduses à yeux nus) comme des organes générateurs (gonophores) détachés de l'hydrosome, capables seu-

lement de mener une existence indépendante. Nous
souscrivons avec M. Jæger à cette opinion, pourvu
qu'il soit entendu que ces fruits de médusaires sont
aussi bien des individus que des organes et qu'il n'y a
pas une opposition véritable à établir entre ces deux
formes de la vie.(HUXLEY, *Anatomie comparée*, p. 75,
trad. franç.): Un fait analogue se rencontre à un degré
plus élevé de l'échelie zoologique; l'hectocotyle de certains Mollusques se détache ainsi de l'organisme mâle:
mais il ne représente qu'un sexe et ne peut se nourrir;
il n'a presque plus aucun titre au nom d'individu.

2° Par division transversale incomplète. Les seuls
exemples de cette formation d'un cormus en chaîne
chez les Cœlentérés se trouvent, suivant Jæger, parmi
les Hydrozoaires, et nous sont fournis par les méduses
Lucernaires et la plupart des Discophores à un état
passager de leur développement. Le premier individu,
fixé au sol, se divise transversalement par une série
d'étranglements en un certain nombre de disques à
huit franges qui ne sont plus unis entre eux que par
une adhérence légère. Bientôt ces disques se détachent
les uns après les autres de la tige qui leur a donné naissance, et ils mènent une vie séparée. Ce sont les vraies
méduses. Ce mode de formation a reçu le nom expressif
de strobilisation. L'auteur que nous suivons en ce moment rattache au procédé génétique ainsi nommé la
formation des cormus en chaîne qui constituent les Vers
rubanés. Cette assimilation nous paraît problématique,
l'accroissement des cormus se faisant dans les deux
cas par ordre inverse, chez les Discophores du pôle
aboral au pôle oral; chez les Vers rubanés de la tête à

l'extrémité opposée. Remarquons avant de passer à la troisième catégorie que les faits cités ici sont d'ordre éminemment transitoire et ne peuvent guère servir à caractériser un groupe distinct de sociétés.

3° Par division longitudinale incomplète. Ce caractère est bien plus constant et général. Tantôt les rameaux ainsi formés bifurquent, tantôt ils restent unis en faisceaux (fasciés). Les Madrépores nous offrent des cas de fasciation remarquable. La bifurcation se voit chez un grand nombre de coraux qui sont alors arborescents. Les rameaux se distinguent de ceux formés par bourgeonnement latéral en ce qu'ils se développent d'une manière absolument irrégulière et ne se laissent pas distinguer en individualités primaires, secondaires et terminales. Tous ont la même valeur morphologique et biologique (1).

Si nous cherchons d'abord quelle est de toutes ces sociétés de même ordre la plus parfaite, nous verrons du premier coup d'œil que les éponges doivent être placées au dernier rang, quel que puisse être d'ailleurs le résultat des investigations dont elles sont maintenant l'objet. Les Polypes qui les composent ressemblent aux infusoires pour la pauvreté de leur organisation et la transparence de leurs tissus. Aucune autre division du

(1) Ce passage, où nous prenons pour guide M. Jæger, ne se trouvait pas dans notre première édition. Nous n'avons connu son chapitre sur les individualités, et même son nom et son existence, qu'au moment où la plus grande partie de notre travail était achevée. Les coïncidences qui se rencontrent ainsi entre ses conceptions et les nôtres sont donc bien faites pour montrer que la sociologie, telle que nous l'entendons, est un fruit naturel de la science contemporaine. Du reste, le lecteur trouvera en appendice le chapitre de son Manuel où il traite ces questions.

travail ne s'observe dans leur groupement que celle qui s'établit entre les parties munies de cils ; les unes attirent l'eau de mer dans les pores de l'éponge, les autres l'en expulsent, sans que du reste les courants aient rien de régulier. La circulation qui s'ensuit est, comme on le voit, assez étrange : ce n'est pas celle d'un liquide propre à l'animal, préparé dans ses cavités et contenu par elles ; c'est celle d'un liquide étranger et elle n'a pas d'autre but que d'amener les aliments à la portée de membres de la colonie. En somme, l'unité collective est problématique, parce que les individualités partielles sont à peines définies (1) : on pourrait discuter longtemps sur la question de savoir si cette unité est individuelle ou non, sans aboutir à aucun résultat. Il en est tout autrement des Acalèphes sociaux dont le Physophore sera pour nous le type. Celui-ci présente une division du travail assez notable. Les colonies qu'il compose sont formées de trois sortes de parties distinctes ; les unes qui se nourrissent, les autres qui attaquent, les autres enfin qui propagent l'espèce, celles-ci doubles déjà. De plus, le ruban auquel ces diverses parties sont attachées est le siége d'une circulation à laquelle les fils individuels participent, et la colonie tout entière est suspendue au sein des eaux par l'action d'une outre gonflée d'air située en tête de la rangée, tandis que des cloches

(1) « L'individualité de ces animaux est si peu prononcée que deux *spongilles*, amenées en contact l'une avec l'autre, ne tardent pas à se fusionner en une seule ; tandis qu'elles peuvent se diviser spontanément ou être séparées artificiellement en différentes portions, dont chacune conservera son existence indépendante. » (HUXLEY, op. cit., p. 50).

natatoires lui servent à se diriger. Chez les Prayas,
cette division du travail vraiment remarquable est encore soumise à une organisation plus parfaite ; les fils
reproducteurs et les fils urticants, au lieu d'être dissé-
minés sur le ruban principal, se trouvent joints aux
individus nourriciers et sont placés en quelque sorte
sous leur dépendance ; chaque groupe enfin a sa vessie
natatoire et s'abrite sous une plaque protectrice spéciale. Ce sont là des caractères assez relevés. Les Coralliaires cependant, surtout les Coralliaires à polypier
(Sclérodermes, M. EDWARDS), bien que fixés au sol et
n'offrant qu'une seule espèce d'individus sans organes
sexuels extérieurs, soutiennent la comparaison grâce à
trois avantages considérables : 1° le support pierreux
qui les protége ; 2° l'aspect défini de leurs éléments
histologiques ; 3° et surtout, la haute organisation de
leur système circulatoire. Le corail algérien ne nous
paraît pas avoir de rivaux sous ce rapport dans l'ordre
des Polypes tout entier, du moins parmi les Polypes
sociaux. Chez les seuls Alcyonnaires en effet (dont le
corail fait partie), se rencontrent cette tunique de vaisseaux réguliers environnant l'arbre pierreux et servant
à son développement en même temps qu'à la circulation générale, et ce lacis capillaire de petits vaisseaux
irréguliers dont les branches, se répandant partout
dans la substance du tissu mou, y vont porter de toutes
parts le fluide nourricier.

Insistons ici sur deux considérations qui, comme on
va le voir, ont une portée assez étendue.

On regarde trop souvent la faculté de se mouvoir
librement comme conférant à ceux qui en sont doués

une supériorité décisive sur ceux qui en sont dépourvus. Un des plus curieux exemples de cette opinion se rencontre dans les ouvrages de M. Paul de Jouvencel. Racontant le développement de l'éponge, il ne peut constater qu'elle se fixe après avoir voyagé, sans se sentir pris de pitié pour elle. « Cette destinée des Spongiaires, dit-il, inspire une sorte de terreur. En eux les choses marchent à rebours. A peine l'être doué de mouvement a-t-il manifesté la supériorité de son type animal qu'une catastrophe subite le frappe d'immobilité ; et aussitôt ce corps est en proie à un travail de dégradation proportionnel à son développement. Il retombe bien au-dessous de la plante. Il ressemble à un paquet de filasse embrouillée, reste de la décomposition d'un végétal mort. Dans sa chute qui se continue, il descend encore plus bas ; il tend à devenir pierre, il s'incruste de chaux, de silice pas même cristallisée. C'est effrayant ! » Apparemment le sort du corail n'inspirerait pas à l'auteur d'autres sentiments que celui de l'éponge. Et pourtant ni l'un ni l'autre ne méritent tant de pitié. Il est vrai que la perfection vitale semble en raison directe du mouvement déployé ; mais le mouvement est susceptible d'applications diverses, et la seule manière de l'exercer n'est pas le changement de lieu. Un organisme sédentaire peut dépenser autant de mouvement qu'un organisme mobile. Seulement, dans ce cas, le mouvement sera interne et l'organisation gagnera ce que la faculté locomotrice aura perdu. Les êtres sociaux surtout ne paraissent que pouvoir difficilement se constituer hors des conditions de la vie sédentaire. Il y a précisément dans la formation d'un tout social un travail d'organisation qui attire à l'intérieur toutes les forces de la masse agrégée et ne souffre pas qu'aucune partie en soit distraite pour tout ce qui n'est pas directement nécessaire à cette formation. C'est du moins ce qui arrive pour la plupart des Polypes. On ne sait pas encore les lois de cette transformation des mouvements, mais le fait même ne paraît pas douteux. Il suffit pour nous autoriser à regarder les Coralliaires, bien que fixés, comme supérieurs aux Acalèphes flottants. Si l'on veut apprécier d'ailleurs ce principe d'après lequel une colonie sédentaire serait inférieure dans tous les cas à une colonie errante, on n'a qu'à le transporter des sociétés animales rudimentaires aux sociétés humaines : est-ce que les tribus voyageuses qui parcourent de vastes territoires de chasse sont supérieures par ce fait seul aux populations fixées ?

Il est un autre point sur lequel une méprise est à éviter au sujet de l'économie organique des Coralliaires. Le critérium de la perfection vitale accepté généralement par les physiologistes anglais c'est le degré où a été poussée dans chaque être la division du travail ou la spécialisation des fonctions. M. Spencer lui-même a cru d'abord que ce fait était le fait essentiel de toute évolution vitale. (*Premiers principes*, trad. Cazelles, p. 359.) A ce titre les Acalèphes et les Physophores en particulier devraient être placés assez haut dans l'échelle des sociétés, car, au témoignage de Hæckel, ils offrent « une division du travail réellement prodigieuse. » Mais ce passage du simple au composé ne résume pas à lui seul le progrès vital. M. Spencer

l'a compris en y réfléchissant davantage, et à cette
première condition il en a ajouté une seconde qu'il
appelle le passage d'une homogénéité indéfinie, incohérente, à une hétérogénéité définie, cohérente. En
d'autres termes la cohésion, l'unité, la concentration
organique lui paraissent devoir accompagner la différenciation des parties. L'exemple présent est une
preuve de la nécessité de cette correction. Supposons
que le Physophore ait encore des parties plus hautement différenciées, si ces parties restent presque indépendantes les unes des autres, si l'organe spécial
chargé d'en rapporter l'action à une fin unique reste
le siége d'une activité faible, l'unité de l'ensemble sera
mal définie et la société entière vivra d'une vie dis-
persive, incohérente. Le Coralliaire au contraire est
constitué essentiellement par un arbre solide, enve-
loppé d'un tissu qui le fabrique ; ce tissu est le siége
d'une circulation active et les polypes particuliers y
prennent naissance. « A côté de la vie propre individuelle des polypes, il en est une autre, indépendante
de l'individualité de chaque habitant de la colonie, et
qui appartient à tout le zoanthodème qu'on peut regarder alors comme un seul être... Comment ne pas
voir que l'individu isolé perd ses droits devant ceux de
la communauté, quand il lui a fourni sa part d'action ? »
(M. LACAZE DUTHIERS, Le Corail, p. 81.) Là est à
notre avis la supériorité des Coralliaires, et particulièrement des Alcyonnaires sur les Acalèphes. On peut
dire il est vrai qu'elle n'est obtenue que par une différenciation nouvelle ; mais le point sur lequel porte la
division du travail n'est pas indifférent. Eût-il porté

sur les individus comme chez le Physophore, le résultat social eût été mince. C'est parce qu'il porte ici sur l'organe central qu'il place la société à un échelon supérieur. Et si l'on y regarde de près, on verra que cet organe composé, non de polypes eux-mêmes composés, mais de cellules simples, d'éléments histologiques directement agrégés en une masse continue, est en un sens un individu lui aussi, auquel les autres sont subordonnés, puisque leur vie dépend de lui plus que la sienne ne dépend de chacun d'eux. En effet le zoanthodème peut se passer d'un nombre considérable de polypes ; aucun polype ne peut se passer du zoanthodème duquel ils reçoivent le liquide nourricier. Et l'individualité de la société tout entière est précisément en raison directe de celle de l'organe central qui la représente, j'allais dire qui la personnifie. En sorte que ce qu'il faut considérer, si l'on veut apprécier ici le degré de perfection vitale (ou le degré de perfection sociale), c'est moins la somme de la division du travail que le sens, la direction de cette division. Il y a une complexité organique qui est une déchéance, il y en a une autre qui est un progrès. Disons donc que si le corail est intéressant à considérer comme société, c'est qu'il offre une délégation ou concentration du travail vital pour l'accomplissement d'une fonction essentielle à la vie, et qu'il présente ainsi les premiers linéaments de l'individualité collective. Si nous suivions cette délégation du travail vital dans toute l'étendue du domaine sociologique, nous la verrions s'accentuer à mesure qu'on monte dans l'échelle des sociétés. Son dernier terme dans l'ordre des sociétés que nous étudions en ce moment, à savoir les sociétés de nutrition, c'est le cerveau des mammifères supérieurs.

B. *Les Molluscoïdes.* — Les Bryozoaires et les Tuni-ciers nous semblent appartenir au même groupe social que les Polypes, bien qu'une partie d'entre les Tuni-ciers offre, avec des arrangements spéciaux, le plus haut degré de complication dont ce type de société soit susceptible. Le lien commun qui unit les individus partiels est encore la circulation vasculaire, c'est-à-dire la communication de cavités où circule un même liquide nourricier. Ici encore, sauf le cas que nous venons de signaler, la composition sociale existe à deux degrés ; elle comprend premièrement les élé-ments histologiques réunis en touts jusqu'à un certain point distincts, auxquels la fonction de digestion est dévolue, secondement ces touts eux-mêmes, réunis en un ensemble organique plus vaste auquel est déléguée la fonction circulatoire. Comme chez les Polypes, c'est l'agrégation qui est la règle et l'isolement l'exception. Il faut remarquer enfin que comme chez les Polypes qui donnent naissance aux Méduses libres, certains molluscoïdes (les Salpes, par exemple) ne vivent en société que pendant un temps, puis se dispersent pour se reproduire sous la forme sexuée (1). Cette inter-ruption de la société qui est, nous l'avons vu, normale chez les infusoires agrégés, ne se présentera plus dé-

(1) Le rapprochement n'est juste qu'en ce qui concerne le caractère temporaire des cormus des Hydrozoaires et des cormus des Salpes ; le mode de formation est différent ; tandis que les premiers sont le résultat d'une scission transversale (strobilisation); les seconds, d'après Jæger, naissent par bourgeonnement *latéral* sur un ovaire qui doit être considéré

sormais dans toute la série que nous parcourons en ce moment, c'est-à-dire dans les sociétés dont le lien est la fonction de nutrition, et qui sont unies par la continuité des tissus et des cavités. A mesure qu'on monte dans l'échelle, la cohésion des individus est plus forte parce que la'part de travail organique déléguée est plus considérable.

Chez les Bryozoaires les individus partiels sont plus parfaits que ceux du polypier. L'économie de leurs sociétés doit donc être plus parfaite aussi, si la loi posée par M. Spencer est vraie, à savoir « que la nature de l'agrégat est déterminée par les caractères des unités qui les composent. » Et en effet deux caractères distinguent cet agrégat : 1º la dépendance des mouvements des parties par rapport à ce qu'on pourrait appeler métaphoriquement la volonté totale de l'animal composé ; 2º la régularité de la circulation. La *Flustra avicularia* porte, comme son nom le rappelle, des appendices qui accompagnent chaque individu, mais dont le mouvement ne dépend que de la colonie. « Je n'ai pas le moindre doute, dit Darwin dans son *Voyage* (page 217), que dans toutes leurs fonctions ces appendices ne soient plutôt liés à l'ensemble des branches qu'aux polypes qui occupent les cellules. Chacune des têtes de vautour se meut d'ordinaire indépendamment des autres ; mais quelquefois celles d'un côté seule-

---

comme un organe de l'individualité maternelle : ou bien cet ovaire chargé d'individualités secondaires demeure uni à l'individu mère pour former un même cormus (*Doliolum*) ou bien il se détache, et la chaîne est formée de cet organe formateur des germes, et des individus secondaires. (Voir l'appendice.)

ment se meuvent successivement chacune après sa voisine. » Et Dumortier (1) décrit ainsi les mouvements du sang chez les mêmes animaux : « En examinant au microscope un Bryozoaire bien développé, on voit le sang monter dans la cavité individuelle, se porter vers les bras et redescendre de l'autre côté, tandis qu'une partie entre dans les bras, s'y met en contact avec le système respiratoire, s'y oxygène et redescend ensuite dans le torrent de la circulation. » M. Lacaze Duthiers qui a observé si minutieusement le corail n'y a rien découvert de semblable.

Les Tuniciers agrégés offrent à la Sociologie un sujet d'étude des plus intéressants, mais difficile. Les Salpes sont généralement connues; les Synascidies le sont moins. On ne se représente pas sans peine ces animaux quand on ne les a jamais vus et les figures en donnent une insuffisante idée. Disons seulement qu'ils sont constitués par une enveloppe plus ou moins dure en forme de cône plus ou moins allongé, sur laquelle se dressent de petits cylindres en nombre variable percés de bouches en collerettes, et dans laquelle s'ouvrent un ou plusieurs orifices excréteurs servant à toute la colonie. Les Botrylles paraissent être les plus parfaits des Synascidies (2).

Ces sociétés se forment par épigénèse; c'est-à-dire que leur accroissement est successif à partir d'une larve qui se fixe tôt et croît rapidement. Quelques

---

(1) *Bulletin de l'Académie de Bruxelles*, tome II, p. 435, cité d'après M. Milne Edwards.

(2) La thèse de M. Giard et ses très obligeantes communications ont été nos guides dans cette partie de notre tâche (thèse de 1873).

observateurs avaient même cru voir les rudiments des animaux composants jusque dans l'œuf, sous forme radiée. Les choses ne se passent pas ainsi. Quand le bourgeonnement commence dès l'œuf, les individus qui naissent ainsi, au lieu d'être également développés, accusent par l'inégalité de leur croissance leur apparition successive. Un premier animal en produit immédiatement deux autres par bourgeonnement direct, puis le phénomène se répéte pour chacun d'eux, mais d'un seul côté, en même temps que se développe la membrane commune. Dans la cavité circonscrite par cette membrane chacun des individus composants envoie un tube excréteur; des canaux entrecroisés les unissent et sont le siége d'une circulation oscillatoire c'est-à-dire suivant alternativement l'un et l'autre sens. Tantôt les individus composants sont nombreux et irrégulièrement disposés, tantôt ils le sont moins et se placent alors régulièrement; mais quelle que soit l'abondance et la direction de cette prolifération gemmipare, elle a toujours lieu dans le même ordre successif par épigénèse. Il est exceptionnel (si même cela arrive jamais), que des individus nés de larves so rencontrent dans un système. Ceux donc qui sont ainsi conjugués tiennent pour ainsi dire à une seule souche mère et n'ont jamais cessé d'y être attachés. C'est leur naissance qui les appelle à la vie sociale. Cela est important à remarquer, d'abord parce que cela établit nettement la parenté des Synascidies avec les sociétés que nous appelons de Nutrition, ensuite parce que c'est l'application d'une loi que nous formulerons plus tard. (Voir notre conclusion.)

Les individus composants une fois nés, l'individu composé n'est encore qu'en puissance; il faut qu'il soit leur œuvre. Ils commencent donc la plupart du temps par s'unir, en soudant leurs parties similaires; puis comme en certains points de l'enveloppe commune une ou deux ouvertures cloacales ont dû se former, ils semblent subir une sorte d'attraction de ce côté, et les plus voisins ne tardent pas à envoyer vers ses bords des languettes anales couvergentes, munies de filets nerveux. L'ensemble ainsi formé a reçu le nom de *Cormus*.

Voici comment se développe et s'achève l'individualité centrale ainsi constituée. Les animaux composants ont déjà, on l'a vu, en commun la circulation et la station, mais une série de besoins collectifs va faire surgir des organes collectifs correspondants. Pour parer au danger d'être déchirée ou arrachée de son support, la membrane commune se durcit au moyen de spicules. Mais cette armure protectrice a l'inconvénient d'empêcher les mouvements du cloaque: les détritus ne peuvent donc pas être toujours facilement expulsés, surtout quand un accident a changé la colonie de situation. De plus les parasites assiégent la cavité ainsi ouverte. Le seul recours qu'aient les Synascidies à peau dure contre ce dernier danger consiste à rétrécir l'ouverture cloacale; mais ce remède contre un mal ne fait qu'empirer l'autre. Un autre type d'association avait plus de chances de succès. Dans celui-ci l'enveloppe reste flexible; seulement les individus se rapprochent de l'orifice excréteur. En se rapprochant, ils doivent nécessairement diminuer de nombre, à mesure que le

cercle se restreint. Par cela même leur disposition devient plus régulière. C'est ainsi que se forme l'étoile
des Botrylles. Ainsi rapprochés, ils envoient au centre
des filaments nerveux et des fibres musculaires plus
énergiques ; en sorte que non seulement le cloaque est
doué de mouvements plus forts pour l'excrétion et
peut se fermer dès qu'il n'est plus nécessaire qu'il soit
ouvert, mais qu'encore il devient sensible au toucher
et de plus capable de communiquer l'impression à tous
les membres du système. Si donc un parasite tente
l'entrée, le moindre attouchement entraîne l'occlusion
de toutes les ouvertures. En fait, les Botrylles sont les
moins infestés de ces hôtes dangereux. Nous obser-
vons ici, porté à un plus haut degré, le processus que
nous avons observé chez les Coralliaires. Un appareil
central se forme non pas seulement par division, mais
par délégation du travail organique. Ici plus encore que
dans tous les cas étudiés antérieurement, la solidarité
des éléments sociaux s'établit par leur incorporation
en un représentant central qui prend tous les caractères
d'un individu.

Qu'on juge, en effet, combien en présence de tels
phénomènes nos distinctions verbales deviennent flottantes! Les individus composants, réduits à un rôle
subordonné par rapport au cormus, mis dans l'impossibilité de vivre sans le cloaque central auquel ils sont
intimement unis plus encore par les nécessités fonctionnelles que par leur adhésion organique, prennent
l'aspect de simples organes. Et d'autre part, le cloaque
qui n'était qu'un organe collectif, environné maintenant d'un appareil nerveux qui commande le mouve-

ment à toute la communauté, revêt l'aspect d'un individu, mais d'un individu dont les animaux composants ne seraient que les parties. Supposons que l'organisation dont nous sommes ici témoins se fasse non plus autour d'un cloaque, mais autour d'une bouche, et nous comprendrons comment une société de nutrition devient un individu unique dans le sens ordinaire du mot. C'est ce que nous verrons tout à l'heure dans un autre ordre de sociétés.

Chez les Synascidies le processus sociogénique ne va pas plus loin. Les systèmes étoilés qui ont reçu le nom de *Cœnobiums* envoient des stolons à quelque distance et ceux-ci forment des cœnobiums nouveaux soumis à la même loi de naissance épigénétique. Les différents cloaques du cormus ainsi formé cherchent bien à se réunir par des canaux comme cela a lieu chez les Botrylloïdes, mais nul centre d'attraction ne surgit pour coordonner ces différents systèmes.

Telles sont les circonstances sous l'empire desquelles l'unité collective des Synascidies se constitue et se confirme. Les même circonstances ou du moins des circonstances nuisibles comme celles-là, mais à un plus haut degré, la désagrégent. Si, en effet, l'on plonge un cormus dans la liqueur d'Owen, les animalcules se disjoignent. De même si des communautés s'établissent sur des algues frêles vivement agitées par les flots, l'excès de l'agitation devient enfin nuisible et empêche comme chez les *Circinalium* la cohésion, d'abord des cœnobiums, puis des individus eux-mêmes. Cependant cette même agitation modérée exerce sur les Botrylles une sélection progressive. On

peut donc dire que l'hostilité du milieu poussée jusqu'à un certain degré favorise la cohésion sociale
en suscitant des efforts convergents plus énergiques,
mais qu'elle a, au delà de ce degré, des effets destructeurs.

Jusqu'à quel point l'intelligence intervient-elle dans
la formation de ces sociétés ? Que la forme des cœnobiums et des cormus soit le résultat du mode de
bourgeonnement des individus composants, c'est ce
qui n'est vrai que partiellement, car, comme on vient
de le voir, la nature du lien social dépend à la fois des
circonstances extérieures et des améliorations inventées en quelque sorte par les animaux sous la pression
de ces circonstances. La nécessité qui les détermine ici
serait donc une nécessité sentie, acceptée, non plus
extérieure ou mécanique, mais intérieure ou psychique. Il est aussi difficile de nier le caractère psychique
de ces phénomènes que de l'établir. D'une part, en
effet, un système nerveux aussi rudimentaire ne peut
être l'instrument de combinaisons bien variées ; d'autre part, la présence même d'un rudiment de système
nerveux permet d'admettre l'existence d'une pensée
correspondante, si humble qu'elle soit. La question se
réduirait, si l'on s'en tenait à cette seconde hypothèse,
à savoir si la pensée a besoin d'être réfléchie pour
adapter les mouvements aux sollicitations des circonstances. Car évidemment, dans le Botrylle, elle n'est
pas réfléchie. Nous serions portés à répondre par
la négative. Quand on se promène au bord de la mer
à marée basse, il arrive que le pied fasse jaillir entre
les rochers des fusées d'eau de mer en pressant sur

des corps mous. Ce sont des Actinies qui, en prévision du long temps pendant lequel elles sont exposées à l'air et au soleil, se sont pourvues d'une certaine quantité de liquide. Comment expliquer ce fait de prévision sans une certaine intelligence immanente préexistant même à toute trace de système nerveux? Nous ne pouvons nous empêcher de croire, sans obliger personne à partager notre croyance, puisque nous manquons de preuves, que la concentration des Ascidies en un individu collectif est un fait d'intelligence du même ordre, quoique déjà supérieur.

C. *Les Vers*. — Revenons à la structure essentielle du Polype : il est constitué, avons-nous dit, par une poche formée d'éléments anatomiques juxtaposés, et offrant une ou deux ouvertures. Nous avons vu les Polypes et les Molluscoïdes qui sont construits sur ce type s'agréger pour former des sociétés permanentes dont les cavités communiquent. Mais tandis que ces sociétés se forment et subissent dans leur évolution une différenciation et une coordination progressives, les individus qui les composent subissent des modifications semblables, c'est-à-dire que leurs éléments histologiques cellulaires se distinguent les uns des autres et se groupent entre eux suivant les mêmes lois. C'est ce qui a lieu chez les Echinodermes et les Mollusques. On n'est plus fondé à nous objecter maintenant que les parties constitutives des Mollusques et des Echinodermes ne sont pas des individus, mais des organes. Car nous savons que l'organe et l'individu ne

sont que deux degrés d'une même puissance (1). Un
organe est un groupe d'éléments histologiques suffisamment différenciés accomplissant une seule fonction ; quand cette fonction est celle par laquelle la nutrition commence (préhension et ingestion des aliments), nous sommes portés à donner le nom d'individu
au groupe qui l'exerce ; nous nous prenons, nous et
les mammifères supérieurs, comme types absolus et
jugeons de ce que nous sommes des individus céphalés
que tout ce qui a une tête est individuel. Mais nous
avons vu le rôle d'individu, c'est-à-dire d'organisme
central et directeur, dévolu à des groupes vitaux tout
différents, particulièrement chez les Ascidies ; en sorte
que notre appréciation de l'individualité est devenue
beaucoup plus libre. Que si nous jugeons l'individualité d'après les formes, nous avons remarqué que des
parties à formes définies, isolées, comme les organes
urticants et les organes reproducteurs des Physophores
ne sont pas aussi individuelles qu'elles le paraissent.
Nouvelle raison pour nous inviter à un emploi beaucoup plus large de cette dénomination. Nous dirons
donc que dans la constitution de l'Echinoderme et du
Mollusque, la nature fait absolument le même travail
que dans la formation du zoanthodème et du cormus ;
d'autant plus que certaines parties de l'Échinoderme

(1) « Il existe des passages par gradations insensibles entre les personnes et les organes. La première personne d'une colonie de Pyrosoma
devient un organe, le cloaque commun du cormus. Les diverses personnes d'un cormus de Syphonophores ont aussi le plus souvent la valeur de
simples organes. Dans cette question de l'individualité, la nature procède
par transitions infiniment petites et jamais par sauts » (M. GIARD, *Préface
à l'Anatomie comparée* de Huxley, XVI). Voir, dans l'appendice, sur
l'anthogénèse chez les Echinodermes un très curieux passage de Jæger, § 214.

jouissent d'une existence hautement individuelle ; les
rayons de l'étoile des Astéries en sont un exemple. La
concentration se fait ici autour d'une bouche au lieu
de se faire autour d'un cloaque, voilà toute la différence. Nous aurions, par conséquent, à examiner au
point de vue sociologique, les rapports des divers organes dans l'unité vitale des animaux dont nous venons
de parler, si cette étude n'était déjà faite par les biologistes. La physiologie de M. Milne Edwards contient
les traits essentiels de ce tableau.

On sait que ces deux classes n'offrent aucun exemple de sociétés deux fois composées, ayant pour lien
la fonction de nutrition. Des individus du second degré, une fois formés, se suffisent à eux-mêmes pour
l'accomplissement de cette fonction ; la fonction de
reproduction seule les sollicite (et pas universellement)
à se rencontrer. Pourquoi un mode de composition
organique si fréquent dans les régions inférieures
cesse-t-il dès ce moment de se montrer ? C'est ce qu'il
est difficile de dire avec certitude. On pourrait expliquer cette différence chez les Mollusques par la présence des coquilles, qui empêche toute communication vasculaire entre les divers individus. Mais il y a
des Mollusques nus, et ils ne s'unissent pas de la sorte.
Ce qu'il y a de plus vraisemblable à alléguer, c'est
que la division du travail organique est poussée dès
lors trop loin pour que la fissiparité soit possible, et
que les forces vitales, absorbées par ce travail, ne laissent pas assez d'excédant, même pour la gemmiparité.
La blastogénèse, en effet, semble être en raison inverse
de la perfection organique.

Quoi qu'il en soit, les Entomozoaires sont eux-mêmes des blastodèmes, ou sociétés de nutrition à deux degrés. Tous les articulés sont composés d'anneaux qui sont pourvus d'un certain nombre d'organes essentiels et peuvent, ceux du moins des genres inférieurs, pourvu qu'ils soient groupés en petit nombre, se suffire à eux-mêmes. Un seul proglottis de Tenia se suffit, et pour la nutrition et pour la reproduction. Chacun de ces anneaux ou groupe d'anneaux a reçu le nom de Zoonite. Mais quand nous parlons d'anneaux nous supposons une chaîne dont ils puissent faire partie. En effet, la forme linéaire est le type morphologique de tout cet embranchement. Examinons les conséquences de ce fait au point de vue de la science sociale.

Dans une série d'anneaux, il y en a toujours deux qui diffèrent essentiellement des autres par leur position, ce sont les deux extrêmes. Les conditions de leur vie, s'il s'agit d'une chaîne vivante, sont toutes spéciales. D'abord ils sont l'un et l'autre l'une des extrémités de la cavité commune servant à la nutrition; à ce titre ils doivent renfermer les organes nécessaires à l'occlusion et à l'ouverture des orifices. L'une des deux, celle par où entre l'aliment, devra être capable de le saisir, de le saisir de vive force, si l'aliment est une proie. De plus la même extrémité se trouvant dans la nécessité d'agir en pareil cas pour toute la communauté devra posséder les appareils nécessaires au discernement des objets et des circonstances favorables ou défavorables (1). Ajoutons que tant qu'il n'existe

(1) Voir sur la Morphologie des vers le 2ᵉ volume de la *Biologie* de Spencer. En général, on pourrait ramener à trois les causes qui déter-

pas d'organes pour la marche attachés aux anneaux
médians, les deux extrêmes doivent encore pourvoir à
cette fonction. Que si l'animal ne marche pas et demeure fixé, l'appareil protecteur qu'il sera amené à se
construire ne pourra être l'œuvre que de l'une des
mêmes extrémités. Combien seront-elles toutes deux,
mais l'une surtout, plus occupées que les autres parties du blastodème ! Que la nature se soit chargée de
leur donner en une fois les appareils nécessaires à
leurs fonctions, ou bien qu'elles aient dû les acquérir
elles-mêmes lentement sous la pression des circonstances, par accumulation héréditaire, c'est ce qui ne
nous importe que fort indirectement ; toujours est-il
qu'elles les ont, et que cela donne à la première, à
celle qui se saisit des aliments, une dignité vitale bien
plus haute qu'aux autres anneaux. En effet, sans elle
ceux-ci ne peuvent exister, à moins qu'ils ne la remplacent en érigeant l'un d'eux à la même dignité. Ils
lui sont subordonnés, et ils ont beau garder par devers
eux un cœur, un cerveau ou ganglion nerveux, un tube
digestif muni de deux orifices distants, il y a quelque
chose qui leur manque, ce sont les fonctions de préhension et de discernement sans lesquelles ces organes
n'ont qu'une vitalité virtuelle, conditionnelle. En revanche, sauf en des cas exceptionnels, le premier anneau ne peut se passer des autres. Il y a donc entre

minent la forme d'un animal : 1° la forme de ses parties composantes
élémentaires ; 2° son mode de formation, fissiparité, bourgeonnement, etc.
3° la distribution des forces incidentes en raison de son genre de vie. —
Nous devons citer comme une exception à ce que nous avançons de la généralité des vers et comme un cas difficile à expliquer les Polyophtalmes
(annélides) qui ont des yeux doubles à chaque segment du corps.

eux tous une solidarité, un concours étroit, traits caractéristiques de la société. Seulement, ce concours
ne les laisse pas sur un même plan pour ainsi dire, ils
sont solidaires dans et par l'anneau céphalique ; et leur
cohésion sociale repose sur la délégation confiée à
l'individu qui en est le symbole, qui en résume en lui
toute l'unité.

Cette solidarité ne détruit pas la distinction des anneaux, elle la suppose au contraire. Plus l'article antérieur sera individuel à l'origine, plus il se prêtera facilement à la spécialisation que sa situation requiert.
Plus les autres seront individuels, eux aussi, plus ils
laisseront le premier à ses fonctions propres, étant
eux-mêmes plus propres à accomplir les leurs. Il arri-
vera nécessairement qu'ils se coaliseront pour atteindre ce but. Une sorte d'attraction s'exercera dans certains groupes autour d'un point qui deviendra un centre
d'activité ; et il y aura là des délégations partielles.
Mais elles ne feront que mieux assurer l'hégémonie de
la délégation première. De la sorte, des individualités
mieux prononcées s'établiront, loin que celles qui
existaient à l'origine puissent s'affaiblir. Il est vrai que
l'interdépendance croîtra dans toute la chaîne ; on ne
pourra plus, dès lors, séparer impunément les différents individus ni même les différents groupes ; mais
nous l'avons déjà vu, l'indépendance prise dans le
sens de l'aptitude à l'isolement absolu n'est pas la même
chose que l'individualité ; c'en est le caractère inférieur.
L'individualité supérieure est riche en fonctions, c'est
un foyer d'activité vitale énergique, et par cela même
elle soutient des rapports nombreux nécessaires avec

17

d'autres foyers de vie, d'autres individualités. Ce n'est
pas une déchéance, c'est un progrès pour un individu
de devenir, organe par rapport à un tout vivant plus
étendu.

La forme linéaire se prête merveilleusement à la vie
de relation. Elle est éminemment transitive. Tandis
que chez les sociétés polypoïdales l'immobilité est la
règle et le mouvement l'exception, c'est le contraire
qui a lieu pour les articulés. Au lieu de venir s'éteindre
au sein d'une masse sphérique ou rameuse, les impulsions fournies par chaque élément prennent ici une
direction déterminée et c'est la première articulation
qui est appelée à la tracer. Pour cela il faut qu'elle ex-
plore incessamment les localités variées à travers lesquelles l'agitation inquiète de la communauté la pousse.
De là une multiplication des sensations et des représentations qui ne peut qu'augmenter encore l'importance du ganglion céphalique. De là, comme on le
verra, une signification nouvelle, d'une portée sociale
considérable, donnée aux rapports sexuels des êtres
de la même espèce et la naissance de tout un ordre
nouveau de phénomènes d'agrégation.

La conscience est comme la vie. Ici elle est multiple
comme elle, et comme elle ne cesse pas pour cela
d'être une. On sait qu'on peut couper en plusieurs
morceaux les Annélides et les Helminthes sans abolir
la vie des fragments; mais ce qu'il faut remarquer,
c'est que chacun de ces fragments a dès lors une conscience unique, comme l'animal total dont il faisait
partie. Si, chez une sangsue, on coupe ou on lie en
avant et en arrière d'un ganglion les cordons qui l'u-

nissent avec ses deux voisins, le zoonite de ce ganglion
conserve sa sensibilité ; mais on a donné naissance à
un animal isolé, placé entre deux animaux multiples : -
les piqûres que l'on fait éprouver à cet animal ne sont
senties que par lui seul. On ne peut démontrer d'une
manière plus évidente l'individualité psychique de
chaque zoonite. Des expériences analogues ont été
faites chez les insectes, sur la Mante par exemple, et
ont abouti à des résultats tout aussi frappants. Ainsi à
l'état normal, quand l'individu est complet, chaque
zoonite est le siége d'une conscience distincte ; mais
cela n'empêche pas l'animal entier d'avoir la sienne qui
embrasse les consciences partielles en tant qu'elle est
composée en grande partie d'impressions que celles-
ci lui envoient. Cela est vrai de l'immense quantité
des invertébrés ; en sorte qu'il est visible que si l'on
regarde la nature dans son ensemble, la conscience
morcelée y a plus de place que la conscience qui se
croit simple. Mais non seulement l'unité psychique
générale n'exclut pas les centres partiels ; elle les suppose : et on peut dire que plus les consciences partielles sont développées, plus les zoonites divers sont
capables de sensations et de mouvements propres,
plus la conscience directrice est elle-même riche d'attributions, pourvu que le groupement et les relations
des consciences partielles s'établissent dans l'ordre
convenable.

L'usage du monde extérieur commence à ce degré
d'organisation sociale. Il n'y a pas d'industrie proprement dite chez le Polype ; on ne peut donner ce nom
sans confondre les termes à l'acte par lequel les élé-

ments histologiques des Coralliaires, des Bryozoaires
et des Tuniciers se construisent un appui ou un abri
dans l'intimité des tissus ; les seuls actes qui méritent
ce nom sont ceux par lesquels un blastodème édifie
extérieurement quelque portion de matière à son
usage, par un mouvement non chimique, mais mécanique auquel toute la communauté prend part. Plusieurs annélides (ex. : *Terebella conchilega*) et une
grande quantité de crustacés et d'insectes sont capables d'industrie. Citons seulement les demeures des
Tubicoles. Les autres cas liés pour la plupart à la fonction de reproduction trouveront leur place dans les
chapitres prochains. Quelle est la quantité d'intelligence qui intervient dans l'acte des Tubicoles ? Nous
ne possédons pas de mesure qui puisse la déterminer ;
mais à coup sûr elle est notable. Choisir des matériaux
convenables, les disposer en leur place suivant leur
forme, c'est là une œuvre qui demande sans aucun
doute du discernement, et beaucoup plus que la formation des spicules, même si l'on remarque qu'elle se
fait chez le polype en des points et suivant un ordre déterminés. L'intelligence des Annélides Tubicoles n'est
pas de nature purement réflexe et uniforme dans ses
effets ; des combinaisons multiples s'offrent inévitablement à ces animaux dans l'exécution de leur œuvre ;
il faut qu'ils décident entre ces diverses représentations ou suggestions : la pensée s'élève ici au-dessus
de la nécessité nue dont elle semblait n'être jusqu'ici
que la traduction intérieure.

Là où la blastogénèse s'exerce encore dans l'embranchement des Articulés, c'est-à-dire chez les Annélides

et les Helminthes, il ne peut y avoir aucune société
entre les différentes parties ainsi produites. Car de
deux choses l'une : ou la série d'anneaux produits sera
trop étendue et elle se séparera de la souche mère, ou
elle pourra continuer à lui rester unie et elle soutien-
dra avec elle les mêmes relations que les autres séries
d'anneaux. C'est le cas de la Myrianide. Jusqu'à leur
séparation les zoonites issus du bourgeonnement ressemblent aux autres ; après, ils sont absolument séparés de la mère. Les Articulés ne forment donc pas
de sociétés à double composition comme les Tuniciers ;
c'est-à-dire que chez eux le cœnobium ne s'élève jamais jusqu'au cormus, ou plutôt que les deux restent
toujours équivalents.

Chez certaines espèces plusieurs articles se réunissent pour former un zoonite composé et les ganglions
de chaque article se soudent en un seul. C'est un fait
à remarquer que ces zoonites composés rudimentaires
sont détruits par la déchéance parasitaire chez les
Helminthes et certains Arthropodes. Le parasitisme
est donc contraire à la vie sociale et provoque une désagrégation des parties. Il semble résulter de là que
la vie libre, dans un milieu varié, avec l'activité incessante qui en est la condition, soit un des plus puissants aiguillons de la vie sociale. Il ne serait pas bon
pour une société d'être dispensée des soins qu'entraînent la recherche des aliments et la défense de la vie ;
car ce sont ces soins qui provoquent en elle, avec la
différenciation et la coordination des organes, le véritable perfectionnement organique.

Nous nous arrêterons aux frontières du règne des

Vertébrés, que les Entomozoaires annoncent par la symétrie bilatérale de leurs formes et la disposition linéaire de leurs parties. Nous ne voulons pas compromettre les résultats acquis jusqu'ici en essayant de les étendre plus loin. Faut-il considérer le corps des poissons, des reptiles, des oiseaux et des mammifères comme un blastodème métamérique, c'est-à-dire comme une société composée de zoonites très différenciés et très intimement unis, lesquels à leur tour seraient composés d'organes et ceux-ci d'éléments histologiques ou plastides? Nous laissons à la science zoologique le soin de répondre ultérieurement à cette question dont la solution n'est pas mûre. Nous nous bornerons à citer le passage suivant de M. Carpenter sur l'animal qui occupe le dernier degré de l'échelle des vertébrés, l'Amphioxus.

« Un fait, dit M. Carpenter, qui n'est pas d'un médiocre intérêt, c'est que l'axe cranio-spinal qui représente chez les animaux vertébrés le système nerveux des invertébrés... se rencontre dépourvu de tout couronnement chez le plus bas de tous les vertébrés connus, et y suffit à l'exercice de toutes les fonctions, nous voulons parler du curieux *Amphioxus*, petit poisson qui n'offre pas le moindre vestige de cerveau ni de cervelet et chez lequel les ganglions sensoriaux eux-mêmes ainsi que les organes des sens spéciaux sont purement rudimentaires ; *chez lequel, enfin, la moelle épinière se compose d'une série de ganglions véritablement distincts bien que très rapprochés les uns des autres* (1). »

----

(1) *Principles of human physiology*, 7ᵉ édit., p. 514. Hartmann a traité ce point (*Philosophie de l'Inconscient*, vol. II, p. 167 de la trad. française.)

Mais quelque opinion que l'on adopte sur ce sujet, nous n'en avons pas moins le droit de conclure en ce qui concerne les invertébrés, qu'ils sont, et ceux qu'on appelle des colonies (1), et ceux qu'on appelle des individus, de véritables sociétés. Les *colonies* sont individuelles comme les animaux qui sont réputés simples; seulement leur individualité est composée à plusieurs degrés : les animaux simples d'autre part — les infusoires non sociaux exceptés — sont aussi des colonies, seulement leur association est moins complexe et leurs parties composantes sont mieux fondues en une seule unité vitale. Toutes ces sociétés ont cela de commun qu'elles reposent sur la participation de plusieurs groupes d'éléments histologiques à une même circulation; mais les plus hautes joignent à l'exercice collectif de cette première fonction une solidarité plus étroite, celle du système nerveux, c'est-à-dire des informations et des mouvements. Nous venons de voir s'évanouir peu à peu devant nous le caractère absolu accordé trop souvent à ce terme jusqu'ici mystérieux d'individu; et nous nous sommes convaincu que sa valeur varie en degré selon la concentration de l'ensemble organique auquel on l'applique. Il désigne un mode de l'existence plutôt qu'un être, une qualité variable plutôt qu'une entité *sui generis* sans plus ni moins. Ce mode, cette qualité, c'est la participation de plusieurs éléments vitaux à une même fonction essentielle; c'est le con-

---

Voir aussi Durand de Gros; *Origines animales de l'homme*, G. BAILLIERE, 1871. Qu'on veuille bien aussi se reporter à notre introduction.

(1) Nous employons ce mot à cause de l'usage fréquent qu'on en a fait; nous le restreindrons plus tard à sa véritable signification.

cours biologique. On le réserve à tort pour les cas où ce concours paraît s'opérer dans les même conditions qu'au sein de notre propre organisme: il y a un individu partout où il y a un groupe d'êtres vivants solidaires; mais par cela même, sauf la restriction indiquée, partout où il y a un individu, il y a une société. Les cas ne diffèrent que par le mode de groupement des parties. La conscience qui résulte de ce concours est aussi la même en nature chez la société et chez l'individu dans tout l'ordre des faits que nous venons de parcourir. Comme l'individualité, elle est essentiellement multiple et suppose une pluralité d'impressions ramenée à l'unité par l'identité du but. Quant aux lois qui président au développement de l'une et de l'autre, nous les avons signalées chemin faisant. Mais les faits étudiés ne sont pas encore assez nombreux pour que nous puissions dès ce chapitre les formuler avec certitude; nous le ferons à la fin de cette revue, quand notre base expérimentale sera assez élargie.

Maintenant nous pouvons passer à l'étude des sociétés formées par l'union des individus déjà composés dont nous venons de retracer la structure. Cette union qui constitue un degré supérieur d'association se fait sous l'impulsion de l'attrait sexuel. Elle entraîne encore, comme nous allons le voir, dès qu'elle atteint ses conditions normales, une communication des cavités, cette fois momentanée, entre les parents. Mais la fonction sur laquelle elle ne cesse pas de reposer se subordonne, à mesure qu'on monte dans l'échelle, à d'autres fonctions de nature plus relevée, en sorte que l'association familiale finit par entraîner la réciprocité d'action des cerveaux, de même que la société de nutrition finit par entraîner la solidarité des centres nerveux partiels.

Nous devons cependant, avant d'aborder cette étude, signaler un passage préparé par la nature entre le premier groupe de faits et le second. Quelques-uns des organismes passés en revue dans le présent chapitre ont l'étonnante faculté de s'unir après avoir vécu séparés et forment une société de nutrition sans être nés sur la même souche. C'est là l'exception que nous avons signalée tout d'abord à la loi de Dujardin. Ce fait s'observe même au-dessous des infusoires. Nous lisons dans l'*Anatomie comparée des Animaux Invertébrés* de Huxley, p. 8: « Enfin dans le *Protomyxa* (HÆCKEL) on voit une alternance de la forme mastigopode (labellifère) à la myxopode, comme chez le *Protomonas*; mais chaque myxopode ne s'enkyste pas isolément. Au contraire, un certain nombre d'individus s'unissant ensemble finissent par se fusionner en un plasmodium sphéroïdal, qui n'offre aucune trace de leur séparation primitive. Le plasmodium s'entoure lui-même d'un kyste anhyste, se divise en nombreuses portions qui, après s'être converties en mastigopodes flagellés finissent par revenir à l'état myxopode... Il se peut que la fusion de *Myxodictya* et de *Protomyxa* séparés en un plasmodium constitue un mode de conjugaison sexuelle. » De même les infusoires s'incorporent pour ainsi dire les uns dans les autres, « au point, disent MM. Claparède et Lachmann, que la cavité du corps de l'un des individus communique directement avec celle de l'autre et qu'il n'y a plus, en réalité, qu'une seule cavité. »

(Deuxième mémoire, p. 225). A ce moment, ils ne forment plus qu'un seul animal; du moins, Kœlliker assure qu'il a suivi l'embrassement de deux infusoires jusqu'au moment où ils n'ont plus été qu'un seul individu, plus gros du double que ses deux composants. Les Noctiluques se mettent par exemple en contact deux à deux : les tentaculés se détachent, puis les deux corps se confondant peu à peu finissent par se fusionner en un seul. Des observations semblables ont été recueillies au sujet des Acinètes. Balbiani a également assisté à l'accouplement des Paramœcies ; au bout de cinq ou six jours après l'accouplement, il a vu, comme Stein et F. Cohn, des germes ou embryons quitter le corps de la mère sous forme d'Acinètes qui bientôt ont fini par revêtir complétement la forme maternelle, et sont devenus à leur tour des Paramœcies (*Journal de Physiologie,* tome Ier, 1858). Enfin, MM. Dallinger et Drysdale ont vu deux *Hétéromita* s'accoupler, se confondre et ne former qu'une seule masse, de laquelle sont sorties des particules vivantes extrêmement petites. Ils ont suivi le développement de ces particules : c'étaient de jeunes Hétéromita. (*Revue scientifique* du 8 juillet 1876). On appelle ce phénomène Conjugaison ou Zygose. La zygose n'est point fortuite ; elle est bien volontaire, car deux individus portés sur un pédoncule doivent quelquefois prendre une position tout à fait anormale pour l'exécuter, et ne l'exécutent pas moins (loc. cit., p. 229). Les Vorticelles qui sont, comme on l'a vu, pédonculées, ont été de la part de MM. Claparède et Lachmann le sujet d'observations très précises qui ne laissent pas le moindre doute sur le caractère

volontaire de ce phénomène. Chez elles, quand la conjugaison est achevée, le zygozoïte se détache et jouit
d'une existence indépendante. Quelquefois ce n'est pas
seulement deux individus qui s'accouplent ainsi, mais
trois, quatre, et même sept! Un phénomène analogue
s'observe chez les polypes. Non seulement les individualités terminales d'un même cormus d'hydrozoaires
se joignent, comme on l'a vu, pour former une fleur
terminale (Anthogénès) et concourir ainsi à la reproduction au bénéfice de la société tout entière; il y a
plus, on rencontre des soudures qui se forment en
des points quelconques, d'abord entre deux branches
d'un même polypier, ensuite entre deux polypiers de
la même espèce. Il y a lutte pour l'existence entre
deux zoanthodèmes d'espèces différentes, l'un ou l'autre doit périr. Il n'en est plus de même entre deux
zoanthodèmes spécifiquement semblables. « Quand
deux zoanthodèmes de corail viennent à se rencontrer,
dit M. Lacaze Duthiers, ils se soudent et se confondent
absolument comme le font les branches d'un même
individu. Il y a greffe par approche comme dans un
végétal. » M. Giard a enfin signalé le même fait chez
les Synascidies et il y a trouvé un sûr moyen de reconnaître les espèces, car deux Synascidies d'espèces différentes vivent côte à côte sans que leurs tissus se soudent
ni que leurs cavités s'abouchent. Ce même observateur
a donné à un tel phénomène le nom de concrescence :
il tend à lui accorder une importance considérable,
puisqu'il remarque que chez le *Circinalium concres-
cens*, quand plusieurs oozoïtes de la forme simple se
fixent côte à côte, et se soudent en grandissant, leur

union forme un cœnobium et constitue une espèce
nouvelle d'Ascidies sociales. Cependant il ne semble
pas que ce fait ait une si grande importance, puisque
en somme, M. Giard lui-même le déclare exceptionnel
et maintient la loi générale suivant laquelle le cormus
est formé par épigénèse. Au delà des Ascidies, ni chez
les Mollusques, ni chez les Entomozoaires, on ne le
retrouve (1). Nous ne verrons donc dans ce fait de la
zygose ou concrescence qu'un fait, sinon anormal, du
moins accidentel.

Quelle en est la signification? Il semble qu'il doive
être rapproché de l'union sexuelle, dont il serait comme
la première annonce dans les régions inférieures du
règne animal. Certaine ou du moins très probable en
ce qui concernes les Infusoires et les Médusaires, cette
solution souffre encore des difficultés en ce qui concerne les Coralliaires et les Molluscoïdes. Il faudrait
savoir quels sont les effets de la greffe par approche
chez les Coralliaires pour émettre là-dessus une opinion mieux fondée. Si elle avait pour résultat de communiquer aux rameaux ainsi confondus une vitalité
plus énergique, et préludait à leur multiplication, les
conjectures que Cohn, que MM. Claparède et Lachmann, qu'Huxley lui-même, ne sont pas loin d'adop-

---

(1) Nous trouvons cependant quelques vestiges du fait chez les vers.
« Le Trematode singulier à double corps, *Diplozoon paradoxum*, résulte
d'une sorte de conjugaison entre deux individus d'un trématode qui, à
l'état isolé, a été désigné sous le nom de *Diporpe*. Les diporpes n'acquièrent des organes sexuels pleinement développés qu'après cette union. »
Les diporpes sont dioïques. Dans une autre espèce de trématodes mo-
noïques, le mâle et la femelle vivent constamment par couples, la femelle
demeurant enfermée dans une sorte de fourreau que lui forme le corps
du mâle.

ter, revêtiraient plus de vraisemblance. Il ne paraît pas que des observations aient été faites en ce sens par MM. Milne Edwards et Lacaze Duthiers.

Si cette conjecture était acceptée, la zygose et la concrescence, première application de la grande loi d'*attraction du même au même*, nous conduiraient naturellement à l'union sexuelle. Elles seraient un intermédiaire excellent entre les sociétés de nutrition et les sociétés de reproduction, et nous montreraient clairement que ces dernières ne sont possibles que là où les éléments anatomiques sont assez semblables pour se fusionner de la sorte.

SECTION III

FONCTION DE REPRODUCTION

CHAPITRE PREMIER

De la Famille : Société conjugale.

Sociétés qui ont pour but la reproduction; trait distinctif en opposition avec les sociétés du groupe précédent. Trois phases de la société domestique : les sociétés conjugale, maternelle, paternelle. — De la société conjugale. Origine des sexes; point de vue physiologique, attrait sexuel; point de vue psychologique. Etude de cinq classes de phénomènes esthétiques destinés à assurer la société conjugale chez les animaux; nature du couple ainsi formé; des combats de noces. Insuffisance de ces phénomènes à expliquer la société domestique.

Soient deux animaux formés chacun par une société d'éléments histologiques groupés en organes; si ces deux animaux sont de sexes différents et s'unissent, leur union constitue une société d'un degré supérieur. C'est cette société que nous allons étudier. Elle se distingue de la précédente en ce que la contiguïté des tissus et l'abouchement des cavités sont momentanés au lieu d'être permanents, première différence; mais surtout en ce que les êtres ainsi rapprochés ont commencé par être indépendants, seconde différence plus importante encore. Car, tandis qu'il n'est besoin de chercher aucune raison qui explique l'adhérence des Polypes à la souche où ils ont crû, il en faudra trouver une pour expliquer la jonction de deux individus de sexe différent. Et comme cette raison ne peut résider qu'en chacun d'eux et implique dans chacun d'eux la connaissance et le discernement de l'autre, la société qu'ils forment se trouve ainsi reposer sur une représentation, c'est-à-dire sur une pensée : elle est psychique en même temps qu'organique. Mais dans la plupart des cas une autre union aura été possible ; et il faudra expliquer pourquoi l'un des deux sexes s'est uni à tel individu plutôt qu'à tel autre. La société nouvelle devra être considérée à ce titre, non plus comme native et nécessaire, mais comme élective, puisqu'elle sera née d'un choix réciproque. Enfin si, comme cela arrive souvent, les individus réunis par l'attrait sexuel restent unis par le désir commun d'élever leur progéniture, ou si seulement l'un des deux parents garde avec lui les jeunes, la société domestique ainsi accrue durera et se perpétuera pendant un temps plus ou moins long sans que son unité soit interrompue. Elle sera ainsi, non plus seulement simultanée, mais successive : nouveau caractère qui lui est propre. Telles sont les marques auxquelles on reconnaît la société de reproduction ou famille, et qui établissent sa supériorité dans l'échelle sociale sur la société de nutrition ou blastodème qu'elle se subordonne (1).

(1) Remarquons, toutefois, que le dernier de ces caractères lui est commun en quelque degré avec la société de nutrition. Elle aussi est composée d'individus successifs, puisque les éléments histologiques se

Il y a trois sortes de sociétés domestiques dont chacune, de la première à la troisième, est la condition de la suivante. Deux animaux de sexe différent doivent d'abord ne former physiologiquement qu'un seul être momentané, sans quoi (sauf en des cas rares, limités aux derniers rangs du règne animal, — parthénogénèse) la mère ne peut procréer de jeunes. En second lieu, pour que le père reste en société constante avec la mère, il faut que celle-ci reste elle-même pendant longtemps unie avec ses petits. Il y a dans l'animalité des régions où les trois modes de groupement se fondent les uns dans les autres et se superposent. Mais, en général, on peut dire qu'ils se présentent d'abord isolément et successivement dans l'ordre même où nous venons de les énumérer; c'est celui que nous suivrons pour les décrire.

« Le phénomène de la fécondation est au fond une conjugaison entre l'amibe ou les amibes formés par les spermatozoïdes introduits dans l'ovule et nourris de la couche superficielle de cet ovule, et l'amibe ovulaire sorti à ce moment de son état d'enkystement » (GIARD). Que sont maintenant les éléments qui concourent à ce phénomène ? Des produits de nutrition, comme tous les autres éléments histologiques. Depuis la fissiparité jusqu'au bourgeonnement et à la parthénogénèse

remplacent sans cesse les uns les autres, les plus jeunes éliminant les plus anciens. Mais il reste encore cette différence que l'unité vitale du zoanthodème, par exemple, reposant sur la circulation, suppose une communication actuelle, continue de l'individu avec l'organisme commun, tandis que, à mesure qu'on monte dans l'échelle zoologique, même sans sortir des invertébrés, l'unité de la famille embrasse des individus toujours plus distants les uns des autres dans la durée.

une gradation insensible unit les phénomènes de nutrition aux phénomènes de reproduction. « Il n'y a pas, dit très bien Hartmann, de différence essentielle dans l'œuvre de l'activité organogénique, soit que l'animal reproduise les parties de son corps qu'il a perdues, soit qu'il forme des bourgeons pour se multiplier. » (*Phil. de l'Inconscient,* trad., vol. II, p. 253.) Dans certains cas en effet le bourgeon est une simple cellule, très semblable à la cellule ovulaire, et qui se comporte absolument comme un œuf (Ascidies du groupe des Pseudodidemniens). Que ce bourgeon se développe à l'intérieur du corps, dans une cavité spéciale, au lieu de se détacher d'un point indifférent de l'organisme et nous sommes en présence de la parthénogénèse. Cette parenté de la parthénogénèse avec les procédés de l'accroissement nutritif est clairement établie par ce fait que l'abondance de la nourriture la favorise et que sa diminution la restreint. Ainsi les chenilles de certains lépidoptères, nourries d'une façon surabondante, donnent parfois naissance à des femelles parthénogénétiques. Les larves mal nourries donnent le plus souvent naissance à des papillons mâles (1). On voit donc que le passage est facile des sociétés de nutrition aux sociétés de reproduction ; il ne nous reste plus qu'à montrer la possibilité d'un passage à partir de la génération agame jusqu'à la génération sexuée, et nous aurons établi la continuité des deux groupes si distincts de phénomènes sociaux.

(1) Voir GIARD, *Principes généraux de la biologie,* Introduction à la traduction française de l'*Anatomie comparée des Invertébrés* de Huxley.

Chez les êtres inférieurs, les produits nécessaires à la génération par voie sexuée naissent sur ce qu'on est convenu d'appeler un seul individu. Renfermés la plupart du temps dans des enveloppes qui se déchirent au moment opportun, ils se mêlent, soit au dehors de l'individu, soit au dedans de·lui, presque au hasard. Même chez quelques espèces des Nématoïdes les tubes ovariens contiennent des spermatozoaires d'abord, des œufs ensuite. De même dans l'*Ascaris nigrovenosa* qui habite en parasite dans les poumons de grenouilles et de crapauds, les spermatozoaires imprègnent les œufs dans le tube ovarien. On ne peut voir là qu'une différenciation des éléments cellulaires dans une partie déterminée du corps de l'hermaphrodite. Mais quand ces deux groupes si divers d'éléments histologiques se trouvent réunis sur des individus capables de mouvement et renfermés dans des organes spéciaux, il arrive un moment où la distinction même des organes de l'une et de l'autre sorte s'oppose à la rencontre des produits. Des individus hermaphrodites sont ainsi amenés à s'unir, l'organe mâle de l'un avec l'organe femelle de l'autre, et réciproquement. Dans ce cas ils ne forment bien réellement qu'un seul vivant, puisque leurs organes sont le siége d'une circulation double comme les organes du blastodème. Ce qui diffère, c'est la nature des éléments histologiques échangés et la durée de l'échange. Pour tout le reste, le phénomène est analogue à une circulation. Mais supposons que le même individu ne puisse jouer le rôle du mâle vis-à-vis de celui pour qui lui-même est femelle; un troisième animal devra jouer ce rôle ; ainsi se formera une chaîne d'animaux dont chacun sera mâle pour son voisin de droite par exemple, et femelle pour son voisin de gauche. C'est ce qui a lieu chez les Lymnées (Huxley), différant en cela des colimaçons ordinaires, qui sont simples androgynes. Allons plus loin et admettons (comme cela se présente en effet chez certains mollusques) que chez le même individu les organes des deux sexes ne deviennent actifs que l'un après l'autre ; il y aura une époque de l'année où l'animal ne sera que femelle, une autre époque où il ne sera que mâle. « De là à la séparation complète des sexes, il n'y a qu'un pas à faire » (Milne Edwards, *Physiologie*, tome VIII, p. 370). Comment ce pas a-t-il été franchi historiquement, c'est ce que nous n'avons pas à rechercher ; il nous suffit de savoir que la séparation des sexes n'est théoriquement intelligible qu'à partir de leur union par un simple progrès de la division du travail. Leur attrait s'explique donc ainsi bien naturellement. Chacun est en toute rigueur une moitié virtuelle de l'autre et tend vers cette seconde partie de soi par un penchant organique. Chacun appelle l'autre comme la condition absolue de son existence spécifique, disons mieux, comme la condition de sa pleine existence actuelle. Dans l'un et dans l'autre, les fonctions de nutrition s'accomplissent entièrement (1), mais ni dans

---

(1) Cependant, en certains cas, le mâle est attaché à sa femelle et vit à ses dépens. Huxley (*Anat. comp. des Invert.*, p. 157) cite le mâle de la Bonellie (groupe des Géphyrées) : « Toute cette famille des Abdominalia (Cirripèdes) a les sexes séparés, et les mâles, comparativement fort petits, sont attachés deux à deux au corps de chaque femelle. » Van Beneden, *Commensaux et parasites*, p. 59. Sur les Diplozoon et les Syn-

l'un ni dans l'autre, la fonction de reproduction (sans laquelle nul être ne remplit les conditions essentielles de la vie) ne saurait s'achever. Ils n'ont donc qu'une seule vie à deux dans toute la précision de ces termes.

Nous n'insisterons pas sur les preuves physiologiques de cette unité vitale embrassant un double organisme. Nous nous bornerons à signaler dans toute l'étendue du règne animal sexué la correspondance vraiment merveilleuse des organes, la communication des cavités et le passage des éléments fécondants qui en résultent, la corrélation des mouvements réflexes nécessaires, enfin la subordination de toutes les fonctions individuelles à la fonction reproductrice chez l'un et l'autre sexe au moment où entre en activité la vie spécifique. On sait que sous l'empire des sentiments qu'elle développe certains animaux négligent le soin de leur conservation et méconnaissent le danger, que d'autres oublient de se nourrir, qu'enfin d'autres sont entièrement dépourvus, durant la dernière de leurs métamorphoses, des organes nécessaires à la préhension des aliments.

Il est vrai que cette union n'est pas aussi intime à tous les degrés de l'échelle zoologique. Mais elle est plus généralement nécessaire qu'on ne le croit. On

games, voir même ouvrage, p. 39. — « Il est aussi à noter, dit Milne Edwards, *Phys.*, vol. IX, p. 267, que chez quelques-uns de ces parasites (Ex. *Diplozoon paradoxum*, nématode) la totalité de la cavité viscérale était occupée par les testicules, et que M. Darwin n'a pu y découvrir aucune trace d'organes digestifs. » Van Beneden dit qu'ils sont réduits au rôle de spermatophores. « Le mâle des Syngames (nématode) s'efface si bien qu'il n'est plus qu'un testicule vivant sur la femelle » (p. 93 op. cit.) Ce sont là des faits de dégénérescence parasitique.

vient de voir ce qu'elle est chez la plupart des mollusques céphalés. Les Annélides et les Vers s'accouplent
aussi, bien qu'androgynes, et demeurent plusieurs
heures enroulés. Les Insectes ont des organes sexuels
plus compliqués que ceux de certains vertébrés. Parmi
les poissons eux-mêmes, les Plagiostomes et quelques-
uns des poissons osseux s'unissent pour une fécondation intérieure. Les Plagiostomes et les Chimères sont
même doués d'organes préhenseurs que l'on a comparés à une paire de grandes tenailles. Il est vrai que
chez la majorité des poissons la fécondation de l'œuf se
fait à l'extérieur; mais l'absence de copulation n'empêche pas le rapprochement. D'après les expériences
de M. Coste, les œufs déposés par les femelles des
poissons seraient perdus s'ils n'étaient fécondés moins
de cinq minutes après la ponte; et d'autre part, la vitalité des corpuscules fécondateurs ne persiste dans
l'eau, leur véhicule naturel, que durant quelques minutes (M. BLANCHARD, *Poissons des eaux douces de la
France*, p. 110 et suiv.). Il faut donc que le mâle suive
la femelle de très près et nage avec elle de conserve
pendant tout le temps de la ponte. Un observateur
exact des mœurs des animaux (M. Bertrand Antonin)
nous a raconté le rapprochement des brochets dont il
a été témoin. Debout sur le tronc incliné d'un saule,
au-dessus d'une mince lame d'eau courant sur les
prairies inondées, il a vu, à la fin de février, un matin,
une femelle de brochet appeler par quelques coups de
queue vigoureux trois ou quatre prétendants cachés
jusque-là dans l'eau profonde, puis ceux-ci s'approcher,
se frotter contre la femelle, la presser par dessous

en s'agitant tumultueusement et montrer même à plusieurs reprises dans ces évolutions, destinées sans
doute à lancer la liqueur sur les œufs à leur passage,
les écailles blanches de leur ventre. Quant aux autres
animaux, leur mode de rapprochement est trop connu
pour qu'il soit besoin de le rappeler ici. Tout le monde
sait que chez les batraciens les sexes s'unissent étroitement, bien que la fécondation ait lieu hors du corps
de la femelle, et que chez les reptiles ils forment un
couple où les deux individus sont entortillés et se regardent nez à nez.

Mais bien que le rapprochement matériel soit la condition première de la société domestique chez les animaux, il n'en est pas le lien le plus énergique. En effet
s'il en était ainsi, les sociétés les plus étroites seraient
celles où les sexes resteraient le plus profondément et
le plus longtemps unis ; et les hermaphrodites qui s'accouplent mériteraient à cet égard le premier rang.
L'absurdité de cette conséquence réfute suffisamment
le principe. Ce qui fait la solidité de l'union domestique,
même à ne considérer que les rapports sexuels des
parents, ce sont les phénomènes psychiques qui la
préparent, et qui la renouvellent si des causes mécaniques la rompent. Il y a plus : ce sont ces phénomènes
mêmes qui la créent la plupart du temps ; car sans eux
elle serait exposée au hasard des rencontres : combien
peu de chances lui resteraient de jamais se former ?
Nous allons donc examiner les causes toutes psychiques
qui provoquent et consolident cette union en développant chez les individus des deux sexes des représentations, et partant, des désirs corrélatifs, de manière à

ce qu'ils participent à une même conscience en même temps qu'à une même vie.

S'il est juste de dire que les deux sexes se désirent, il ne l'est pas autant de dire qu'ils se cherchent, du moins ostensiblement. Le mâle seul, dans la grande majorité des cas, semble chercher la femelle. D'abord cette nécessité lui est imposée par le grand nombre de rivaux dont il lui faut soutenir la concurrence pendant un temps restreint. Ensuite, il peut seul, dans plusieurs cas, se livrer à la poursuite, étant seul pourvu d'organes de locomotion. On ne connaît chez les insectes aucun mâle qui soit aptère, tandis que sa femelle est ailée, mais le contraire arrive assez souvent. Enfin, à mesure qu'on s'élève dans la série animale, la femelle semble de plus en plus animée de deux désirs contraires : celui de recevoir le mâle et celui de l'écarter. Le premier désir ne se manifeste qu'à de certains moments avec lesquels la recherche de l'autre sexe ne coïncide pas toujours; mais même en ces moments favorables, les refus sont fréquents et persistants. Cette disposition, si contraire en apparence au vœu de la nature, n'a point reçu jusqu'ici d'explication suffisante. Chez les insectes, la mort est souvent le prix de la maternité; on pourrait alléguer, pour justifier ici les hésitations de la femelle, une prévision de cette destinée; mais la même chose pourrait être dite du mâle. Peut-être trouverait-on une justification plus plausible du fait dans l'embarras où se trouve une intelligence bornée de prendre une décision quelconque dans un cas dont la gravité est obscurément sentie. De violents désirs font attendre à la femelle du mâle qu'elle accep-

tera, certaines qualités, certains avantages : nous en
donnerons la preuve tout à l'heure en décrivant les
efforts tentés par l'autre sexe pour réaliser ces conditions. N'est-il pas naturel qu'au moment de se livrer,
toute pressée qu'elle est par le penchant organique,
elle hésite anxieusement, ne les trouvant pas remplies
à son gré? C'est une chose remarquable que le sentiment du refus est d'autant plus vif en chaque espèce
que les charmes déployés sont plus apparents. Ainsi,
les Lépidoptères sont bien connus pour la longueur
de leurs préliminaires, et ce sont ceux qui, dans toute
la classe des insectes, sont le plus évidemment parés
en vue de la séduction. Les oiseaux chanteurs et les
oiseaux dansants, les mammifères les plus brillamment
ornés et les plus capables de démonstrations amoureuses, sont précisément l'objet des dédains les plus ob-
stinés de la part de leurs femelles. Du reste, sans ces
refus, les aptitudes séductrices n'auraient ni le temps
de se manifester ni l'occasion de naître. Il y a donc
dans la conscience de la femelle chez les animaux supérieurs, et même chez certains invertébrés, une sorte
d'idéal que le mâle ne lui semble jamais réaliser assez
complétement, et dont la recherche tient en suspens
son propre choix. La mouche de nos appartements, qui
est au bas de l'échelle des insectes, n'y met pas tant
de façons, parce qu'elle n'est pas capable de représentations : celle qui ne choisit pas n'hésite pas et ne saurait se refuser. Il faut ajouter une autre raison à
celle-ci. Il est impossible que la poursuite du mâle
ne soit pas accompagnée chez la femelle d'une représentation plus ou moins confuse de l'union sexuelle

qu'elle tend à provoquer. Cette poursuite est donc déjà
par elle seule un plaisir, et nous ne manquons pas
dans le règne animal d'exemples de plaisirs volontairement prolongés et même suspendus pour laisser
place à une attente savoureuse. On sait comment le
chat joue avec la souris, la loutre, le cormoran avec
le poisson. S'ils renouvellent volontairement la poursuite de la proie, c'est qu'elle leur semble au moins
pendant quelques instants aussi agréable que la déglu-
tition même de cette proie. Pour la même raison, la
femelle repousse le mâle partout où elle est capable
de sentir le plaisir d'être recherchée et de souhaiter
la prolongation de ce plaisir. On peut donc dire qu'ici
la pudeur touche de près à la coquetterie, pourvu
qu'on entende ce dernier mot dans un sens sérieux et
qu'on y reconnaisse l'une des voies les plus actives de
la sélection. Comme on va le voir, en effet, si la femelle
se refuse pour qu'on la recherche, cette recherche
éveille chez les mâles une multitude de facultés qui
seraient restées sans ces refus à jamais endormies.
Tout ce processus est gouverné par des nécessités
harmonieuses. Au point de vue social particulièrement, avec quelle puissance l'image des deux sexes
n'est-elle pas gravée dans la conscience de l'un et de
l'autre par la longueur de la poursuite et l'exaspération
des désirs !

Cinq classes de phénomènes servent à préparer
l'union sexuelle, et partant la société domestique;
premièrement des attouchements excitateurs, les plus
humbles de tous ces phénomènes, c'est-à-dire ceux
qui se rapprochent le plus de l'ordre physiologique;

secondement, les odeurs ; troisièmement, les couleurs et les formes ; quatrièmement, les bruits et les sons ; cinquièmement, les jeux ou mouvements de toutes sortes.

1° *Des attouchements excitateurs.* — Nous ne voulons point parler des organes par lesquels l'animal saisit et maintient sa femelle ; nous nous bornerons à signaler ces mouvements par lesquels il excite ses ardeurs d'une manière en quelque sorte mécanique, directe. Les colimaçons sont munis d'une sorte de dard ou appendice calcaire rigide que les deux hermaphrodites se fichent dans la peau près de la vulve avant leur double accouplement. Le dard reste souvent dans les tissus et y détermine l'excitation que l'imagination seule suffit à produire chez les animaux plus élevés. Une grosse limace grise que l'on trouve la nuit, l'été, dans les cours humides, mordille le bord du pied de l'autre limace en glissant de la tête à la queue et fait ainsi le tour du corps. Chez les mollusques, comme chez bien d'autres animaux, l'adhérence des surfaces munies de papilles tactiles est un puissant moyen d'excitation. Sans entrer dans le détail quant aux autres embranchements, mentionnons les pelotes formées par certains reptiles et certains batraciens, les passades des poissons au moment du frai, les caresses enfin que se prodiguent certains vertébrés supérieurs : les oiseaux tels que les perruches, les Donacoles, les Loxigelles, les Panures, les Hédydipnes, les Colaptes, les pigeons, les Spatules, les Aïx de la Caroline, et beaucoup de mammifères.

2º *Des odeurs.* — L'odeur joue certainement un rôle important dans le rapprochement d'un grand nombre d'insectes. C'est par l'odeur que sont guidés ces multitudes de lépidoptères mâles qui se rassemblent par moments autour d'une ou de plusieurs femelles. L'expérience est facile à faire avec une femelle de Bombyx. Placée au centre d'une ville, les mâles viennent la rejoindre en grand nombre. M. Trimen, dit Darwin, exposa dans l'île de Wight une boîte où une femelle de *Lasiocampa* avait été enfermée la veille, et bientôt cinq mâles tentèrent d'y pénétrer. M. Verreaux, en Australie, ayant placé la femelle d'un Bombyx de petite taille dans une boîte et la boîte dans sa poche, fut suivi par une multitude de mâles telle que 200 environ entrèrent avec lui dans la maison. Plusieurs autres sortes d'insectes exhalent des odeurs qui nous sont perceptibles, mais auxquelles on ne sait si la même destination doit être attribuée.

Il ne paraît pas que l'odorat ait le moindre rôle à jouer dans le rapprochement des sexes chez les oiseaux ; mais il n'en est pas de même chez les mammifères dont les narines presque toujours molles sont capables de perceptions délicates. On peut dire que tous ont une odeur caractéristique ; et il n'est pas douteux que cette odeur développée surtout au temps des amours ne prête aux deux sexes, dans la grande généralité des cas, un moyen de correspondre l'un avec l'autre. Les chiens qui sont le plus fréquemment soumis à notre observation offriront à quiconque voudra considérer attentivement leurs mœurs la matière de curieuses remarques. On est surpris de les voir répandre leurs excrétions à chaque instant partout où leur odorat leur révèle l'existence d'excrétions précédemment répandues par leurs semblables : cette habitude n'a pas d'autre but que de semer leur route de traces reconnaissables pour les individus de l'autre sexe, le flair de ces traces étant accompagné sans aucun doute d'une excitation. Les ânes et les chevaux ont des habitudes analogues. Le fait suivant donne une idée de la finesse de leur odorat : « Pendant mon séjour au Texas, dit Houzeau, le cheval d'un de mes voisins qui paissait devant sa porte, les pieds embarrassés dans des entraves, disparut soudainement. Nous le cherchâmes pendant plusieurs heures sans pouvoir le retrouver. L'horizon était libre jusqu'à plusieurs kilomètres de distance et nous étions certains qu'il n'était point passé de troupeaux de chevaux. En parcourant les environs nous découvrîmes enfin l'animal auprès d'une jument en rut, à 4400 mètres de l'habitation. » (Houzeau, *Etudes sur les facultés mentales des animaux comparées à celles de l'homme*, Mons, 1872, tome I, p. 279.) Nous avons vu nous-même en Corse trois ânes s'arrêter subitement sur une route maculée par le passage d'un autre âne, lever la tête en l'air, retrousser les lèvres, et ouvrir les yeux tout grands avec une expression des plus comiques, puis se mettre à braire dans un état d'exaltation indescriptible. « En Amérique, les chevaux sauvages, dit Brehm, cherchent les routes pour y déposer leurs excréments; et, comme tous les chevaux ont l'habitude de flairer les crottins de leurs semblables et d'y ajouter les leurs, les tas qui résultent de

cette habitude forment souvent de véritables monticules (BREHM, vol. II, p. 312.) Les guanacos, écrit-il
ailleurs, ont la curieuse habitude de déposer toujours
leurs excréments en un tas, et quand ce tas est trop
grand, ils en font un autre à côté. » (BREHM, vol. II,
p. 454.) Chez d'autres mammifères la division du travail organique a provoqué la formation de glandes
spéciales très proches d'ordinaire des organes de la
génération et renfermant des substances à odeur très
forte. Les castors d'une localité répandent tous en un
même endroit le castoréum et leur urine; les Moschidés s'appellent de fort loin par leurs émanations. Les
Blactocères des pampas mâles exhalent à l'époque du
rut une odeur que l'homme distingue à un quart de
lieue; et Audubon a vu quatre cerfs de Virginie passer
successivement par la même piste, à des intervalles de
15 à 30 minutes. L'odeur ainsi développée acquiert
chez certaines espèces un tel degré d'intensité que,
sans cesser d'être un moyen d'appel pour les sexes
différents, elle a pu devenir un sérieux instrument de
défense contre les autres animaux. Les chevaux, les
chiens, l'homme même sont forcés de s'écarter des
Mouffettes et des autres Viverridés sous peine d'être
suffoqués. Cependant la même odeur infecte plaît
aux femelles puisqu'elle est plus développée chez les
mâles. Quant aux quadrumanes, ils ne paraissent
présenter qu'à un faible degré les mêmes phénomènes; c'est surtout la vue et l'ouïe qui prêtent
chez eux un langage aux individus de l'un et l'autre
sexe.

Si maintenant nous cherchons la signification sociologique des faits que nous venons de mentionner, nous trouverons que les émanations des deux sexes déterminent chez l'un et chez l'autre des émotions profondes et provoquent dans tout leur organisme de puissantes excitations. Par là ils sont intimement attachés l'un à l'autre, leur conscience, toute occupée de cette impression mutuelle, entre en correspondance étroite, plus peut-être que les différents individus d'un polypier qui participent à la même circulation ; c'est en vain que la distance les sépare et que l'obligation leur est imposée de pourvoir isolément à leur nourriture : il y a un moment où ils ne font qu'un, attachés qu'ils sont l'un à l'autre à travers l'espace par les subtiles exhalaisons que le vent leur amène.

3° *Des couleurs et des formes.* — Là où manque ce moyen de communication, mais souvent aussi là même où il est développé, les animaux des deux sexes sont rapprochés par l'image visible qu'ils présentent les uns aux autres et surtout par certaines particularités de couleur et de forme. Les insectes, qui forment un monde à part et qui ont poussé très loin le progrès organique malgré l'imperfection de leur type, nous montrent de remarquables exemples d'ornements qui ont évidemment pour but l'attraction sexuelle. On se refuse à croire que les brillantes couleurs dont se parent les Lépidoptères et les Coléoptères soient sans but. Les fleurs elles-mêmes ne sont si brillantes que pour attirer les insectes, c'est un fait maintenant certain. Ce fait prouve et que l'éclat des couleurs a sa raison d'être dans les productions de la nature, et que les in-

sectes en particulier sont capables de les discerner (1).
Il est vrai que certains animaux inférieurs sont peints
des teintes les plus vives et qu'on ne saurait rattacher
ce cas à la même cause, puisque les sexes chez de tels
animaux sont ou absents ou réunis sur le même sujet.
Mais nous ne prétendons pas que tous les tissus colorés le soient en vue de la reproduction ; nous disons
seulement que parmi les causes diverses de la coloration des tissus la sélection sexuelle a une place importante dès que les sexes apparaissent. Ce qui le prouve
c'est que souvent l'un des sexes seul porte cet ornement. « Aucun langage, dit Darwin, ne peut décrire
la splendeur des mâles de quelques espèces de lépidoptères tropicaux. » Il en est de même de papillons
européens (*Apatura iris* et *Anthocaris cardamines*).
Les Morphos de la Guyane, qui servent d'ornement
depuis quelques années à la coiffure des dames, offrent
la même différence ; les femelles sont à peine connues,
elles ne quittent presque jamais le haut des arbres et
sont d'une couleur fauve qui n'approche en rien de la
parure de leurs splendides époux. Dans de tels cas la
couleur nous paraît hautement significative. Il en est
de même chez certains Névroptères énumérés par
Darwin, parmi lesquels les Agrionides méritent surtout d'être cités. Parmi les Hyménoptères les mâles
des Ichneumons et des abeilles sont aussi bien plus
brillamment colorés que les femelles. Parfois c'est le
contraire qui a lieu, mais avec une signification sem-

(1) Ces réflexions s'appliquent également à la phosphorence des insectes
lumineux.

blable, comme chez certaines libellules, et parmi les
coléoptères, chez quelques Prionides exotiques. Les
poissons mâles sont en grand nombre mieux parés
que les femelles, soit en tout temps, soit surtout au
temps des amours. Parmi les poissons d'eau douce on
peut citer les Vairons, les Epinoches, les Perches, les
Roches et les Rotengles, les Bouvières, les Brêmes et
les Saumons. On sait que le Saumon ne revêt sa livrée
brillante qu'à partir de l'époque où il commence à
frayer; jusque-là les deux sexes sont semblables.
Ajoutons les Cyprins des fleuves de l'Inde, les Cypri-
nodontes et les Chromides de l'Amérique du Sud.
Parmi les poissons de mer, le Labre est le plus remarquable sous ce rapport, mais il n'est pas le seul qui ait
donné lieu à de semblables observations, bien que le
milieu les rende particulièrement difficiles. Darwin
cite le *Callionymus lyra*, le *Cottus scorpius* auxquels
il faut joindre les poissons labyrinthiformes observés
par M. Carbonnier. A la saison des amours, le mâle
est superbement rayé de bandes assez larges alternativement rouge et azur ; les rayons extérieurs de ses
nageoires abdominales sont vivement colorés. La femelle est également rayée ; mais ses couleurs sont uni-
formément rayées de brun et excessivement ternes par
rapport à celles du mâle. Cependant elles s'avivent
beaucoup, surtout sur les bords des nageoires quand
arrive l'époque de la ponte. Le mâle se montre très
empressé auprès de la femelle, lui fait une véritable
cour, étale devant elle avec complaisance son énorme
nageoire caudale et frémit alors comme un paon qui
fait la roue. On sait que les Anglais appellent le Labre

poisson paon. Il n'y a là du reste rien de plus extraordinaire que ce qu'on peut observer chez l'épinoche
commune et chez le vairon de nos ruisseaux. Ce qui
rend de tels faits dignes d'intérêt, c'est précisément
qu'ils n'ont rien d'exceptionnel. Mieux connus ils cesseront d'étonner, chez les poissons comme chez les
oiseaux. Est-il en effet besoin d'insister sur cette loi
si générale que l'oiseau mâle est plus brillamment orné
que la femelle et que la naissance de sa livrée est contemporaine de ses amours ? Cette loi ne se vérifie-t-elle
pas chez les mammifères ? En sorte que nous pouvons
dire avec certitude que les couleurs dans tout le règne
animal sexué jouent un rôle capital comme moyen
d'attrait entre les sexes, mais qu'à mesure qu'on s'é-
lève dans l'échelle, le mâle en est plus exclusivement
paré. C'est dire qu'à mesure aussi la condition de plaire
aux yeux lui est imposée plus sévèrement et que le
désir, c'est-à-dire un ensemble de phénomènes de
conscience, est le lien de plus en plus fort qui rapproche les membres de la société domestique.

Ce qui établit, du reste, le caractère psychique de ces
phénomènes, non seulement chez les femelles qui les
voient, mais chez les mâles qui les manifestent, c'est
la liaison découverte par M. Pouchet entre les phénomènes de coloration qui ont la protection pour but et
l'action des centres nerveux volontaires (1). Une puis-

(1) « Le tégument (des Céphalopodes) est pourvu de Chromatophores
qui constituent des sacs à parois élastiques, remplis de pigment et munis
de muscles rayonnés, sous l'action desquels ils peuvent prendre des
dimensions bien des fois supérieures à celles qu'ils possèdent dans leur
état de contraction. Quant ils sont dilatés, la couleur propre au pigment
contenu devient parfaitement visible, tandis que dans leur état de con-

sante analogie nous engage à considérer les phénomènes
de coloration servant d'attraits sexuels comme dépendant de la même action et rentrant par là dans la sphère
de la conscience. Il est à remarquer que dans plusieurs
cas la coloration de certaines parties du corps s'avive
au moment de l'excitation : ainsi la crête du coq et les
plaques brillantes dont certains singes sont ornés
(DARWIN, *Expression des émotions*, p. 150) deviennent
plus éclatantes sous l'action de la colère ou de la passion érotique. Les épinoches et les poissons de combat
observés en Cochinchine (*Tour du monde*, 1875), étince-
lants pendant le combat, deviennent ternes, les premiers
après la défaite, les seconds vaincus ou vainqueurs,
dès qu'ils sont au repos. On conçoit que des excitations
passagères se produisant d'une manière périodique
aient déterminé dans les espèces dont nous avons

traction, ils apparaissent comme de simples taches sombres. C'est ce jeu
alternatif d'expansion et de contraction qui produit ces effets magnifiques
de coloration que l'on admire sur la peau des Céphalopodes vivants. »
(HUXLEY, *Anatomie comparée des Invertébrés*, p. 216.) Les Céphalopodes
partagent cette *fonction chromatique* avec certaines espèces de poissons
tels que les Turbots, le Caméléon et certains crustacés, en particulier le
Palemon Serratus. « M. Pouchet a démontré que les cellules pigmen-
taires sont sous la dépendance directe du système nerveux et doivent
être ajoutées à la liste des éléments anatomiques dans lesquels l'excitation
nerveuse se transforme en travail mécanique. Les nerfs déterminent la
contractilité des *chromatophores* aussi bien que celle des muscles volontaires et des fibres-cellules des muscles de la vie végétative. Chez
les Turbots, M. G. Pouchet supprime la fonction chromatique en prati-
quant l'ablation du globe oculaire ou simplement la section du nerf
optique. L'animal aveuglé perd la faculté de modifier le ton de sa peau
suivant que le fond sur lequel il est placé est clair ou obscur. Chez le
Palémon, la même mutilation entraîne le même phénomène au moins
jusqu'à la régénération des organes de la vue. L'auteur en conclut que les
changements de coloration constituent de véritables actes réflexes ayant
leur centre dans le système nerveux central et leur point de départ dans
les impressions rétiniennes. » (ROBIN, rapp. à l'Ac. des sc., 1875).

parlé plus haut des turgescences, périodiques aussi,
dont quelques-unes seraient devenues permanentes. Du
reste ce serait une question à examiner par le menu;
elle pourrait être résolue, ce semble, par la comparaison de ces divers ornements aux divers moments de
l'année et dans les divers états que déterminent les sentiments des animaux qui les possèdent.

Un grand nombre de Lépidoptères et de Coléoptères
mâles diffèrent des femelles sous le rapport de la forme,
non seulement en ce qu'ils sont quelquefois plus
petits, mais encore en ce qu'ils portent des appendices
dont celles-ci sont dépourvues. Plusieurs papillons
femelles sont aptères, les *Hétérogynis*, les Orgyes, certaines phalènes (genres *Hibernia, Larentia* et *Nyssia*);
quant aux coléoptères, tantôt, comme chez les Oryctes
et les Lucanes, les mâles portent des cornes ou des
mandibules que les femelles ne montrent qu'à l'état
rudimentaire, tantôt, comme chez les Longicornes, la
différence ne consiste que dans la longueur des antennes : celles du mâle paraissent démesurées. Darwin a
signalé chez les poissons des appendices de nature
analogue — *Callionymus lyra, Cottus scorpius, Xipho-
phorus Hellerii, Plecostomus barbatus, Monacanthus
scopas, Chimœra monstrosa* — qui n'ont évidemment
pas d'autre rôle que d'attirer l'attention et de décider
les préférences de la femelle. La bouvière de nos eaux
douces, que nous avons vue si brillamment colorée au
moment des amours, se pare encore de plus en ce
moment de bourrelets de chair, au nombre de 8 à 12,
qui s'élèvent de chaque côté de la mâchoire inférieure
et disparaissent quand la saison du frai est terminée.

Nous n'avons rien à ajouter aux faits cités par Darwin
en ce qui concerne les Reptiles, les Oiseaux et les
Mammifères; ces appendices de toutes sortes (proémi-
nences, crêtes, jabots, huppes, plumes, cornes, crinières, barbes, etc.) sont si bizarres qu'ils échappent
à toute description; nous aimons mieux renvoyer le
lecteur aux figures que le naturaliste anglais en a données dans son livre sur la sélection sexuelle. Du reste,
les animaux supérieurs sont mieux connus sous ce
rapport. On pourrait croire seulement que ces ornements ne sont pas des attributs sexuels; mais une
expérience a été faite qui ne laisse subsister aucun
doute sur leur véritable rôle; les cerfs châtrés n'ont
pas de bois. Nous en savons assez pour conclure que
dans presque tout le règne animal les formes du mâle
se modifient en vue de frapper l'imagination de la
femelle, ce qui établit que la conscience de l'une et de
l'autre est le théâtre de représentations correspondantes. Cette représentation réciproque a une haute
importance selon notre sentiment dans la validité des
affections conjugales des animaux supérieurs. Pour
que deux oiseaux, comme l'aigle à tête blanche et sa
femelle, s'attachent l'un à l'autre, il faut qu'ils aient
présente à la conscience l'image l'un de l'autre. Si cela
était vrai, le degré d'aptitude représentative corres-
pondrait au degré de sociabilité. Telle est, en effet, la
loi qui semble présider aux rapport sexuels des animaux. Ce serait pour cette raison que des mammifères
stupides, comme le Tatou, seraient incapables d'affection et par conséquent de société. « Le mâle et la
femelle, dit Brehm du Tatou, se rencontrent par hasard,

se flairent mutuellement, s'accouplent et se séparent
ensuite avec la plus grande indifférence. » Le rapport
entre l'intelligence et la sociabilité est donc général ;
mais il est modifié par d'autres rapports qui masquent
la loi. Par exemple, les instincts carnassiers, quand ils
sont hautement développés, peuvent combattre les
effets de la représentation réciproque, et, dans ce cas,
des animaux même intelligents peuvent être incapables
d'affection sexuelle. Telles sont les araignées dont les
mâles ont tant à redouter de la voracité des femelles.
Ici, comme chez beaucoup d'autres espèces, la représentation de l'autre sexe est tenue en échec dans ses
résultats favorables à la société par la représentation
des dangers encourus d'une part, des attraits de la
proie vivante d'autre part. Nous reviendrons sur cette
considération en étudiant les rapports des parents avec
les jeunes.

4° *Des bruits et des sons.* — La représentation de
l'odeur et de l'image visible est très souvent accompagnée de celle des sons produits par l'animal de sexe
différent. Ici l'intelligence inventive joue un rôle considérable dans l'acquisition de la faculté de produire des
sons. La plupart du temps, il est vrai, cette faculté
tient à la possession d'organes que l'individu ne peut
créer de toutes pièces, mais le développement de cette
faculté et le perfectionnement des organes correspondants sont dus, même dans ce cas, en grande partie à
l'exercice répété de la fonction, et peuvent passer par
conséquent, jusqu'à un certain point, pour volontaires. Souvent enfin ce n'est pas un organe préexis-

tant qui est approprié à cet usage spécial, c'est un
corps étranger dont la sonorité a été remarquée qui
sert à produire le bruit et dont l'animal se fait volontairement un instrument, comme nous nous servons du
tambour et de nos autres instruments de musique. La
variété des moyens employés à cette destination est
presque incroyable ; elle montre que la production des
sons n'est pas due à ce qu'on appelle un plan de la
nature qui impliquerait l'emploi des mêmes moyens en
vue d'un même effet dans tout le règne animal, mais
qu'elle a pour cause immédiate le besoin plus ou moins
clairement senti par les animaux d'entrer en communication avec leurs semblables de l'autre sexe. Ce but
posé, les moyens d'y atteindre ont dû varier suivant les
aptitudes de chacun et suivant le hasard des circonstances. On le voit, nous inclinons encore ici à expliquer les manifestations de la vie animale non par une
sélection inconsciente, mais par la représentation consciente à quelque degré d'un avantage à obtenir. Il a
fallu, en effet, que les animaux les plus humbles, entendant le bruit produit par leurs organes, sachent obscurément que ce bruit serait entendu de leurs semblables
de l'autre sexe, pour arriver à s'en servir intentionnellement. Et même on pourrait remonter plus haut, car
cela même implique qu'ils avaient remarqué les effets
des bruits extérieurs avantageux ou nuisibles sur leurs
propres organes auditifs, pensée que l'on peut faire
aussi obscure qu'on le voudra, mais qui a été nécessairement le principe déterminant de leur action. La
sélection est intervenue ensuite pour la fixer dans l'espèce et en faire une habitude congénitale.

Commençons par les bruits produits au moyen d'un choc sur des corps retentissants. Les insectes qui les font entendre sont rares ; nous ne pouvons citer que les *Anobium* ou vrillettes, petits coléoptères appelés presque partout, en raison de ce fait, horloges de la mort, et la famille du *Moluris striata* du cap de Bonne-Espérance, s'il faut en croire le récit contesté de Lacordaire. Chez les oiseaux, plusieurs pics choisissent nne branche sèche et sonore et la frappent de leur bec pour appeler leur femelle. Celle-ci est-elle présente, ils frappent encore pour la charmer. Ce bruit est si bien lié dans leur esprit à l'idée de la possession de leur compagne qu'ils entrent en fureur dès qu'un autre mâle le fait entendre. Or, qu'il s'agisse des insectes dont nous venons de parler ou des pics, n'est-il pas évident que dans l'un et l'autre cas une intelligence s'est servie de bruits produits soit fortuitement, soit pour une autre fin, et les a employés intentionnellement pour une destination nouvelle?

D'autres animaux se servent de différentes parties de leur corps, comme les timbalistes et les violonistes de leur instrument. Il y a des insectes chez lesquels des bruits sont produits par le frottement des cuisses ou des jambes postérieures contre les bords latéraux des élytres ; ce sont les moins communs de tous (*Megacephala chalybea*, *Euprosopus quadrinotatus*, *Coxycheila tristis*, *Cacicus americanus*, et le genre Acridium). D'autres, plus nombreux, produisent des sons semblables en frottant les derniers arceaux supérieurs de leur abdomen contre les élytres (*Trox*, *Necrophorus*, *Pælobius hermani*, *Copris*, certains Scarabées,

S. acteon, S. pan, S. Philoctetes, plusieurs Lamelli-
cornes exotiques). Maintenant que l'on imagine que le
pédoncule du mésothorax rentre dans le prothorax en
frottant contre sa paroi, le frottement produira un bruit
analogue aux précédents et dont l'animal pourra songer
à se servir comme moyen d'appel. C'est ce qui a lieu
en effet chez un grand nombre d'insectes (*Lema, Do-
nacia, Megalopus, Hispa, Reduvius*) (LACORDAIRE, I,
p. 268 et suiv.). Le même effet peut être et est en réalité obtenu par le frottement du premier article de la
jambe contre le bord de la cavité où il s'emboîte (*Geo-
trupes*). Nous ne poursuivrons pas plus loin cette revue.
Darwin a étudié, au point de vue physiologique, les
stridulations des nécrophores, des grillons, des cigales
et des sauterelles; et ses recherches ne font que confirmer notre vue; à savoir que l'insecte quelquefois
mâle et femelle, le plus souvent le mâle seulement se
sert d'un bruit produit accidentellement par le frottement des parties cornées de son corps les unes contre
les autres pour en faire un signal intentionnel. Ensuite l'exercice répété de la fonction concourt avec la
sélection pour perfectionner de génération en génération l'organe stridulateur. D'autres faits empruntés à
des régions plus élevées du règne animal viennent soutenir l'hypothèse. C'est ainsi que la cigogne s'est fait
avec le claquement de son bec tout un langage, surtout
employé par elle au temps des amours et lors de la
construction du nid. C'est ainsi que le butor, ayant remarqué que sa voix est modifiée par l'eau et y retentit
davantage, y plonge son bec pour faire entendre sa
chanson d'amour (BREHM).

Les bruits et sons produits par les poissons méritent une attention spéciale. Ils ont été étudiés avec une sûreté de méthode vraiment remarquable par M. Dufossé. Nous nous bornons à analyser son travail. Il divise les signes acoustiques usités chez les poissons en deux classes : 1° les bruits, qui sont produits tantôt par frottement, tantôt par émission de gaz ; 2° les sons, qui sont produits tantôt par des muscles indépendants de la vessie, tantôt par un appareil vésico-pneumanique. De simples bruits ont été remarqués chez les Saurels, qui les font entendre au moyen du frottement de leurs os pharyngiens, — ici le phénomène aurait un caractère social plutôt que sexuel, le Saurel vivant habituellement en troupe, comme tous les poissons bruyants de nos mers, — et chez les loches d'étang, les meuniers et les barbeaux qui les produisent en expulsant l'air par l'anus, quand ils viennent en foule se jouer à la surface de l'eau. Ces bruits sont très variés, parait-il, mais ils ne sont pas musicaux. Les Trigles et les Malarmats émettent de véritables sons, les mâles avec plus d'intensité que les femelles, et au printemps qui est la saison du frai. Ce sont donc bien des phénomènes acoustiques d'appel entre les sexes, tels que ceux que nous sommes en train de relever dans tout le règne animal à partir des insectes, les mollusques écartés. Ils sont produits par la contraction des muscles. Le *Cottus scorpius* (chaboisseau vulgaire) et le *Cottus bubalus* frémissent de même en contractant les muscles de la paroi inférieure de la bouche ; la tête, qui est très grosse, renforce les sons. Mais les plus musicaux des poissons sont les Maigres et les Ombrines, grands animaux, les uns (les seconds) de un mètre, les autres de deux mètres de longueur, auxquels il faut joindre les Perlons, beaucoup plus petits. C'est surtout au temps du frai qu'on voit les Maigres et les Ombrines, rassemblés en troupes très nombreuses et quelquefois en véritable banc. Par une contraction des muscles autour de la vessie qui sert d'organe résonnateur, ils produisent dans ces moments des sons qui, monotones pris à part, ont quelque chose de frappant par la combinaison de leurs timbres divers. On les entend à dix-huit mètres de profondeur. Après une étude minutieuse de ces phénomènes et de l'organe assez compliqué qui sert à les produire, M. Dufossé conclut ainsi : « Quand on se représente le grand nombre et la disposition des organes qui concourent à la composition de l'instrument physiologique musical que j'ai étudié chez les Maigres ; quand on remarque que ces organes et ceux de la phonation chez les autres vertébrés en général suivent dans leur développement une marche semblable ; quand on a égard au degré de perfectionnement qu'offrent les organes de l'audition chez les Sciénoïdes dont il s'agit ici ; quand on observe que ces poissons produisent dans l'atmosphère ainsi qu'au sein des eaux des sons dont la puissante intensité est imposante, qu'ils ne font un usage fréquent de ces sons que dans le cas où les oreilles de leurs congénères peuvent les percevoir, que c'est principalement au temps du frai qu'ils en sont prodigues, quand enfin on réfléchit à toute la portée de cet argument qu'on ne peut douter que ces sons ne soient complétement soumis à la volonté du poisson, on est conduit à se deman-

der si tous ces nombreux organes qui contribuent à la
formation des sons et les phénomènes acoustiques
commensurables qui en résultent sont sans utilité aucune, ou si ces derniers ne sont pas employés par les
Maigres à communiquer aux individus de leur espèce
les besoins instinctifs qu'ils ressentent, comme le fait
tout animal doué de la faculté de produire des sons
volontaires » (*Annales des sciences naturelles*, t. XX,
p. 116). De tels faits, il faut le dire, sont rares, puisqu'on ne compte que cinquante-deux espèces de poissons bruyants sur trois mille que la classe renferme ;
mais d'abord la recherche est nouvelle et le nombre
peut s'étendre (V. LABLANCHÈRE, *Esprit des poissons*,
p. 107); ensuite il les faut considérer comme d'autant
plus significatifs qu'ils sont plus rares ; il est frappant,
en effet, de voir les poissons, manquant des moyens
les plus ordinairement employés par les animaux
qui vivent dans l'air pour produire des bruits, à savoir
la stridulation et la voix, obtenir les mêmes résultats
par des moyens détournés et se servir à cette fin du
frémissement de leurs muscles, le seul bruit dont leur
organisme soit capable. Chaque animal a fait en quelque sorte ce qu'il a pu pour attirer sur lui l'attention
de ses semblables de l'autre sexe, le poisson comme
les autres, mais avec un moindre succès, parce qu'il
avait de plus chétifs moyens à sa disposition.

Les privilégiés sont ceux qui ont pu se servir de la
voix, c'est-à-dire ceux dont l'organisme était fait de
telle sorte que l'air servant à la respiration pût vibrer
à son issue des orifices. Dès la classe des insectes nous
rencontrons de nombreux exemples d'émissions vo-

cales expressives. Ceux qui bourdonnent en volant (la plupart des Hyménoptères, des Diptères, etc.) ont en effet « une véritable voix dont les organes producteurs, c'est-à-dire les stigmates, correspondent au larynx des vertébrés, de même que les trachées, par leurs fonctions et leur structure annulaire, rappellent la trachée-artère » (LACORDAIRE, I. p. 273). C'est, paraît-il, par la trompe que le Sphynx Athropos fait entendre ce cri très distinct qui lui est propre. Nous n'insisterons pas sur ces phénomènes, parce qu'il n'est pas encore établi qu'ils jouent un rôle dans les relations des sexes ; cependant il est des cas où il est difficile de ne pas supposer que le bourdonnement sert d'appel ou d'avertissement, celui-ci, par exemple, rapporté par M. Girard, à propos d'un névroptère de Provence, l'Ascalaphe méridional (M. GIRARD, *Métamorph. des insectes*, p. 150) : « Les mâles, à la recherche des femelles, volent avec la plus grande vélocité le long du versant des collines arides, au plus ardent du soleil. La femelle s'élève verticalement quand le mâle vient à passer au-dessus d'elle, comme une pierre lancée avec force. » Mais ce sont les oiseaux qui sont les chanteurs par excellence dans le règne animal. Nous n'en connaissons pas qui soient dépourvus de voix, et bien que les mammifères aient presque tous des cris d'appel, ils sont loin d'égaler la variété, l'étendue et la puissance d'expression de leurs manifestations musicales. Fait digne de remarque, et qui établit d'une manière décisive le caractère sexuel de ces facultés, ce n'est que pendant la saison des amours qu'ils font entendre leurs voix : quand ce temps est passé, à moins qu'ils ne vi-

vent en sociétés, de même qu'ils perdent leur parure,
ils perdent leur inspiration.

5° *Des jeux et parades.* — Plus on monte dans l'é-
chelle animale, plus les mouvements deviennent libres
et variés chez les êtres vivants. Ces mouvements devaient donc servir aux mâles de moyens de séduction
et se joindre aux autres attraits déjà décrits dans les
pages précédentes pour les faire valoir en quelque
sorte, et en rehausser l'agrément. Les insectes se livrent presque tous autour de leur femelle, soit en courant, soit en volant, à un manége significatif qui prend,
dans plus d'un cas, le caractère d'un véritable jeu. Des
mouches dorées, posées à quelque distance sur les
troncs d'arbres dans les bois, s'élancent en bourdon-
nant très fort l'une après l'autre, entremêlent leurs
courses pendant un instant, puis se reposent et recommencent sans fin. On sait les danses interminables des
Tipulaires et des papillons diurnes; celles des fourmis
au moment où elles sont pourvues d'ailes. Les Libellules se livrent, avant l'accomplissement, à de longues
évolutions. On voit pendant l'été, dans l'herbe, les
Grillons accompagner leurs chants de poursuites per-
sistantes auxquelles la femelle se dérobe derrière les
tiges, comme pour prolonger l'aubade. Le mâle de
certaines araignées (Épeires) se suspend à un long fil
au bout duquel il se balance pour atteindre la femelle
à chaque oscillation, sans qu'on puisse dire si c'est jeu
ou précaution. « Ces rapports (sexuels) deviennent déjà
très variés et souvent très intimes chez les crustacés
et chez les insectes, et quiconque a eu soin d'observer

les amours des limaçons ne saurait mettre en doute la
séduction déployée dans les mouvements et les allures
qui préparent et accomplissent le double embrassement de ces hermaphrodites. » (AGASSIZ, *De l'Espèce*,
p. 106.) Nos observations personnelles confirment pleinement ce témoignage en ce qui concerne les limaces
grises dont nous avons parlé et les Hélix. Les poissons se livrent au moment où ils sont le plus brillamment colorés, c'est-à-dire au moment des amours,
à des passes rapides, à des sauts brusques qui semblent destinés à faire valoir l'éclat miroitant de leur
parure. Quant aux oiseaux ils exécutent de véritables danses. Ces faits sont mal connus et méritent
d'être énumérés. Il y a ici une difficulté qui tient au
grand nombre même des espèces appelées à trouver
place dans cette revue ; mais au risque de nous exposer à des répétitions, nous tenons à établir la généralité du fait. Parmi les passereaux, nous rencontrons d'abord l'Erythrospize du Canada : « En chantant, dit Brehm, ces oiseaux prennent les attitudes les
plus comiques ; ils dansent l'un autour de l'autre et
sont dans une agitation continuelle. Lorsque le mâle
poursuit la femelle, il redresse le corps, ouvre largement les ailes, on dirait qu'il veut serrer dans ses bras
l'objet de son amour. » Il en est de même du Serin
méridional. « Il implore sa femelle par les chants les
plus tendres ; comme un coucou, il s'accroupit sur la
branche, s'aplatit en quelque sorte, hérisse les plumes
de sa gorge, élargit sa queue, se tourne, se retourne,
se dresse tout à coup, s'élève dans les airs, volette
d'une façon singulière, décousue, comme une chauve-

souris, se jette à droite et à gauche, puis revient à sa place pour continuer son chant... Le mâle du Gros-bec vulgaire se complaît dans son chant, car il prend toutes les postures imaginables pour exprimer sa propre satisfaction... Les témoignages d'amour des Spermestes sont particuliers et parfois comiques. Souvent ils sont l'un à côté de l'autre, se pressant mutuellement. Ils se caressent les plumes en s'appelant sans cesse. Par moments, le mâle croasse, le bec légèrement ouvert et se dandine en suivant la mesure de son chant. Au plus fort de l'excitation, il interrompt cette danse pour sauter de côté sur le dos de la femelle ; il s'y tient un instant, saute de l'autre côté, se tourne à droite, à gauche, lui caresse la tête, puis recommence le même manége cinq ou six fois avant l'accouplement... Le Prayer d'Europe prend, en chantant, les postures les plus extraordinaires, et cherche à remplacer par des gestes les notes qu'il ne peut émettre... Lors de l'accouplement, le Lulu des bois fait montre de toute sa gentillesse. Il court autour de sa femelle, levant la queue, redressant sa petite huppe, faisant les révérences les plus charmantes pour lui témoigner son amour. » Presque toutes les espèces d'alouettes se livrent, du reste, à un manége analogue à celui de notre alouette commune, qu'il n'est pas besoin de décrire. Les Cassiques, oiseaux moqueurs, se servent, pour faire leur cour, des bribes d'airs qu'ils ont réussi à imiter : « En même temps qu'il imite ces sons, l'oiseau prend les postures les plus singulières ; il tourne et retourne sa tête, son cou, son corps tout entier, et tout cela d'une façon si comique que je ne pouvais re-

tenir un éclat de rire. » Les Milvidés, comme presque
tous les prédateurs, cherchent tous à captiver leurs femelles par des exercices de haut vol qu'elle partage
quelquefois avec eux. C'est vraiment un joli spectacle
de voir, à Dijon, par le ciel clair et les grands vents de
mars, les crécerelles se jouer au plus haut des airs,
autour de la flèche de la cathédrale, faisant front à la
tempête. « Le Faucon de Virginie mâle s'élève tout à
coup à plusieurs centaines de mètres en criant toujours plus fort; puis, les ailes à demi repliées, il se
laisse retomber obliquement... Le spectacle est des
plus intéressants quand plusieurs mâles se réunissent
et luttent de grâce et d'agilité devant une femelle. »
L'Engoulevent, lui-même, qui n'est rien moins que
gracieux, cherche à le paraître en manœuvrant de la
même façon. Parmi les Chanteurs, de Brehm, nous
rencontrons le Benteveo et les Rupicoles orangés.
Ceux-ci, très brillamment parés, exécutent des pas et
des mouvements extraordinaires au milieu d'une ving-
taine de leurs semblables réunis en assises solennelles.
Le Saxicole, vulgairement traquet motteux, pratique
une sorte de voltige semblable à celle de l'alouette.
Les Pétrocincles sont des danseurs terrestres : « Au
temps des amours, le mâle chante avec la plus grande
ardeur. Il danse, le corps droit, les ailes et la queue
frottant contre le sol, les plumes du dos hérissées, la
tête rejetée en arrière, le bec largement ouvert, les
yeux presque fermés. » Ainsi des moqueurs : « Le mâle
cherche, par tous les moyens, à charmer la femelle.
Il étale la queue, laisse pendre ses ailes, et se promène
ainsi, grave et fier, sur le sol ou sur une branche; ou

bien il voltige autour de sa compagne en battant des ailes comme un papillon ; il danse littéralement dans l'air, il exprime ses sentiments de mille façons. » Parmi les Sylviadés, les Pyrophtalmes mâles se tiennent d'ordinaire à un endroit élevé, hochent la queue, hérissent les plumes de leur cou, se baissent et saluent à plusieurs reprises. Le Phragmite des joncs monte dans les airs par coups d'ailes cadencés, puis plonge en chantant, les plumes hérissées. Le Pipi des arbres a des évolutions un peu différentes. Celles de l'Accenteur des Alpes se rapprochent de celles de l'alouette. Un roitelet saute autour de sa femelle en hérissant sa huppe, et le Lophophane, ainsi que les Mésanges bleues, « cherchent par toutes sortes de postures et de gestes à se rendre aimables. » On se rappelle que les Pics, suivant l'expression de Brehm, tambourinent leur chanson d'amour. Chez un des Picidés, le Colapte, les mâles se réunissent au nombre de douze environ pour exécuter cette chanson de concert, puis ils « s'approchent de la femelle, baissent la tête, étalent la queue, avancent, reculent, prennent les postures les plus diverses et se donnent mille peines pour la convaincre de la violence et de la sincérité de leur amour. » Le Bucorax se livre aux mêmes démonstrations que notre dindon domestique, sauf le *pouhh !* si caractéristique que celui-ci lance de temps en temps. Tous ceux qui observent, même superficiellement, les mœurs de nos oiseaux ont été témoins des révérences que font nos pigeons quand ils se pressent à plusieurs mâles autour d'une femelle sur la crête d'un toit. Le Tétras exhale son ardeur au moyen d'un exercice in-

descriptible qui rappelle sans doute les mouvements
et le bruit de la roue du rémouleur, puisqu'on dit qu'il
remoud. Après des danses analogues à celles que nous
avons décrites, le Lyrure « applique son bec à terre,
frottant et usant les plumes du menton. En même
temps, il bat des ailes et tourne sur lui-même. A la
fin, on croit voir un animal complètement fou. » Ce
sont encore des oiseaux dansants que le faisan et la
perdrix rouge, quand ils sont sous l'empire de la même
excitation. M. Hardy a décrit le mâle de l'Autruche
dans cet état : « Il s'accroupit devant sa femelle sur les
jarrets, puis balance pendant huit à dix minutes, d'une
manière cadencée, la tête et le cou ; se frappe alternativement avec le derrière de sa tête le corps de chaque
côté, en avant des ailes. Ses ailes s'agitent en mesure
par des mouvements fébriles, tout son corps frémit ;
il fait entendre une sorte de roucoulement sourd et
saccadé ; tout son être paraît en proie à un délire hys-
térique. » Le Nandou exécute debout des danses non
moins singulières. Chez certains échassiers, comme
l'Outarde, la Canepetière, l'Œnicdème criard, la danse
se réduit à une marche ou course plus ou moins ryth-
mée ; mais chez d'autres, comme le Syphéotide du
Bengale et le Pluvier, la cour est accompagnée des
évolutions aériennes les plus variées. Les exercices
de haut vol de la Bécassine mâle ont été décrits par
Nauman. La Guignette les égale presque. Le Jabiru
danse ; les Grues de différentes espèces mêlent à des
danses et à une mimique des plus actives les mêmes
exercices, tandis que l'Agami saute comme un clown.
Arrêtons ici cette liste déjà longue, mais qu'on aurait

pu allonger encore de faits analogues empruntés à la classe des mammifères, et venons aux questions philosophiques qui s'en dégagent.

Le trait commun de tous les faits cités, qu'ils appartiennent à l'une ou à l'autre de nos trois dernières catégories (parures, sons, mouvements), est de présenter un caractère agréable et d'avoir pour fin de plaire. Cet agrément est-il de même ordre que l'émotion esthétique ? Il nous paraît difficile de le nier quand on voit l'homme se servir de la parure et de la voix de l'animal pour charmer ses semblables et lui-même. Je ne parle pas des odeurs empruntées aux sécrétions des Moschidés qui sont chez l'homme mis en usage par les deux sexes comme un attrait d'ordre inférieur ; les papillons et les coléoptères ne font-ils pas chez les peuples civilisés partie de la toilette des femmes comme les coquilles chez les peuples sauvages ? Les plumes des oiseaux ne figurent-elles pas à titre d'embellissement dans la coiffure des élégantes, sur le chapeau des soldats et sur les dais de nos dignitaires ecclésiastiques ? Les aigrettes et les crinières n'ajoutent-elles pas quelque chose à la beauté des casques ? Les fourrures n'ornent-elles pas les vêtements qu'elles bordent et les appartements qu'elles tapissent ? Et si les hommes enfants n'avaient pas trouvé quelque charme au chant même des insectes, lui auraient-ils comparé les chants des poètes et les discours des vieillards ? Les auraient-ils tenus en cage pour jouir de leur musique monotone, comme les Africains l'ont fait pour les Grillons, les Grecs anciens et les Chinois pour les Cigales ? En auraient-ils fait de même pour les oiseaux chanteurs de toute espèce? Auraient-ils consacré tant d'efforts ingénieux au développement de leur faculté musicale? Non, il n'est pas de distinction psychologique, si savante qu'elle soit, qui nous empêche de croire que le chant du rossignol, par une nuit de printemps, est vraiment *beau*. Maintenant, nous reconnaîtrons sans peine que la manière dont la femelle du rossignol entend la beauté en général, et sent la beauté des chansons de son mâle en particulier, diffère considérablement de la manière dont nous sentons l'une et comprenons l'autre. Il en est du sentiment de la beauté dans l'animal comme des opérations de l'intelligence; la réflexion analytique leur fait défaut, c'est-à-dire qu'ils sont composés d'un bien moins grand nombre d'éléments distincts et liés à un bien moins grand nombre d'autres sentiments et d'autres pensées; mais il en est de même des sentiments et des idées du sauvage par rapport aux sentiments et aux idées de l'homme civilisé. Cette différence de clarté et d'extension dans la conscience n'empêche pas la similitude fondamentale des actes ou états de cette conscience. Du reste, une telle similitude de nature peut à peine être l'objet d'une discussion; elle est le postulat nécessaire de toute psychologie comparée. C'est aux résultats qu'il faut juger la science qui la rejette et la science qui la repousse. L'une reste nécessairement confinée dans le moi humain et encore dans une partie de ce moi, l'entendement scientifique; l'autre, en ouvrant le moi pour y faire, en quelque sorte, entrer tout ce qui vit, acquiert l'explication de toute conscience en dehors de nous, et en nous de tous les états de la conscience, même les plus rudimentaires et les plus obscurs (1).

Il était inévitable que les phénomènes par lesquels les animaux s'appellent et se lient moralement les uns aux autres revêtissent le caractère esthétique. Tout d'abord ils ne servent pas directement à l'accomplissement d'une fonction ; ils la préparent, mais de loin, et seulement en ce qu'ils la représentent. Ils constituent donc une sorte de jeu, une fiction. Ce vaste langage, aux formes infiniment multiples, mime et symbolise l'amour avant sa consommation. Mais c'est qu'en réalité il est dû dans son principe aux mouvements produits chez le mâle par l'excitation érotique s'irradiant dans toutes les parties de l'organisme, et, à ce point de vue, il est le préambule de l'union sexuelle ; il en constitue le premier acte. Par lui l'image du mâle se grave dans la conscience de la femelle et l'imprègne en quelque sorte pour déterminer chez elle, à mesure que les effets de cette représentation descendent dans les profondeurs de son organisme, les modifications physiologiques nécessaires à la fécondation. Ainsi, d'une part

(1) Nous avons le regret d'être dans tout ce chapitre en dissentiment avec un des plus illustres de nos maîtres, M. Lévêque. C'est dans son article sur *le sens du beau chez les bêtes* (*Revue des Deux-Mondes*, sept. 1873) qu'il faut chercher les arguments les plus forts contre la thèse que nous soutenons ici. Nous saisissons cette occasion pour rappeler que si les plus importants ouvrages de philosophie sociale qui aient été publiés dans l'école spiritualiste pendant ces dernières années, celui de M. Janet sur l'*Histoire de la science politique* et celui de M. Caro : *Problèmes de morale sociale*, n'ont pas dans notre introduction la place considérable qu'ils y devraient occuper, c'est que cette introduction faisait primitivement partie d'une thèse pour le doctorat et qu'il nous était interdit par les plus simples convenances d'y critiquer ou d'y louer ceux qui devaient être nos juges.

les phénomènes que nous venons de passer en revue sont des symboles, d'autre part ce sont aussi des phénomènes biologiques. Comme tels, ils devaient subir la loi de tout processus organique. Il n'est donc pas étonnant, dès lors, qu'ils montrent de l'ordre, de l'harmonie, de la beauté en un mot. Car qu'est-ce que la beauté, sinon l'organisation rendue sensible, la vie manifestée ? Par exemple, les insectes chanteurs devaient, en vertu de la loi biologique du rythme, loi qui régit les contractions des muscles, les mouvements du sang, les émissions du souffle, etc., procéder, eux aussi, par sons détachés, à intervalles, et par groupes de sons, coupés d'intervalles plus prolongés. De là une certaine variété et une certaine unité, bref, de l'harmonie. Les sons émis par les oiseaux, sortant d'un organisme plus complexe, devaient être plus complexes aussi et plus variés. Mais aussi ils devaient être partagés par des intervalles plus distincts et plus habilement rythmés, former des airs en un mot. Il en est de même des évolutions et des jeux. Les danses des oiseaux ne sont pas autre chose que des mouvements de marche exécutés sur place et participant, mais à un plus haut degré, à la cadence de la marche : ainsi des battements d'ailes. La grâce qu'ils déploient dans leurs exercices de haut vol n'est que la puissance même et l'aisance de ce vol rendues plus sensibles, parce que, à ces moments, il n'a pas d'autre but que lui-même et qu'il est favorisé par une surabondante émission de forces. On pourrait suivre tous les degrés d'harmonie et de beauté croissantes dans les chants, à partir du grésillement des criquets jusqu'au chant du rossignol, dans les mouvements, à partir des battements d'ailes décousus du papillon blanc jusqu'aux spirales majestueuses des aigles, des milans et des condors ; on trouverait toujours les productions esthétiques parallèles aux ressources de la vie. Les manifestations de l'amour sont comme les organismes d'où elles émanent et suivent en général dans leur richesse et leur éclat la même progression que ceux-ci dans leur complexité.

Cette théorie, il est vrai, souffre plusieurs difficultés, celle-ci entre autres. Comment est-il possible que les seules lois qui régissent le processus biologique dans la formation des organes expliquent aussi le processus du langage animal sous toutes ses formes, alors que ce langage offre des caractères esthétiques si éminents, si supérieurs à toutes les autres manifestations de la vie? Pourquoi cette concentration de la beauté sur certains points et ce dénûment esthétique sur certains autres? Comment rendre compte d'effets aussi différents en s'appuyant sur les mêmes principes? Si la beauté est la vie, pourquoi tout organe vivant n'est-il pas également beau? On peut répondre que les attributs sexuels sont la floraison de la vie en chaque individu, qu'ils en résument plus ou moins complétement les caractères, et cela parce qu'ils sont destinés à l'exprimer tout entière pour ainsi dire en raccourci. Exprimer, c'est résumer et concentrer. Le sort de l'animal comme reproducteur dépend de l'idée qu'il donnera de lui à la femelle dans ce court moment de la poursuite sous la forme d'expression qu'il a adoptée. La nécessité s'impose à lui de présenter de lui-même un symbole qui contienne, élevée à la plus haute puissance possible, ce qu'il y a en lui de vitalité. Un organe parfois inutile en soi représente donc à lui seul tout l'organisme : il n'est pas surprenant qu'il ait au plus haut degré cette variété et cette unité, cette harmonie en un mot qui est le propre de toute organisation vivante.

Mais, objectera-t-on encore, d'où vient la diversité de ces moyens d'expression? Tout simplement des différences d'organisation qui rendent les uns plus aptes à une démonstration, les autres à une autre. Eh quoi! les animaux se sont-ils donné à eux-mêmes ces attributs et facultés si dignes d'admiration? N'est-ce pas outrager le Créateur que de le prétendre? Nous répondrons que la science ne nie en rien une intervention transcendante dans les choses de la nature quand elle s'efforce de rattacher un phénomène à un autre phénomène. A ce compte, toute explication naturelle des phénomènes serait un outrage à la divinité, et il serait impie au physicien de ne pas se borner à dire que c'est Dieu qui tonne. Qu'on veuille bien remarquer d'ailleurs qu'attribuer à l'action divine sans plus d'explication les instincts des oiseaux chanteurs, ce n'est rien dire en dernière analyse; car si Dieu fait tout, ce qui est évident par définition, il est tout à fait superflu de répéter à propos de chaque chose qu'elle vient de lui. Le seul point intéressant par où la science peut s'accroître est d'expliquer *comment* chaque chose se fait, c'est-à-dire quel est l'enchaînement de phénomènes (psychiques ou mécaniques) qui la produit. Une théorie des instincts est toute dans le déterminisme de leurs conditions. — Mais alors il faut recourir au Darwinisme qui seul leur attribue une genèse ? — Il est certain qu'une philosophie qui nie l'évolution et pour qui les espèces sont nées de toutes pièces, pourvues de tous leurs caractères tant esthétiques qu'organiques, ne souffre aucune recherche sur l'origine des instincts. D'autre part nous sommes bien forcés de reconnaître que l'acquisition progressive des facultés symboliques des animaux supérieurs, en tant que ces facultés dépendent directement de leur volonté, n'a rien que d'aisément intelligible. Chaque printemps nous pouvons voir les efforts inouïs faits par certains oiseaux chanteurs, les rossignols par exemple, pour se surpasser et surpasser leurs rivaux. Il n'est pas possible que cette ardente compétition ne perfectionne pas les facultés musicales de ces oiseaux. Brehm constate qu'à l'automne les jeunes rossignols livrés à eux-mêmes sont inhabiles ; c'est au printemps suivant qu'inspirés par la passion et entourés d'habiles modèles qu'ils cherchent à vaincre, ils atteignent la perfection dont ils sont capables. Chaque individu accomplit donc un progrès dans le cours de sa vie : pourquoi l'espèce n'aurait-elle pas eu à parcourir les mêmes stades ? Un autre fait établit en ce sens une forte présomption : « la localité, dit Brehm, exerce une grande influence sur le chant. Les jeunes rossignols ne peuvent être formés que par les vieux qui habitent les mêmes endroits ; il en résulte que dans un canton il y aura d'excellents chanteurs tandis que dans un autre on n'en trouvera que de médiocres. » Il y a donc des milieux esthétiques formés par la réunion d'un certain nombre de chanteurs, ici plus, ailleurs moins favora-

bles au développement des facultés musicales. Qu'en
conclure si ce n'est que ces facultés sont dans un perpétuel devenir, qu'elles diffèrent suivant les individus,
les saisons, les milieux? Mais dès lors nous sommes
autorisés à croire que les mêmes efforts et les mêmes
circonstances qui favorisent maintenant le progrès de
ces naïfs talents ont pu à l'origine les susciter, et que
ce sont les rossignols eux-mêmes qui les ont acquis
sous l'aiguillon du désir, pour séduire des femelles
d'oreille de plus en plus délicate. Comment, en effet,
la naissance d'un groupe de phénomènes serait-elle
d'autre sorte que sa croissance, dont elle est la première phase ?

Il nous paraît qu'on peut, sans pécher contre la logique, étendre cette conclusion à toutes les attributions esthétiques sexuelles qui rentrent dans le domaine
de la conscience et de la volonté. Il reste à expliquer
celles qui échappent par leur nature à la conscience.
Le cas est plus difficile. Cependant les changements
de coloration de certains animaux aquatiques suivant
la couleur du fond sur lequel ils vivent, changements
qui sont instantanés chez le poulpe, nous indiquent
que la vision y joue un rôle et par conséquent les centres nerveux principaux. C'est une représentation en
définitive qui détermine cette modification des tissus
cutanés. Les phénomènes de cet ordre commencent
seulement à être mieux connus ; nous ne doutons pas
qu'en suivant la voie indiquée par M. Pouchet on n'arrive à en déterminer la cause. La découverte du nerf
qui produit telle turgescence, telle sécrétion, telle coloration, et la détermination des centres avec lesquels

ce nerf est en rapport, nous apprendra pour chaque phénomène s'il est le résultat d'une action réflexe locale, consécutive à la maturité des organes sexuels, ou s'il ne provient pas plus ou moins directement de l'activité cérébrale consciente et volontaire (1).

Voilà donc cinq classes de phénomènes qui attirent en général les sexes l'un vers l'autre; mais nous n'avons pas encore cherché ce qui détermine tel mâle à poursuivre telle femelle, et telle femelle à accepter tel mâle, bref quelle est la cause des préférences individuelles. Nous ne nous arrêterons pas à établir qu'elles existent; car si nul choix n'intervenait dans les unions des animaux de sexe différent, les attributs que nous venons d'énumérer perdraient toute raison d'être et toute rencontre serait immédiatement suivie d'un rapprochement : hypothèses aussi absurdes l'une que l'autre. Car le rôle sexuel des attributs énumérés plus haut est indubitable, et d'autre part comme un grand nombre d'animaux sont réunis dans les « places de rut », il faut bien qu'il y ait une raison qui détermine au sein de ces foules la formation des couples.

Une première cause est l'état physiologique de l'un

---

(1) « La seule difficulté, dit M. Pouchet, est de spécifier la part que prend à ces modifications la volonté de l'animal. Est-ce par un acte volontaire qu'il fonce sa peau sous l'influence d'une inquiétude? ou bien est-ce chez lui un acte involontaire, comme la contraction et la dilatation des capillaires de la peau qui amène la pâleur et la rougeur sur le visage de l'homme? » Et il conclut : volontaire. (Rapport sur une mission scientifique aux viviers de Concarneau, par M. G. Pouchet. Imprim. Nationale, mars 1874.) — Peut-être de ce que cette fonction est sous l'influence du système nerveux, ne s'ensuit-il pas qu'elle soit pleinement volontaire. Nous pouvons nous efforcer de ne pas rougir. Il y a un nombre infini de degrés entre la pleine conscience et le zéro de conscience.

et de l'autre individu à l'heure où ils se rencontrent. On sait que l'éveil des appétits sexuels est attaché à certaines conditions d'âge, d'époque, de santé, de nutrition et que l'état de l'organisme influe beaucoup sur les organes de la génération. Si par exemple un animal jeune rencontre un autre sujet de son espèce vieux, malade et infirme, il y a peu de chances pour qu'ils s'accouplent. La même chose se produira si l'époque du rut a commencé pour l'un et non pour l'autre, toutes choses étant égales d'ailleurs. Il y a des assemblées d'oiseaux qui durent plus d'un mois : pour qu'un couple s'y forme il faut qu'il y ait coïncidence d'excitation chez deux individus; ceux qui sont excités au début du mois ne peuvent s'unir à ceux chez lesquels l'excitation ne commence qu'à la fin. Règle générale, les deux organismes considérés doivent donc se trouver à l'unisson, et les probabilités sont assurément le plus fortes pour l'agrément réciproque quand ils se rencontrent tous deux en bonne santé, à l'époque de l'année la plus favorable, à l'heure précise où l'excitation atteint chez l'un et chez l'autre son maximum d'intensité. Nous avons vu que les femelles sont plus lentes à ressentir l'excitation ; les mâles sont au contraire toujours prompts à la poursuite. Les causes physiologiques que nous signalons ici sont donc décisives pour eux : l'autre sexe se gouverne surtout par une seconde classe de motifs.

Nous voulons parler des préférences déterminées par les attributs sexuels esthétiques. Il faut bien admettre que là où le mâle est doué de certains attributs sexuels, la femelle à laquelle ces attributs s'adressent les juge (sans .quoi ils ne s'expliqueraient en aucune façon) plus, ou moins conformes à ses secrets désirs et se laisse gagner par ceux qui font sur elle la plus profonde impression. Ce second ordre de motifs n'exclut pas le premier, mais il le domine. On a de nombreux exemples d'accouplements rejetés avec persistance alors que les conditions physiologiques étaient remplies sans doute possible. Les animaux, disent les éleveurs, ont des caprices comme l'homme; disons plutôt qu'ils ont comme nous des préférences très motivées, et qui résultent (sans qu'ils s'en rendent compte assurément) du prix qu'ils attachent à tel ou tel attribut sexuel présent chez l'un, absent chez l'autre des compagnons qu'on leur présente. Nous n'avons rien à ajouter à ce que Darwin a écrit sur ce sujet dans son étude sur la sélection sexuelle. Il a prouvé que les mâles eux-mêmes éprouvent dans certaines espèces de la prédilection pour des femelles déterminées. Des chiens de même sexe sont capables d'amitié, nous en avons constaté plusieurs exemples; pourquoi des chiens de sexe différent ne seraient-ils pas capables de préférences réciproques? Ces préférences peuvent les déterminer à des efforts persévérants dont on a de nombreux témoignages; nous avons vu un chien fouir pendant douze heures le dessous d'une porte de jardin pour parvenir auprès d'une chienne qui était attachée à quelque distance.

Est-ce ici la ressemblance des deux individus qui les pousse à se rechercher mutuellement? L'attraction a-t-elle lieu du même au même ou la différence y joue-t-elle un rôle? Il serait difficile de le dire; les observations ne sont pas sur ce point assez nombreuses. La question n'a pas même lieu d'être posée là où les caractères sexuels mettent entre le mâle et la femelle une différence considérable et normale. Il est probable cependant que l'agitation des animaux dans les assemblées d'amour a les mêmes effets que l'agitation d'objets quelconques; elle doit rapprocher les semblables; les plus beaux, les plus agiles, les plus forts, les plus brillamment colorés, les plus habiles chanteurs doivent être appelés à s'unir presque inévitablement, et ainsi ce tumulte apparent aurait pour résultat d'opérer une sorte de triage entre les plus remarquables des individus sous le rapport des dons naturels propres à l'espèce...

Fixons le point où nous sommes parvenus. Entre le mâle et la femelle, il y a, dans toute la partie sexuée du règne animal, des rapports préliminaires autres que les rapports physiologiques : ces rapports préliminaires sont psychologiques surtout et le sont davantage à mesure qu'on s'élève dans l'échelle. Ils consistent généralement en des manifestations d'ordre esthétique adressées par le mâle à la femelle, lesquelles supposent une correspondance entre les facultés de représentation de celle-ci et les facultés d'expression de celui-là. D'une part, chez le mâle, des caresses, des émanations odorantes, une parure, des chants et des mouvements, quelquefois séparés, quelquefois réunis pour exprimer le désir amoureux; d'autre part, chez la femelle, des sens plus ou moins subtils, toucher, odorat, vue, ouïe, correspondant à ces diverses manifestations du désir et invitant à y répondre celle qui les perçoit; sans qu'on puisse cependant nier que souvent aussi les manifestions viennent de la femelle et que le mâle doit être pourvu des sens correspondants, car, à leur défaut, il ne comprendrait pas même ses propres avantages et ne chercherait pas à les acquérir. Le mâle et la femelle, sans cesse occupés, pendant un temps de l'année tout au moins, de représentations dont ils sont l'objet réciproque, ont donc à proprement parler une seule et même conscience en deux foyers correspondants. La correspondance de ces deux foyers conjugués est le lien qui fait de ces deux individualités partielles, incomplètes, une individualité déjà plus capable de se suffire, laquelle les embrasse toutes deux, du moins momentanément. C'est l'extension de cette société aux jeunes issus d'elle qui l'achèvera et la scellera en la perpétuant.

Mais avant de passer à cette seconde partie de notre travail, décrivons les phénomènes par lesquels la société conjugale, après s'être formée d'une manière positive, se constitue négativement en quelque sorte, non plus par les attraits réciproques de ses membres, mais par la répulsion plus ou moins partagée de ce qui n'est pas elle, non plus par l'amour, mais par le combat.

Il n'est pas téméraire de croire que plus un animal désire s'unir avec sa femelle, plus il repousse ardemment dans sa pensée les rivaux qui peuvent empêcher cette union. Une association étroite lie cés deux passions l'une à l'autre et confond dans un même état de trouble l'attente de la possession et l'angoisse du refus, l'amour et la haine. Aussi n'est-il pas rare de voir les

prétendants, non contents de rivaliser entre eux par
l'étalage de leurs attraits, en venir à un véritable combat qui décide, en dépit des préférences de la femelle,
du succès de l'un des deux compétiteurs. Darwin a
signalé ces habitudes guerrières chez un grand nombre d'insectes et même chez quelques poissons. Elles
sont presque universelles chez les oiseaux et règnent
également chez les mammifères. Elles ne se rattachent
qu'indirectement à notre sujet; nous n'y insisterons
donc point. Nous ferons remarquer seulement un trait
curieux de ces phénomènes de compétition. On croit
trop généralement que les animaux mâles qui combattent pour la possession d'une femelle combattent à
mort et dans les sentiments où sont deux hommes qui
en viennent aux mains. On ne remarque pas que, même
dans l'humanité, les combats ne sont pas toujours
sérieux, du moins chez les enfants et chez les sauvages,
auxquels les animaux ont été souvent comparés, et que
bien souvent les champions cherchent autant à s'ef-
frayer qu'à se détruire. Dans l'animalité les combats
sérieux sont ceux qui se livrent entre animaux d'espèces différentes, dont l'un a besoin de manger l'autre
pour vivre. Mais il en est autrement des combats entre
prétendants; c'est par exception qu'ils sont mortels. Il
s'agit le plus souvent de savoir lequel est le plus fort
ou le plus fougueux, et le plus faible ou le moins hardi
s'éloigne presque toujours avant que sa perte soit
consommée. D'abord les oiseaux et les mammifères,
avons-nous dit, combattent presque tous; or un grand
nombre sont dépourvus d'armes capables de faire de
graves blessures. Leur lutte n'est donc qu'une assez

vaine démonstration. Il n'y a que les becs et les griffes
des carnassiers qui tuent. Ensuite les premiers coups,
même d'armes meurtrières de cette sorte ne sont pas
toujours mortels; ils abattent au plus l'ennemi sans
l'achever. Le vainqueur s'empresse de fuir avec sa
conquête et le vaincu peut se relever pour recommencer de nouveaux combats après quelques jours de
régime. Certains herbivores sont, il est vrai, terrible-
ment armés, mais on peut dire que c'est contre leurs
ennemis mortels les carnassiers qu'ils ont acquis ces
armes, non contre leurs rivaux. Combien parmi les
cornes des ruminants sont, je ne dirai pas inoffensives, mais du moins relativement peu redoutables, si
l'on considère surtout les fronts massifs contre lesquels
elles sont appelées à se heurter! Ce sont moins des
armes que des ornements guerriers. Quelques-unes
même sont embarrassantes pour leurs possesseurs, au
point de changer *accidentellement* en duel fatal aux
deux combattants ce qui n'était d'abord sans doute
possible qu'un simple tournoi. C'est ce qui arrive assez
souvent pour les cervidés quand leurs bois s'enche-
vêtrent les uns dans les autres. Ce n'est pas en effet
une bataille véritable qu'il se livrent d'ordinaire : le
nom de tournoi convient beaucoup mieux à leurs
luttes. La place en est en quelque sorte fixée d'avance;
ils y reviennent chaque année. Il en est de même des
oiseaux en apparence les plus belliqueux de tous :
ceux qu'on appelle les Combattants et qu'on appellerait
plus exactement les jouteurs. A une place marquée,
fréquentée aussi par les femelles, les mâles viennent
chaque matin ornés de leur parure de noces. Deux

d'entre eux s'avancent l'un contre l'autre tout trem-
blants ; ils se frappent à coups redoublés, mais jamais
leur sang ne coule : c'est à peine si une plume vole çà
et là. Leur bec long et flexible est incapable d'entamer
la peau de l'adversaire. C'est une lutte à armes cour-
toises, une sorte de fantasia brillante. Un chasseur
racontait à M. Poussielgue (voyage en Floride, *Tour
du monde*, 1869, 1er sem., p. 126) qu'il avait vu une
nuit des coqs à fraise (*Tetras cupido*) lutter avec acharnement sur une de ces arènes d'honneur (Scratching
places) où ils se réunissent en grand nombre pendant
que les femelles couvent, et que d'un coup de feu il
avait dispersé les combattants. « Qu'eussent-ils fait,
demanda le voyageur, si vous ne les aviez pas troublés ?
— Ils auraient, fut-il répondu, passé la nuit à se battre
ainsi en mesure sans se faire grand mal, se seraient
quittés au soleil levant en se faisant mille politesses et
le lendemain soir ils auraient recommencé. » Nous
trouvons des faits analogues dans la classe des insectes.
M. de La Brûlerie nous raconte une rixe interminable
entre deux coléoptères armés, ce semble, de manière
à donner la mort du premier coup, deux Scarites géants.
« J'en vis deux, dit-il (1), qui se battaient peut-être pour
la possession d'une femelle. C'était plaisir de les voir
prendre champ et, dressés sur leur première paire de
pattes raides en avant, se menacer de la dent. Tous
deux ensemble ils s'élancent, enlacent leurs mandi-

---

(1) *Annales de la société entomologique*, année 1866, p. 521. Qu'il nous
soit permis de donner ici un regret à notre ami Charles de la Brûlerie,
mort à 31 ans, au moment où il réalisait déjà les brillantes espérances
que ses premiers écrits avaient fait concevoir.

bules, serrent et secouent avec rage. L'un et l'autre
fait d'inutiles efforts pour blesser son adversaire ou le
forcer à lâcher prise. Grâce aux armes et aux cuirasses
égales des deux champions, cette première attaque
reste sans résultat. Ils se séparent, reculent de quelques pas et s'élancent de nouveau. Tous deux étaient
sur leurs gardes, aussi bien des attaques furent-elles
parées. Enfin l'un saisit l'autre et l'enleva de terre...»
On croit le combat terminé ? Point du tout. Après bien
des péripéties, la joute en est au même point ; aussi
l'observateur se lasse-t-il plus vite de l'examiner
qu'eux de la poursuivre. « Malgré mon désir de voir
l'issue définitive de la lutte, je ne pouvais rester à la
même place toute la journée et je les laissai dans cette
position. » Nous ne voudrions pas qu'on donnât à ces
remarques une extension universelle qu'elles ne comportent pas ; nous savons que chez les bovidés on a
constaté que de jeunes mâles ayant les jambes brisées
sont restés sur place et y sont morts de faim, et que
chez les espèces les plus inoffensives le combat devient
quelquefois mortel, comme chez les Moufflons, les
Chamois et les Bouquetins qui, combattant au bord
des précipices, y tombent parfois précipités par leurs
adversaires ; mais nous pensons, après un examen
attentif, que les luttes en l'honneur des femelles sont
généralement des démonstrations d'ordre esthétique
où se déploie la fière beauté des mâles plutôt que des
duels décisifs où le vaincu perd nécessairement la vie.

Le moment de la pariade est toujours marqué chez
les animaux par une grande agitation. Un grand nombre éprouvent à ce moment le besoin de se réunir en

assemblées tumultueuses, dont le but est sans doute de se rencontrer et de se choisir, mais aussi de satisfaire leur excitation en la multipliant par la vue de leurs semblables, excités comme eux. C'est en de telles assemblées que se déploient les plus saillants des attributs sexuels que nous venons d'énumérer. Une espèce d'oiseaux australiens va même jusqu'à construire pour ce moment comme un temple d'amour en forme de berceau, orné de plumes et d'objets brillants, où les mâles et les femelles passent et repassent avec un air de joie. Ce berceau n'est pas un nid, car les nids sont construits plus tard par les couples une fois formés. Il sert seulement de théâtre aux évolutions galantes qui précèdent la pariade, et cela pour plusieurs couples. Mais les assemblées dont nous parlons ici ne sont pas des sociétés véritables ; elle ne sont pas permanentes, elles ne sont pas organisées. Les plus durables sont celles que forment les poissons au moment du frai, quand les eaux chaudes de la mer, en se déplaçant, les entraînent avec elles loin des parages où elles se sont formées. Les migrations bien connues des harengs ne nous paraissent pas avoir d'autre cause. Bientôt les ennemis qui pressent le banc de toutes parts l'obligent à se resserrer ; de plus, la fonction même de la fécondation rapproche les individus qui la composent ; ils forment ainsi une masse plus ou moins compacte et sans ordre, du moins où nul ordre n'a été observé.

Le choix accompli dans ces réunions temporaires, les deux membres de la société naissante aspirent aussitôt à se séparer de leurs semblables. Un petit nombre d'oiseaux et de mammifères restent en bande après ce moment ; mais plus des deux tiers de ceux qui vivent en société s'isolent après la pariade. L'instinct est tellement invétéré, qu'il survit même à des siècles de domestication. Ainsi, dans nos troupeaux de bœufs, les vaches en rut sont suivies par le taureau dans un coin écarté du pré, et les deux bêtes restent ainsi isolées jusqu'à l'accouplement. Par là, les animaux effacent de leur esprit toute autre image que celle de leur compagnon préféré, et cette exclusion ne tend pas moins que l'amour même à resserrer leurs liens réciproques.

D'ordinaire, quand il y a lutte, la victoire n'assure pas seulement au vainqueur la possession momentanée de la femelle ; le vaincu est définitivement écarté de la localité ; s'il s'aventure dans les environs, il aura à encourir de nouvelles rigueurs, cette fois des deux époux. Ceci n'est vrai que pour les unions conjugales qui durent au moins une saison, mais est vrai de presque toutes. Rare chez les insectes et chez les poissons, le fait devient très fréquent chez les oiseaux et les mammifères. Nous en traiterons plus complétement quand nous étudierons les relations de la société domestique avec le sol qu'elle occupe. Dès maintenant nous pouvons comprendre que les deux membres qui la fondent éprouvent, une fois unis, non seulement une affection mutuelle, mais des répulsions communes, en même temps qu'ils se représentent tous les deux comme liés à leur personne et indispensables à leur activité certains objets ceints de limites définies.

Cependant, quelle que soit la correspondance de représentations et de désirs qui unit la conscience d'animaux de sexe différent à la saison des amours, cette correspondance ne fonde qu'une société éphémère, quand elle n'est pas corroborée par le partage d'autres fonctions. Aussi voit-on chez une infinité d'espèces animales inférieures les unions conjugales limitées au temps nécessaire pour déterminer l'accouplement, sans que le mâle et la femelle une fois séparés aient chance de se rencontrer jamais. Souvent même commè chez beaucoup d'insectes, le mâle meurt dès que l'acte de la fécondation est accompli. Il est nécessaire pour qu'une société durable s'établisse, non seulement — ce qui est évident — que le mâle survive à l'accouplement, mais aussi que la femelle survive à la ponte assez longtemps pour voir éclore sa progéniture et former un groupe permanent avec eux. Dans ce cas, le mâle pourra prendre part avec elle à l'éducation des jeunes, et la société domestique véritable sera fondée. Nous sommes par là invité à étudier d'abord les sociétés formées par les mères et les jeunes; tel sera le sujet du prochain chapitre.

MÊME SECTION

FONCTION DE REPRODUCTION (*Suite*)

CHAPITRE II

Société domestique maternelle : la Famille chez les Insectes.

La société conjugale ainsi formée est la condition de la famille, mais non la famille même. Germe de la société domestique, elle doit subir dans son développement des différenciations successives et la conden-

sation croissante qui conduit tout germe à son achèvement. Sans ces modifications, elle se dissoudrait
rapidement; car si les couples doués d'une haute
faculté de représentation se trouvent par là disposés à
un attachement réciproque et forment, grâce à cette
faculté, une conscience unique quelque peu durable,
les besoins de la vie individuelle ne tarderaient pas
cependant à provoquer leur séparation lorsque le besoin sexuel serait satisfait, et à changer même leur
concours en rivalité. La fonction qui consolide l'union
des parents en spécialisant leurs activités et en rendant par là leur concours nécessaire, est l'éducation des
jeunes issus de leur rencontre. Nous nous proposons
d'étudier dans les deux chapitres suivants comment
la famille animale est constituée sous l'influence de
cette fonction.

Nous ne devons pas oublier tout d'abord que les
jeunes sont une partie de l'organisme des parents.
Le bourgeonnement, comme nous l'avons vu, se substitue peu à peu à la scissiparité, et l'oviparité au bourgeonnement; la fonction reproductrice apparaît dès
lors comme une spécialisation de la fonction nutritive
et le germe n'est qu'une colonie de cellules qui se développe en un point particulier de l'organisme, suivant
les mêmes lois que les autres cellules bien que sous
d'autres conditions. A ce point de vue, le jeune est
bien réellement une continuation, un prolongement
des organismes producteurs et une émanation du tout
vivant momentané qu'ils forment par leur union. Mais
cette communauté de substance, quelque essentielle
qu'elle soit pour expliquer l'hérédité physiologique, ne

suffit pas pour constituer la famille qui est un organisme moral. Il faut pour cela que la communauté des substances se change en une communion des consciences et que les organismes divers qui composent la société domestique, après s'être séparés matériellement, se rattachent de nouveau les uns aux autres par des liens spirituels, c'est-à-dire par des idées et des sentiments réciproques. L'histoire de la famille animale est l'histoire de ce processus corrélatif des consciences individuelles vers la formation d'une conscience unique.

La nature spirituelle de cette unité la rend, comme on le verra, susceptible d'une concentration à laquelle l'unité physiologique ne se prête pas au même degré. En effet, les divers êtres issus les uns des autres ne peuvent avoir ensemble de communication biologique durable. Ils sont successifs comme ils sont distincts. Par exemple les jeunes d'une famille de mammifères peuvent être nourris un certain temps par leurs parents et de leur substance même ; mais enfin, au bout de quelques mois, il faut bien qu'ils vivent d'une vie individuelle, du moins physiologiquement. Le tout organique dont ils faisaient partie se trouve alors rompu. Par la vie de relation au contraire ces différentes consciences sont rattachées les unes aux autres à partir du moment même où les différents organismes se séparent. La génération en voie de croissance doit pour se développer recevoir les enseignements de celle qui s'en va ; celle-ci de son côté n'a plus qu'un but : la vie de ceux qu'elle a procréés ; et ainsi tous ne forment qu'une conscience dont le centre invisible embrasse

une période plus ou moins longue de mois ou d'années.
Non seulement la distance dans l'espace se trouve
supprimée par ce consensus d'émotions et de représentations ; les intervalles dans le temps sont grâce
à lui comblés du même coup : effets que l'union physiologique constante eût rendus absolument impossibles.

Une difficulté presque insurmontable nous arrête au
début de tout cet ordre de questions. Si le mâle et la
femelle demeurent unis, avons-nous dit, c'est grâce à
leur amour commun pour leur progéniture ; mais le
mâle, devons-nous ajouter, n'entre dans la famille
d'une manière constante que vers les régions supérieures du règne animal ; jusque-là la femelle noue
seule société avec les jeunes, et c'est quand cette société est formée déjà que le mâle se présente pour en
faire partie. Il faut donc, pour rendre compte de la
famille, expliquer tout d'abord l'amour maternel. Or
c'est précisément cette explication qui nous paraît des
plus épineuses. Le lecteur va en juger.

Le problème se présente à nous dans toute sa difficulté. Résolus à suivre l'ordre même que nous présente l'échelle zoologique depuis son plus bas degré
jusqu'à son sommet, ce n'est pas à l'amour maternel
chez les mammifères, c'est-à-dire chez des êtres capables d'intelligence et partant de sympathie que nous
avons affaire tout d'abord (nous verrons que la question est plus abordable de ce côté) ; c'est à des êtres
dépourvus d'intelligence ou tout au moins chez lesquels
la présence de l'intelligence est très douteuse, aux In-

vertébrés les plus imparfaits comme organisation.
Voici, par exemple, des Mollusques (voir plus loin) qui
protégént leurs œufs sous une enveloppe de sable fin
agglutiné, et d'autres qui portent leurs œufs sous leur
pied et les traînent ainsi sans les blesser partout où ils
vont ; voici des Astéries, des Rotifères femelles qui
transportent leurs œufs adhérents à leurs corps ! Que
penser d'un pareil acte chez des êtres incapables non
seulement de toute prévision, mais, ce semble aussi,
de toute intelligence ? Montons-nous un peu plus haut
dans l'échelle, jusqu'à l'insecte ? La difficulté ne fait
que croître ; car ici l'œuf survit à la mère qui elle-
même est née d'un œuf survivant aux parents, et ne
sait en aucune façon de qui elle sort. Ce n'est pas tout.
Quand ceux-ci naîtront, ils seront entièrement différents d'elle, en raison des métamorphoses qu'ils
doivent traverser. Et enfin il arrive fréquemment que
la mère leur assure par le lieu où elle les pond, ou
même leur prépare à grand peine une nourriture entièrement différente de celle qui lui convient à elle-
même. On se trouve donc en présence des impossi-
bilités suivantes accumulées comme à plaisir : 1° Prévoir
l'avenir d'après un passé inconnu; 2° Reconnaître sa propre forme dans un être qui a une forme tout à fait différente et même n'a aucune forme vivante ; 3° Pourvoir
aux besoins d'un être dont on ne peut prévoir l'existence, alors que ces besoins seront de nature telle que
l'agent ne peut d'après ses besoins personnels s'en
faire aucune idée.

Evidemment si le problème ne pouvait être posé en
d'autres termes, il serait inutile d'en chercher la solu-

tion. Tout l'effort de ceux qui aspirent à le résoudre doit donc porter sur les termes mêmes dans lesquels il a été présenté jusqu'ici, et ce sont ces termes qu'il faut changer résolûment. On est obligé de se demander si les conditions d'existence des diverses espèces citées plus haut ne sont pas postérieures à la naissance de l'amour maternel, qui serait resté le même alors que les circonstances où il s'exerce auraient varié. Et on doit admettre au moins comme une hypothèse possible que ces espèces n'ont pas toujours été ce qu'elles sont aujourd'hui. C'est à cette seule condition que le problème peut être agité avec quelque chance de succès.

De ce point de vue, la plus effrayante des difficultés est assez aisément écartée. Le genre de vie des insectes parfaits n'est pas le même que celui des larves, soit : mais les insectes ont-ils eu de tout temps des métamorphoses aussi complètes qu'aujourd'hui ? On en peut douter. S'il est vrai que les métamorphoses actuelles de chaque individu représentent, plus ou moins abrégées, les destinées successives de l'espèce, il y a eu un moment où l'insecte se reproduisait à l'état de larve. Parmi les plus imparfaits des insectes, les Diptères, nous trouvons une Muscide, la Cécidomye qui partage, dit M. Milne Édwards, cette faculté avec plusieurs animaux de même ordre. Plusieurs femelles aptères, les vers luisants par exemple, ressemblent encore à des larves, n'ayant pas suivi les mâles dans le progrès de leurs métamorphoses. Il n'est donc pas du tout impossible qu'en une période reculée de l'histoire de la vie, les femelles des insectes en question soient devenues mères alors qu'elles avaient ces instincts carnassiers et ces armes meurtrières qui caractérisent encore maintenant les larves de quelques unes d'entre elles, qu'elles aient à cette époque préparé à leurs futures larves une nourriture semblable à la leur, qu'enfin elles aient légué cette habitude enracinée dans leur organisme à leurs descendants actuels, bien qu'adonnés à un tout autre genre de vie. Ceux-ci obéiraient à cette habitude comme tous les êtres qui obéissent aux habitudes de leurs ancêtres, c'est-à-dire sans en savoir la raison. Quant au changement qui s'est fait en eux pour tout le reste, la sélection sexuelle ou toute autre cause serait appelée à l'expliquer; il n'y a là rien d'extraordinaire, puisque plusieurs insectes ne prennent aucune nourriture à l'état parfait. La dernière métamorphose n'est souvent que le revêtement de la livrée des amours, la forme adoptée pour l'accomplissement d'une fonction spéciale, en vue de laquelle des forces ont été accumulées antérieurement (1).

Une première impossibité résultant de la différence de régime entre la mère et sa progéniture serait donc ainsi supprimée. Il en resterait d'autres, et tout d'abord celle-ci : comment la femelle de l'insecte peut-elle être amenée à donner des soins à un œuf comme à un être vivant et surtout quelle cause peut la déterminer à lui préparer de la pâtée ou des aliments quelconques? Une réponse analogue, mais cette fois moins autorisée

---

(1) Par exemple, le grand capricorne (*Cerambyx heros*) reste pendant tout l'hiver dans l'intérieur de l'arbre où sa larve, après de longs mois d'une existence vorace, s'est transformée en nymphe. Au printemps, il sort de sa galerie profonde, mais absorbé par d'autres soins, il ne songe guère à manger, et quand il meurt, on peut affirmer qu'il est resté au moins six mois sans nourriture.

de la doctrine évolutioniste telle qu'elle est généralement adoptée, nous permettrait d'éclaircir ce point si
obscur. Il suffirait de supposer que les insectes ont à
l'origine mis au jour leurs jeunes, non pas encore à
l'état d'œufs mais à l'état de larves, bref, par une sorte
de viviparité ou de gemmiparité interne. Nous venons
de voir que cette gemmiparité interne est un procédé
intermédiaire entre le mode fissipare et le mode ovipare, que le bourgeon est parfois très semblable à un
œuf, et que cela se rencontre précisément chez les
Ascidies proches parents des Vers. On s'expliquerait
ainsi les cas de parthénogénèse qui se présentent dans
la classe des insectes et dont les pucerons nous offrent
le plus favorable exemple, puisqu'ils se reproduisent
par œufs à un moment de l'année et par bourgeons
internes à un autre. Les Muscides enfantent des larves
vivantes. Et c'est précisément chez les moins hautement organisés des insectes, c'est-à-dire chez ceux
qui ont les métamorphoses les plus abrégées et les plus
rapides, que nous voyons les mères donner encore
leurs soins aux jeunes une fois éclos. Chez certains Orthoptères les jeunes revêtent dès leur sortie de l'œuf
une forme semblable dans son ensemble à celle de
l'adulte et sont de la part de la mère l'objet de soins
assidus ; on peut citer la Blatte qui traîne après elle
sa capsule ovigère et aide ses petits à en sortir, la
Forficule qui couve en quelque sorte ses œufs et rassemble sous elle ses jeunes après l'éclosion, la Cour-
tillière qui tient les siens dans la chambre d'incubation et va, dit-on, leur chercher de la nourriture.
(MM. BLANCHARD, *Métamorphoses*, etc., p. 570 ; GIRARD,

id. p. 323-336.) N'y aurait-il pas là trace d'un passage entre une prolifération vivipare qui aurait été accompagnée de soins donnés aux jeunes et une prolifération ovipare où cette habitude se serait conservée en vertu de l'impulsion organique et sans réflexion, pour de là être transmise même aux insectes à métamorphoses nombreuses et prolongées. Nous ne sommes pas le premier à remarquer que le progrès des procédés de génération suit chez les les mammifères et chez les insectes un ordre inverse ; chez les mammifères, ce sont les plus élevés dans l'échelle zoologique qui mettent au jour des petits plus développés et plus semblables à eux ; chez les insectes, c'est le contraire qui arrive, et plus on s'élève, plus on rencontre de métamorphoses diverses entre la forme adulte des parents et celle des jeunes. On serait donc ainsi conduit à admettre que les deux formes adultes, maintenant rapprochées de plus en plus dans les rangs inférieurs de la classe des insectes, coïncidaient d'ordinaire à l'origine et que les jeunes vivaient pendant un temps à côté de leur mère, sans doute hermaphrodite ; une seconde impossibilité serait encore de la sorte exclue des termes du problème ; ce qui paraît de nos jours une *prévision* serait le *souvenir* inconscient et organique d'une expérience reculée dans le passé de la race : les partisans de l'évolution admettant d'ailleurs sans peine que les instincts naissent d'habitudes héritées.

Nous voudrions que cette explication fût possible, elle nous donnerait le plaisir de comprendre d'après des données scientifiques un phénomène réputé jusqu'ici mystérieux. Malheureusement (nous l'avons dit tout

d'abord), la doctrine de l'évolution elle-même n'autorise que difficilement une telle hypothèse. D'après elle,
les insectes seraient nés des vers ou tout au moins ils
formeraient un rameau parallèle né sur la même branche, et les vers primitifs selon les uns, les rotifères
selon les autres, seraient les ancêtres communs des
Vers modernes et des Arthropodes. Or les Annélides
se reproduisent déjà par œufs, et quelques-uns donnent des soins à ces œufs qu'ils quittent avant l'éclosion; enfin, les femelles des Rotifères eux-mêmes sont
ovipares et portent leurs œufs avec elles ! D'autre part,
les mêmes faits se rencontrent chez des Mollusques,
chez des Echinodernes, et il ne paraît pas que là ils
soient susceptibles de la même explication. Du moins
nous ne voyons pas comment ils pourraient y être ramenés. Pour tout dire, l'hypothèse n'offre que l'avantage de simplifier les données du problème, elle ne le
résout pas. Supposons les jeunes des insectes contemporains de la mère et produits directement par elle
sous une forme semblable à la sienne, il restera à dire
pourquoi elle ressent de la sympathie pour eux et pourquoi elle est portée à les protéger et à les nourrir. Le
problème ne sera plus absurde, mais il subsistera
encore.

Nous ne pensons donc pas l'avoir résolu par les considérations précédentes; notre but était seulement de
montrer premièrement qu'il exige une solution, sans
quoi la sociologie manque de base, secondement, qu'il
faut avant tout le ramener à des données intelligibles.
Tout problème ne mérite pas de figurer dans la science;
celui-là, sous la forme où on le pose d'ordinaire, est un

pur non-sens. Peut-être d'autres psychologues l'agiteront-ils après nous dans le même esprit et seront-ils plus heureux. Du reste, nous n'avons pas dit notre dernier mot à ce sujet; nous y reviendrons à propos de l'amour maternel chez les vertébrés; le lecteur jugera si, en rapprochant les deux passages, il ne peut pas en tirer quelque lumière (1).

Cette lacune signalée, exposons les principales manifestations de l'amour maternel dans le règne animal, et voyons, en les passant en revue, comment la famille gagne par elles dans le temps et dans l'espace une unité croissante. La division la plus rationnelle qui puisse présider à cet exposé est celle qu'on tirerait de la complication croissante de la fonction; on examinerait d'abord les groupes où la mère et le père, également indifférents à leurs œufs, ne reçoivent de leur rapport avec leur progéniture aucune autre spécialisation que celle des organes reproducteurs. Puis, on parcourrait les différents degrés de spécialisation résultant d'une intervention de plus en plus active de la mère : premièrement, le choix d'un emplacement favorable à l'éclosion des œufs; secondement, le choix d'un emplacement favorable à leur conservation; troisièmement, l'invention des moyens destinés à les fixer ou à les enfouir; quatrièmement, la construction d'un véhicule ou d'un abri distinct; cinquièmement, la

(1) Le problème semble insoluble à Darwin. Voir *The descent of Man*, vol. I, p. 80 : « With respect to the origin of the paternal and filial affections, wich apparently lie at the basis of the social affections, it is hopeless to speculate. »

ponte près d'une substance capable de nourrir les
larves ou jeunes une fois éclos ; sixièmement, la construction d'un abri et la préparation d'une nourriture
spéciale pour ces mêmes jeunes ; septièmement, leur
élevage par l'apport d'une nourriture dégorgée ou simplement offerte. C'est alors seulement que le père
peut intervenir et que la différenciation commence à
l'atteindre. Tel est l'ordre théorique, et il est difficile
que la logique des choses, si conforme ailleurs à celle
de l'esprit, s'écarte beaucoup d'un plan aussi rationnel. Mais comme ce plan est poursuivi *à la fois* dans
plusieurs groupes d'êtres vivants, jusqu'à des degrés
d'achèvement fort divers, comme le langage ne peut
suivre ces différents processus dans leur simultanéité,
et que, obligé de mentionner, comme appartenant à la
même catégorie, plusieurs groupes naturels de la classification, puis d'y revenir pour la catégorie suivante,
nous ne manquerions pas de tomber dans une confusion sans remède, nous préférons adopter résolûment
l'ordre linéaire et suivre *successivement,* au point de
vue qui nous occupe, chaque classe d'animaux, depuis
les plus humbles jusqu'aux plus élevés.

Commençons par les Mollusques. Nous ne trouvons
guère parmi eux que les Calyptries, genre voisin des
Patelles, qui témoignent quelque intérêt à leur progéniture. La Calyptrie dépose ses œufs sous son ventre
et les conserve comme emprisonnés entre son pied et
le corps étranger auquel elle adhère (1). Les jeunes,

(1) Les Astéries (Echinodermes) font de même : nous avions rencontré
ce fait dans nos lectures, mais nous n'avions pas cru devoir le mentionner, tant il nous avait paru invraisemblable. M. Giard nous l'a confirmé

une fois éclos, se développent à l'abri de la coquille maternelle et ne la quittent que lorsqu'ils sont prêts à se fixer et munis eux-mêmes d'une coquille. Les Tarets portent leurs œufs collés en anneaux autour de leur corps. Les colimaçons les déposent fréquemment dans la terre humide ou dans quelque trou d'arbre. Enfin les Céphalopodes les fixent par grappes aux plantes marines. Mais tous les autres Mollusques abandonnent leurs œufs aux hasards des circonstances ; leur nombre immense les préserve seul d'une destruction totale.

Parmi les Annélides, les sangsues terrestres forment autour de l'extrémité de leur corps fixée au sol une sorte de gaîne où elles laissent leurs œufs. En dehors de cet exemple, nous constatons dans toute cette classe, comme à plus forte raison dans celle des Helminthes, une indifférence universelle des parents pour leur progéniture. Les Crustacés portent leurs œufs pour la plupart sous leur queue jusqu'à l'éclosion. Mais ces diverses classes d'animaux sont de beaucoup inférieures pour la fonction qui nous occupe à celle des araignées. Si le mâle reste encore ici étranger aux préoccupations ma-

depuis. M. Perrier a bien voulu nous faire savoir qu'il doit être restreint aux Cribrelles. Nous devons à son obligeance l'indication des faits suivants : En ce qui concerne les Mollusques, les Pedicellines (Bryozoaires), le-Théridies (Brachiopodes), les Anodontes (Acéphales) couvent véritablement leurs œufs. Parmi les Gastéropodes, les Cymbrines, certaines Hélix sont vivipares. — Les Janthries construisent pour leur progéniture un curieux flotteur. — Les Troques agglutinent à leurs œufs du sable fin qui les dissimule d'une manière remarquable. — Quelques-uns ont une véritable industrie ; certains Troques agglutinent à leur coquille tout ce qu'ils trouvent autour d'eux ; les Limes (Acéphales) se construisent une sorte de nid...

ternelles, il en est de même chez la grande majorité
des insectes : ce que les araignées nous permettent
d'observer n'est pas très fréquent même chez eux :
la femelle continuant ses soins aux œufs longtemps
après la ponte, les enfermant dans une boule de fils en
forme de cocon, les portant partout avec elle ainsi
enveloppés, et prenant la peine, au moment précis de
l'éclosion, de délivrer les jeunes un à un de ce berceau
qui, sans elle, leur deviendrait une prison. La *Neme-
sia Eleanora* (Moggridge) vit même quelque temps
dans son nid à trappes, avec ses petits, au nombre de
vingt-quatre à quarante-un.

Nous arrivons aux insectes proprement dits. Nous
avons cité quelques Orthoptères dont une espèce offre
l'exemple d'une sollicitude analogue à celle de la poule
pour ses poussins. Les *Acridium* et les genres voisins,
qui sont les plus remarquables de l'ordre, déposent
leurs œufs en paquets dans la terre où ils creusent un
trou peu profond qu'ils recouvrent ensuite quand la
ponte est finie. Le reste de l'ordre n'offre rien de particulier à signaler. Les Termites exceptés, les Névroptères se contentent de déposer leurs œufs dans l'eau
où doivent se développer leurs larves. Les Hémiptères
aquatiques font de même ; d'autres ont des tarières
(cigales) avec lesquelles ils introduisent leurs œufs
dans le bois mort. Les cochenilles (Coccus) font de
leur corps une sorte de toit qui recouvre les œufs et les
protége contre l'intempérie des saisons ; une espèce
enfin, la *Pentatoma grisea*, mérite une mention spéciale. « Elle ne couve pas, il est vrai, ses œufs, et ne
protége pas ses petits de son corps comme la Forficule,

mais ceux-ci, qui sont ordinairement de trente à quarante, la suivent sans cesse; dès qu'elle commence à
marcher, ils se mettent en mouvement et se rassemblent autour d'elle quand elle s'arrête. Elle ne s'envole
même pas quand un danger vient à la menacer, elle et
ses petits, ce qu'elle fait promptement en toute autre
circonstance » (LACORDAIRE, *Introduction*, v. II, p. 480).
On sait avec quelle perspicacité les mouches décou-
vrent les objets où leur ponte peut utilement s'effectuer.
Elles sont, de plus, remarquables par quelques faits de
parasitisme ingénieux analogues à celui des Ichneumonides, par l'art avec lequel les Culicides fabriquent
pour leurs œufs des nacelles insubmersibles, enfin par
l'instinct, jusqu'ici inexplicable, qui pousse les Œs-
tres à choisir pour leur ponte les seuls endroits, dit-on,
que peut atteindre la langue de la bête qui sera l'hôte
de leurs larves. Les Coléoptères se bornent d'ordinaire
à déposer leurs œufs dans la terre aux endroits que la
larve préfère pour son développement. Cependant on
doit distinguer les Nécrophores dont l'industrie est bien
connue, un Hydrophile qui enveloppe ses œufs dans un
cocon en forme de bateau, et les Coprophages, si habiles à construire et à rouler les boules où sont déposés
leurs œufs. Ici paraît quelque chose de tout nouveau.
On dit que les Araignées maçonnes et les Argyro-
mètes aquatiques vivent avec les mâles : le fait est
douteux ; mais il n'est pas douteux que les Nécrophores
mâles aident leurs femelles à enfouir l'animal mort où
seront déposés les œufs ; il n'est pas douteux non plus
que l'*Ateuchus* encourage sa femelle à rouler sa boule
et que la femelle s'arrête dans son travail dès que,

l'observateur ayant enlevé le mâle, celui-ci cesse de faire entendre ses stridulations. Ce n'est pas tout : et les Nécrophores et les Ateuchus s'entr'aident quand leurs travaux présentent quelque difficulté insolite, non seulement d'un sexe à l'autre, mais d'un individu quelconque à un autre. Rien à remarquer chez les Lépidoptères, si ce n'est le choix des substances auxquelles les mères confient leurs œufs et la précaution que prennent quelques-unes de recouvrir les leurs d'un toit formé de poils ou d'une coque glutineuse. Ce sont les Hyménoptères qui vont nous offrir les faits de société domestique de l'ordre le plus haut auquel puisse s'élever la classe tout entière des insectes.

Voici d'abord les Hyménoptères, dits *solitaires ;* les Tenthrédines, les Urocères, les Gallicoles, dont les femelles, munies de tarières, déposent dans des entailles faites aux différentes parties des végétaux un œuf accompagné d'une liqueur corrosive, et déterminent ainsi des excroissances variées, séjour de la larve; les Ichneumonides, dont on connaît l'étonnante manœuvre, fléau des autres insectes ; les Sphex, les Pompiles, les Ammophiles des sables, les Philanthes, etc., qui creusent dans le sable des trous où elles introduisent avec l'œuf la nourriture de la larve encore à naître ; les *Bembex,* qui nourrissent la leur de victimes récentes sans cesse renouvelées ; d'autres espèces de la même famille des Fouisseurs (*Pelopœus, Chlorion, Crabro, Ceramia, Odynera, Eumene coarctata,* etc.), qui confectionnent avec de la terre des loges à cellules plus ou moins nombreuses dans des situations diverses; les Mellifiques, enfin, dont l'organisation acquiert

un perfectionnement nouveau de la plus haute importance, et qui joignent à leur rôle de mère celui de
nourrices. Dès lors, la matière offerte aux larves
n'est plus un produit de la chasse, conquis le plus
souvent au prix de mille dangers, c'est une substance
végétale que la mère recueille 'sans péril et conserve
toujours prête. Mais ce qu'il y a de remarquable dans
cette différenciation nouvelle, c'est qu'elle peut, transportée de l'individu à la société, donner lieu à un
concours harmonique. Imaginons en effet qu'une catégorie d'individus garde la faculté procréatrice, tandis
qu'une autre acquière, en devenant stérile, l'aptitude
nourricière, la société domestique maternelle sera
fondée par leur collaboration. Mais tous les Mellifiques
ne se sont pas élevés jusqu'à ce degré d'organisation
sociale ; les Anthophores, les Andrènes, les Collètes,
les Mégachiles, les Anthidies, les Xylocopes et les Os-
mies fabriquent elles-mêmes la miellée au pollen
qu'elles confient à des constructions délicates pour le
jour où, elles mortes, leurs larves écloront.

C'est ce partage des attributions maternelles en deux
fonctions conspirantes, c'est, en un mot, l'apparition
des neutres qui a produit les grandes sociétés d'hyménoptères. En d'autres termes, elles sont constituées
par une différenciation au sein de l'organisme reproducteur, de l'organe féminin, jusqu'ici unique, en deux
organes distincts, nécessairement appelés à concourir.
Les observations qui sont le plus propres à faire comprendre cette vue sont celles que M. Forel a recueillies sur l'appareil dont se servent les fourmis pour dégorger les sucs nourriciers à leurs compagnes et à leurs

larves. Il a découvert et décrit avec soin cet appareil qu'il appelle le jabot, et qui est situé dans l'abdomen ; il a vu une fourmi, qu'il avait gorgée de miel teint en bleu, le dégorger en faveur d'une autre et son ventre se dégonfler, pâlir, tandis que celui de la seconde se distendait de liquide bleuâtre. Et la conclusion qu'il tire de ce fait a une grande portée : « On peut, dit-il, diviser le canal intestinal des fourmis en une partie antérieure qui sert plus à la communauté qu'à l'individu, et une partie postérieure spécialement réservée à la nutrition de ce dernier » (*Fourmis de la Suisse,* p. 111). Il est vrai que chez les trois sexes le canal digestif a la même structure ; mais, quel que soit le sens de ce fait qui relève sans doute de l'hérédité, il n'en est pas moins vrai que les femelles et les neutres manifestent seuls la fonction correspondante, et que c'est cette fonction qui constitue le trait distinctif des immenses sociétés qu'elles renferment. On pourrait imaginer des neutres chassant pour les larves et dépourvus de la faculté de dégorger des sucs ; certains Névroptères sociaux offrent, dit-on, — bien que la chose nous paraisse encore des plus douteuses, — un exemple de ce mode d'élevage ; aussi ne prétendons-nous pas que, sans la faculté mellifique, les sociétés d'insectes les plus parfaites eussent été impossibles. Nous croyons seulement que cette faculté a favorisé au plus haut point la formation de telles sociétés, et qu'elle est pour celles que nous connaissons une attribution fondamentale. Ce sont des sociétés dont l'élevage est la raison d'être, des sociétés maternelles, comme nous les avons appelées. La famille y atteint une de ses phases essentielles, sans cependant s'y élever (et il s'en faut de beaucoup) à son plus haut point de perfectionnement, qui suppose l'accession active des mâles. Or ici les mâles sont réduits à la fonction physiologique, et, dans certains cas, reçoivent la mort des membres femelles auxiliaires auxquels leur faiblesse et leur inintelligence les subordonne d'une manière absolue. A plus forte raison ne méritent-elles pas les noms de monarchies et de républiques qu'on leur a donnés ; encore une fois, ce ne sont pas même des familles complètes, comment pourraient-elles scientifiquement passer pour des cités ou des Etats ? Il y manque, pour qu'elles justifient ces appellations, deux caractères essentiels qui ne seront acquis que beaucoup plus tard, dans la série que nous parcourons, par des sociétés infiniment plus complexes : premièrement, d'être composées d'individus groupés en familles distinctes ; secondement, de présenter un gouvernement. La prétendue reine n'exerce dans la ruche aucun pouvoir ; centre auquel tout aboutit, aucune action ne retourne d'elle aux abeilles nourrices, et elle se borne à leur fournir en pondant la matière de leurs travaux. Comme toutes les femelles des sociétés d'hyménoptères, elle est, non pas la reine, mais une mère, et les ouvrières sont, par rapport à elle, non des sujets, mais des mères auxiliaires ou des éleveuses; toute autre dénomination est de la plus entière inexactitude au point de vue sociologique ; la poésie peut seule s'en accommoder.

Nous sommes malheureusement, pour ces nouveaux effets de l'amour maternel, comme pour sa première origine, dépourvus d'une explication rationnelle. Mais la sociologie, pas plus que la biologie, n'est l'œuvre d'un jour et d'un homme, c'est une des qualités de l'esprit scientifique que de savoir ignorer. Ce que nous pouvons constater dès maintenant, c'est la notable unité de conscience réalisée dans l'espace et dans le temps par les sociétés d'hyménoptères, en d'autres termes, la solidarité et la continuité qui unissent entre eux les individus multiples et successifs qui les composent.

Une représentation réciproque unit les deux sexes dans toute la classe des insectes; mais, dès que cette représentation a produit ses effets, elle s'efface, et le mâle écarté, la femelle l'oublie, tandis qu'il meurt. Puis, une représentation plus persistante, bien que plus confuse, unit la mère à sa progéniture, mais la plupart du temps, comme nous l'avons vu, la mère meurt à son tour, avant la naissance de ses jeunes: en sorte que ces rudiments de la société domestique ne parviennent à former qu'une conscience fragmentaire et dispersée. Ici, bien que les mâles subsistent quelque temps, ils n'entrent d'ordinaire dans la pensée des femelles que pour y être honnis comme compromettant l'entreprise commune; d'autres fois, ils sont même ignorés. Mais la mère, les nourrices, et les jeunes à mesure qu'ils naissent, ces derniers au nombre de plusieurs milliers, se connaissent, éprouvent les mêmes émotions, aiment et haïssent les mêmes objets, participent, en un mot, à une même conscience. Il n'est pas un de ces membres de la communauté qui ne porte en lui l'image de ses compagnons et de la mère commune, pas un chez lequel cette image ne soit prépon-

dérante au point de lui faire oublier entièrement, dans
ses appréhensions comme dans ses désirs, dans son
concours pacifique ou périlleux, la représentation de
soi. On sait combien les abeilles, les guêpes et les
fourmis méprisent toute fatigue et négligent tout danger personnel dès que les intérêts de la société sont
en jeu; comment, d'autre part, la mère morte ou dis-
parue, toute ardeur au travail, tout goût de vivre leur
est enlevé. Ainsi donc les membres des sociétés que
nous étudions ne font qu'un dans la mère, et cela,
grâce à la représentation simultanée des espérances
qu'ils fondent sur elle; à eux tous, elle comprise, ils
n'ont qu'une seule vie et forment un même être, un
organisme moral unique. Les éléments qui composent
cet organisme sont plus étroitement cohérents que les
éléments constitutifs d'un organisme individuel (blastodème), car les feuilles d'un arbre, les polypes d'un
polypier, une fois séparés, ne se retrouvent pas et ne
se rejoignent plus; moins encore pourraient-ils ra-
nimer leur circulation si elle était abolie; tandis que
les hyménoptères sociaux les plus élevés savent non
seulement se rallier après une dispersion accidentelle,
mais encore se susciter une Mère en qui renaisse,
comme le dit Réaumur, l'*âme de la ruche.*

Mais sans qu'il soit besoin de recourir à ces résolutions singulières, la durée normale des sociétés maternelles pourvues de neutres, durée considérable si
on les compare aux rudiments de famille où la femelle
féconde est seule, montrent assez quelles conquêtes
une telle organisation peut réaliser sur le temps. Les
femelles auxiliaires, grâce aux provisions amassées ou

à quelque autre effort du travail collectif, peuvent franchir l'hiver ; elles vivent en moyenne de dix à dix-huit mois, en sorte que, nées au milieu d'un été, elles se retrouvent prêtes au printemps suivant à continuer les travaux et à communiquer les traditions. Non-seulement, par cette survivance annuelle d'un nombre plus ou moins grand d'ouvrières, la famille subsiste pendant bien des maternités successives, mais même les souvenirs s'y perpétuent. La mémoire n'y atteint pas certes la concentration qu'elle atteint dans l'humanité ; toute comparaison de ce genre est déplacée ; car qu'y a-t-il de moins scientifique que de confondre ainsi les degrés les plus distants de la vaste échelle des êtres ? Mais on peut affirmer qu'il y a quelques indices non douteux de représentations conservées et de renseignements transmis pendant de longues années à travers des générations d'insectes. Je n'en citerai qu'un exemple emprunté à Vogt (*Animaux utiles et nuisibles*, p. 250), celui de fourmis se rendant pendant des années à travers plusieurs rues fréquentées, à une distance de 600 mètres, dans la cave d'un pharmacien où se trouvait un grand vase de sirop, sans cesse rempli depuis le même temps. Ce fait, auquel on pourrait en joindre un grand nombre d'autres, établit non seulement la durée matérielle des sociétés qui n'est pas douteuse, mais l'existence d'une certaine continuité dans leur conscience à travers les repos rythmés auxquels le retour régulier des nuits et des hivers la contraignent (1). Partout du reste où il y a des consciences,

---

(1) On pourrait objecter que ce n'est pas là un acte de mémoire, parce que les individus de la fourmilière se sont renouvelés chaque année ;

leur concentration et leur continuité sont en raison directe l'une de l'autre.

Le but unique de tous les actes comme de toutes les représentations des insectes sociaux, c'est l'élevage des jeunes ; mais si le but est unique, les moyens sont nombreux. Une des nécessités de l'élevage, c'est la construction d'un abri et d'un refuge : de là le développement de l'industrie dans les sociétés maternelles d'insectes. Ce n'est pas que des phénomènes de ce genre soient propres aux sociétés ; il n'est pas un être vivant, si solitaire qu'il soit, qui ne sache au besoin se pourvoir d'une enveloppe, et c'est là en somme le commencement de l'industrie, si ce commencement ne se trouve pas dans la formation de l'organisme lui-même (1). Et sans parler des Annélides tubicoles, des Mollusques à coquille et des Mollusques lithophages, des chenilles tisseuses et enfin des araignées, déjà les Hyménoptères non sociaux nous offrent avec beaucoup d'autres insectes des exemples d'un emploi fort industrieux de la matière. Mais il n'en est pas moins incontestable que dès l'apparition des sociétés dont l'élevage est le but, l'industrie prend un essor rapide et produit des merveilles inattendues. C'est alors qu'on la voit renoncer décidément à ses procédés habituels pour en adopter de nouveaux. En effet jusque-là c'est en grande

mais dans le cerveau d'un mammifère, est-ce que ce sont les cellules mêmes qui ont reçu la perception qui s'en souviennent? ne sont-elles pas elles aussi remplacées au bout d'un certain temps ?

(1) V. HARTMANN : « Les soins que l'instinct maternel apporte au développement du petit jusqu'au moment où il pourra se suffire à lui-même sont différents par la forme, mais non au fond, de la formation de l'embryon au sein de la mère. » Ex : Marsupiaux, etc. (*Phil. de l'Inconscient*, vol. I, p. 236.)

partie à la substance même de leur corps que les animaux inférieurs ont emprunté la matière de leurs abris et de leurs engins. L'abri n'était qu'un prolongement de l'organisme dont il était issu ; l'engin, comme celui de l'araignée, n'était qu'une extension de l'animal qui en occupe le centre. Si nous examinons au contraire les produits de l'industrie sociale nous les trouvons construits avec des matériaux de plus en plus étrangers à la substance de l'ouvrier, élaborés extérieurement par des moyens de plus en plus exclusivement mécaniques. Il en résulte que le corps vivant n'est plus aussi directement intéressé à la conservation de l'œuvre, qu'il peut presque indéfiniment en varier la structure, la réparer et la reconstruire, bref qu'au lieu d'être un organe elle tend à devenir un instrument. Tel était le résultat inévitable de la vie de relation qui, essentiellement transitive et impliquant une communication entre plusieurs êtres séparés, devait nécessairement soulever la matière extérieure et l'organiser suivant les fins de la vie. Mais devons-nous considérer ses effets comme entièrement différents de ceux de la vie physiologique ? Il semble que non, si on pense aux transitions insensibles qui unissent le travail inconscient qui produit l'organe au travail conscient qui produit l'instrument. A vrai dire le gâteau de cire où sont les larves d'abeilles attendant leur nourriture quotidienne, extérieur il est vrai à chaque individu de la ruche, est intérieur à la société tout entière, en tant qu'elle forme comme nous venons de le voir une conscience unique, une individualité collective. Une fonction commune est en quelque sorte l'âme de la ruche ; un appareil commun est en quelque sorte son corps : l'un n'est que la traduction matérielle de l'autre, et l'instrument raconte la fonction aussi fidèlement que l'organe. On peut même aller plus loin et soutenir que l'instrument est organe, dans le sens plein du mot, car la fonction qu'il est destiné à servir, fonction vitale pour la communauté, subit toutes les altérations, profite de tous les accroissements que les circonstances lui apportent. La domestication masque cette vérité pour les abeilles ; elle reste facilement vérifiable en ce qui concerne l'appareil d'élevage des fourmis. En résumé l'industrie n'est donc que l'élaboration de l'organisme social et, comme tout organisme, elle est l'expression exacte de la fonction ; elle est la fonction visible. L'art nous apparaît de ce point de vue dans le règne animal comme une extension de la vie, et l'un et l'autre doivent être régis par les mêmes lois. Une seule différence essentielle distingue leurs œuvres ; elle résulte de ce que les œuvres de l'un sont le produit d'une intelligence plus ou moins consciente, tandis que les œuvres de l'autre sont le produit d'une force inconsciente, bien qu'il y ait sans doute encore quelque intelligence en elle. Cette différence, la voici : l'organe, comme par exemple la coquille du Mollusque, le fourreau de la Serpule, le tégument de l'insecte, est composé d'éléments matériels dont le nombre comme l'arrangement est indéterminé, ou plutôt indéterminable (ce qui revient au même pour nous) ; — et c'est ce qui faisait dire à Leibnitz que toute matière vivante enveloppe un infini actuel, — tandis que l'instrument est composé de parties en nombre défini dont l'agencement peut être compris dans un système limité d'idées.

Seulement cette différence s'évanouit à mesure que le microscope aidé du calcul nous découvre la formule des structures organiques les plus délicates.

Examinons maintenant une à une les sociétés sur lesquelles nous venons d'émettre les considérations générales qui précèdent; nous le ferons brièvement, car notre but est plûtôt de les interpréter que de les faire connaître, et nous nous contenterons d'attirer l'attention chemin faisant sur les faits les plus propres à élucider la théorie.

Il est difficile de fixer le rang qué doivent occuper les unes par rapport aux autres les sociétés d'hyménoptères; elles ne forment pas une série linéaire, mais des séries divergentes douées d'attributions malaisément comparables. Nous rencontrons d'abord les Anthophores qui vivent à côté les unes des autres sans entretenir aucun commerce entre elles. L'observateur qui les étudie n'a à redouter que celle qu'il moleste. Viennent ensuite les Andrénides (genres Halictes et Panurge) que l'on rencontre quelquefois seules, quelquefois établies au nombre de 8 à 10 dans un même nid, pourvu d'une entrée unique. L'entrée seule est-elle commune, ou bien le nid l'est-il aussi? est-il édifié en commun? c'est ce qu'on ignore. Reconnaissons, en tous cas, que les deux dispositions sont voisines et que l'une peut aisément conduire à l'autre des insectes dont le genre de vie ne suscite, entre les divers individus, que de rares occasions de rivalité. Immédiatement après se présentent les espèces à neutres qu'on peut considérer, pour établir entre les faits un lien théorique,

comme constituées par des femelles nidifiant en commun chez la plupart desquelles les organes sexuels se
seraient atrophiés (1), mais qui auraient gardé leurs
habitudes d'architectes et de nourrices. Deux séries
commencent ici à diverger, celle des Apiens et celle
des Vespides. Cette dernière paraît, dans son ensemble, un peu inférieure à l'autre, car la division du travail y est portée moins loin, et en Europe, les sociétés
sont moins durables, elles ne vivent qu'un an. En
revanche, le nid est généralement d'une architecture
plus complexe, bien que les Mélipones, qui sont des
Apiens, suspendent aussi leurs nids aux arbres et les
entourent aussi d'une enveloppe. Quoi qu'il en soit,
commençons par les Vespides.

Les sociétés de Polistes construisent un nid dépourvu
d'enveloppe, comprennent un petit nombre d'ouvrières
(15 à 20) et ne durent qu'un an. Le miel qu'elles produisent ne paraît pas servir. Cependant elles ne se
bornent pas à la fabrication de ce nid en forme de coupe
que l'on voit fréquemment attaché aux plantes ; quelques-unes, observées à Dijon par M. Rouget (2), établissent leur demeure dans l'intervalle des laves, sur
les toits des murs de clôture, obtenant ainsi un abri
plus sûr et plus chaud ; elles sont aussi plus nombreuses et plus actives ; d'autres, observées également
à Dijon par le même naturaliste, ont eu la pensée d'uti-
liser pour leur nid de vieilles timbales et des cafetières

---

(1) Cette atrophie a pu provenir soit de la rareté des mâles, soit de
l'impossibilité de nourrir la progéniture de tant de femelles fécondes
réunies, etc.

(2) *Mémoires de l'Académie de Dijon*, 1872-73, Coléoptères parasites
des Vespides.

bossuées, jetées parmi les immondices, habitudes qui n'ont été rencontrées nulle part ailleurs, variations toutes locales de l'instinct. De là, nous passons naturellement à la fois aux guêpes qui font leur nid dans la terre en l'environnant de mousse, les unes normalement (*Vespa vulgaris*), les autres accidentellement (*V. crabro* et *Vespa sylvestris*), et à celles qui le suspendent, soit aux arbres, soit au bord des toits et le garantisssent également d'une couche papyracée. Certains Polistes joignent un second rang au premier, les guêpes font ordinairement ainsi, liant (complication nouvelle) les rayons l'un à l'autre par des piliers qui les consolident. L'enveloppe des nids terrestres, d'abord simple, devient elle-même plus complexe à mesure que la colonie augmente, et se compose de plusieurs couches. La division du travail est poussée assez loin dans les sociétés des guêpes frelons (*Vespa crabro*) qui nous montrent pour la première fois certains individus occupés exclusivement à veiller pour le salut commun. Le nid est gardé par des *sentinelles* qui veillent aux abords, rentrent lors du danger et avertissent les guêpes qui sortent en colère et piquent les agresseurs. Nous verrons ce fait se reproduire dorénavant dans toutes les sociétés organisées. Examinons-le un instant ainsi que d'autres particularités offertes par les mœurs des Vespides.

Première question : comment les sentinelles peuvent-elles avertir leurs compagnes de la présence d'un ennemi ? Disposent-elles donc d'un langage assez précis pour communiquer des renseignements ? On ne voit pas les guêpes se servir de leurs antennes pour se

communiquer leurs impressions d'une manière aussi
délicate que les fourmis; mais, dans le cas donné, tout
langage précis leur est, comme on va le voir, inutile. Il
suffit, pour l'explication du fait, que nous concevions
comment une émotion d'alarme et de colère se communique d'un individu à l'autre. Chaque individu, remué
soudain par cette impression rapide, s'élancera au
dehors et suivra l'élan général; il se précipitera même
sur la première personne venue, de préférence sur
celle qui fuit. Tous les animaux sont entraînés par
l'aspect du mouvement. Il ne reste donc plus qu'à dire
comment les émotions se communiquent à toute la
masse. Par le seul spectacle, répondons-nous, d'un
individu irrité. C'est une loi universelle dans tout le
domaine de la vie intelligente, que la représentation
d'un état émotionnel provoque la naissance de ce
même état chez celui qui en est le témoin. Au-dessous
des régions où commence l'intelligence, il faut que les
circonstances extérieures agissent isolément sur chaque
individu d'une manière simultanée pour qu'il y ait
accord dans les impressions ressenties; mais, dès que
la représentation est possible, il suffit qu'un seul soit
ébranlé par les circonstances extérieures pour que
tous le soient également presque aussitôt. En effet,
l'individu alarmé manifeste extérieurement son état de
conscience d'une manière énergique; la guêpe, par
exemple, bourdonne d'une manière significative correspondant chez elle à un état de colère et d'inquiétude ;
les autres guêpes l'entendent et se représentent ce
bruit : mais elles ne peuvent se le représenter sans que
les fibres nerveuses qui, chez elles, le produisent d'or-

dinaire, ne soient plus ou moins excitées. C'est un fait psychologique facile à observer chez les animaux supérieurs que toute représentation d'un acte entraîne un commencement d'exécution de cet acte ; la chèvre à qui on présente un morceau de sucre, le chien à qui on présente un morceau de viande, se lèchent les lèvres et salivent aussi abondamment que s'ils l'avaient dans la bouche. L'enfant et le sauvage miment la scène qu'ils racontent. Et M. Chevreul a montré qu'en l'état de repos parfait il suffit qu'un homme adulte, un savant, d'esprit rassis, ait l'idée d'un mouvement possible de son bras pour que ce mouvement commence à s'effectuer, même à son insu. Nous ne pensons pas seulement avec notre cerveau, mais avec tout notre système nerveux, et l'image, envahissant d'emblée, avec le sens qui perçoit, les organes qui correspondent d'ordinaire à la perception, y provoque inévitablement des mouvements appropriés qu'un contre-ordre énergique peut seul parvenir à suspendre. Plus la concentration de la pensée est faible, plus les mouvements nés de cette sorte suivent impétueusement leur cours. Nos guêpes voyant l'une des leurs entrer dans le nid, puis en sortir d'un vol rapide, seront donc elles-mêmes tirées au dehors, et au bruit produit par elle, leur bourdonnement répondra à l'unisson. De là une effervescence générale de tous les membres de la société. Et cette agitation ne sera pas un vain semblant de colère ; l'état émotionnel suit les actes qui l'expriment, alors même que ces actes sont des démonstrations toutes fictives. De même que l'homme qui tient un fleuret dans un assaut courtois s'anime au jeu et éprouve quelque chose des sentiments qu'il aurait dans une véritable lutte, de même que le sujet magnétisé passe par tous les états correspondant aux postures qu'on lui fait prendre, s'enorgueillissant quand on le dresse, s'humiliant quand on l'accroupit, de même les animaux éprouvent rapidement les émotions dont ils reproduisent les signes extérieurs. Le singe, le chat, le chien en viennent vite, en simulant le combat dans leurs jeux, à une véritable colère, tant il y a de connexion entre les actes et les attitudes qui expriment d'ordinaire un état de conscience et cet état de conscience lui-même, tant ces deux moitiés d'un seul et même phénomène s'engendrent facilement l'une l'autre. Les guêpes seront donc toutes au bout d'un instant, non seulement agitées et bruyantes, mais véritablement irritées.

J'ajoute que cette colère croîtra avec leur nombre. Les effets du nombre sur les êtres vivants sont très singuliers. On sait maintenant que l'homme isolé ne sent ni ne pense comme le même homme transporté au sein d'une foule; et c'est une observation souvent répétée par un célèbre critique qu'au théâtre la réunion seule des spectateurs les rend tout autres qu'ils ne seraient chacun en leur particulier. Examinons ce qui se passe dans une assemblée devant laquelle parle un orateur. Je suppose que l'émotion ressentie par lui puisse être représentée par le chiffre 10 et qu'aux premières paroles, au premier éclat de son éloquence, il en communique au moins la moitié à chacun de ses auditeurs qui seront 300, si vous le voulez bien. Chacun réagira par des applaudissements ou par un redoublement d'attention; il y aura dans l'attitude de chacun je ne sais quoi de tendu, de tragique, et l'ensemble de ces attitudes soudainement manifestées produira ce qu'on appelle dans les comptes rendus un mouvement (*sensation*). Mais ce mouvement sera ressenti par tous à la fois, car l'auditeur n'est pas moins préoccupé de l'auditoire que de l'orateur et son imagination est soudainement envahie par le spectacle de ces trois cents personnes frappées d'émotion : spectacle qui ne peut manquer de produire en lui, d'après la loi énoncée tout à l'heure, une émotion réelle. Admettons qu'il ne ressente que la moitié de cette émotion et voyons le résultat. La secousse ressentie par lui sera représentée non plus par 5, mais par la moitié de 5 multipliée par 300, c'est-à-dire par 750. Que si on applique la même loi à celui qui est debout et parle au milieu de cette foule silencieuse, ce ne sera pas le chiffre de 750 qui exprimera son agitation intérieure, mais 300 fois $\frac{750}{2}$, puisqu'il est le foyer où toute cette foule profondément remuée renvoie les impressions qu'il lui communique. C'est ce qui fait que tant d'orateurs encore mal aguerris sont arrêtés à leur premier élan, précisément par le succès de leur parole ; l'effet qu'ils produisent revient à eux tellement accru qu'ils en sont pour ainsi dire accablés. Mais, quand l'orateur réussit à vaincre son émotion et réagit sur la foule, on voit quelle répercussion de chocs électriques doit s'établir entre lui et son auditoire et comment l'un et l'autre sont en quelques instants emportés bien au delà de leur diapason moral accoutumé. Il en est de même dans une réunion quelconque d'êtres sentants, quels qu'ils soient ; non seulement l'émotion d'un seul se communique à tous, mais encore, plus l'agglomération est considérable, plus l'émotion commune croît en intensité. Seulement, ce n'est que dans des cas fort rares que la communication s'établit ainsi de tous à un seul et présente ce caractère de concentration organique. La plupart du temps le concours est tumultueux, en sorte qu'une grande partie des émotions, faute d'être visibles à tous dans leurs effets, restent sans écho. Dans ces cas, qui sont les plus fréquents, l'intensité de l'émotion n'offre plus le même rapport avec le nombre des assistants, l'accélération des mouvements passionnés est beaucoup moins rapide. Mais la loi générale n'en subsiste pas moins. Les observations de M. A. Forel en sont une vérification éclatante. « Le courage de toute fourmi, écrit-il (page 249), augmente chez la même forme en raison directe de la quantité de compagnes ou amies qu'elle sait avoir et diminue en raison directe de l'isolement plus grand où elle se trouve de ses compagnes. Chaque habitant d'une fourmilière très peuplée est beaucoup plus hardi qu'une ouvrière exactement semblable d'une très petite peuplade. La même ouvrière, qui se fera tuer dix fois lorsqu'elle est entourée de ses compagnes, se montrera extrêmement timide, évitant le moindre danger, même une fourmi beaucoup plus faible qu'elle, lorsqu'elle sera isolée, à vingt mètres de son nid. » C'est par le même principe que s'expliquent les faits relatés par M. Rouget au sujet des Vespides. Plus les frelons qu'il a observés étaient nombreux, plus il les a trouvés irritables. L'ensemble de ces remarques fera comprendre comment les sentinelles peuvent commu-

niquer à toute la société des frelons non seulement
leur agitation, mais l'irritation dont elles sont transpor-
tées, et comment en peu d'instants la colère de tous ces
animaux une fois avertis peut prendre des proportions
redoutables.

Mais il reste à savoir de qui ces sentinelles tiennent
leur fonction. Voilà un partage d'attributions remarquable. Quelle en est l'origine, et quelle est l'origine
en général des différenciations jusqu'ici opérées dans
l'organisation des sociétés maternelles? Il est très probable qu'elles sont toutes spontanées. Nul ordre n'est
transmis de la mère aux ouvrières. Celles-ci prennent
chacune la tâche qui leur paraît le plus utile à tous et
le plus agréable à elles-mêmes. Le concours a son point
de départ dans l'initiative absolue de chaque individu.
Nous voyons se dessiner ici plus nettement la loi que
nous n'avions fait qu'entrevoir en examinant la formation du cormus d'Ascidies. Toute société est formée par
épigénèse, c'est-à-dire par apparition successive et
adjonction spontanée de chacune de ses parties. La
mère ne fait dans le cas présent que produire les éléments matériels de la société; ce n'est qu'ensuite que
ces éléments se différencient et se groupent de manière à produire un organisme. Une société est donc
toujours le produit de sa propre activité; elle se
fait ensuite elle-même et suscite les énergies qui
concourent à sa formation; tout organisme suit la
même loi.

Les sociétés de guêpes ne durent qu'un an dans nos
pays; cependant M. Blanchard assure que les gros
nids ne cessent pas, même pendant l'hiver, d'être ha-

bités par un certain nombre d'ouvrières (1); et Lacordaire a observé à Cayenne des sociétés qui durent plusieurs années, par où l'on voit que ce qui arrête le développement de celles de nos pays, ce n'est pas l'insuffisance de leur structure mais le froid de nos hivers. Les nids de ces guêpes exotiques témoignent aussi d'une industrie bien supérieure à celle des nôtres, corrélative à la durée supérieure de leur existence. C'est que l'économie de leur organisation permet aux guêpes, en général, d'atteindre dans des circonstances favorables le même développement social que les abeilles. Elle est fondée en effet sur un principe déjà fort élevé : la délégation de la fonction commune à un seul individu. Une seule guêpe ayant gardé la fécondité, toutes les autres (dont le nombre va jusqu'à vingt et vingtcinq mille), font concourir leur activité au service de la sienne, en sorte qu'elle est le centre visible de la société tout entière. Nous avons vu qu'une telle délégation d'une fonction essentielle est la condition de tout progrès social. La mère personnifie l'individualité collective formée par le concours de ces milliers d'individus; « lorsque la femelle fondatrice vient, dit M. Rouget, à être tuée ou à périr au dehors par accident, la colonie diminue rapidement, et ses habitants, qui perdent alors une grande partie de leur activité, disparaissent peu de temps après l'éclosion des dernières nymphes renfermées dans les cellules » (Op. cit., p. 180).

Les Bourdons, les Mélipones et les Abeilles mar-

---

(1) M. Rouget nie formellement que cela soit possible.

quent trois phases progressives d'un même plan social.
De même que les Vespides inférieurs sont moins nombreux, que leur industrie est moins complète et leur
union moins capable de durée, de même les Bourdons
ne s'élèvent guère en moyenne au-delà du nombre de
deux cents individus qui construisent des loges isolées
ou grossièrement agglomérées et périssent tous au
bout d'un an, sauf les femelles fécondées. Les abeilles
ont en général la même organisation sociale que les
guêpes ; mais soit qu'elles aient été mieux observées,
soit qu'en effet elles soient supérieures, elles doivent
aux particularités suivantes un rang certainement plus
élevé dans nos classifications.

1° Premièrement, on a remarqué chez les abeilles
un degré de division du travail dont les Vespides n'offrent pas d'exemple, du moins à en croire le silence
des études les plus complètes. Non seulement en effet
des sentinelles gardent l'entrée de la ruche (HUBER,
vol. II, p. 413), mais les ouvrières se distinguent en
deux classes, les cirières et les nourrices, dont les
premières se chargent spécialement de la construction,
les secondes de l'élevage. On ne sait jusqu'ici si les
individus composant ces deux groupes adoptent ces
deux genres de travaux successivement, en sorte que
la même abeille, d'abord nourrice, devienne ensuite
cirière, ou si les divers individus gardent toute leur
vie la même fonction une fois adoptée. La première de
ces hypothèses ne paraît devoir être accueillie qu'avec
défiance.

2° Secondement, la mère n'est pas, dans la ruche,
unique dès l'origine, elle le devient par son triomphe

sur des rivales, et ce triomphe ne peut être obtenu que par une certaine sélection. La femelle la plus vigoureuse, la plus adroite, la plus tôt apparue a des chances de l'emporter sur ses rivales. Ce fait est encore une preuve du caractère spontané de toute organisation. Nul pouvoir central n'existe encore qui provoque ce combat pour l'utilité générale ; les femelles s'y livrent d'elles-mêmes, poussées par un mobile qui leur est propre, j'allais dire personnel, la jalousie (Huber, v. I, p. 168). Par là elles servent d'une manière presque consciente leur intérêt particulier, et d'une manière absolument inconsciente l'intérêt de la société. C'est de même spontanément que les ouvrières exécutent tous leurs travaux. Loin de recevoir les ordres de celles qu'on a appelées les reines, elles exercent souvent une sorte de pression sur leurs actes, soit quand celles-ci sont molles au combat, soit quand elles veulent indûment détruire les nymphes prêtes à éclore. En toutes choses ces mêmes ouvrières ont l'initiative, dans le choix d'un emplacement, dans la construction des cellules, dans l'élevage des larves, dans le massacre des mâles, jusque dans la fixation de l'heure ou les jeunes femelles fécondes peuvent sortir de leurs cellules. Singulier État en vérité que celui où il n'y a pas l'ombre de gouvernement ! L'amour maternel, également fort chez toutes les ouvrières, et l'intérêt personnel, tels sont les deux mobiles (le second subordonné au premier) qui obtiennent sans aucune contrainte de ces milliers d'individus la plus harmonieuse conspiration. Il résulte de ces remarques deux choses, l'une que le consensus social est obtenu de plus en plus à mesure qu'on s'élève dans l'échelle des sociétés par la coopération spontanée des individus, en sorte que l'organisme collectif se crée lui-même bien plus qu'il n'est produit, — l'autre que cette coopération n'a pas besoin d'être expressément voulue pour être efficace, car ce n'est pas le seul cas où la prospérité collective est assurée par des efforts tentés sinon à l'encontre, du moins en dehors des intérêts communs.

3° Des observations nombreuses ont montré que l'intelligence a une part considérable dans l'organisation sociale des abeilles. Des idées, ou (si le mot convient mieux) des représentations sont les ressorts de tous ces mouvements concertés dont se compose la vie d'une ruche. D'abord il est certain que les ouvrières se connaissent entre elles; un jour qu'il était né dans une ruche observée par Huber des ouvrières noirâtres, d'aspect singulier, elles furent toutes massacrées et leurs corps jetés hors de la ruche. Ensuite elles connaissent la mère; leur en donne-t-on une autre dans les premières heures qui suivent l'enlèvement de la première, elles lui refusent toute coopération et l'étouffent sous leur masse. Non seulement elles la connaissent, mais encore elles ne cessent d'avoir son image présente, car si on la leur ravit, une heure n'est pas écoulée que la ruche est en ébullition. La raison de ce trouble est que d'ordinaire la mère est en communication constante par ses antennes avec un grand nombre d'ouvrières et que celles-ci à leur tour tranquillisent par leur attouchement leurs compagnes plus éloignées. La société tout entière se sent donc pour ainsi dire dans son unité de moment en moment; ce

contact vient-il à être rompu, la source de ces communications vient-elle à manquer, c'est en vain que la
femelle féconde sera là au milieu d'elles ; si elle ne
peut se faire comprendre au moyen de ses antennes,
le désordre est jeté rapidement dans la foule des travailleuses. Cette communication n'est d'ailleurs pas la
seule qui unisse celles-ci à la femelle mère. A certains
moments la mère fait entendre comme un chant particulier ; aussitôt les ouvrières s'arrêtent, restent immobiles et paraissent frappées de stupeur. C'est encore
une représentation de qui dépend l'avenir de la société
quand, la mère commençant à pondre des œufs de
mâles et annonçant ainsi son départ prochain, les
ouvrières se mettent aussitôt à élargir quelques cellules pour y élever les femelles qui la remplaceront.
C'est une représentation enfin qui détermine le départ
d'un essaim après que la vieille mère a parcouru en
tous sens la ruche en manière d'avertissement. Ainsi
les liens qui unissent les divers membres de cette
société domestique sont ceux d'une connaissance réciproque et d'une espérance commune ; bien que la mère
représente l'unité collective et que la fonction sociale
ait en elle sa personnification, la ruche tout entière
n'en forme pas moins un organisme moral, une véritable conscience dont la mère n'est que la partie prépondérante, « l'idée directrice ».

4° Le rôle considérable attribué à l'intelligence dans
la constitution sociale des abeilles fait de l'organisme
qui en résulte le plus souple, le mieux résistant que
nous ayons examiné jusqu'ici. L'organe essentiel vient-
il a être enlevé, des mesures sont prises aussitôt pour

le remplacer, et, pourvu qu'il y ait lieu d'espérer le succès, quinze jours peuvent s'écouler avant l'éclosion des nymphes « royales » sans que le découragement pénètre dans la ruche. La vie de l'organisme que nous considérons est donc suspendue à une idée, à la représentation d'un fait à venir ; quel organisme purement physiologique serait capable de franchir ainsi l'intervalle qui séparerait la suspension de sa fonction essentielle du rétablissement de cette fonction ? C'est grâce à de telles ressources que les sociétés d'abeilles durent, même dans nos pays, en quelque sorte indéfiniment, tandis que celles des guêpes ne vivent qu'une année. L'essaimage dépend lui aussi de cette faculté de réviviscence et il assure à l'espèce des chances éminemment favorables dans le combat pour la vie. On sait que les sociétés de guêpes en sont incapables.

En résumé, les sociétés d'abeilles offrent, par rapport à ces dernières, une organisation sociale à la fois plus concentrée et plus différenciée, plus individuelle par conséquent, plus cohérente et plus durable. Les fourmis présentent un type social très différent quoique appartenant au même groupe. Examinons-le brièvement.

La grande différence entre la fourmilière et la ruche, c'est que celle-ci ne contient jamais qu'une mère fécondée et pondant, tandis que celle-là en contient fréquemment plusieurs. Les mâles restent indifférents aux travaux de la société, et les neutres sont encore ici des femelles stériles ; mais l'organe maternel fécond n'est plus unique ; lui-même est sinon différencié, du moins multiplié en plusieurs individus, d'ailleurs peu

nombreux par rapport aux ouvrières. Les ouvrières
ont ici une importance croissante : les ouvrières, c'est-
à-dire la partie intelligente et agissante de la société.
Les femelles, s'il faut en croire M. A. Forel, auraient,
dans la fondation d'une colonie, une part beaucoup
moins active que celle qu'on leur attribue d'ordinaire.
On croit généralement, en effet, qu'elles s'arrêtent
dans quelque coin propice, s'arrachent les ailes, se
font un nid, y pondent et y soignent elles-mêmes leur
progéniture. Suivant cet exact observateur, une femelle serait incapable, à elle seule, de suffire à l'élevage des larves ; elle réussit, il est vrai, à creuser une
petite galerie pour y déposer ses œufs, mais elle ne peut
aller plus loin et ne laisse point de postérité. Un seul
animal ne peut exécuter les travaux multiples et simultanés que suppose l'élevage d'un certain nombre
de larves (M. FOREL, op. cit., p. 253). Tout l'avenir,
comme la naissance même d'une fourmilière, dépend
donc des ouvrières ; bien que les femelles fécondes se
mêlent quelquefois à leurs travaux, c'est sur ces femelles stériles que tout repose, puisque si elles ne re-
tenaient pas les femelles fécondes la communauté
périrait. A parler comme Rousseau, un certain artifice se superpose donc ici à la « nature ». La fonction
reproductive se subordonne à la vie de relation. L'activité intelligente prend de plus en plus le rang de fin,
la fonction physiologique celui de moyen.

Mais si cette multiplicité des mères dans une société
ne fait pas descendre les fourmis au-dessous des sociétés d'abeilles, faut-il y voir un caractère assez important pour que la société où il se manifeste mérite le

nom d'Etat? (1) M. Jæger, naturaliste allemand, divise
à peu près comme nous l'avons fait — et cette coïncidence nous est précieuse — les groupes permanents
d'êtres vivants en trois ordres. L'individu collectif,
formé d'éléments anatomiques continus, pour lequel
nous avons proposé le nom de blastodème, il l'appelle,
avec Hækel, *bion*. Il voit, comme nous, dans la famille, l'individualité collective secondaire ; elle est
formée de bions ; suivant son degré de concentration,
il la divise en famille acéphale et en famille céphalée.
Enfin, l'individualité collective tertiaire, *formée des familles*, est l'Etat. Elle est caractérisée par une division
du travail souvent assez avancée pour entraîner des
différences morphologiques ; elle comporte différents
métiers. Selon lui, les sociétés d'abeilles et de fourmis
constituent de véritables Etats. Nous ne pouvons nous
ranger à cet avis. La ruche n'est évidemment composée que d'une seule famille, puisqu'il n'y a qu'une seule
mère. Quant aux fourmilières, bien qu'il y ait plusieurs
mères, et que, par ce fait, le type essentiel de la famille
soit nécessairement modifié, comme les œufs pondus
par ces mères multiples y sont soignés et les larves
qui en proviennent élevées indifféremment par toutes
les femelles stériles, comme entre les femelles fécondes et les mâles il n'y a pas de société conjugale permanente, comme enfin il y a dans beaucoup de sociétés

---

(1) V. Maur. GIRARD, *Métamorphoses*, p. 174 : « Nous avons la manie
d'affubler les animaux de nos gouvernements. La ruche n'est ni une
monarchie, ni une république, c'est une communauté de trois sortes
d'individus d'une utilité forcée pour *la reproduction* et chez qui tous les
instants de l'existence concourent à ce but avec la plus parfaite concor-
dance harmonique. »

domestiques des différences morphologiques tout aussi
grandes entre le mâle et la femelle qu'entre les neutres et les individus sexués, nous ne pouvons reconnaître en elles des sociétes politiques. Elles ne forment
qu'une seule famille, bien que monstrueuse en ses proportions, et par conséquent n'atteignent pas, d'après la
définition même de M. Jæger, le troisième degré de l'é-
volution sociale. Autrement, il faudra donner le nom
d'Etat à tous les groupes permanents où il y a plus
d'une femelle, ce qui est évidemment contraire aux
habitudes de langage et de pensée les mieux établies.

M. Forel a trouvé dans le Simplon (page 257), sous
une pierre, une cinquantaine de fourmis femelles fécondées (*Formica rufa*) agglomérées étroitement;
ailleurs, dans le Tessin, à Loco, une fourmilière de
Formica fusca, dont une moitié se composait de femelles aptères et l'autre moitié seulement d'ouvrières.
Faut-il voir dans ce double fait une figure de ce qui
s'est passé à l'origine lorsque, dans un groupe nombreux de femelles, la division du travail s'est progres-
sivement établie, les unes gardant la faculté reproductrice, les autres la perdant pour devenir plus aptes
aux travaux de l'élevage? C'est ce que nous ne sau-
rions affirmer. Des observations ultérieures sur des
faits de même sorte viendront sans doute jeter quelque
lumière sur cette question si obscure des origines.
Quoi qu'il en soit, si le partage des attributions maternelles entre plusieurs individus met, ce semble, la
fourmilière au-dessous de la ruche quant à la concentration organique, les fourmis ont sur les abeilles un
considérable avantage quant à la souplesse de leur

organisation sociale, à la variété de leurs travaux, à
l'énergie de leur coopération. Leur supériorité est
attestée du reste par le jugement le plus décisif de
tous : celui du combat. En Amérique, les fourmis Ecitones attaquent fréquemment, au témoignage de Bates (1), les nids de guêpes dont l'organisation est la
même que celle des abeilles, et malgré une défense
furieuse, emportent leurs œufs et leurs larves ; la victoire est complète.

Ce qui donne aux fourmis cette supériorité, c'est
qu'elles ont des habitudes terrestres. L'assertion peut
sembler paradoxale, mais qu'on songe aux avantages
exceptionnels qu'offre pour le développement des facultés intellectuelles le milieu terrestre comparé au
milieu aérien. Dans l'air, de longues routes sans accident, des courses étourdies loin des objets réels, une
instabilité, un vagabondage, un oubli sans fin des choses et de soi-même. Sur terre, au contraire, pas un
mouvement qui ne soit un contact et n'apporte un enseignement précis, pas une marche qui ne laisse ses
souvenirs ; et comme les courses sont limitées, il est
inévitable qu'une partie du sol occupé se peigne avec
ses ressources et ses dangers dans l'imagination de
l'animal qui le traverse incessamment. De là une communication beaucoup plus directe et plus étroite avec
le monde extérieur. Mais de plus, l'usage de la matière
est beaucoup plus facile à l'animal terrestre qu'à l'ani-

_____

(1) Cité par Blanchard, *Revue des Deux-Mondes*, 15 oct. 1875, p. 809.
Le docteur Morice affirme qu'aucun insecte ne peut lutter contre les
fourmis redoutables qu'il a observées en Cochinchine ; elle sont maîtresses
de l'arbre qu'elles occupent. Un mammifère attaché (singe, veau, etc.)
succombe à leurs morsures.

mal aérien. Faut-il construire ? Celui-ci devra sécréter comme l'abeille la matière de son nid ou, comme l'abeille encore quand elle récolte la propolis, comme la guêpe quand elle recueille les éléments de son papier, l'aller chercher au loin. L'animal terrestre a près de lui les matériaux de son travail, et comme ces matériaux sont variés, son architecture pourra l'être aussi. C'est donc vraisemblablement à leur habitat que les fourmis doivent leur supériorité sociale et industrielle. S'il y a eu une fourmi qui la première a eu l'idée de se débarrasser de ses ailes en les tordant pour travailler plus aisément sur le sol, elle a rendu à sa race un immortel service. Mais il n'est pas probable que les choses se soient passées ainsi, pas plus dans ce cas que dans d'autres.

Ce sont les fourmis qui nous fournissent le premier exemple de propriété. Les animaux inférieurs ne possèdent que le sol qu'ils occupent ; les fourmis, en sillonnant incessamment de leurs convois un vaste terrain, se l'approprient sans l'occuper d'une manière permanente. Ce terrain est leur, parce qu'elles y sont fixées et qu'elles y ont leur demeure. La propriété nous apparaît donc d'abord comme un effet direct, puis comme une extension de l'industrie. Le champ où les ouvrières circulent régulièrement en longues files porte en quelque sorte l'empreinte affaiblie de l'organisation, imprimée si nettement sur toutes les parties du nid. Ce champ est un instrument à l'usage des fourmis, comme le nid lui-même, quoique à un moindre degré. En effet, les sentiers battus sont la suite des galeries et, comme les galeries, les fourmis

sont prêtes à les défendre contre les incursions étrangères. Comme les différentes parties du nid communiquent entre elles, de même un courant non interrompu
d'informations unit les sentiers à la fourmilière. C'est
ainsi que l'activité animale conquiert le sol et l'incorpore à son organisme. Nous étudierons dans la suite le
développement de ce fait curieux qui se présente à
nous pour la première fois.

Tandis que les guêpes et les abeilles des différentes
espèces n'exécutent qu'un petit nombre de travaux
presque toujours semblables, les fourmis appliquent
leur activité d'une manière presque indéfiniment variable à toutes les circonstances qui se présentent. Les
unes creusent, les autres sculptent, les autres bâtissent,
les autres accumulent, un grand nombre chassent,
quelques-unes récoltent et emmagasinent (1), celles-ci
sucent le suc des fleurs, celles-là broutent leur corolle,
nous les voyons ici se faire esclavagistes, là élever des
pucerons, et tous ces actes divers sont susceptibles de
modifications sans limites, suivant les tendances héritées et les circonstances particulières. Il résulte de
cette aptitude de leur activité à varier ses effets que la

(1) Nous n'avons pas voulu parler dans notre première édition de ces
fourmis agricoles (agricultural ants) qui, disait-on, sèment elles-mêmes
les graines pour en récolter le produit. M. Cook les a récemment observées au Texas. Elles ne sèment pas volontairement les graines; on pouvait
s'y attendre. En les allant chercher dans les environs, elles en laissent
seulement tomber par mégarde un certain nombre. Mais voici ce qu'il y
a de curieux dans leur instinct : dès que les jeunes pousses apparaissent
mêlées à d'autres végétaux, elles coupent avec leurs mandibules, tout autour de leur nid, toutes les autres espèces de plantes, ne laissant croître
que l'espèce dont elles emmagasinent les graines. Nous devons ces détails à l'obligeance de M. Forel, qui les tient directement de l'observateur.

division du travail doit être, dans une fourmilière donnée, poussée beaucoup plus loin que dans une ruche.
En effet, on pourrait, en examinant une fourmilière au
travail, déterminer plusieurs catégories de travailleuses;
mais (et c'est là le propre d'un organisme élevé) la division du travail n'a rien de rigide et n'entraîne des
modifications organiques que chez un nombre d'espèces relativement restreint. M. Forel, corrigeant Lacordaire, montre que, parmi les fourmilières indigènes,
une très petite proportion présente la différenciation
morphologique en quatre sortes d'individus : mâles,
femelles, ouvrières et soldats. Il ne l'a observée que
chez la *Pheidole pusilla*. Mais il assure que ces soldats
n'exercent qu'une action individuelle et ne jouent
jamais le rôle de chefs. « Huber, dit-il, a déjà montré
que les fourmis n'ont jamais de chefs, et que même les
Formica fusca, auxiliaires des *Polyergus rufescens*, ne
subissent pas la moindre contrainte. Je ne puis que
confirmer son opinion ; je n'ai jamais vu une fourmi
jouer envers ses semblables un rôle prééminent »
(page 355). Il est vrai que Lacordaire, après Lund,
assure avoir vu de ses yeux les soldats des Écitones se
comporter à la Guyane et au Brésil en véritables offi-
ciers dans une marche en colonne de ces fourmis
(*Introd.*, t. II, p. 499). Cela suffit pour établir que la
société des fourmis *peut* atteindre une différenciation
morphologique aussi marquée que la société d'abeilles
(car cette différenciation est plus marquée que celle
des ouvrières d'une ruche en cirières et en nourrices),
sans cependant qu'on puisse en inférer la supériorité
des premières, vu le peu de généralité du fait.

Un autre fait, bien connu maintenant, nous paraît autoriser cette conclusion ; c'est l'aptitude des fourmis à se soumettre comme on dit des esclaves. On va voir que la différenciation obtenue ainsi et le partage d'attributions qui en résulte dépassent de beaucoup les faits d'ordre analogue observés chez les abeilles, et placent à ce point de vue les fourmis bien au-dessus d'elles.

Mais nous devons nous arrêter un instant sur ce fait pour lui donner sa véritable signification sociologique. Ce ne sont pas, en effet, des esclaves que s'adjoignent les fourmis *Polyergus rufescens* et *Formica sanguinea*. « Les *P. rufescens,* dit M. Forel (p. 308), sont, comme Huber l'a montré, dans une dépendance absolue de leurs auxiliaires. Ils ne savent ni maçonner, ni soigner leurs larves, *ni même manger eux-mêmes.* » S'il y a des tentatives de contrainte exercées par les unes sur les autres, c'est par des fourmis conquises sur leurs conquérantes et non par celles-ci sur celles-là. Nous avons vu nous-même certaines amazones rentrant à vide d'une expédition, mal accueillies et houspillées par des ouvrières noir cendrées ; Huber avait constaté le fait (p. 214). M. Forel raconte qu'au premier départ de l'année (4 juillet) les amazones furent tiraillées par les *Fusca* et même que celles-ci couraient après leurs compagnes de l'autre espèce, puis les chargeaient sur leur dos et les ramenaient à la fourmilière commune. Nées en cette saison même, elles n'avaient jamais vu d'expédition et ramenaient ainsi au nid celles qu'elles prenaient pour des fugitives (p. 311). Le même observateur a vu aussi les mêmes *Fusca* pendant des jour-

nées de grande sécheresse, importunées des sollicitations des amazones à qui elles n'avaient plus rien à dégorger, se jeter sur elles, les mordre et les tirailler
vivement jusqu'à ce que celles-ci se servissent de leurs
terribles mandibules. Rien de tout cela ne ressemble
à la conduite d'esclaves. Il est donc fâcheux que l'on
se soit servi, cette fois comme tant d'autres, d'un terme
poétique pour désigner le phénomène au lieu de chercher un mot scientifique qui en exprime la véritable
nature. En général, ces assimilations des faits présentés
par l'animalité inférieure avec les faits manifestés par
la société humaine sont périlleuses. La distance entre
les mobiles qui déterminent les uns et les autres est si
énorme que, même lorsque les faits revêtent la même
apparence, il n'ont pas la même nature. A plus forte
raison, doit-on se garder de réunir sous une même
appellation des faits aussi dissemblables. La confusion
des termes entraîne, dans de tels cas, une durable
confusion d'idées. Il nous semble donc que cette métaphore qui fait de l'une des deux espèces cohabitant
dans une fourmilière une esclave de l'autre, métaphore
peut-être inévitable au début de la science sociologique, doit être soigneusement évitée.

Reste à savoir quelle idée nous devons concevoir
du fait lui-même et, par conséquent, quel nom nous
devons lui donner. Si nous pouvions remonter à son
origine nous en connaîtrions la nature. Ici encore nous
repoussons le hasard, qui n'est cause de rien. Ce ne
sont pas, d'ailleurs, des possibilités indéterminées qu'il
convient à la science d'invoquer, mais des vraisem-
blances positives, tirées de faits réels, aussi analogues

que possible au fait inexpliqué. Or M. Forel a noté un certain nombre de cas qui nous conduisent bien près de l'établissement d'une fourmilière où deux espèces hostiles servent chacune la communauté suivant son génie. « Croirait-on, dit-il (p. 371), que des espèces de , fourmis fort différentes, ennemies naturelles, et qui à l'ordinaire vivent en fourmilières simples, des fourmis chez lesquelles on n'a jamais observé d'instincts escla-vagistes se trouvent dans certains cas fort rares former entre elles des fourmilières mixtes ? » Et il cite cinq observations décisives par lesquelles une union intime a été constatée entre des *Formica exsecta* et des *F. fusca*, entre des *Tapinoma* et des *Botriomyrmex*, entre des *F. fusca* et des *F. truncicola*, entre des *F. pratensis*, enfin, et encore d'autres *F. fusca*. Ces obser-vations prouvent déjà que le fait d'annexion n'est pas exclusivement propre à une ou deux espèces, qu'il n'est pas chez elle un attribut natif et pour ainsi dire fatal, bref qu'il ne résulte pas d'un instinct spécifique immuable (1), mais qu'il se produit çà et là sur l'invi-tation des circonstances dans des fourmilières quelcon-ques. Quelles sont les circonstances où peut naître une telle habitude ? Il y en a plusieurs. En vertu de la loi qui veut que l'animosité des combattants soit pro-portionnée à leur nombre, les individus des espèces les plus hostiles, réduits à un petit groupe, s'allient et travaillent en commun. M. Forel a retiré du milieu de

_____

(1) « Il y a des *F. sanguinea* qui n'ont pas d'esclaves du tout et élèvent elles-mêmes leurs larves.» (FOREL, p. 359.)... Ailleurs : « j'ai vu au col de Malloggia des fourmilières *sanguinea* sans esclaves et d'autres qui en avaient beaucoup. »

deux armées de *F. pratensis*, engagées dans une mêlée ardente, sept individus, dont quatre d'un camp et
trois de l'autre : mises dans un bocal, elle se traitèrent
amicalement (page 269). Donc, première circonstance
favorable : réduction de deux fourmilières ou de deux
fractions de fourmilières à un petit nombre ; en voici
une seconde. On sait que des espèces sont très friandes
des cocons d'autres espèces. Les *Formica sanguinea*
mangent avidement des cocons de *F. fusca* et de *F.
rufibarbis*... Lorsqu'on donne à des *F. pratensis* ou *exsecta* des cocons de *F. fusca,* elles les mangent toujours.
Enfin les cocons de ces mêmes *F. pratensis* sont un
mets de choix pour les *Sanguinea*. Or les espèces qui
forment pour la plupart (1) des fourmilières mixtes
sont précisément celles-là, c'est-à-dire celles qui mangent les cocons avec celles dont les cocons sont mangés. L'expérience a du reste été faite et a parfaitement
réussi. Des *Sanguinea*, ayant déjà noué une alliance
avec des *Rufibarbis* ou des *Fusca* et à qui M. Forel a
offert des cocons de *F. pratensis*, tantôt les ont mangés,
tantôt les ont fait éclore pour s'allier avec les produits,
tantôt en ont mangé une partie et ont élevé l'autre
(p. 321). Il est démontré par cette expérience que les
fourmilières qui pillent les cocons des fourmilières
voisines pour les manger ont pu, si elles y ont trouvé

---

(1) Nous disons pour la plupart; la vérité nous oblige à reconnaître
qu'il y a certaines fourmilières mixtes où l'espèce paresseuse est actuellement incapable de piller l'autre (FOREL); par exemple celles qui
sont composées de *Tetramorium* et de *Strongylognathus*. Les neutres de
l'espèce paresseuse (les *strongylognathus*) sont en train de disparaître.
Il y aurait là comme une dégénérescence sociale résultant du parasitisme déjà fort ancien.

un avantage et l'ont compris, les piller pour les faire
éclore. Il faut remarquer en effet que les fourmis dites
esclavagistes devaient nécessairement, au moment où
elles ont commencé à le devenir, élever leurs larves et
délivrer elles-mêmes leurs nymphes de leurs cocons :
le sentiment maternel était donc en elles très développé, et il est difficile de croire qu'en présence des
cocons pillés comme un aliment, ce sentiment n'ait pas
lutté contre la faim. On n'a plus dès lors à se mettre en
grands frais d'imagination pour deviner dans quel cas
il a triomphé. Mais voici une troisième et une qua-
trième circonstances non moins favorables que les précédentes à la naissance des fourmillières mixtes. Deux·
fourmilières ennemies (*F. sanguinea* et *pratensis*) en-
levées subitement de leurs nids bouleversés et mises
dans un même sac, y restent une heure; après ce
temps on les fait descendre dans un appareil. Il y a
des morts qui indiquent comment l'heure a été employée ; mais les survivants, après quelques tiraille-
ments et quelques démonstrations hostiles, prennent
le parti de déménager ensemble leurs cocons dans le
logement qu'on leur offre. L'alliance est définitivement
scellée (page 279). Les· situations désespérées sont
donc propices aux alliances inattendues. Les fourmis
qui viennent d'éclore, d'autre part, apprennent d'abord
les travaux domestiques et le soin des larves ; elles
n'arrivent que plus tard à distinguer un ami d'un ennemi et à se conduire en conséquence. M. Forel a disposé une expérience pour démontrer le fait; elle est
concluante. En confiant des cocons de diverses espèces
à de jeunes fourmis également de diverses espèces, il

eut, dit-il, le plaisir de voir naître sous ses yeux une
fourmilière on ne peut plus artificielle, composée de
cinq espèces vivant toutes dans la meilleure intelligence (page 262). Par conséquent, si le fait s'est présenté dans la nature une fourmilière mixte a pu en
résulter. On remarquera qu'il se présente quotidienne-
ment dans les fourmilières qui pillent pour les manger
les cocons d'autres fourmilières, puisque de jeunes
fourmis y sont en contact avec des cocons étrangers
dont elles ne savent pas la provenance. Le lecteur
choisira entre ces diverses sortes de circonstances favorables ; la question est de savoir laquelle a dû le plus
souvent naître du concours des événements. Mais quoi
qu'on en puisse penser, on voit avec clarté par quelle
sorte de rapports ont pu être unies les fourmis des
différentes espèces que les circonstances ont amenées
à cohabiter. Ces rapports ne sont pas ceux de maîtresses à esclaves, mais ceux de nourrices à nourrices
empressées autour d'une même mère et d'une même
progéniture. Toutes, aussitôt réunies, obéissent à leur
penchant maternel et se mettent à soigner les larves de
la communauté avec une égale sollicitude ; toutes
s'empressent de dégorger leur miel dans la bouche de
leurs nouvelles compagnes ou de les porter sur leur
dos, comme elles se portent entre elles. C'est donc bien
une association qui résulte de ces mélanges d'espèces.
Une nuance légère la rapproche de la domestication,
puisque la contrainte est à l'origine ; mais ce premier
moment passé, — alors la fourmi n'est pas encore
éclose, — il y a incorporation réciproque des deux
familles. Seulement chacune suit ses aptitudes et ap-

porte à la communauté le concours le plus conforme à sa tendance et à ses moyens naturels. Les guerrières deviennent de plus en plus exclusivement guerrières, les autres donnent carrière de plus en plus à leurs goûts pacifiques et vaquent avec une préférence de plus en plus marquée aux travaux intérieurs. De là une division du travail toute spontanée qui devait produire les résultats qui sont sous nos yeux.

Ce n'est pas, disions-nous tout à l'heure, la différenciation des formes, mais aussi et surtout la différenciation des actes et des fonctions qui atteste la supériorité d'un organisme social. Or, à ce point de vue, le rôle de chaque individu est chez les fourmis des plus frappants. Il faut, pour le bien comprendre, les observer soi-même ou lire quelqu'un de ces recueils d'observations minutieuses auxquels nous empruntons ici tant de faits intéressants. Dans les espèces supérieures l'individu développe une initiative étonnante. On sait maintenant comment débutent les travaux, les expéditions ou les migrations des fourmis. Il n'y a pas entre elles la moindre trace de consultation ni de résolution collective. La seule éloquence que ces animaux aient à leur service, c'est l'éloquence d'action; je veux dire que, quand un individu désire persuader aux autres de l'aider dans quelque projet, il commence simplement par exécuter lui-même ce projet sous leurs yeux après en avoir heurté le plus grand nombre possible pour attirer leur attention. Ce fameux langage antennal, sur lequel on a fait tant de conjectures, se réduit à des différences dans la manière dont se rencontrent deux corps délicats pourvus de nerfs nombreux. L'attouche-

ment léger est une caresse ou une prière : le batte-
ment est un avertissement d'autant plus grave qu'il
est plus fort, plus pressé qu'il est plus rapide. Avec
cela et le penchant à l'imitation fondé sur les raisons
psycho-physiologiques exposées plus haut, on peut
expliquer toutes les démarches des fourmis. Nous
avons nommé les principales : examinons-les. Une
fourmi veut-elle émigrer? l'habitude où elle est de
vivre avec ses compagnes a engendré un besoin correspondant; elle ne peut émigrer seule. Elle va donc
auprès des autres fourmis, les frappe de ses antennes,
et part. Refuse-t-on de la suivre? elle recommence
son manége. La vue du mouvement, avons-nous dit,
entraîne le mouvement; une ou-deux la suivent; puis
celles-ci se joignent à la première pour déterminer
les autres et peu à peu l'émigration devient générale.
Au besoin on porte les récalcitrantes; c'est un moyen
simple à l'usage des intelligences obtuses (M. FOREL,
p. 333). Du reste le seul exemple est presque toujours
compris. Nous-mêmes ne le comprenons-nous pas
quand un chien jappe et bondit avec insistance dans
la même direction, regardant alternativement le maître
qu'il appelle et le point où il veut l'appeler? Le chat
fait de même; il miaule et il marche, revenant et re-
commençant jusqu'à ce qu'on le suive. C'est sur des
indications semblables qu'une personne dont le témoignage est pour nous absolument certain suivit un chat
à travers un long corridor et une cour jusque dans une
pièce éloignée, près d'un placard qu'elle ouvrit et où
elle trouva au milieu d'une abondante fumée des linges
en feu. Rien ne s'oppose à ce que nous accordions aux

fourmis, sauf la voix, le même mode de communication.
Il suffit à expliquer les migrations ; il suffit de même
à expliquer les expéditions des Amazones et des *Sanguinea*. Faut-il rendre compte de l'assurance avec laquelle l'armée s'engage dans une direction qu'elle n'a
jamais parcourue ? Plusieurs observations y pourvoient
de la manière la plus satisfaisante. On a vu maintes
fois des amazones, marchant par saccades, à l'aventure,
explorer les environs de leur fourmilière en assez grand
nombre et, à plus de trente pas de leur nid, inspecter
les retraites des *F. fusca* pour en trouver les ouvertures (pages 308-321). Que ces éclaireurs spontanés
veuillent entraîner le soir même ou le lendemain leurs
compagnons à une expédition générale, rien de plus
naturel. Mais dans ce cas, la rectitude (d'ailleurs souvent fort imparfaite) de la marche collective dépendra
de la netteté des souvenirs de ces éclaireurs. Il faut
que dans certains cas les souvenirs ds ces éclaireurs
soient bien précis, car les armées montrent parfois une
très ferme résolution. Nous avons vu en septembre 1872 une forte colonne d'amazones aller en droite
ligne, avec de très courtes hésitations, jusqu'à un escarpement de sable de deux mètres au moins de profondeur qui descendait à pic d'abord, puis se creusait
au-dessous en une assez profonde cavité. Elle était à
plus de dix mètres du nid et nous croyions l'expédition
manquée, puisqu'elle rencontrait par là le vide devant
elle, quand nous vîmes le flot continuer sa marche vers
l'escarpement et y disparaître. Descendant nous-même
au plus vite, nous vîmes l'armée tout entière qui se
laissait choir en pluie de toute la hauteur de cette ter-

rasse. Le saut terminé, elle alla encore à vingt mètres
de là piller un nid de *Fusca*. Puis elle revint par le même
chemin, grimpant l'escarpement malgré la charge et
les chutes. Certes il fallait que le chemin fût bien connu
de quelques-unes de ces fourmis pour qu'elles déter-
minassent la troupe à de pareilles évolutions. On objecte que la direction ne peut être donnée par une
seule amazone, puisque la tête de la colonne est au
bout de quelque temps dépassée et forme bientôt la
queue. D'abord, ce n'est pas une seule amazone, mais
plusieurs qui entraînent la troupe. Ensuite, quand l'impulsion donnée par l'une d'elles s'épuise, en admettant
qu'il n'y en ait point d'autres capables de la renouveler
d'instant en instant, une hésitation devra se produire
à la tête de la colonne, et c'est ce qui arrive en effet
très fréquemment ; mais, au bout d'un certain temps,
le mouvement incessant de tête en queue ramène au
premier rang les éclaireurs et l'armée reprend sa marche. Mais comment comprendre que les explorateurs
puissent avertir leurs compagnes qu'il y a une expédition à tenter ? n'est-il pas nécessaire d'admettre ici
une résolution prise en commun ? Pas davantage. Ici
encore une observation de M. Forel tranche la difficuté.
Il suffit d'admettre une trépidation de quelques-unes
accompagnée de coup d'antennes et suivie de départ
pour expliquer l'irruption de l'armée hors du nid et
son ébranlement. On peut en effet provoquer ce départ
artificiellement en passant simplement le doigt au
milieu des amazones qui errent sur le nid. L'émotion
qui se répand de proche en proche est prise pour un
signal d'expédition : tant il est vrai que le langage des

fourmis consiste bien plutôt en impulsions tactiles de
signification très générale qu'en signes doués d'un
sens précis. Il nous reste à expliquer par ce même
principe de l'initiative individuelle suivie d'imitation
les travaux des fourmis. Nous pouvons présenter sur
ce point notre propre témoignage. Nous avons vu par
une nuit d'été, à la lumière d'une lampe, la fourmi des
jardins exécuter en se servant de brins d'herbe pour
charpente ses délicates constructions. Y a-t-il un
arceau à bâtir sur un brin d'herbe, une seule des travailleuses commence certainement à en avoir l'idée ;
toute possédée de son projet, elle apporte activement
les grains de terre pour le réaliser, sans prendre garde
qu'elle les enlève parfois aux constructions de ses voisines. Les autres n'accordent d'abord aucune attention
à ce qu'elle fait. Bientôt cependant une fourmi
inoccupée qui passe se joint à elle, puis deux, puis
trois : évidemment l'idée a été comprise, et les voilà qui
travaillent ensemble, déterminées par le seul exemple
de la première à l'exécution d'une même œuvre. Les
observations des deux Huber et de M. Forel ne laissent
sur ce point aucun doute. C'est ainsi que sont accomplis
tous les travaux des hyménoptères vivant en société.
Est-ce à dire que les imitateurs du mouvement initial
ne modifient pas les vues de l'inventeur alors qu'ils s'y
associent ? Bien au contraire, et non seulement ils doivent le modifier, mais en le modifiant ils le perfection-
neront. Car ils ne peuvent le comprendre sans le
comprendre à leur point de vue, ni combiner leurs
différents points de vue sans que la meilleure direction possible ne soit par là imprimée à leurs efforts.

L'intelligence, bien qu'on ne le croie pas communément, même en des individus différents, est susceptible d'addition et d'accumulation, et il est impossible que chacune des pensées, si rudimentaires qu'on les suppose, d'une grande multitude s'applique aux détails d'une œuvre collective sans apporter dans l'exécution de ces détails des variations sans nombre et, par suite, sans que l'ensemble n'en profite. C'est ce que font les fourmis à un plus haut point que les abeilles. L'individu, chez elles, apporte dans la construction des abris une bien plus grande liberté de conception que les abeilles. Celles-ci, l'imagination attachée à une forme régulière, ne savent s'en départir qu'exceptionnellement quand on leur suscite des obstacles; et encore plus dans la position que dans la forme des alvéoles. Les fourmis sont affranchies, pour ainsi dire, de toute régularité géométrique; elles n'ont pour mobile que la particularité des circonstances, et c'est ce qui fait la dignité de leur industrie. C'est par cette puissance inventive qu'elles ont conquis le sol sur une si vaste étendue, car partout où la culture n'a pas pénétré il leur appartient. On le voit, pourvu qu'on accorde aux hyménoptères sociaux un peu d'intelligence, les phénomènes qu'ils manifestent s'expliquent sans grande difficulté. Ils n'ont rien de merveilleux. Ils ne passent pour des prodiges qu'auprès de ceux qui ôtent à ces animaux toute faculté de penser ou de ceux qui leur accordent étourdiment autant de réflexion qu'à l'homme même. La plupart de ces contempteurs ou de ces admirateurs à outrance n'ont sans doute que peu observé les animaux ou n'ont que peu analysé leurs mobiles. Plus on le fait,

plus on se convainc de la vérité de cette sage parole
d'Huber jeune : « Ainsi le grand secret de l'harmonie
qu'on admire dans ces républiques n'est point un mécanisme aussi compliqué qu'on le suppose : c'est dans
leur affection réciproque qu'il faut le chercher »(p.138).
Je dirais plutôt dans leur commune affection pour leurs
larves, et j'ajouterais (car à côté de la fin il faut indiquer le moyen) dans la faible dose d'intelligence individuelle dont jouissent les hyménoptères, multipliée
par les lois d'imitation et d'accumulation que nous avons
invoquées.

Si la division du travail est poussée à ce point dans
les fourmilières, si les individus qui les composent y
manifestent ce degré d'initiative personnelle, l'individu
total qui résulte de leur concours doit offrir une concentration énergique; son unité sociale doit être plus
marquée qu'aucune de celles que nous avons étudiées
jusqu'ici, malgré le nombre considérable de ses éléments intégrants (1). Cette unité se révèle dans la
forme définie du dôme, véritable appareil d'éclosion et
d'élevage, dans le concert des travaux, dans la solidarité des travailleurs, dans toutes les manifestations, en
un mot, de la vie sociale, mais surtout dans l'opposition de chacune des familles avec les familles voisines,
même entre fourmilières de la même espèce, même
entre métropoles et colonies (page 285). La conscience
commune est une conscience fermée, par cela même

---

(1) Voir le calcul, établi sur des observations positives, d'après lequel
M. Forel, qu'on ne trouve nulle part enclin à l'exagération, attribue à une
fourmilière de *F. pratensis* 400,000 individus, p. 366.

qu'elle est une conscience définie. Il faut pour l'entamer des circonstances exceptionnelles, des vicissitudes
inouïes. Certaines fourmilières sont doubles, en ce sens
que dans l'épaisseur même des parois d'un grand nid
vivent de petites fourmis qui n'ont avec les grosses que
des rapports d'inimitié ; le voisinage ne fait qu'exas-
pérer les haines. Aucun fait ne montre mieux cette
vigueur de haine que le suivant, provoqué par M. Forel
dans un appareil ; deux fourmilières ayant été placées
successivement dans cet espace resserré, la seconde
assiégea la première, bien qu'elle fût de la même espèce (*Tapinoma erraticum*), avec un acharnement qui
n'eut d'égal que l'acharnement de la défense ; des murs
en terre élevés par les assiégés furent percés par les
assiégeants, puis rétablis plus loin et de nouveau pénétrés pendant un mois et demi, jusqu'à ce que, l'appareil ayant été exposé au soleil de mai, les assiégés,
réduits à un étroit espace, furent forcés dans leurs re-
tranchements et annexés à la fourmilière victorieuse.
Ils étaient restés un mois et demi sans manger. Que
l'on compare cette expérience aux perpétuels mélanges
de ruches que raconte Huber, on verra que l'énergie
avec laquelle l'individualité de la conscience collective
s'affirme dans l'une et dans l'autre famille varie considérablement.

Mais, dira-t-on, quelle conscience est-ce donc que
celle que l'on peut scinder en deux parties, ou annexer
à une autre conscience ? Qu'est-ce qu'une individualité qu'on fractionne ou qu'on augmente ? Ce sont
assurément, répondrons-nous, une conscience et une
individualité inférieures, mais qui ne perdent pas

cependant leur droit à porter de tels noms. La transfusion du sang qui rend à un anémique désespéré l'a-
bondance des pensées et le plein sentiment du moi,
alors que l'instant d'avant sa conscience s'évanouissait,
à peine traversée çà et là de pensées rares et confuses,
n'empêche pas plus l'individualité d'exister que ne le
fait une blessure par où le sang s'échappe, entraînant
par sa perte des phénomènes opposés ; l'unité du moi
est seulement raffermie dans un cas, affaiblie dans
l'autre cas. Il en est de même de l'individualité sociale ;
elle est, elle aussi, susceptible de plus ou de moins.
Mais une conscience affaiblie est une conscience dispersée. Il ne faut donc pas s'étonner de trouver dans les
régions inférieures de l'échelle des sociétés des individualités collectives dont les éléments mal liés peuvent
se désagréger et s'adjoindre à des touts différents.
Nous verrons bientôt que toutes les sociétés n'ont pas
le même et insuffisant degré de concentration : il en
est au sommet de l'échelle dont les éléments ne peuvent se désagréger sans périr ni sans entraîner la perte
de l'ensemble. Deux fœtus peuvent, dans le sein de
leur mère, se fondre en un seul; mais les mêmes
êtres arrivés à l'état adulte restent invinciblement
séparés.

Tout est relatif : malgré cette infériorité, les familles
d'hyménoptères nous montrent déjà un type élevé d'organisation sociale, si on envisage le point de départ de
la série tout entière. Deux êtres vivants sont, au début, une proie l'un pour l'autre, rien de plus. Ici nous
voyons les jeunes soignés avec sollicitude et l'individu
qui transmet la vie entouré d'attentions inquiètes par

une immense multitude d'individus dénués de ce pouvoir, mais étroitement unis dans un même sentiment d'amour maternel. Nous trouvons dans de telles sociétés des preuves de dévouement, aveugle encore, mais absolu. Des fourmis malades sont portées par leurs compagnes (M. FOREL, p. 367). A côté d'exécutions impitoyables, on voit parfois des ennemis affamés secourus en dehors du feu de la bataille (Id., page 277). Des affamées de quatre jours s'empressent de dégorger à des compagnes de jeûne le miel qu'on leur offre, et celles qui ont reçu ainsi l'aumône d'une goutte de miel se tournent vers les autres pour leur en donner leur part (M. FOREL). Quelque chose comme de la bonté et de la pitié semble donc déjà apparaître ici. Pour retrouver des familles offrant des traits aussi relevés, nous devrons remonter pendant longtemps l'échelle des formes animales, dès que nous aurons quitté la classe des insectes. La série qui leur succède prend naissance à un point beaucoup plus bas de l'arbre de la vie; elle doit, il est vrai, monter beaucoup plus haut.

Mais avant de quitter la classe des insectes, disons un mot des névroptères sociaux, les Termites. Ils sont mal connus. Nous ne pouvons affirmer d'eux que trois particularités; la première est des plus étranges et demeure inexpliquée : des larves aident des nymphes à se débarrasser de leur peau lors de l'éclosion! L'instinct maternel paraît ici chez des neutres avant que ceux-ci aient revêtu la forme adulte! La seconde leur est commune avec les fourmis Ecitones, les *Atta cephalotes*, les *Pheidole* et les *Colobopsis*; la différenciation morphologique aboutit chez eux à la création de quatre types concourant aux travaux de la communauté, à savoir : 1° les mâles; 2° les femelles (il y en a de deux tailles); 3° les ouvriers (1); 4° les *soldats*. La troisième particularité est propre aux Termites : tandis que chez les fourmis les efforts sont coordonnés, chez les Termites ils sont subordonnés; les soldats jouent, suivant le témoignage de M. de Quatrefages, le rôle de chefs et de surveillants. « Je les voyais, dit-il, en petit nombre, mêlés aux ouvriers, toujours isolés et ne travaillant jamais eux-mêmes. Par moments, ils faisaient avec le corps entier une sorte de trémoussement et frappaient le sol avec leurs pinces; aussitôt, tous les ouvriers voisins exécutaient le même mouvement et redoublaient d'activité » (*Souvenirs d'un naturaliste*, vol. II, p. 405). Nous renonçons à chercher la philosophie de ces faits, puisque l'ensemble de la vie des Termites n'est pas suffisamment exploré. Nulle synthèse ne peut avantageusement précéder l'analyse expérimentale. Contentons-nous de signaler ce qu'il y a d'extraordinaire à voir l'ordre le plus infime des insectes offrir une société aussi complexe et aussi puissamment organisée.

Jetons enfin un coup d'œil sur l'industrie des Termites, mais en la comparant à celle des sociétés qui nous ont paru inférieures à la leur. Nous pouvons diviser les habitations des insectes sociaux en deux grandes classes : les édifices suspendus et les trous creusés

---

(1) *Sic*, et non ouvrières. Les neutres sont ici non plus des femelles, mais des mâles dont les organes ont subi un arrêt de développement.

dans le bois ou la terre. Les premiers nous montrent des nids peu complexes, ceux des Polistes, puis des nids qui le sont davantage, ayant une enveloppe, ceux des frelons. A une place intermédiaire entre les habitations aériennes et les demeures creusées, nous trouvons les guêpes communes, les bourdons et les abeilles, dont le nid est caché dans la terre ou dans le bois, mais construit avec des matériaux apportés d'ailleurs. Les gâteaux des abeilles n'offrent que deux sortes de cellules, complication à laquelle il faut ajouter les portes de propolis, organe accidentel. Vient ensuite la série des trous proprement dits. Les larves de plusieurs espèces s'en creusent de très simples. Les Odynères, à demi sociales, ajoutent à leur trou un tube extérieur. Certaines araignées des bords de la Méditerranée ferment leur trou tapissé avec une trappe à charnière; quelques-unes dont le tube est recourbé, presque bifurqué, ajoutent une trappe intérieure à celle qui clot l'orifice. Les courtilières creusent des galeries souterraines au milieu desquelles s'étend une chambre d'incubation. Les fourmis mineuses ont, avec de nombreuses galeries, des chambres d'incubation et savent fermer au besoin les ouvertures de leur nid avec de la terre ou les défendre par des entonnoirs à parois croulantes. Le dôme extérieur est une complication nouvelle, il sert de chambre d'incubation en même temps que de toit. Au dôme extérieur et aux galeries souterraines peuvent se joindre, chez certaines espèces, soit des chambres d'approvisionnement profondément cachées, soit des chemins couverts extérieurs et des pavillons pour la conservation des *Aphis*. Enfin, la complication semble atteindre son summum quand ces travaux essentiels sont, comme dans le cas cité par M. Forel (page 170), multipliés sur un vaste espace, au nombre de vingt, trente, cent nids reliés par des galeries entrecroisées. Les Termites vont pourtant plus loin; ils construisent d'énormes demeures où, avec les galeries profondes et les chemins couverts, avec les chambres d'incubation, se voit une chambre de ponte, séjour de la femelle, et une voûte libre qui couronne le tout, destinée sans doute à rafraîchir l'air de ce vaste nid (1). On le voit, cette énumération rapide des œuvres se trouve parallèle à l'énumération des sociétés, et confirme la loi générale que nous avons indiquée, à savoir que dans l'échelle des sociétés la perfection de l'industrie correspond à la perfection de l'organisme.

(1) Voir, sur les Termites, M. de Quatrefages, op. cit., et *Annales des Sciences naturelles*, 4e série, Zoologie, t. V, 1856; — Ch. LESPÉS, *Organisation et mœurs du Termite lucifuge.*

MÊME SECTION

CHAPITRE III

Société domestique paternelle : la Famille chez les Poissons, les Reptiles, les Oiseaux et les Mammifères.

Accession du mâle dans la famille, son rôle exclusif d'abord, particulièrement chez les poissons; tentative d'explication du fait; la solution proposée convient également à l'amour maternel; confirmation de l'hypothèse. — Batraciens et Reptiles. — La famille chez les oiseaux : les variations en apparence capricieuses de leurs mœurs rendent les généralisations périlleuses. Oiseaux-polygames, oiseaux monogames. Pourquoi le mâle revient ou séjourne auprès de la femelle dans les différents cas; solidarité des consciences et continuité des traditions dans la famille d'oiseaux; industrie collective; territoire; comparaison de la famille d'oiseaux avec celle des insectes. — Rôle du mâle dans la famille des mammifères; les monogames, les polygames; valeur relative des deux types; de l'industrie des mammifères; elle est le plus souvent individuelle.

L'accession du mâle marque une phase nouvelle dans le développement de la société domestique chez les animaux. Cette complication commence avec l'embranchement des Vertébrés et dès la classe des Poissons on en trouve de curieux exemples ; mais elle n'a pas dès l'abord toute la signification dont elle est capa-

ble. Le mâle en effet, en entrant dans la famille, y
joue un rôle tellement prépondérant qu'il va jusqu'à
remplacer la femelle dans les soins donnés à la progéniture ; de cette façon son apparition, loin d'introduire
dans l'organisme social reproducteur une plus grande
variété de fonctions, lui interdit au contraire celle qu'il
avait manifestée chez les plus élevés des Invertébrés,
car il n'y a point de neutres au-dessus des insectes.
Réduit à un individu unique qui à lui seul assure par sa
sollicitude l'avenir des jeunes une fois éclos, l'organe
paternel absorbe donc, pour ainsi dire, la famille tout
entière dès qu'il y entre. Ce n'est que postérieurement,
non plus chez les Poissons, mais chez les Batraciens
et surtout chez les Oiseaux, que la femelle ayant repris
ses attributions ordinaires et se chargeant de l'élevage,
le secours du mâle peut apporter à la famille un réel
avantage en y développant une variété de fonctions
jusqu'alors inconnue.

Il est vrai que partout où il y a des sexes séparés le
mâle et la femelle sont, nous l'avons vu, au moins momentanément rattachés l'un à l'autre par des représentations réciproques et que cette réciprocité de pensées
accompagnée d'une réciprocité de sentiments correspondante fait de leur couple une conscience commune.
Mais nous avons remarqué combien ce concours de
représentations et de désirs était limité dans le temps ;
nous avons vu que le mâle, disparaissant, comme cela
arrive si fréquemment chez les insectes, aussitôt après
la copulation ou ne vivant que pour végéter sans
prendre part aux travaux de la famille, la femelle de-
venait dès lors le centre de l'organisme reproducteur

et constituait par ses rapports avec les jeunes comme
un second épisode de la vie domestique où le mâle
n'avait aucune part. Ainsi coupé en deux fragments
successifs tels que de l'un à l'autre aucune autre communication n'était possible que celle des influences
héréditaires organiques, le groupe que nous étudions
restait dépourvu de cette continuité de conscience qui
fait l'individualité véritable. De quelle concentration, au
contraire, ne sera-t-il pas capable et en même temps
de quelle continuité, quand la société conjugale sera
sans intervalle suivie de la société domestique et confirmée par les rapports communs des parents avec les
jeunes !

Mais, avant d'en venir à cette perfection relative, la
famille traverse plusieurs états inférieurs que nous
devons signaler rapidement : celui tout d'abord,
disons-nous, où les rôles sont confondus et la place de
la femelle usurpée par le mâle. Ce sont les Poissons
qui nous présentent cette anomalie. Dans l'immense
majorité des espèces, les jeunes des poissons éclosent
sans le secours des parents et dès leur naissance savent
se suffire. Les parents se contentent de déposer les
œufs en des localités favorables : quelques-uns seuls
les agglutinent et les fixent. Ce n'est que dans quelques rares espèces, dont le nombre, il est vrai, augmente tous les jours, qu'on a découvert des exemples
d'amour paternel. Les Syngnathes et les Hippocampes
mâles portent, dit-on, les œufs dans une poche incu-
batrice; les Hippocampes assistent à la ponte le corps
enroulé autour de celui de la femelle. Le Saumon et la
Truite creusent une dépression dans le sable pour y

déposer leurs œufs ; ici le mâle et la femelle travaillent ensemble. On ne sait auquel des deux sexes il faut attribuer le nid de sargasses du *Chironectes pictus* et le nid d'algues de la Vieille, du Crénilabre, de la Blennie et de la Spinachie : même incertitude au sujet du Cotte noir, gardien si vigilant de ses œufs. Mais on sait que c'est le mâle du Cotte d'eau douce qui manifeste des habitudes identiques, que c'est le mâle du couple formé par les Lompes qui veille sur les œufs pondus par sa compagne et emporte les jeunes sur son dos à la haute mer, que ce sont les mâles des Epinoches et des Epinochettes qui construisent les nids, qui y poussent les femelles pleines, et qui y font rentrer les jeunes en cas de péril. Un Labyrinthiforme observé par M. Carbonnier (*Rainbowfish*, poisson arc-en-ciel ou Gourami) aide comme l'hippocampe sa femelle dans la ponte et dépose les œufs sur un nid de bulles flottantes qu'il accompagne et répare jusqu'à l'éclosion. « Il y a, dans les parages de Ceylan, des poissons qui couvent réellement leurs œufs dans la cavité de la bouche, et nous en avons vu au Musée d'Edimbourg, étiquetés sous le nom de *Arius Bookei*. Agassiz a fait la même observation sur un poisson de l'Amazone, ce qui a été reconnu également par Jettreys Wiman » (VAN BENEDEN, *Parasites et commensaux*, p. 21). Voici enfin un autre poisson non moins original, le *Chromis paterfamilias* du lac de Tibériade, qui protège et nourrit jusqu'à deux cents alevins dans la gueule et la cavité branchiale. D'après les études de M. Lortet, lorsque la femelle a déposé ses œufs dans une dépression sablonneuse du sol ou entre les touffes des joncs, le mâle s'approche et les fait passer par aspiration dans la cavité buccale. De là il les fait cheminer entre les feuillets des branchies. La pression exercée sur les œufs par les lamelles branchiales suffit pour les maintenir. Là au milieu des organes respiratoires, les œufs subissent leurs métamorphoses; les petits prennent rapidement un volume considérable et paraissent bien gênés dans leur étroite prison. Ils en sortent par l'ouverture qui fait communiquer la cavité branchiale avec la bouche et non par les ouïes. Ils restent dans la bouche, pressés les uns contre les autres comme les grains d'une grenade mûre. La bouche du père nourricier est alors tellement distendue que les mâchoires ne peuvent se rapprocher... On ne sait à quelle époque de leur vie les petits quittent la bouche paternelle (*Comptes rendus de l'Académie des sciences*, séance du 20 décembre 1875). C'en est assez pour nous permettre de croire qu'en effet, chez les poissons, le mâle joue d'emblée un rôle prépondérant dans l'éducation là où les petits ne sont pas abandonnés à eux-mêmes. Cherchons la signification sociologique de ce fait.

Nous nous sommes demandé quelle était la cause de l'affection maternelle chez les Invertébrés et nous avons dû renoncer à la découvrir. Nous n'avons pu admettre ni que chaque insecte comprît le besoin qu'ont de son secours des œufs qu'il ne doit jamais voir éclore ni que la race tout entière reçût par voie d'hérédité une impulsion appropriée, alors que les progéniteurs possibles ne présentaient aucune des conditions nécessaires à la naissance d'un tel instinct. La question se présente à nous encore une fois en des termes nou-

veaux. Ce n'est pas seulement la femelle, c'est le mâle
dont il faut expliquer l'affection. On pourrait ici recourir à une influence héréditaire qui aurait transmis
aux deux sexes un penchant d'abord propre à l'un
d'eux ; mais pour que cela fût possible, il faudrait que
l'héritage de l'instinct maternel fût possible dans la
classe même des Poissons. Or si nous en croyons le
représentant le plus autorisé des doctrines zoologiques
nouvelles, Hæckel, les premiers des Poissons, les
Vertébrés acraniens se sont séparés des Vers à une
période très peu avancée du développement de ces
derniers, et il est infiniment peu probable qu'à ce moment les Vers aient pu éprouver les sentiments et concevoir les représentations que suppose la naissance
de l'amour maternel. La voie est donc fermée encore
de ce côté : c'est ailleurs qu'il nous faut chercher une
explication rationnelle des instincts qui fondent la
famille. Il nous semble certain que ces instincts n'ont
pas été produits en une fois dans la série organique
pour y être ensuite seulement étendus et affermis.

Une autre voie s'ouvre dans une direction tout à fait
différente, bien qu'encore sur le terrain de l'évolution.
On se demande si les soins donnés aux jeunes ne sont
pas l'effet d'impulsions organiques qui auraient toujours été telles, c'est-à-dire qui n'auraient jamais été
l'effet d'une volonté en quelque degré intelligente. Des
modifications avantageuses aux œufs ou aux jeunes se
seraient produites dans l'organisme de l'un ou de
l'autre des parents au moment où ils se débarrassaient
des produits de la génération ; ces modifications
auraient été développées par la sélection naturelle, et

c'est ainsi qu'un besoin impérieux pousserait actuellement les parents à tel ou tel acte d'où dépend la
préservation de leur progéniture ; ils y seraient contraints par le jeu même de leur organisme. Ainsi, les
œufs ou les nids de plusieurs poissons (1) sont agglu-
tinés avec des mucosités sécrétées par eux à ce seul
moment de la ponte ou de l'élevage ; il est certain que
la sécrétion ne dépend pas à l'origine de leur volonté,
car elle exige un arrangement organique préétabli,
héréditaire. Dès lors elle devient un besoin inné qui
s'impose à la volonté même et qui lui imprime, à un
moment donné, une certaine direction. Il en est de
même des organes par lesquels l'incubation est favorisée chez les oiseaux. Une certaine fièvre se développe en eux au moment de la ponte ; fièvre générale,
mais ayant surtout son siége dans le plexus de vaisseaux sanguins situé sous le ventre et qui a reçu le
nom de plexus incubateur. Cette fièvre doit leur imposer le repos et leur faire un besoin de la sensation
rafraîchissante (2) que les œufs leur procurent. Elle
les dispense également de nourriture. Les petits sont-
ils éclos ? plusieurs espèces leur dégorgent une substance sécrétée parfois dans le gosier du mâle comme
dans celui de la femelle, et ce que nous avons dit de la
sécrétion des poissons s'applique à celle-ci : elle est un
besoin. C'est par un acte mécanique en quelque sorte
ou du moins réflexe que les oiseaux s'en débarrassent

---

(1) Œufs de mollusques, œufs des crabes, œufs de la perche, œufs des
batraciens ; presque tous les nids cités plus haut.
(2) M. JOLY, thèse sur l'Instinct, prem. édit., p. 69. — A-t-on songé
que cette sensation doit durer bien peu de temps ?

en faveur de leurs jeunes. La sécrétion avec laquelle les salanganes construisent leurs nids est soumise à la même loi. Du reste, les femel.·s des mammifères eux-mêmes y obéissent quand elles donnent le sein à leurs petits. L'amour, dans toutes ces circonstances, est un accompagnement possible du phénomène, il n'en constitue pas la cause déterminante. C'est lui, au contraire, qui résulte des actes réflexes dont nous venons de parler, comme l'amour sexuel naît du penchant physique qui pousse les sexes l'un vers l'autre dès que le jeu des organes reproducteurs cesse de pouvoir s'accomplir isolément.

Cette théorie dont malheureusement la preuve n'a pas été poursuivie dans le détail des faits pour tous les groupes du règne animal paraît reposer sur des fondements plus solides. Un mouvement organique initial est le plus souvent, en effet, la cause déterminante du processus mental destiné à le servir. Et il est difficile, pour ne pas dire impossible, d'expliquer par des représentations la constitution même de l'organisme, en tant qu'il assure dans ses premières phases la reproduction de l'espèce. Que la sélection naturelle ou une création spéciale soit invoquée pour expliquer la conformation des organes, celle-ci exige indubitablement une autre cause que l'intelligence des sujets qui en sont doués, car, au moins dans les dernières régions du règne animal, chez les Ascidies, par exemple, qui gardent leurs œufs sous leur manteau, et chez les Astéries qui leur font une place sous la partie centrale de leur corps, aucune représentation déterminée, encore moins aucune prévision ne peut être raisonnablement admise à expliquer le phénomène. Cependant quelle que soit la part du mécanisme inconscient dans la première naissance des organes reproducteurs et des appareils auxiliaires, nous ne croyons pas que cette part puisse être légitimement étendue dans le reste du règne animal au point de bannir toute action de l'intelligence. Il y a dans la croissance de tout animal d'organisation quelque peu complexe deux époques, l'une où sa conservation est assurée comme sa naissance par un processus de phénomènes plus ou moins exclusivement organiques, l'autre où son développement est protégé par un processus de phénomènes plus ou moins intellectuels ou représentatifs, et où la vie de relation joue un grand rôle. Le plus souvent même et dans la première époque et dans la seconde, les deux groupes de phénomènes physiologique et psychologique concourent à l'exercice de la fonction de reproduction d'une manière simultanée, bien que dans des proportions variables. Ainsi (nous croyons l'avoir suffisamment prouvé), dès la classe des insectes, les manifestations esthétiques exercent une action considérable dans le rapprochement des sexes, et inversement les nécessités physiologiques exercent une action considérable dans le développement de l'amour, sinon du père, du moins de la mère pour ses jeunes, même chez les Vertébrés supérieurs. Il y a donc là, quant à l'importance relative des deux ordres de phénomènes, une question de degré que l'examen de chaque groupe zoologique peut seul résoudre définitivement. Mais nous pouvons dès maintenant affirmer que le second groupe de phénomènes, les phénomènes psychologiques, croît en importance

26

à mesure qu'on s'élève dans l'échelle des organismes sociaux et que la solidarité des consciences y efface de plus en plus la correspondance des organes dans les rapports qui unissent les différents membres de la famille. L'industrie collective, telle qu'elle vient de nous apparaître dans les sociétés d'hyménoptères, n'est certainement pas l'effet d'impulsions automatiques ; elle n'a rien de leur rigidité et de leur monotonie. Que sera-ce quand nous aborderons l'étude des sociétés supérieures? Peu à peu, si nous ne nous faisons illusion, le lecteur sentira naître en lui cette conviction que les divers procédés d'élevage et d'éducation, loin d'être de pures combinaisons mécaniques, sont eux-mêmes la source de modifications organiques nouvelles et que si l'organe ébauche la fonction, la fonction peu à peu achève l'organe et le modèle par l'habitude qu'elle lui impose. C'est là la cause déterminante d'un grand nombre d'attributs esthétiques sexuels ; c'est la cause aussi d'un grand nombre de perfectionnements accessoires apportés dans l'échelle des organismes à la fonction de reproduction. On peut se demander si au lieu que la sécrétion des pigeons engendre en eux l'amour maternel, ce n'est pas l'amour maternel qui développe en eux la sécrétion nutritive, à l'origine purement automatique. On peut se poser la même question à propos de la lactation (1), et ici la tendance de notre Lamarck ne nous paraît pas devoir le céder à celle de Darwin

---

(1) On sait que cette fonction se perd et que l'organe correspondant s'atrophie faute d'exercice. Les chèvres, rendues à la vie sauvage, ont des mamelles beaucoup moins volumineuses. — Une femelle de Torcol à qui on enleva son œuf ressentit de nouveau l'excitation amoureuse,

dans les luttes ultérieures entre les différentes écoles zoologiques.

Qu'on ne se méprenne pas d'ailleurs sur notre pensée. En invoquant dans une large mesure les influences psychiques, nous ne faisons pas appel à des forces occultes qui n'auraient rien de commun avec l'expérience. La question est seulement de savoir si les adaptations qui assurent la croissance des jeunes au milieu de circonstances de plus en plus variées et de plus en plus périlleuses sont produites par immédiation et grâce à une liaison directe entre le jeu d'un organe et le jeu d'un autre, ou bien si elles sont l'effet d'un organe intermédiaire (la masse nerveuse centrale ou du moins l'un des centres principaux) lequel serait chargé d'établir la correspondance entre le monde et les fins de la vie d'une manière infiniment plus complexe et détournée, mais beaucoup plus intelligible pour nous dans ses résultats généraux. Bref, le concours entre les individus dans le règne animal est-il seulement l'œuvre d'un mécanisme prodigieux dont nous ne pouvons, en beaucoup de cas, nous faire aucune idée, ou est-il en même temps l'œuvre de la pensée agissant par des procédés qui sont en grande partie les nôtres et qui sont par conséquent accessibles à de prudentes investigations? Dans ces termes notre doctrine n'est faite pour étonner ni les psychologues spi-

---

puis, le second œuf pondu, cessa de rechercher le mâle, et ainsi de suite, plus de vingt fois, jusqu'à ce qu'elle mourût. L'enlèvement de l'œuf ne déterminait-il pas ici le retour de l'excitation amoureuse par le moyen d'une représentation, d'une idée? (Fait cité par HARTMANN, *Phil. de l'Inconscient*, v. I, p. 92.)

ritualistes qui tendent à expliquer partout l'inférieur
par le supérieur et la nature par ses fins, ni les physiologistes qui ne nient pas, que je sache, la réalité des
phénomènes psychiques, bien qu'ils s'appliquent surtout à en découvrir les conditions. Si ces derniers pouvaient dans l'explication des phénomènes qui nous occupent remonter jusqu'à leurs plus délicates conditions,
la science serait achevée sur ce point; mais le peuvent-
ils et le pourra-t-on prochainement? Dans cette situation l'esprit humain n'est pas sans ressources; par
exemple, il est certain que l'historien ne doit pas penser à analyser les mouvements physiologiques d'où
dérivent les événements de l'histoire; mais, en prenant
ces événements comme des résultats, en bloc, tels qu'ils
se présentent à l'esprit, il est encore parfaitement en
état de déterminer leur ordre de succession, de les
rattacher ainsi les uns aux autres d'une manière nécessaire, bref, de les expliquer scientifiquement. Il en est
de même du statisticien; et le biologiste lui-même,
quand il fixe le nombre moyen d'œufs ou de jeunes
produits dans chaque espèce, quand il détermine le
poids moyen des organes dans le corps de l'homme,
ou la force moyenne de propulsion du cœur chez tel
et tel animal, s'en tient le plus souvent à des phénomènes généraux, à des *sommes* qu'il est encore intéressant de constater. Peut-être même tous les phénomènes sont-ils pour nous de véritables *sommes* de phénomènes plus délicats, car la matière est d'une
complication infinie, même dans ses qualités les plus
simples, et on sait que toutes nos sensations sont des
composés de sensations élémentaires. Les phénomènes

psychiques ne seraient, d'après ce point de vue, que des
sommes plus complexes de phénomènes mécaniques
dont la complexité nous échappe, et, à ce titre, ils auraient le même droit que tous les autres à figurer dans
la science.

Nous ne nous dissimulons pas que le mode général
d'explication proposé ici échoue dans la plupart des
cas présentés par les animaux inférieurs. Là, le mécanisme semble régner seul ; mais aussi l'industrie est
presque nulle. Mais à mesure qu'on s'élève, il devient
de plus en plus insuffisant. Si la sécrétion avec laquelle
les poissons mâles agglutinent leurs œufs trouve, pour
une part, son explication dans la sélection naturelle,
l'industrie qu'ils manifestent ne s'explique en aucune
façon par les mêmes principes. Construire un nid parfois compliqué, y amener la femelle, y garder longtemps les œufs après leur fécondation, produire incessamment auprès de ces œufs des courants d'eau
vive qui les empêchent de s'altérer, ce sont là des actes
qui s'élèvent de beaucoup au-dessus de l'automatisme,
non pas seulement de l'automatisme cartésien, qui n'a
plus que des partisans timides, mais au-dessus de
l'automatisme darwinien qui, fondé sur l'utilité, prête
aux phénomènes organiques les plus aveugles quelque
chose d'intentionnel fait pour séduire. Quelque admirables effets qu'on lui attribue, nous ne pouvons nous
empêcher de croire, en présence d'habitudes comme
celle que nous venons de rappeler, que la combinaison
est d'un autre ordre et se rattache à une autre cause.
Il faut que l'utilité à laquelle il est pourvu ici par des
moyens aussi complexes soit ressentie à quelque degré ;

autrement l'animal ne s'emploierait pas à la servir avec
cette unité de vues, avec cette persévérance de volonté.
Ainsi nous arrivons, à propos de l'amour paternel des
poissons, à une conclusion qui s'appliquerait aussi
bien à l'amour maternel des insectes si les insectes
pouvaient ou avaient pu jadis voir la naissance de leurs
larves, car le sentiment est le même dans les deux
sexes. Cette conclusion, la voici : les parents des animaux, même en dehors des oiseaux et des mammifères,
savent *quelque chose* de ce que renferme l'œuf, et c'est
là le motif déterminant des actes complexes par lesquels se manifeste leur amour.

Eh quoi ! des poissons nés de l'année précédente
savent que de leurs œufs d'autres poissons doivent
naître ! Nous ne le prétendons pas ; nous voudrions
seulement qu'on admît avec nous les deux points suivants : 1° que ces animaux ressentent un puissant
intérêt pour les œufs qu'ils ont fécondés ; 2° qu'ils ont
une obscure idée que ces œufs sont vivants comme ils
le sont eux-mêmes et demandent des soins déterminés. Nous ne pouvons expliquer sur quoi repose cet
intérêt et cette idée qu'en revenant aux résultats de nos
premiers chapitres.

On se rappelle qu'un être vivant quelconque nous
est apparu comme une société. La substance fécon-
dante, d'une part, les œufs de l'autre, ont appartenu
au corps des parents ; ils en ont été partie intégrante ; ils ont compté au nombre de ces éléments
dont chacun est vivant au même titre que le tout.
Quand leur séparation d'avec l'organisme total s'est
effectuée, et avant même, pendant que cette sépara-

tion se préparait, un trouble général s'est emparé de toute la société, et ce trouble a été profondément ressenti. Qu'on se rappelle l'état d'extraordinaire exaltation où est la poule qui vient de pondre et chante, éperdue, sur son nid. Si donc l'ensemble des éléments vitaux composants est ordonné de manière à ce que les perturbations des parties aient leur écho dans un centre (et les poissons sont dans ce cas, ayant un système nerveux déjà développé), au moment de l'expulsion des œufs comme des corpuscules fécondants, les uns et les autres doivent être l'objet de l'attention de l'animal. Celui-ci doit voir en eux une partie de lui-même et comme tels les poursuivre en quelque sorte de sa sollicitude. L'intérêt qu'il a pour lui-même et pour les différentes parties de son corps restées associées, il l'éprouve pendant quelque temps à un degré presque égal pour ces éléments qui se sont détachés de lui sans lui être étrangers encore. Mais l'intérêt qu'il a pour lui-même, il le satisfait en pourvoyant à ses besoins, comment l'intérêt qu'il porte à ses œufs ne se traduirait-il pas par des services analogues ? De là peut-être (tout ceci n'est qu'une hypothèse, nous le reconnaissons), quelque essai de plus en plus heureux d'élevage, un abri creusé, un nid tissé, des périls écartés; l'intelligence est là au commencement de ce processus, elle ne manquera pas de génération en génération à son rôle universel de variation et de perfectionnement. Vienne l'éclosion ; les mêmes soins, avec la nutrition en plus, pourront être continués si le jeune ne s'affranchit pas dès l'abord en témoignant de son indépendance par rapport à l'organisme paternel. Telle serait, suivant nous, la cause de l'amour paternel des poissons cités plus haut : le père s'intéresse aux œufs fécondés, parce qu'il les considère comme une partie de son propre corps, et il les soigne parce qu'il les sait vivants. Bref, notre théorie de l'amour paternel se rattache à notre théorie de l'individu ; et la société domestique ne nous semble possible que comme un développement de la société organique individuelle (1).

Cette hypothèse n'est qu'une grossière ébauche. Elle soutient cependant assez bien l'épreuve des faits. Pourquoi au-dessous des insectes ne trouve-t-on que peu ou point de témoignages d'intérêt accordés à leurs œufs par les parents ? Parce que le consensus organique est, dans ces régions, trop faible pour que l'expulsion des produits de la génération sollicite l'activité générale et provoque de sa part un mouvement d'attention à l'égard de ses produits. Pourquoi le mâle des insectes est-il si indifférent à sa progéniture ? parce qu'il y a chez les insectes fécondation intérieure et que le mâle ne peut suivre à l'intérieur du corps de la femelle le sort de ces éléments organiques colonisants. La femelle, au contraire, qui suit sans difficulté ses

---

(1) On a essayé de rattacher les faits d'affection paternelle et maternelle à ceux de parasitisme. Nous ne croyons pas cette assimilation légitime. Le parasite est l'ennemi de son hôte, ou du moins il le devient dès qu'il cesse de vivre du superflu qu'il lui emprunte et s'en prend non plus seulement à sa subsistance, mais à sa substance. La conscience de l'un se développe en opposition avec celle de l'autre ; or, ni l'œuf, ni le jeune mammifère ne sont les ennemis, si ce n'est en des cas exceptionnels, de l'organisme maternel. On objecte que le parasite devient, au besoin, commensal et que le commensalisme confine à la mutualité. Nous ne serions plus opposé à cette vue, puisque la mutualité entre individus de même espèce c'est le concours, et que le concours, c'est la société. La gestation diffère encore du parasitisme par son caractère normal.

œufs une fois pondus, leur accorde presque toujours quelques soins. Pourquoi le mâle des poissons est-il le plus souvent chargé du rôle qui ailleurs appartient à la mère ? Parce que c'est lui qui le dernier répand son produit générateur sur les œufs et que la femelle qui en est par là écartée ne peut plus les reconnaître dans le milieu instable où ils sont projetés. La théorie concorde donc avec les faits dans les classes d'animaux étudiés jusqu'ici ; on va la voir chemin faisant confirmée par quelques faits nouveaux.

Il nous reste à élucider une difficulté d'ordre psychologique. On se demande en effet de quelle nature est la connaissance qu'ont les parents des liens étroits qui les attachent à leurs œufs et à leurs jeunes, et quelle sorte d'idée les leur représente comme vivants (1). Assurément ces connaissances ne sont pas de même sorte que les connaissances les plus explicites dont l'esprit de l'homme est capable. Mais elles confinent de très près à certaines connaissances que l'on observe aussi dans l'intelligence humaine. Depuis plusieurs années les recherches de la psychologie expérimentale ont suffisamment établi dans l'homme, à côté des combinaisons réfléchies d'idées abstraites, l'existence de combinaisons directes d'idées concrètes. Entre les premières et les secondes il y a une différence de degré

---

(1) On remarquera que les animaux n'ont aucun moyen de se représenter un être non vivant ; ils ne connaissent qu'eux-mêmes et par eux tout le reste. On sait que les enfants personnifient tout : le feu, la cheminée, la voiture, etc. « La conception scientifique d'une matière inerte, insensible, dit Lewes, ne s'obtient que par une longue éducation qui rend l'esprit capable d'abstraire ; très certainement les animaux et les sauvages n'y atteignent jamais. » (*The physical basis of mind*, p. 308.)

dans la complexité et la précision, c'est-à-dire une différence de mode qu'on a prise, faute de connaître les intermédiaires, pour une différence de nature. Les idées et sentiments qui touchent au sexe et à la parenté sont précisément chez l'homme le plus semblables à ceux dont nous supposons en ce moment l'existence chez l'animal même inférieur. L'analyse que Longus a faite des phénomènes psychiques sexuels montre par quelles voies obscures la nature plie à ses fins les intelligences les moins prévenues de ses projets. Nous ne doutons pas, d'autre part, qu'une femme près de devenir mère, livrée à elle-même dans la plus profonde ignorance des conseils de l'art, ne sache se délivrer et nourrir son enfant (1). Qu'on songe au caractère des pensées qui président à de telles actions et qu'on mesure la distance qui les sépare des connexions d'idées scientifiques! Nous sommes, a-t-on dit, des intelli-

(1) Le fait que nous présentions ici comme vraisemblable a été constaté. Nous empruntons les lignes suivantes à l'ouvrage de M. H. Maudsley, professeur de médecine légale au collège de l'Université de Londres: *Body and mind*, p. 47 : « Le Dr Carpenter signale le cas d'une jeune fille idiote qu'un misérable avait séduite et qui, quand elle fut délivrée, déchira de ses dents le cordon ombilical comme le font les animaux. Et le Dr Crichton (du *West Riding asylum*) relève un cas semblable chez une jeune femme qui n'était pas idiote naturellement, mais qui était tombée en démence complète après une attaque de folie. Elle avait l'habitude de s'échapper de la maison et de vivre dans la solitude des bois, se nourrissant de fruits sauvages ou de ce qu'elle pouvait obtenir en mendiant dans quelques fermes, et dormant dans les broussailles. Elle a fréquemment vécu de cette façon quinze jours de suite. Pendant l'une de ces absences, elle donna le jour à deux jumeaux. Elle avait cherché un creux abrité, et là, revenant à un instinct primitif, avait coupé avec ses dents le cordon ombilical. Les jumeaux étaient pleins de vie quand on les trouva deux jours après la naissance; mais la mère était dans un état d'épuisement extrême, n'ayant eu depuis sa délivrance ni nourriture ni vêtements. »

gences servies par des organes ; le mot est juste, mais il arrive aussi que sur certains points nous soyons des intelligences au service de l'organisme, et que même les plus hautes de nos opérations aient à traverser d'abord d'humbles états pour émerger par des degrés insensibles de l'activité réflexe, inconsciente, à l'activité consciente et réfléchie.

L'hypothèse que nous venons de proposer sur la cause de l'amour paternel veut que partout où la fécondation est extérieure et où l'espèce est douée d'un certain degré d'intelligence le mâle prenne part aux soins de l'élevage. C'est ce qui arrive en effet chez les Batraciens. Plusieurs aident la femelle à expulser ses œufs du cloaque et montrent pour ces œufs une remarquable sollicitude. « Chez le *crapaud accoucheur*, où les œufs sont réunis en chapelet glaireux, le mâle s'en empare à mesure que la ponte s'effectue, entortille ce cordon autour de ses pattes postérieures et le transporte avec lui à sec jusqu'au moment où l'éclosion doit avoir lieu ; mais alors il se plonge dans l'eau... Le *Pipa*, ou *crapaud de Surinam*, présente sous ce rapport des particularités encore plus remarquables ; le mâle aide la femelle à accoucher et place les œufs sur le dos de celle-ci...; chacun se trouve bientôt logé dans une espèce d'alvéole. Le dos de la femelle se creuse ainsi d'une cinquantaine de petites loges qui sont autant de chambres incubatrices dans lesquelles les embryons se forment et se développent. » (M. MILNE EDWARDS, *Physiologie*, tome VIII, p. 496 et suiv.) Au contraire, les Batraciens urodèles qui fécondent les œufs dans le corps de la femelle n'ont point jusqu'ici

donné lieu à de telles observations. « Les Reptiles proprement dits ne forment point d'union durable, dit
M. Duméril (*Erpétologie*, p. 213), le seul besoin de
la reproduction est une nécessité instinctive qu'ils sa-
tisfont; c'est pour l'un et pour l'autre une excrétion à
opérer... aussi cette fonction naturelle ne semble-t-
elle pas avoir exercé la moindre influence sur l'état
social des individus... Il est très rare que les mâles se
joignent à la femelle afin de préparer un nid ou une
place convenable pour y déposer les œufs. Comme les
reptiles ne développent pas de chaleur, ils ne les couvent pas. Quelquefois *la mère* cherche à protéger les
petits dans le premier âge; mais ceux-ci qui naissent
agiles et peuvent déjà subvenir eux-mêmes à leurs
premiers besoins paraissent bientôt ne plus la reconnaître et lui deviennent à elle-même fort indifférents.»
Il nous semble que si Duméril admet ici quelques exceptions, c'est; comme il l'ajoute plus loin, parce qu'il
comprend sous ce nom de reptiles, avec les Ophidiens,
les Batraciens, les Sauriens, les Crocodiliens et les
Chéloniens eux-mêmes. Ces différents ordres ont en
effet des mœurs différentes. Les Sauriens vivent par
paires. Les femelles des Crocodiles conduisent avec
elles leurs petits. Plusieurs Ophidiens femelles, notamment certains serpents aquatiques de Cochinchine
observés par le docteur Morice, font de même (*Her-
peton*, *Homalopsis*). Le Cobra capello femelle défend
ses œufs avec dévouement (*Tour du Monde 1875*).
Enfin les Chéloniens inaugurent d'une manière décidée le régime familial dont les oiseaux ont fourni le
type. Si proches des oiseaux par leurs affinités zoolo-

giques et particulièrement leur embryologie, ils sont comme eux très ardents au moment des amours ; comme le mâle des oiseaux, le mâle de certaines tortues (Iles Gallapagos) fait entendre des sons bruyants que Darwin compare à un mugissement ; comme les oiseaux, les deux sexes forment un couple. La femelle vient sur les plages sablonneuses au moment de la ponte, accompagnée du mâle, et construit un nid en forme de four où la chaleur du soleil fait éclore les œufs. On sait que plusieurs oiseaux ont des habitudes semblables. Nous sommes donc amenés par les rapports naturels de cet ordre de reptiles avec la classe des oiseaux à traiter des nombreuses sociétés domestiques que celle-ci nous présente, non sans remarquer que cette fois les ressemblances d'organisation correspondent à des ressemblances sociologiques. Chez les Tortues, chez les Crocodiliens et chez les Ophidiens, la fécondation des œufs se fait avant leur expulsion ; il n'est donc pas étonnant que ce soit la femelle qui leur accorde des soins (1).

Deux faits très saillants, dont la portée échappe parfois précisément parce qu'ils sont bien connus, donnent aux familles des oiseaux et à quelques-unes de celles que nous venons de passer en revue leur véritable caractère. D'abord les œufs sont en petit nombre : tandis

___

(1) Un certain nombre de serpents, *Eutœnia sirtalis*, *Eutœnia saurita*, *Caudisoxa horrida*, et généralement tous les serpents du genre Crotale, ont l'habitude de donner à leurs petits un refuge temporaire dans leur gorge, d'où ils sortent ensuite quand le danger est passé. Un lézard, *Zooloca vivipara*, ferait de même. Il y a sur ce sujet un travail de M. Brown Goode.

que les poissons qui restent indifférents au sort de
leur progéniture répandent leurs œufs par centaines
de mille, les poissons incubateurs et constructeurs,
puis les Batraciens accoucheurs, enfin les Tortues et
les Crocodiles ne pondent qu'un petit nombre d'œufs.
Le nombre des œufs est donc en raison inverse de la
sollicitude et de l'intelligence des parents. Traduisons
cette loi en d'autres termes : nous pouvons dire que le
sort des jeunes est confié, dans certains cas dès la
classe des poissons et toujours dans celle des oiseaux,
non plus à des lois physiques dont les effets sont souvent contrariés par le conflit d'autres lois, mais à des
combinaisons variées, à des prévisions ingénieuses, à
des soins persévérants. L'intelligence reprend donc
dans l'organisme social des Vertébrés toute l'importance qu'elle a eue dans l'organisme social des Insectes ;
et cette importance s'est accrue encore. Car ici (et
c'est là le second fait que nous devons signaler) les
jeunes ne se suffisent pas à eux-mêmes ; après l'incubation, l'élevage est nécessaire, et surtout après l'élevage, l'éducation. Ce n'est donc pas assez pour les
parents de les mettre au jour, il leur faut les accompagner, les guider, les défendre pendant quelque
temps. Le père à dès lors un rôle tout nouveau qui est
de présider aux relations de la famille entière avec le
monde extérieur. Ce trait nous paraît être la véritable
caractéristique de l'ordre de sociétés dont nous commençons l'étude. Par là la vie individuelle se trouve
subordonnée pendant sa première phase et rattachée
pendant les autres par des liens étroits à la vie sociale ; en sorte que si l'on veut embrasser l'histoire

des êtres vivants dans son ensemble, il faut faire à
la sociologie une place indépendante au-dessus de la
biologie.

Un grave embarras nous attend ici : il n'y a pas de
classification de la classe des oiseaux, du moins il n'y
en a pas qui soit universellement acceptée. Brehm en
compte vingt-cinq et en propose une vingt-sixième,
qui ne paraît pas définitive. Il faut croire que la tâche
est difficile, car Hæckel n'a pu remarquer d'un groupe
à l'autre aucune différence qui lui permît de les disposer suivant un ordre généalogique. « Cette classe,
dit-il, s'est adaptée de mille manières aux conditions
du milieu extérieur, sans pour cela s'écarter notablement du type héréditaire de la structure anatomique (*Histoire de la création*, p. 530). » Si un ordre rationnel est à ce point difficile à établir parmi les oiseaux
au point de vue zoologique, il faut nous attendre à ce
que leur organisation sociale soit elle-même très variée, sans que ces variations se laissent ramener à de
grandes lignes. Et ce n'est pas assez dire ; car l'organisation sociale dépendant de l'intelligence, qui se
comporte différemment en présence de circonstances
différentes sans que les organes qui la servent subissent aucune modification apparente, l'organisation
sociale, disons-nous, doit, dans l'enceinte des limites
que la constitution anatomique lui impose, varier bien
plus encore que celle-ci. En sorte que même les groupes
naturels établis par les zoologistes d'après la conformation du bec et des pieds doivent offrir d'espèce à
espèce les habitudes les plus diverses. C'est ce qui
arrive en effet. Ainsi, pour ne prendre qu'un exemple

(une énumération complète de ces différences serait fastidieuse) si nous examinons les Pulvérulateurs de Brehm, groupe zoologique assez naturel, nous y trouvons les Gangas, les Syrrhaptes, qui vivent par paires, à côté des Tétras, dont les mâles sont insociables en quelque temps que ce soit, tandis que les Lyrures des bouleaux, tout proches voisins des Tétras, vivent en troupes permanentes. La Gelinotte des bois, autre Tétraonidé, « diffère notablement du précédent par ses mœurs et son genre de vie; c'est un gallinacé monogame. » (BREHM, v. II, p. 325.) Poursuivons-nous, nous rencontrons dans le Lagopède, encore un prétendu gallinacé, un fidèle époux et un père assidu. Les perdrix, dira-t-on, bien que rangées par Brehm parmi les Pulvérulateurs, ne sont pas de vrais gallinacés; les Hoccos pas davantage (M. Gervais, dans son *Manuel de Zoologie*, dit le contraire), mais dans un même groupe que de différences, si nous comparons la caille au colin et à la perdrix ! Nous verrions de même, dans d'autres familles, les mœurs varier d'espèce à espèce. Nous sommes donc tenu à la plus grande réserve dans les généralisations que nous serons appelé à tenter sur les rapports sociaux des oiseaux entre eux. A vrai dire, aucune ne peut être parfaitement exacte dans l'état actuel de la classification; mieux vaut s'en tenir à une distribution logique des faits appuyée de nombreux exemples.

La femelle redevient, à partir des oiseaux, d'une manière normale le centre de la famille ; sauf en des cas très rares (autruches), c'est elle qui se charge de l'incubation, qui donne les premiers soins aux jeunes

une fois éclos, et les défend contre tous les dangers
avec une intrépidité qui ne tient pas compte des forces
de l'adversaire. Désireux de ne pas allonger outre mesure notre exposition, nous éviterons de donner ici des
exemples de l'amour maternel chez les vertébrés supérieurs ; il n'est personne qui n'ait dans la mémoire des
faits de ce genre en assez grand nombre pour rendre
toute démonstration inutile. (Voir le livre de M. Me-
nault sur l'*Amour maternel chez les animaux*, Bibliothèque des Merveilles). Autour de ce centre s'organisent
peu à peu les différents éléments de la société domestique ; les jeunes d'abord, puis le mâle. Nous exami-
nerons ultérieurement les premiers. Celui-ci nous intéresse davantage en ce moment ; il s'agit de savoir
comment il est arrivé à vivre avec la femelle au-delà de
la saison des amours, après l'accouplement, alors que
la fécondation étant intérieure et la ponte non immédiate, il ne semble, d'après notre hypothèse, avoir
aucune raison de ressentir pour ses jeunes quelque
sollicitude.

Énumérons rapidement les faits. Dans de rares espèces, le mâle se tient toujours éloigné de la famille.
Aussitôt après l'accouplement, le Tétras, par exemple,
et le coucou se remettent à errer en quête de nouveaux adversaires et de nouvelles compagnes. Chez
d'autres espèces, le mâle, qui a quitté la femelle soit
quand elle a commencé à construire le nid, soit quand
elle s'est mise à couver, revient auprès d'elle au moment de l'éclosion, ou quand les petits sont déjà assez
agiles pour la suivre, et dès lors reste avec la famille.
Telles sont les habitudes de plusieurs gallinacés. Enfin,

27

un troisième groupe d'espèces (et celui-ci contient, sauf les exceptions précitées, presque tous les oiseaux : perroquets, passereaux, rapaces, grimpeurs, échassiers, palmipèdes) nous montre le mâle aux côtés de la femelle pendant toute la belle saison, père aussi vigilant qu'époux assidu. Au delà, la famille ne peut plus chez les oiseaux que croître en durée, sans changer de type. Mais hâtons-nous de quitter ces généralités pour entrer dans le détail des causes.

Les oiseaux mâles qui abandonnent leur femelle aussitôt après l'accouplement sont précisément les moins intelligents de tous. D'une part, ils sont entraînés loin d'elle par l'ardeur inassouvie de leurs passions ; d'autre part, ils ne peuvent, dans le temps trop court d'une poursuite brutale, se graver son image assez profondément pour que cette image les attache à elle et les détermine à imiter ses démarches quand elle commence le nid. Enfin, leur extrême agitation, la fièvre érotique qui les anime ne leur permet pas de se livrer aux travaux pacifiques de la ponte et de l'élevage. L'immobilité de la femelle et les soins minutieux auxquels elle s'astreint les ennuient. Plus tard, quand leur fièvre s'est amortie, le penchant social peut reprendre sur eux quelque empire, à moins que, comme chez les Tétras, une humeur batailleuse et inconstante n'y mette un perpétuel obstacle. Ils reviennent auprès des femelles après l'éclosion des jeunes. Celles-ci, d'ailleurs, ne les recevraient pas toujours avant ce moment, l'amour paternel étant si faible chez quelques-uns (les dindons, par exemple) qu'ils dévorent les œufs et obligent la femelle à les cacher. Telles

sont donc les causes qui prolongent jusqu'à l'éclosion
l'absence du mâle. Auprès de quelle femelle revient-il?
C'est ce qu'on ignore : car il a dû en visiter plusieurs
durant ses courses amoureuses. On sait seulement que
quand il revient, c'est pour se faire chef de bande,
c'est-à-dire pour régner en maître sur une famille
qu'il est prêt, en revanche, à protéger au prix de sa
vie. Il est moins dès lors un père qu'un maître, et
c'est ce qui nous explique sa présence. L'amour ne
semble y avoir aucune part; le temps en est passé, et
nul animal plus que le gallinacé ne subit l'influence
des saisons ; son amour tout physique croît et décroît
avec l'ardeur du soleil. Ce n'est pas cette impulsion
temporaire, c'est un penchant permanent qui explique
son séjour auprès de ses jeunes. Ce penchant, c'est
celui qui se manifeste chez tous les oiseaux forts et
querelleurs placés dans une volière avec d'autres oiseaux. Non seulement ils veulent s'assurer la meilleure place auprès de la mangeoire pour le présent et
pour l'avenir, mais ils aspirent à la domination en vue
de la domination elle-même. La poule, moins bien
armée, les poussins, qui ne le sont pas du tout, s'empressent d'accepter cette domination qui leur promet
un appui. Et en effet, le coq s'attache à eux comme à
des créatures qui, dépendant de lui, sont à lui, et les
protége comme étant des parties de sa propre personne. De là cette condescendance et cette bonté, de là
cet empressement du coq à signaler ses trouvailles, à
courir contre l'ennemi. Une société organisée se forme
ainsi, cimentée par le sentiment de la force, par l'a-
mour de soi, par l'instint de domination, c'est-à-dire

par des penchants égoïstes; résultat qu'on est tenté
de trouver merveilleux, mais nécessaire en définitive :
avec quoi l'amour d'autrui peut-il être obtenu, si ce
n'est avec l'amour de soi? *Ex nihilo nihil.*

Faut-il encore rattacher au même ordre de sentiments la compagnie de femelles que l'autruche mâle
et le faisan se constituent au moment même des
amours? Il est probable que, en raison même de
l'heure où se forme cette compagnie, il se mêle dans
une proportion large aux sentiments orgueilleux que
nous venons de décrire l'influence du penchant sexuel.
La polygamie est sans doute chez cet oiseau comme
chez le sauvage un effet à la foi d'instincts domina-
teurs. et d'une sorte d'avidité de possession. Il est à
remarquer que l'autruche mâle après ce séjour quelque peu prolongé avec les femelles prend part à l'incubation. Aucun coq ne va jusque-là.

Mais la plupart des oiseaux sont monogames. Ceux
dont l'union est la plus étroite sont certains Passereaux, certains Rapaces, certains Echassiers, et les
Perroquets. Diverses causes favorisent dans ces différentes familles la restriction de l'attachement réciproque qu'éprouvent les deux sexes à une seule tête.
Quand un grand nombre de couples s'établissent à
petite distance les uns des autres, les tentatives des
mâles même appariés sur d'autres femelles que la leur
doivent être fréquentes, à plus forte raison celles des
mâles qui n'ont point trouvé de compagne et qui restent auprès de leurs congénères avec lesquels ils sont
accoutumés à vivre. Les espèces faibles ne peuvent
pas toujours dans les luttes qui s'ensuivent protéger

efficacement leur domaine. Mais les espèces bien armées et belliqueuses, ayant du reste besoin d'un vaste
espace pour y exercer leurs rapines (LEROY, *Lettres*,
p. 60), vivent solitaires au milieu d'un territoire étendu : d'où il résulte que les couples ainsi constitués ne
peuvent manquer d'être étroitement unis. D'autre part,
le genre de vie des rapaces développe leur intelligence,
et leur imagination est dominée pour ainsi dire par
l'image de leur compagne au point de n'en pas admettre d'autre facilement. Il est vrai que les instincts sanguinaires d'un petit nombre doivent lutter contre leurs
instincts domestiques. « Entre eux, dit Brehm, les Asturidés ne se témoignent pas plus d'attachement qu'ils
n'en témoignent aux autres animaux. L'amour paraît
être chez eux un sentiment inconnu. La femelle mange
son mâle, le père ou la mère dévore ses petits et ceux-
ci une fois qu'ils sont devenus assez forts dévorent
leurs parents. » Mais si ce penchant destructeur est
assez fort pour empêcher la plupart des rapaces de
s'unir à d'autres couples, il faut croire qu'il ne l'est pas
assez pour rompre les liens de la famille d'une manière
aussi constante que les expressions de Brehm le font
supposer. Autrement, comment l'espèce aurait-elle
résisté à cette extermination générale? Elle aurait
disparu depuis longtemps. Presque tous les prédateurs, y compris les vautours, les plus farouches et
les moins intelligents d'entre eux, sont monogames
pendant plus d'une année, plusieurs pendant toute la
vie. Les Pics et les Martins-pêcheurs ont pour les
mêmes causes des habitudes pareilles. Il n'est pas
nécessaire d'invoquer ces causes extérieures (vie soli-

taire et prédatrice) pour expliquer dans tous les cas les
affections exclusives. Les Perroquets qui vivent en vastes
communautés sont aussi monogames; mais il suffit
d'avoir observé un perroquet en captivité pour admettre sans peine que chez de tels oiseaux les liens formés
.par la représentation réciproque peuvent lutter avantageusement contre les inconvénients du voisinage.
Beaucoup d'entre eux, d'ailleurs, se séparent au moment
des amours pour vivre à deux dans la solitude. Quant
aux Echassiers, ce sont aussi des animaux fort sagaces
(Aristote et Platon l'avaient remarqué), et plusieurs,
comme nous l'avons vu, servent de guides et d'avertisseurs aux autres oiseaux : aussi leur union conjugale
est-elle en général étroite et fidèle. La famille des
Poules d'eau est un modèle de concorde ; « grands et
petits, jeunes et vieux, ces oiseaux ne font tous qu'un
cœur et qu'une âme si je puis m'exprimer ainsi »
(BREHM). Les Cygnes offrent parmi les Lamellirostres
un exemple assez isolé de constance et d'affection paternelle; dans tout ce groupe la sociabilité est d'ordinaire tellement développée, les nids tellement voisins
qu'en l'absence, sans doute, d'obstacles représentatifs
assez forts il règne souvent entre eux une certaine
promiscuité jusqu'au moment de la ponte. Aussi le père
chez les canards est-il fort indifférent à sa progéniture;
il ne partage ni les soins de l'incubation, ni ceux de
l'éducation. Nous pouvons établir cette loi, qu'il serait
facile de soutenir si nous ne craignions de dépasser
toute mesure par un nombre plus considérable de
faits, à savoir, que toutes choses égales d'ailleurs, *le
développement de la société domestique chez les oiseaux*

*est en raison directe de leur faculté de représentation
et de discernement.* Là où en présence d'une intelligence marquée la société fait défaut, c'est qu'une cause
accidentelle apporte quelque obstacle à sa formation;
ces exceptions, qui sont rares, ne sont pas de nature
à infirmer la loi.

Ce rapport général constaté, montrons dans leur
détail les faits psychologiques sur lesquels il repose.
Nous avons vu dans l'un des chapitres précédents à
quelles démonstrations se livrent les mâles devant les
femelles pendant la saison des amours. Chez les
gallinacés polygames cette poursuite est tellement
ardente qu'elle paralyse les facultés; un Tétras qui
rémoud, c'est-à-dire qui siffle devant sa femelle en
balançant la tête comme un ours blanc, perd conscience de ce qu'il fait et de ce qui passe autour de
lui; il n'entend rien, ne voit rien; un coup de fusil ne
l'effraie pas. La plupart du temps ses congénères bru-
talisent la femelle au lieu de se soumettre à ses choix.
L'amour est chez eux plutôt un délire des sens qu'un
sentiment affectueux. Tel n'est pas le caractère de l'a-
mour chez la plupart des espèces d'oiseaux. C'est un
sentiment plus doux quoique non moins profond et
plus durable. Il se traduit par des chants, des caresses,
des postures suppliantes ou des mouvements rythmés;
pendant ce temps les deux sexes apprennent à se reconnaître, à se tenir unis dans la pensée au point de ne
plus pouvoir se séparer l'un de l'autre. On connaît les
Perruches dites inséparables, qui ont été si fort à la
mode. Mais la classe des oiseaux nous offre un certain
nombre d'exemples du même attachement. « Quand

mourait, dit un observateur cité avec confiance par
Brehm, quand mourait l'un des Hypolaïs des saules qui
avaient ainsi vécu ensemble pendant deux ou trois ans,
son compagnon lui survivait à peine un mois. Sous ce
rapport l'Hypolaïs des saules se rapproche tout à fait
des Perruches inséparables. » « Ces oiseaux, dit des
Panures le comte de Gourcy, ont l'un pour l'autre une
grande tendresse. Le mâle et la femelle sont toujours
perchés l'un à côté de l'autre; et lorsqu'ils s'endor-
ment, l'un d'eux, le mâle d'ordinaire, recouvre sa
compagne de son aile. La mort de l'un, ajoute Brehm,
amène sûrement celle de l'autre. » En liberté, l'Hédy-
dipne métallisé vit aussi étroitement uni avec sa femelle qui l'accompagne de fleur en fleur. Il est probable que, réduit en captivité, il en serait de lui comme
du Colapte doré. Le Colapte est un grimpeur, et nous
savons que ces oiseaux s'appellent en frappant sur les
branches. « La femelle, dit le frère de Brehm d'un couple qu'il avait en cage, la femelle tomba malade et
mourut... Rien ne fut plus touchant alors que la conduite du mâle. Pendant toute la journée, il ne cessait
d'appeler sa femelle; il tambourinait, manifestant ainsi
son deuil comme quelque temps auparavant il avait
manifesté son amour. La nuit même ne lui apportait
pas de repos. Peu à peu il devint plus calme : mais il ne
retrouva plus son ancienne gaîté, et maintenant que
tous ses compagnons ont péri, il est devenu complément silencieux. » Même attachement entre le mâle et
la femelle de la Tourterelle. « L'un vient-il à périr? la
douleur de l'autre est immense. Je tuai une femelle,
raconte mon père, le mâle se réfugia dans la forêt;

mais, comme sa femelle ne le suivait pas, il revint et se mit à roucouler pour l'appeler. Ce pauvre isolé me fit pitié (1). » Gurney dit du Jabiru, un échassier, que la plus grande fidélité règne entre le mâle et la femelle, et qu'ils se charment mutuellement par une sorte de danse. L'un d'eux est-il tué? l'autre reste longtemps solitaire et s'accouple très difficilement à nouveau. Ces faits établissent suffisamment que les oiseaux monogames éprouvent l'un pour l'autre une affection désintéressée qui survit à l'entraînement des premières rencontres et qui prolonge bien au delà la durée de leur union. Un attachement de cette nature est tout entier fondé sur l'idée que les deux oiseaux se font l'un de l'autre; il est surtout intellectuel; et cependant il tient aux fibres les plus profondes; rompu, il entraîne la mort.

Suffirait-il pour fonder la famille? Aucun des exemples cités plus haut ne nous autorise à l'affirmer. La plupart des oiseaux que nous venons de signaler pour leur attachement n'étaient sans doute unis à ce point que pour avoir élevé ensemble une couvée : mais une affection aussi vigoureuse suffit à expliquer l'assiduité du mâle auprès de la femelle, du moins jusqu'à la ponte et même, quand la ponte est déjà effectuée, jusqu'à l'éclosion des jeunes. C'est lui et lui seul qui justifie l'empressement avec lequel les mâles aident pour la plupart les femelles dans la confection du nid, leur apportant les matériaux qu'elles emploient ou les disposant eux-mêmes. C'est lui et lui seul qui nous donne un

(1) Voir Brehm, vol. I, p. 721, 771; vol. II, p. 71, 262; et d'autres passages non cités, I, p. 49, 76, 116, etc. (ara, linotte, cardinal, bec croisé).

motif plausible de leur présence pendant l'incubation, des chants ou des évolutions aériennes par lesquels ils charment l'inaction de leur compagne, de la complaisance enfin avec laquelle ils la nourrissent pendant ce temps ou la remplacent. Comprennent-ils ce qui se prépare dans les limites où la femelle semble, comme nous l'avons dit, le comprendre? Il n'est pas nécessaire de le supposer. Même il y a des faits qui paraissent indiquer le contraire : ainsi ce n'est pas le mâle, c'est la femelle qui construit les parties les plus délicates du nid, la couche molle où doit reposer un être vivant. Dans plusieurs cas le mâle apporte les matériaux et la femelle les met en œuvre. On voit de plus, dans bien des cas, la femelle appeler le mâle à grands cris pour qu'il prenne sa place sur les œufs. Quel motif le détermine alors en dépit de son peu d'empressement? C'est sans doute la prière et la lassitude de la femelle, bien plus que le sentiment paternel si rare, même chez l'homme, avant la naissance des jeunes. L'amour sexuel nous semble donc être le premier lien de la famille, jusqu'à l'apparition de la progéniture. Celle-ci une fois née, le père ne peut manquer d'éprouver pour les petits les sentiments que nous avons décrits plus haut. Mais alors ces sentiments corroborent ceux qu'il éprouve pour la mère : tous deux ne peuvent éprouver pendant de longs mois, pour les objets de leur tendresse commune, tant de craintes et tant de désirs, tant d'émotions joyeuses ou inquiètes sans en être encore plus intimement unis.

Est-il besoin d'insister sur les liens qui unissent les jeunes à leurs parents? Non seulement ils ont tout à en

attendre et meurent s'ils sont séparés d'eux, mais, à
mesure qu'ils grandissent, ils sentent cette dépendance
et correspondent de toutes leurs forces aux désirs de
leurs guides. Une véritable éducation peut donc se
développer dans la famille des Oiseaux : commerce
incessant de signaux (1), d'avertissements, d'encou-
ragements et de reproches, dans lequel les jeunes
réagissent pour leur part avec énergie. Les parents les
instruisent avec une patience inépuisable. Un rapace,
le Pygargue à tête blanche, porte les siens sur son dos
pour, du haut des airs, les exercer au vol : plusieurs
oiseaux d'eau font de même en nageant ; les Héliornes
de Surinam, les Cygnes, les Eiders et les Grèbes. Ces
derniers « lorsqu'un danger menace leurs petits, les
prennent sous leurs ailes et disparaissent avec eux sous
l'eau ; il leur arrive même de les cacher au milieu des
plumes de la poitrine et de les emporter dans leur vol. »
La bécasse fait de même quelquefois (*Catalogue des
Oiseaux de la Côte-d'Or*, MARCHAND, 1869). Au sujet
de ces mêmes Grèbes, Jæckel nous rend témoins d'une
scène d'éducation assez curieuse. Au commencement,
les parents mettaient toujours la nourriture sur l'eau
devant les poussins ; vers le huitième jour de leur existence commença leur éducation. « Le vieux nagea encore
deux ou trois fois devant les petits qui voulaient s'emparer immédiatement de la nourriture et plongea avec
le poisson pour les engager à le suivre. Cependant,

---

(1) Voir une intéressante étude sur le langage de la poule à ses poussins, dans l'ouvrage de M. Houzeau, *Facultés mentales des animaux*, t. II,
p. 346. Sur l'éducation chez les animaux, voir encore Hartmann, *Phil.
de l'Inconscient*, vol. I, p. 337. Nous ne lui avons rien emprunté.

comme ils étaient encore trop maladroits, il leur tendit
la nourriture de loin. Il appela les jeunes avec de
bruyants *quony. quony*; ils vinrent alors en ramant
sur la surface et franchirent une assez grande distance;
le meilleur nageur obtint le poisson comme récom-
pense. » On sait que chez les gallinacés les petits
obéissent aux signaux de la mère et savent se raser
à terre si bien qu'on ne les retrouve quelquefois plus
malgré les plus actives recherches. Mais nous n'avons
pas l'intention de raconter les phénomènes dans leur
infinie variété. En voilà assez pour nous autoriser à
dire qu'une double chaîne invisible attache les parents aux jeunes et que cette communication incessante, ce partage constant de toutes les fonctions intellectuelles, cette solidarité étroite d'émotions, de
pensées et de désirs fait de la famille des oiseaux un
organisme moral individuel, une seule et même conscience. De ce point de vue ce n'est pas un groupe
d'êtres, mais un être.

La solidarité de plusieurs êtres successifs suppose
dans celui qui les embrasse tous une durée, et cette
durée une tradition; la conscience collective ne peut
être douée à ce point d'unité sans jouir aussi de quelque continuité de souvenir. Les leçons des parents
transmises aux jeunes font profiter ceux-ci de l'expérience acquise par leurs devanciers immédiats et on
voit, en effet, que les modifications d'industrie ou de
tactique inventées par les premiers se perpétuent dans
les seconds. Les perdrix ont, depuis quelques années,
pris dans nos pays l'habitude de se garder au moyen de
sentinelles; les jeunes, dès la première année, se li-

vrent à cette pratique dans la compagnie même dirigée
par leurs parents. C'est ainsi que l'indication des dangers à redouter se communique des vieux aux jeunes :
les ouvrages des ornithologistes abondent de passages
décisifs où 'est constaté le changement d'allures des
oiseaux en présence de nouveaux périls. Partout la
présence de l'homme, d'abord accueillie avec indifférence et curiosité développe au bout de peu de temps
une défiance justifiée par la portée de ses armes (1).
La confiance se développe inversement par les effets
de l'éducation ; c'est ainsi que dans un jardin public
récemment ouvert au milieu d'une grande ville les
moineaux deviennent peu à peu de plus en plus familiers et que les pigeons se laissent approcher dans les
rues à moins de deux mètres; c'est ainsi encore que
nos pies sont devenues en peu d'années indifférentes
au bruit des trains au point de poser leurs nids sur les
talus de nos voies ferrées. Des lièvres se blottissent
souvent dans les fosses d'emprunt de la ligne; eux si
timides, ils se sont accoutumés au fracas de la loco-
motive qu'ils savent inoffensif. Plus les couvées sont
fréquentes, plus la transmission des enseignements de

(1) DE CASTELLA, *Tour du Monde*, 1861, p. 81. — DARWIN, *Voyage du
Beagle*, p. 48, 214, 420, 430 de la traduction française. C'est une étude
complète sur la question. En voici les conclusions : « Ces faits, dit Darwin,
nous permettent, je crois, de conclure : 1° que la sauvagerie des oiseaux
vis-à-vis de l'homme est un instinct *particulier dirigé contre lui* (donc
chaque danger exige une éducation spéciale); instinct qui ne dépend en
aucune façon de l'expérience qu'ils ont pu acquérir contre d'autres
sources de danger; 2° que les oiseaux n'acquièrent pas *individuellement*
cet instinct en peu de temps, même quand on les pourchasse beaucoup, mais que dans le cours des générations successives il devient
héréditaire. » Voir encore Livingstone, *Missionary travels*, passim.

l'expérience est rapide, plus les jeunes restent longtemps dans la compagnie de leurs parents et de leurs
aînés, plus elle est sûre. Quelquefois, comme chez les
Perroquets, ces deux avantages sont réunis (BREHM,
v. I, page 49). Mais si la société conjugale dure toute
la vie de ses membres, la société domestique est le plus
souvent bornée à la durée d'un an, et je ne sais guère
que les poules d'eau où elle comprend deux couvées
à la fois, formant un groupe distinct. Au-delà de ces
limites, la famille est absorbée par la société d'ordre
supérieur que plusieurs groupes forment en s'unissant.
Dans un couple pris à part, la société familiale complète finit à chaque automne pour recommencer à chaque
printemps.

Cette continuité, toute intermittente et sporadique
qu'elle paraisse, suffit à expliquer le perfectionnement
qu'a reçu l'industrie animale dans la classe des oiseaux.
Puisque la tradition des enseignements de l'expérience
est possible dans une certaine mesure des parents aux
jeunes, on comprend qu'il y ait eu dans la race accumulation de lumières sur les avantages à retirer ou les
périls à craindre du commerce avec le monde extérieur
et, par conséquent, amélioration progressive de la tactique comme de l'industrie. Dans des régions entières de
la France la tactique des perdrix s'est améliorée, comme
s'est améliorée dans toutes les régions visitées par
l'homme la tactique des animaux exposés à ses coups.
Tous ceux qui chassent depuis vingt ans dans les dépar-
tements du centre assurent que la perdrix, qui s'envo-
lait jadis, surtout au début de la chasse, par individus
isolés et sous le nez du chien, s'envole maintenant par

compagnies et à une grande distance du chasseur (1).
A la Plata, le même progrès n'a pas été réalisé ; « ces
oiseaux, dit Darwin, ne vont pas en compagnies et ne
se cachent pas comme en Angleterre ; c'est au contraire un animal fort stupide. Un homme à cheval n'a
qu'à décrire autour de ces perdrix un cercle ou plutôt
une spirale qui le rapproche d'elles chaque fois davantage pour en assommer à coups de bâton autant qu'il
en peut désirer. Un enfant monté sur un cheval tran-
quille peut, avec un nœud coulant au bout d'un bâton,
en attraper 30 ou 40 en un seul jour » (*Voyage,* etc.,
page 48). Ce qui a eu lieu dans ces dernières années
pour cette espèce dans nos contrées s'est produit certainement partout vis-à-vis de chaque ennemi dont les
oiseaux ont dû éviter les atteintes, de chaque circonstance dont ils ont été invités à profiter, de chaque
nécessité qui les a poursuivis. Quand on voit par exemple les corbeaux, pour briser les mollusques à coquille
trop dure, s'élever jusqu'au sommet d'une falaise et les
laisser retomber sur les rochers, les vautours se servir
du même moyen pour briser des os ou la carapace des
tortues, et cela toujours sur la même pierre, les goëlands, enfin, en user de même avec les mollusques et
les crustacés dont ils font leur nourriture, les Torche-

(1) Nous avons vu des perdrix que nous avions acculées le soir, vers
l'heure du rappel, tout près d'une route couverte de voitures et de pié-
tons, au moment où nous allions parvenir à portée de fusil, s'élever verticalement jusqu'à une grande hauteur, et là, en vol serré, parcourir
comme l'eussent fait des canes pétières plusieurs kilomètres d'un seul
trait. A une lieue de là, dans une chasse gardée, d'autres compagnies
ne s'envolaient qu'à quelques mètres du chasseur, et presque horizon-
talement, suivant les habitudes autrefois caractéristiques de l'espèce.

pots se servir d'un trou creusé exprès dans un arbre
pour casser toutes leurs noisettes et déposer çà et là
dans les fentes des vieux troncs des provisions qu'ils
savent retrouver, les Mélanerpes garnir des troncs de
pins de glands fichés dans des trous exactement taillés
pour les recevoir, les Colaptes du Mexique emmaga-
siner pour l'hiver, dans les tubes creux des hampes
d'agave, des glands qu'ils vont chercher à dix lieues de
là, on ne peut s'empêcher de croire que des actions
aussi précises, répondant à des besoins divers, aient
leur origine dans une invention partielle, transmise
ensuite de génération en génération par l'enseignement direct. C'est ainsi que les nids eux-mêmes se
sont perfectionnés. On sait que les nids diffèrent en
perfection suivant l'âge des individus qui les ont construits. « On ne peut, dit Leroy (Op. cit., page 89), observer avec quelque attention et quelque suite les nids des
oiseaux sans s'apercevoir que ceux des jeunes sont la
plupart mal façonnés et mal placés ; souvent même les
jeunes femelles pondent partout sans avoir rien prévu. »
Mais les nids ne diffèrent pas seulement suivant l'âge
des individus ; ils diffèrent encore dans la même espèce, d'un individu à l'autre, suivant les facultés in-
ventives et l'habileté d'exécution des constructeurs,
comme aussi suivant les circonstances extérieures et
les traditions reçues dans la localité. M. Pouchet a remarqué, parmi les nombreux nids d'hirondelles qui
couvrent les vieux édifices de Rouen, une amélioration
récente, qui est propre aux nids de ce pays. Brehm
rapporte une grande quantité de modifications de ce
genre, la plupart dues à l'invitation des circonstances

et généralisées en raison de leurs avantages dans un district plus ou moins étendu. En voici un exemple (1), entre cinquante dont il est inutile d'encombrer cette exposition. « Le nid des Baltimores est diversement construit et plus ou moins chaudement rembourré suivant les localités. L'oiseau le suspend à une branche et le tisse avec beaucoup d'art. Dans les États du sud de l'Amérique du nord, ce nid est fait exclusivement de la mousse d'Espagne et les parois en sont très lâches, ce qui permet à l'air de circuler très facilement du dehors au dedans et réciproquement. L'intérieur n'est tapissé par aucune substance chaude ; bien plus, le nid est d'ordinaire exposé au couchant. Dans les États du nord, le nid est tourné de façon à recevoir les rayons du soleil et il est tapissé des matériaux les plus fins et les plus chauds. On voit que l'oiseau s'accommode parfaitement au climat. » Du reste, les seules différences qu'offrent entre elles les constructions des diverses espèces ne favorisent-elles pas l'hypothèse d'un enseignement par les yeux transmis, non sans des accroissements successifs, de génération en génération. Les types de nids sont fort divers comme on sait ; chacun d'eux offre une gradation de complexité telle, de l'une à l'autre des formes qui s'y rattachent, que l'idée de passage insensible s'insinue irrésistiblement dans l'esprit lorsqu'on les contemple. Les nids de Salanganes sont les uns composés de salive pure, les autres de

(1) Vol. I, p. 237. Sur les adaptations de l'instinct aux circonstances particulières, voir la démonstration si complète de HARTMANN, *Phil. de l'Inconsc.*, trad. Nolen, vol. I, p. 94 ; et VIGNOLI, *Della legge fondamentale dell' intelligenza nel regno animale.*

salive mêlée de différents matériaux dans des proportions graduées en série continue. Depuis les oiseaux
qui, comme l'Effraie, déposent leurs œufs dans un coin
sur le sol jusqu'à ceux qui élèvent des monticules de
feuilles ou de terre pour les y faire éclore spontanément, depuis ceux qui logent dans la première crevasse
venue jusqu'à ceux qui creusent, dans les parois de
terre meuble ou dans les arbres, des cavités précédées
de couloirs et tapissées de substances molles, depuis
ceux qui font éclore leurs jeunes sur des poignées de
brindilles ou de branchages mal jointes jusqu'à ceux
qui leur préparent une couche moelleuse en forme de
coupe composée de plusieurs étages de matériaux divers, ou une boule fermée de toutes parts parfois munie
d'un couloir d'entrée, ou même une habitation complète composée de plusieurs chambres, on peut trouver
des intermédiaires nombreux et des transitions ména-
gées. Faut-il expliquer le nid double ou triple des
Tisserins, on remarque que le mâle se construit tout
près de la femelle une demeure de plaisance où il chante
pour la charmer, et on se demande si ces deux nids,
en se rapprochant peu à peu, n'ont pas fini par n'en
former qu'un seul. Aucun de ces intermédiaires ne se
rencontre-t-il ? en présence d'un nid comme celui de
l'Ombrette, qui est composé de trois chambres distinctes et assez solide pour porter le poids d'un homme,
l'esprit se refuse à croire que cette savante construction soit sortie en une fois, de toutes pièces, de la tête
d'un seul oiseau. On se dit que, si des observations directes ont constaté des perfectionnements dans la tactique et dans l'art d'un si grand nombre d'individus

ou de races locales, il est probable que dans toute la classe l'industrie et la ruse ont suivi un développement successif grâce à la faculté que possède chaque génération de laisser ses enseignements à celle qui la suit. Mais cette évolution, bien que presque certaine, ne mérite pas le nom de progrès dans le sens où ce mot a été appliqué à l'histoire de l'Humanité ; elle est partielle ; elle est confinée non seulement aux limites de l'espèce, mais aux limites de la variété et même de la race. L'accumulation des effets de l'intelligence ressemble, dans la classe des oiseaux, à l'accumulation de la pluie dans des flaques fermées et indépendantes : l'eau remplit inégalement chacune d'elles suivant l'étendue de la dépression dont elle est le centre ; mais elle ne forme point un courant unique capable d'un accroissement indéfini.

Ainsi donc la communauté de conscience qui unit les membres de la famille s'exprime au dehors dans une portion de matière qu'elle organise au service de ses fins. Mais l'accommodation du monde extérieur aux besoins d'une société domestique s'étend jusqu'aux limites en deçà desquelles elle a exploré les lieux, prévu les dangers à redouter, découvert les ressources disponibles, fait rayonner, en un mot, son activité, c'est-à-dire jusqu'aux limites d'un domaine qu'elle s'approprie. La propriété d'un territoire est un fait constant, presque universel chez les familles d'oiseaux. Ici encore le nombre même des exemples que nous avons recueillis nous interdit de les reproduire tous. Remarquons seulement que, comme on devait s'y attendre, le domaine est mieux circonscrit et plus éner-

giquement défendu quand il appartient à un carnivore
ou à un pêcheur et correspond à un territoire de
chasse. La chasse ou la pêche offrent-elles dans la
localité des produits d'une telle abondance qu'ils sont
en quelque sorte inépuisables, les limites tendent à se
confondre et la surveillance faiblit. La délimitation d'un
domaine chez les oiseaux n'a donc pas seulement pour
but de marquer, par l'opposition avec d'autres familles, l'individualité d'une famille donnée ; ce n'est pas
seulement une prise de possession symbolique du théâtre de son activité ; c'est une appropriation réelle, et la
jouissance du revenu qui en résulte est dans bien des
cas suffisamment assurée vis-à-vis des voisins par le
respect réciproque des droits. Du reste, l'idée de propriété se manifeste encore par d'autres actes dans la
classe que nous étudions ; ainsi, sans revenir aux geais,
qui font des provisions, les craves, les pies, les Poly-
borus, les Anomalocorax, les Ptylonorrynques et les
Chlamydères thésaurisent certains objets auxquels ils
attachent manifestement un grand prix quoiqu'ils n'en
tirent aucune utilité ; mais ce phénomène, bien que
frappant au point de vue psychologique, est loin d'avoir
au point de vue sociologique la même importance que
le fait de propriété territoriale. L'unité de la famille se
montre par là manifestement ; sa continuité ne s'y révèle pas moins clairement quand, d'année en année, la
demeure commune, ainsi qu'on le voit par exemple
chez les rapaces, les échassiers et les fissirostres, est
réparée ou augmentée par un même couple, et le même
territoire occupé par lui.

Si nous comparons la famille des oiseaux supérieurs.

à celle des insectes, nous trouverons de l'une à l'autre une distance considérable. Il semble que la prééminence appartienne à la plus nombreuse et que les formes multiples qui la composent l'élèvent à un haut degré de perfection. Mais la famille de l'oiseau offre des caractères d'une bien autre valeur. D'abord, si elle n'est pas nombreuse, elle est susceptible de former, en se réunissant à d'autres familles, des sociétés considérables dont elle est l'élément : le nombre ne manque pas aux bandes des oiseaux migrateurs ni aux assemblées des oiseaux de mer. Ensuite, si elle ne renferme pas de neutres, c'est qu'elle n'en a pas besoin, car le mâle et la femelle, qui sont réduits chez les hyménoptères à une fonction purement physiologique, ont ici un rôle des plus actifs ; vu le petit nombre des œufs, ils suffisent à l'élevage et à l'éducation. Quant aux jeunes, tandis que chez les fourmis, par exemple, ils sont jusqu'à leur éclosion absolument passifs, chez les oiseaux, ils répondent aux soins de leurs parents de tous leurs efforts, les imitent et leur obéissent. La différenciation des formes organiques n'est pas l'unique critérium de la perfection organique ; il faut que les formes différenciées soient unies entre elles par un certain consensus, et que la concentration s'impose aux éléments plus ou moins épars. Or, les différents membres de la ruche sont mus par des impulsions qui se communiquent de proche en proche, d'individu à individu, sans que nulle part quelque chose comme un conseil, comme un concours délibéré, puisse leur être attribué. Les émotions désordonnées qui les agitent ressemblent aux mouvements de l'eau

qui se répandent ainsi de proche de proche. Il n'en est
pas ainsi dans la compagnie formée par une famille
d'oiseaux. De perpétuels signaux échangés entre eux
resserrent incessamment les liens de leur conscience
commune, et quand la femelle et les jeunes ne sont
pas ensemble subordonnés au mâle, les jeunes, du
moins, sont toujours-subordonnés à leur mère. Cette
concentration toute nouvelle, avec réciprocité d'action, est un fait social d'ordre supérieur. Pour la réaliser, il a fallu que, les deux attributs jadis répartis
en trois classes d'êtres (les mâles, la femelle et les
neutres) rentrant, pour ainsi dire, les uns dans les
autres, l'intelligence, apanage des seuls neutres
dans la famille d'insectes, fût attribuée aux deux
sexes avec une vie plus longue et des organes plus
développés. Des effets sociaux beaucoup plus complexes et variés sont donc produits avec des moyens
plus simples; c'est là la marque de la supériorité
organique.

Cependant, en raison même de sa perfection, le
type social des oiseaux n'a que peu d'avenir. La famille monogame est fermée, pour ainsi dire. Elle peut
entrer comme élément dans une société plus étendue,
mais elle ne se prête à aucune organisation collective;
elle n'est capable que d'une juxtaposition et d'une répétition indéfinies. Or, une agglomération d'éléments
sociaux n'est pas une société. Pour qu'une société
véritable soit possible entre plusieurs sociétés domestiques, il est nécessaire que le type familial des oiseaux
soit abandonné, et qu'un type différent se substitue à
lui, inférieur d'abord, mais capable de perfectionne-

ments des plus favorables au développement social, je
veux dire le type polygame.

Quelque classification que l'on consulte, celles qui
sont proposées par les transformistes comme celles
qui sont adoptées par leurs adversaires, on doit reconnaître qu'aucun ordre régulier n'est suivi dans le progrès de la société parmi les mammifères. Des anoma-
malies piquantes se présentent, au contraire, qui
rendraient toute classification impossible dans cette
classe, si l'on n'était résolu à les négliger comme accidentelles et si l'on n'admettait que le rapport général
qui existe entre la perfection organique et l'aptitude
sociale (1) peut varier largement sous l'action de
causes accidentelles. Ainsi, à suivre la classification
généalogique proposée par Hæckel, l'hippopotame, qui
se rattacherait aux ongulés, est probablement monogame, tandis que les ancêtres qu'on lui attribue sont
polygames; les cerfs, proches parents des chevreuils,
et tout au moins frères du cariacou de Virginie et du
renne offrent avec eux, mais inversement, la même
différence; le pécari à mâchoires blanches vit par
troupes, tandis que le pécari à collier va par paires; le
babiroussa n'a pas, sur ce point, les mêmes mœurs
que le sanglier, son congénère; à côté des hamsters
et des rats, dont le mâle ne reste qu'un moment avec
sa femelle, les campagnols forment, du moins le plus

---

(1) Voir LEURET et GRATIOLET, 1839-1357, p. 461, vol. I : « La plupart
des groupes établis d'après la conformité des circonvolutions cérébrales
sont en rapport avec la conformité des facultés intellectuelles, et la base
de la division organique devient jusqu'à un certain point celle de la division psychique. »

souvent, des couples assez unis. Ces variations des aptitudes sociales entre animaux si rapprochés par leur organisation physique générale sembleraient indiquer que celle-ci n'est point la cause de celles-là, et que les premières dépendent de légères modifications fonctionnelles de l'appareil cérébral. Mais ces modifications peuvent se rencontrer simultanément chez les diverses espèces de groupes naturels assez étendus et, dans leur ensemble , elles accompagnent, quoique d'assez loin, la voie tracée par le progrès organique.

Partout, chez les mammifères comme chez les oiseaux, l'amour maternel est la pierre angulaire de la famille; et nous comprenons maintenant sans qu'il y ait besoin d'insister la raison de cette loi générale. La femelle, au moment où elle met au jour ses petits, cette fois semblables à elle, n'a aucune peine à reconnaître en eux la « chair de sa chair »; le sentiment qu'elle éprouve pour eux est fait de sympathie et de pitié comme nous l'avons indiqué, mais on ne peut en exclure une idée de propriété qui est le plus solide soutien de la sympathie. Elle sent et comprend jusqu'à un certain point que ces jeunes qui sont elle-même sont en même temps à elle; l'amour de soi étendu à ceux qui sortent de soi change l'égoïsme en sympathie et l'instinct de propriété en impulsion affectueuse. De même que l'amour sexuel implique l'idée de propriété réciproque, de même l'amour maternel suppose celle de propriété subordonnée. C'est parce que cet *autre soi* est si débile que l'intérêt ressenti pour lui prend la forme de la pitié (1). Le but de nos efforts doit donc être, ce point de départ admis, de déterminer et d'expliquer le rôle du mâle dans la famille des mammifères.

Ce rôle est petit chez la plupart des espèces. Une grande quantité d'animaux de cette classe ne s'accou-

(1) Nous ne prétendons pas que ces opérations d'esprit et les sentiments correspondants se produisent soudainement tout entiers dans
chaque individu ; elles ont dû, au contraire, se développer lentement de
génération en génération, et l'accumulation y a sans doute une grande
part. Ce qui le prouve, c'est que les femelles sont capables de montrer
de l'affection à des jeunes qui ne sont pas les leurs, aussi bien chez les
oiseaux que chez les mammifères. Dans les immenses sociétés d'incubation que forment les oies, chacune cherche à voler des œufs à sa voisine.
Brehm raconte quelque part qu'une femelle d'oiseau tenue en captivité
avec un couple qui élevait des petits venait leur donner la becquée, malgré les efforts des parents, pour ainsi dire en cachette, cherchant par là
à satisfaire un instinct maternel devenu organique. On connaît la bonne
volonté avec laquelle la poule se laisse tromper quand on lui donne des
œufs de cane à couver. Parmi les mammifères, les mules nous fournissent un très curieux exemple de cet attachement aveugle, absolument
irrationnel. « La femelle des chevaux sauvages du Paraguay a souvent à
combattre contre les mules chez lesquelles se manifeste de temps en
temps une sorte d'amour maternel. Celles-ci cherchent alors à enlever
un poulain soit par ruse, soit par force, et le malheureux poulain ne
tarde pas à périr » (B., II, 310). Il est démontré par là que dans chaque
femelle l'affection maternelle est en quelque sorte virtuelle, toute prête
à se manifester quand vient l'heure marquée par l'évolution organique.
Cette disposition est congénitale, puisque l'hérédité la transmet même
à des métis inféconds ; mais elle n'a pas d'autre origine possible que les
accroissements reçus autrefois de chaque individu. C'est, en effet, par
des contributions individuelles qu'elle se perpétue ; les circonstances
viennent-elles à suspendre l'apport continuel par qui elle est entretenue,
elle s'affaiblit, puis disparaît. C'est ainsi que l'amour maternel a peu à
peu perdu de sa vigueur chez les vaches domestiques, moins dans les
troupeaux libres, davantage dans les animaux tenus à l'étable, tandis
qu'il a presque disparu chez les brebis. Cet ensemble de phénomènes
offrent la contre-partie de ceux que nous avons cités plus haut et vérifient
notre explication. L'instinct n'est pas une constante spécifique, mais une
variable dépendant de deux forces : les influences héréditaires et les
influences du milieu. Quand les secondes viennent à manquer, les premières, fruit du temps, s'affaiblissent avec le temps ; reprennent-elles
leur empire, les penchants oblitérés reparaissent et vont se confirmant
de plus en plus.

plent que pour un instant. Les Tatous, parmi les Eden-
tés, nous offrent le plus humble degré de la série sociale
chez les mammifères. Une rencontre qui semble due
au hasard, nul refus et partant nulle instance, puis une
séparation définitive, telle est l'histoire de l'union des
sexes chez les Tatous. La mère, du reste, n'a pour ses
jeunes que des soins brutaux; veut-elle les cacher,
elle les met en sang. Il est vrai que les Monotrèmes
semblent montrer quelque chose de la fidélité et de la
tendresse des oiseaux avec lesquels ils ont de si étranges
affinités; et il ne faut pas omettre de rappeler que le
Pangolin vit à Ceylan dans un terrier profond avec sa
femelle et ses petits. Mais, en haut comme en bas de
l'échelle, chez les singes comme chez les marsupiaux,
les monogames sont rares (1). Tandis que chez les
oiseaux un grand nombre de couples sont formés pour
toute la vie et mettent au monde, d'année en année,
sans cesser d'être unis, de nombreuses générations —
semblables à un arbre qui s'élèverait à une grande
hauteur en s'environnant de distance en distance d'un
vert bouquet de feuillage, — l'attachement réciproque
exclusif est ici l'exception et ne dure en tout cas que
bien rarement au delà d'une année. Les carnassiers
sont ceux qui en offrent peut être les plus nombreux
exemples; le loup, le renard, le lion surtout, restent
assez longtemps avec leur femelle et reviennent auprès
d'elle pendant l'éducation des jeunes à laquelle ils
prennent une part active. Joignons à cette catégorie

(1) LEURET et GRATIOLET, p. 544 : « Plusieurs mammifères restent unis
toute la vie, le même mâle avec la même femelle. Le chevreuil et les
cétacés sont dans ce cas, et peut-être le loup (?) et le phoque. »

assez homogène des faits de même sorte empruntés à
des groupes fort disparates; des couples d'une certaine
durée se rencontrent chez les tapirs (Roulin), les
morses, les baleines, les chamois, les petites antilopes,
les chevreuils, les bisons, les castors, les lapins, le porc-
épic, le hérisson, l'ours, la belette et les singes nicti-
pithèques. « Le gorille et le chimpanzé, assure M. To-
pinard dans sa récente *Anthropologie* (p. 163), sont monogames, très soucieux de la fidélité de leurs épouses,
et attentionnés pour elles. » Cependant il semble.
établi par de solides témoignages que, comme dans
l'humanité, certains chimpanzés sont monogames, d'autres polygames. Mais souvent la mère, chez les grands
chats, est obligée de soustraire à son mâle les jeunes
pendant leurs premiers jours, de peur qu'il ne voie dans
ces petits êtres encore informes une proie à dévorer. La
chevrette fait de même, redoutant sans doute la brus-
querie et la pétulance de son mâle. Ainsi donc dans les
espèces monogames, quand le mâle revient auprès de
la femelle, rappelé par le souvenir persistant qu'il en
a gardé, c'est pour devenir chef de bande et non pour
obéir à une prétendue voix du sang tout à fait muette
en lui.

Cependant chez les monogames cette bande est toujours restreinte, et de la famille ainsi formée, dès que
les jeunes seront adultes, rien ne restera. C'est la famille à femelles multiples qui nous offrira le seul type
capable de se prêter à une organisation sociale étendue, centralisée, durable.

Les animaux chez lesquels la société domestique
revêt cette dernière forme sont les phoques, les mou-

flons, les lamas, les chevaux, les éléphants et les singes.
« Chez les Arctocéphales (nous laissons la parole à
Brehm) le mâle a toujours plusieurs femelles et nombre de ces sultans ont un harem de trente à quarante
beautés. Très jaloux vis-à-vis des autres mâles.... il
reste avec ses femelles, ses fils et ses filles, même avec
ceux d'un an et qui ne sont pas encore accouplés : une
famille peut ainsi compter jusqu'à cent vingt individus » (vol. II, p. 788, 789). — « Les moutons à man-
chettes (mouflons de l'Atlas) ne vivent pas en troupeaux
comme les autres ovidés ; ce n'est qu'au moment du
rut, en novembre, que quelques femelles ayant à leur
tête un bélier se réunissent pour un certain temps. » Il
en est de même pour les mouflons d'Europe : « à l'époque du rut ils se séparent en petites familles, composées ordinairement d'un mâle et de quelques femelles
qu'il a conquises dans les combats. » — Chez les lamas
guanacos, « chaque troupe se compose de plusieurs
femelles et d'un seul mâle ; celui-ci ne souffre dans sa
troupe que de jeunes mâles encore incapables de se
reproduire. Dès qu'ils ont atteint un certain âge commencent les batailles à la suite desquelles les plus faibles, obligés de céder la place aux plus forts, se réunissent à leurs égaux et avec de jeunes femelles. Le chef
paît à quelques pas de la troupe et surveille les alentours. Au moindre indice de danger, il pousse un bêle-
ment assez semblable à celui du mouton et aussitôt les
têtes se lèvent, regardent de çà de là : puis toute la
bande part... Les femelles et les jeunes courent
devant, le mâle les suit et les pousse souvent avec sa
tête » (vol. II, p. 453). Même témoignage au sujet du

lama vigogne avec des particularités plus significatives encore. « Les femelles récompensent la vigilance de leur guide par une fidélité et un attachement des plus rares. Est-il blessé ou tué, elles courent autour de lui en sifflant et se laissent toutes tuer sans prendre la fuite. Mais si la balle atteint d'abord une femelle, toute la bande décampe. Les femelles de guanacos se dispersent au contraire quand leur mâle est tué » (vol. II, p. 458). — « On voit toujours les tarpans (chevaux sauvages d'Asie) en troupes de plusieurs centaines d'individus. Chaque troupe se subdivise en petites familles à la tête de chacune desquelles se trouve un étalon. Celui-ci est le chef de la bande ; il veille à sa sécurité, il exige l'obéissance. Il chasse les jeunes mâles, et tant que ceux-ci n'ont pas réuni quelques juments autour d'eux ils sont condamnés à ne suivre la bande que de loin. S'il flaire quelque danger, il hennit bruyamment et toute la bande s'enfuit au galop, les juments en avant, les étalons fermant la marche et protégeant la retraite..... » Et ailleurs : « un étalon vigoureux est nécessaire à l'existence du troupeau ; s'il est tué, les juments se dispersent et leur chasse devient facile, car elles ne sont pas aussi vigilantes que les étalons » (v. II, p. 406). Les éléphants mènent avec leurs allures propres une existence analogue, sauf en ce que la famille ne paraît pas avoir dans le troupeau d'existence distincte. « La famille » (le sens de ce mot est incertain) « la famille forme un tout bien circonscrit ; aucun autre éléphant n'y est admis ; l'éléphant le plus prudent est le chef de la bande. C'est tantôt un mâle, tantôt une femelle. » Ce guide jouit d'une autorité effective.

« Tous les éléphants sauvages sont très craintifs et très prudents; mais l'éléphant conducteur l'est encore dix fois plus. Ses fonctions sont pénibles; il est continuellement en exercice; par contre, ses subordonnés lui obéissent sans réserve..., il va et les autres le suivent, même à leur perte » (vol. II, p. 712). Voici enfin ce que Brehm dit des familles de singes, quant à la primauté du mâle. « Le mâle le plus fort de la bande en devient le conducteur, le guide, mais ce n'est pas le suffrage des autres individus qui lui confère cet honneur. L'empire est au plus fort; le plus sage est celui qui a les plus longues dents. Cela s'explique du reste par ce fait que les singes les plus forts sont généralement les plus âgés, et les jeunes sont bien obligés de se reconnaître inexpérimentés devant eux. Le guide exige une obéissance absolue, et il l'obtient dans toutes les circonstances. Sultan jaloux et brutal il s'arroge un droit exclusif sur toutes les femelles, éloignant celles qui s'oublient; aussi peut-on dire qu'il est le père de sa bande... Le guide exerce son emploi avec beaucoup de dignité. L'estime qu'il a su conquérir exaltant son amour-propre lui donne une certaine assurance qui manque à ses sujets; ceux-ci lui font toujours la cour. On voit même des femelles s'efforcer de recevoir de lui la plus grande faveur qu'un singe puisse accorder ou obtenir. Elles mettent tout leur zèle à débarrasser son pelage des parasites incommodes, et il se prête à cette opération avec une grotesque majesté. En retour, il veille fidèlement au salut commun. Aussi est-il de tous le plus circonspect; ses yeux errent constamment de côté et d'autre; sa méfiance s'étend sur tout, et il ar-

rive presque toujours à découvrir à temps le danger qui
menace la bande » (vol. I, p. 8 et 9).

Nous n'avons plus besoin de nous appesantir sur de
tels faits : ce que nous avons dit des gallinacés (p. 421
du présent volume), les éclaircit suffisamment à notre
gré. Y a-t-il là plus qu'une famille ? Pas encore. Car il
n'y a rien de plus que ce que nous a montré la famille
des oiseaux construite sur le même type, celle des
Brévipennes, par exemple. Seulement ici la femelle,
au lieu d'être suppléée par le mâle, garde sa fonction
normale qui est celle de nourrice (fonction que ses organes propres lui assignent) et le mâle est exclusivement consacré à la direction de la bande : c'est par lui
que s'établissent les rapports de l'organisme social
avec le monde extérieur. Cette différence nous explique pourquoi, tandis que chez les oiseaux nous
avons placé la famille polygame au bas de l'échelle,
nous lui avons donné ici le premier rang. En soi elle
n'a pas plus de valeur que la famille monogame ; peut-
être même en a-t-elle moins ; elle est fondée en effet
plus sur la force que sur l'amour ; mais comme forme
de transition, au point où nous sommes de la série
zoologique, elle atteint une importance considérable.
C'est elle, et non l'autre qui se rapproche le plus de la
société, non plus domestique, mais ethnique : c'est
d'elle que nous pouvons le plus aisément passer de la
famille à la peuplade. Elle ne mérite pas encore ce
nom, puisque c'est la passion sexuelle du mâle qui lui
donne naissance ; mais qu'on imagine plusieurs familles de même nature réunies, on sera en présence
de la horde, et de la horde organisée.

Les mammifères, en raison de la supériorité de leur organisation, croissent lentement. Certains ours sont adultes à 6 ans, certains singes à 12, les éléphants à 16. C'est là la cause principale de la durée de la famille. L'éducation est longue, et comme le petit être revêt bientôt tous les caractères extérieurs de l'espèce, avec une nuance de faiblesse et de fragilité, toutes les conditions sont réunies pour que le mâle unique ou les mâles éprouvent à son égard les sentiments de sympathie et de pitié qui fondent l'amour paternel (SPEN-CER, *Psychologie*, vol. II, sub fine). Autour de ces jeunes encore débiles, on verra donc les parents rivaliser de soins pendant des années. Mais comment de fortes sympathies ne s'établiraient-elles pas entre des animaux intelligents liés ainsi par une communauté d'affections pour le même objet pendant aussi long-temps et unis de saison en saison par les inclinations sexuelles? De là l'homogénéité et la continuité de la famille chez les mammifères.

Si l'industrie est, comme nous l'avons observé jusqu'ici, en raison directe de l'intelligence, elle doit être dans les sociétés domestiques de mammifères bien plus développée que dans les sociétés domestiques d'oiseaux. Et, en effet, les demeures atteignent ici une complexité de structure et de parties qui accusent un degré supérieur d'évolution organique. Cependant, presque partout, le mâle et la femelle, au lieu de travailler en commun, comme cela se voit chez les oiseaux, à une même habitation, en construisent une chacun de son côté ; celle de la femelle étant seulement plus complexe, puisque, en outre des autres chambres, celle-ci en ouvre une où sera déposé le berceau de ses petits. Mais cette absence d'homogénéité des deux demeures ne nous étonnera point, puisque les deux existences sont si souvent séparées. Ici encore l'industrie reflète exactement, avec le degré d'intelligence de ses auteurs, le caractère de leurs mœurs et apparaît comme l'expression extérieure de leur âme même.

Les mammifères peuvent, à ce point de vue, se diviser en deux groupes : les nidifiants et constructeurs d'une part, les fouisseurs de l'autre. La souris naine construit un nid quelque peu semblable à celui des oiseaux ; des feuilles de roseau lui servent à le tisser, et la forme en est sphérique. « L'intérieur est tapissé avec le duvet des épis de roseaux, avec des chatons, des pétales de fleurs. Les vieilles femelles construisent des nids plus parfaits que les jeunes. » Le muscardin s'abrite l'hiver dans une pelotte faite de matériaux chauds et moelleux, fermée de toutes parts. L'écureuil fait servir à la confection de sa demeure les matériaux arrachés à celles des oiseaux ; cette habitation est couverte d'un toit imperméable à la pluie, et elle a deux ouvertures, l'une, dans la partie inférieure, qui sert à l'entrée dans les cas ordinaires, l'autre, percée au travers du toit et qui favorise la fuite en cas de surprise. Un sanglier, au Bengale, coupe avec ses dents, aussi nettement qu'avec une faux, une graminée de 1 mètre à 1 mètre 25 et se fait une meule énorme, avec une galerie à laquelle viennent aboutir de petits regards ou fenêtres qui lui servent à observer les environs. Les chimpanzés et les orangs se construisent un nid élevé sur les

29

arbres ; celui des premiers est muni d'un toit en parasol.
Les constructions de l'odontara et du castor sont intermédiaires entre le terrier et la hutte. Celles de l'odontara, comme celles de beaucoup de rongeurs, ont des
couloirs qui servent à déposer les ordures, et d'autres
par où l'animal va chercher sous terre ses aliments.
La demeure du castor est plus compliquée. Elle a, outre
son dôme, un plancher, avec chambre de résidence et
chambre de provisions ; le bas des murs, plongeant
dans l'eau, est construit de matériaux particuliers.
Presque tous les rongeurs ont des terriers composés
de parties plus variées encore. Nous y trouvons des
trous à ordures quelquefois nombreux, plusieurs chambres de provisions, une chambre de résidence et une
d'élevage, tapissées de substances moelleuses, enfin,
des couloirs, dont les uns servent à l'entrée, d'autres
à la fuite, d'autres, enfin, à l'aération. Le renard et le
blaireau ont des habitations analogues, mais plus
vastes. Les couloirs y sont multipliés, et les ouvertures
sont à la fois éloignés les unes des autres et fort dis-
tantes du centre, lequel se trouve quelquefois à 4, à 5
mètres au-dessous du sol. Ce centre porte le nom de
donjon. Chez le renard, à côté du donjon du mâle, au
moment de la vie conjugale, la femelle a sa chambre
et les petits la leur, sans préjudice du garde-manger
où la famille conserve des provisions et d'une sorte
de guérite située près de l'une des nombreuses entrées
où l'animal vient de temps à autre se placer en
observation. Un renard se construit plusieurs terriers. Nulle part, dans le règne animal, l'industrie n'a
été portée plus loin, si ce n'est chez la taupe. Une fi-

gure peut seule faire comprendre la complexité des
voies qui composent un seul terrier, surtout l'habile
intrication de celles qui environnent le donjon. Il s'y
ajoute un puits, ou, si l'eau est trop loin, une citerne
que remplissent les eaux pluviales. Maintenant, si nous
montons plus haut dans la série des mammifères, nous
ne trouvons plus aucun fait de la même importance.
A quoi tient cette disparition de l'industrie, et faut-il
croire qu'elle cesse d'accompagner le progrès de la
société? Remarquons d'abord que dans certains ordres,
comme les ongulés, aucune industrie n'était possible,
faute d'organes. Ensuite, les animaux qui ne construisent pas n'ont pas pour cela renoncé à employer
leur intelligence; seulement ils l'ont employée autrement. Les *solitaires* (il n'y en a pas de véritablement
tels, nous le savons) sont des carnassiers qui déploient
leurs ruses dans la rapine ou la défense. Les sociaux
ont dépensé leurs ressources intellectuelles dans l'établissement de la société même; l'organisme social
n'est-il pas une œuvre aussi, et la tactique variée que
demande sa conservation ne mérite-t-elle pas l'attention autant que les galeries souterraines et les chambres
multiples? Mais nous reviendrons à ces phénomènes
en un endroit plus favorable à leur interprétation.

Dès maintenant nous pouvons signaler un fait qui
est propre aux mammifères, c'est le caractère mobile,
momentané de certains de leurs procédés industrieux.
Roulin raconte que la femelle d'un couple de babi-
roussas observé en captivité allait chaque soir couvrir
le mâle d'une couche de paille disposée avec soin. Une
femelle d'orang-outang se faisait chaque soir son lit

avec du foin, l'entassant en botte sous sa tête en forme
d'oreiller (BREHM), et une jeune femelle de chimpanzé
(Soko), observée par Livingstone, « s'entourait de feuilles et d'herbes pour faire son lit et ne permettait pas
qu'on touchât à sa propriété. » Chacun des chiens du
Levant, habitant au voisinage des villes égyptiennes, a,
dit Brehm, deux trous, l'un à l'est, l'autre à l'ouest, et
ils vont trois fois de l'un à l'autre, suivant les différentes
heures de la journée. « La montagne est-elle orientée
de telle sorte que les deux trous soient exposés au
vent du nord, le chien s'en creuse un troisième sur le
versant opposé ; mais il ne l'habite que lorsque le vent
trop froid lui rend incommode le séjour de l'un des
deux autres. » Le hérisson bouche son terrier, l'écureuil son nid, quand le vent vient les troubler. L'Alac-
taga-flèche dissimule toutes les ouvertures de son terrier une fois qu'il y est entré, et les Psammomys,
comme les souris naines, recouvrent leurs petits de
paille quand elles les quittent. Les singes nidifiants
dressent leur hutte de feuillage à l'endroit où ils se
trouvent chaque soir, et on a vu un orang blessé se
faire avec des branchages un lit en même temps qu'une
sorte de rempart pour y passer la nuit (WALLACE). Ce
sont là des mesures qui témoignent d'une assez haute
faculté de combinaison intellectuelle dans l'individu.
C'est en effet par le développement de l'individu que
la plus grande partie des mammifères se recommande
à l'attention du psychologue ; et cela vient précisément
de ce que l'éducation, soit par les deux parents, soit
par la femelle seule développe chez eux plus que chez
les oiseaux l'expérience et la réflexion. Chacun d'eux,

en effet, a été compris pendant son jeune âge dans un groupe organisé, et pendant que seul, ou avec ses frères, il recevait de la mère l'alimentation première, il a nécessairement profité de ses leçons. Ici encore, par conséquent, l'individu isolé puise dans l'individu collectif les éléments de sa personnalité. C'est la vie sociale qui développe en lui le germe de la conscience comme le germe de l'organisme.

SECTION IV

VIE DE RELATION

La Peuplade.

_____

Vivre, c'est d'abord se nourrir et se perpétuer comme espèce. C'est à cette double fin que conspirent tous les phénomènes étudiés jusqu'ici. Mais quand l'être vivant atteint un haut degré d'organisation, il est en rapport avec des circonstances trop diverses pour que son existence ne soit pas entravée de mille obstacles et assaillie de mille périls. Les deux fonctions physiologiques

essentielles se trouvent dès lors soumises au développement de l'activité psychique et la vie de relation prend
le pas d'une manière de plus en plus décidée sur les
besoins qu'elle a d'abord été appelée à satisfaire. C'est
ainsi que nous avons vu la société domestique, bien
que reposant toujours sur l'union des sexes et se proposant toujours pour but essentiel l'éducation des
jeunes, trouver son unité dans un échange d'idées,
d'affections et de services. A mesure que nous nous
sommes élevés dans l'échelle des sociétés, à mesure
aussi l'activité physiologique s'est trouvée plus complétement engagée dans la sphère de l'activité psychique, à mesure le consensus organique a été subordonné à la conscience. Celle-ci a eu bientôt l'initiative
et la garde des individualités collectives dont la fonction de reproduction était la fin essentielle, et elle a
suscité une multitude d'habitudes et de tendances qui
ont été enfin cultivées pour elles-mêmes indépendamment de leurs résultats. De ce nombre sont les deux
penchants sans lesquels nulle société domestique complète ne serait possible : la sympathie et le double instinct de domination et de subordination. Il n'est plus
besoin, remarquons-le, pour que ces deux sortes de
liens unissent différents individus, que ceux-ci diffèrent
physiologiquement et soient pourvus d'organes de reproduction correspondants, mais dissemblables. Entre
des individus quelconques de la même espèce, ils peuvent former une société, pourvu qu'il y ait à cela une
raison suffisante. Cette raison ne peut être qu'un intérêt, car nul être ne fait rien qui ne lui soit ou ne lui
paraisse avantageux, et tous les intérêts se ramènent

en dernière analyse au développement de la vie physiologique. Mais il n'en est pas moins vrai que dans ce
cas d'abord ce ne sera pas pour vivre, mais pour défendre et améliorer la vie, pour la charmer surtout — le
seul intérêt ressenti dans bien des cas est la satisfaction
des besoins sympathiques — que les relations sociales
seront entretenues; et qu'ensuite le point de départ du
mouvement social ne se trouvera dans aucun organe
spécial affecté à l'une ou à l'autre des fonctions biologiques essentielles. Les sociétés ainsi constituées formeront donc, en dépit des transitions nécessaires, un
ordre nouveau qui se superposera aux ordres inférieurs, puisqu'il les embrassera en les dépassant. Il
aura pour caractères propres de pouvoir se prêter à
des combinaisons en quelque sorte indéfinies, puisque
aucune particularité organique ne lui imposera une
structure déterminée, et d'être susceptible d'accroissements très étendus, puisqu'il aura pour bornes en ce
sens non la capacité du corps maternel, mais la faculté
de représentation de l'espèce, très largement perfec-
tible. C'est ce nouvel ordre de sociétés, différent
des deux autres en ce qu'il ne suppose entre les
membres composants aucune communication des
tissus ni des cavités, mais seulement une correspondance des mouvements cérébraux, que nous allons
étudier ici.

Mais si tels sont les caractères des plus élevées de
ces sociétés, leur apparition est précédée et comme
annoncée dans toute la série animale par une multitude de groupements analogues. Nous devons les comprendre dans notre exposition. Nous distinguerons

trois classes de sociétés ethniques ou de peuplades :
1° Les réunions accidentelles involontaires; 2° les réunions volontaires momentanées; 3° les agrégats volontaires permanents.

Passons rapidement sur les premières. Elles sont dues à deux sortes de causes, soit à l'action simultanée des forces physiques sur des organismes simples, soit aux hasards de la naissance qui réunissent dans un même lieu un nombre considérable d'individus. La mer est fréquemment le théâtre de phénomènes de ce genre. Certains animaux dits pélagiques forment des bandes énormes. Elle n'ont pour raison d'être que la température des différentes couches d'eau qui convient à la fois à tous les individus de cette bande, la direction des courants qui les entraînent tous ensemble, et peut-être aussi l'abondance en certains endroits d'aliments recherchés par eux. Les membres de telles agglomérations sont le plus souvent les Noctiluques, les Méduses, les Cténophores, les Sagitta, les Crustacés copépodes, les Mysis, les Mollusques ptéropodes, les Polycistines. Les tout jeunes poissons peuplent les eaux de la mer par myriades et paraissent réunis par les mêmes causes. Les Actinies et plusieurs mollusques, parmi lesquels les plus connus sont les moules et les huîtres, vivent en bancs pressés les uns contre les autres. Le mode de reproduction de ces espèces explique une telle disposition. C'est encore à la naissance ici successive, là simultanée en un même lieu, qu'il faut attribuer les agglomérations des pucerons, des cochenilles, les paquets de chenilles du paon de jour sur nos orties, du bombyx sur nos arbres, les nuées de papillons qu'on cite comme extraordinaires, mais qui sont fréquentes et dont tout le monde a pu être témoin. Ces agglomérations n'ont point de but; elles sont les effets en quelque sorte mécaniques de causes extérieures. Déjà les émigrations des criquets cherchant de nouvelles terres à dévaster sont déterminées par un besoin ressenti de ces insectes; les danses des Tipulaires et des moucherons paraissent avoir quelque rapport avec l'union des sexes. Enfin, quelques chenilles et quelques larves nées ensemble sur le même point, devant rester quelque temps réunies, prennent des dispositions pour se garantir des périls qui les menacent. Les chenilles du *Bombyx liparis* se fabriquent en commun sur les hautes tiges une tente soyeuse. Plusieurs chenilles de la même famille font de même. Celles qui ont reçu le nom de Processionnaires se suivent pendant leur marche dans un ordre déterminé qui figure un coin allongé. D'autres Processionnaires (*Papilio archelaus*) du Brésil (LACORDAIRE, *Introd.*, vol. II, p. 202) font preuve d'une certaine communauté d'impressions remarquable. « Toutes sont placées côte à côte en colonne serrée et la tête dirigée dans le même sens; si l'on en touche une, elle agite aussitôt avec vivacité la partie antérieure de son corps, et toutes les autres l'imitent à l'instant. » Les jeunes larves des hannetons vivent d'abord réunies : « les débris de végétaux enfouis dans le sol, les racines les plus voisines suffisent aux besoins de la couvée entière pendant cette première saison. Les froids venus, on ne se sépare pas encore; on mine plus profondément et on pratique une loge spacieuse à l'abri de la gelée, où l'on passe

l'hiver en commun. Au printemps, toutes ces larves
plus grandes et plus voraces ne sauraient trouver sur
le même point une nourriture suffisante ; elles se séparent alors et chacune, se creusant une galerie particulière, remonte vers la surface du sol jusqu'à la région
des racines » (M. DE QUATREFAGES, *Métamorph.*, etc.,
p. 81). Nous trouvons donc dans ces agglomérations
à l'origine fortuites quelque chose de volontaire et
comme une conspiration intentionnelle. On a cherché
des raisons métaphysiques à l'ordre géométrique observé par quelques-unes d'entre elles. La plupart du
temps, cette régularité n'a pas d'autre cause que l'absence de motifs qui pourraient justifier une disposition
différente. La régularité des loges chez les abeilles est
due, comme Buffon l'a bien vu, à cette même condition et, à ce titre, mérite beaucoup moins notre admiration que la liberté de plan que montrent dans leurs
constructions d'autres hyménoptères comme les fourmis. Nous n'analyserons que deux exemples de ce fait.
Au bord de la Manche, on trouve fréquemment des
Patelles (Lépas) sur lesquels des Balanes forment des
cercles réguliers montant le long du cône jusqu'au
sommet. Tout d'abord le dessin de ces guirlandes
concentriques étonne ; mais, en réfléchissant, on s'aperçoit que des larves de Balanes, glissant le long de la
pente du cône, ont dû s'arrêter à son bord inférieur
en aussi grand nombre que la place disponible l'a permis, que les suivantes, une fois le premier rang formé,
n'ont pu s'empêcher de faire de même et d'en dessiner
un second. Cette régularité n'a rien de mystérieux, et
toutes les fois que la nature se plie aux figures géomé-

triques les plus simples, c'est, comme en ce cas, parce qu'elle n'a pas de raison de s'en affranchir. Les Scolytes sont des coléoptères qui causent d'assez graves dégats dans nos forêts. La femelle s'introduit sous l'écorce des arbres, y creuse un sillon longitudinal à bords nettements coupés, et de distance en distance dépose un œuf dans ce sillon. Puis elle s'envole et les larves naissent. Celles-ci vivent aux dépens du bois qu'elles entament facilement de leurs vigoureuses mandibules. Aussitôt nées, elles se mettent à cheminer sous l'écorce. Elles ne peuvent s'avancer dans le sens de la galerie maternelle où elles ne trouveraient que le vide ; elles s'avançent donc perpendiculairement à elle. Mais comme chaque larve, si elle dirigeait obliquement ses travaux, rencontrerait la rainure où travaille sa voisine, elle est amenée à suivre une voie parallèle ; toutes font de même ; si ce n'est que celles de chaque extrémité, étant moins serrées, divergent en rayonnant à partir de leur point de départ. Rien de plus nécessaire que toute cette géométrie. Cependant, quand on découvre le bois ou les Scolytes ont travaillé, on est en présence d'une figure vraiment gracieuse dans sa simplicité, qui ressemble au dessin d'une main intelligente (1).

Le phénomène de l'agrégation prend un caractère différent quand il est manifesté par des animaux primitivement séparés et qu'il est déterminé par la recherche commune d'une commune utilité. Les mi-

(1) Ceci s'applique aussi bien aux galeries des Hylésines et des Bostriches. (*Atlas d'entomologie forestière*. Nancy, 1869, pl. XIV et XV.)

grations des criquets présentent déjà à un certain degré
ce caractère. Celles des oiseaux sont déterminées par
des causes diverses, mais peuvent toutes se rattacher
à la présente catégorie. Tantôt l'abaissement de la température les provoque, tantôt la disette. Pourquoi elles
se font en aussi grand nombre et réunissent d'abord
tous les individus d'un même district, puis tous ceux
d'une contrée, puis tous ceux d'un même continent au
bord d'une mer à traverser, c'est ce qui se conçoit facilement, si on veut admettre chez l'oiseau une idée
confuse du long voyage qu'il se prépare à accomplir
et des dangers dont le moindre est de s'égarer en
route. Les incertaines lumières de l'individu font alors
appel aux lumières plus sûres d'une bande considérable où les chances d'erreur se détruisent l'une par
l'autre, où l'ignorance des jeunes s'appuie sur les souvenirs des plus anciens. Les migrations des mammifères rongeurs (lemmings), ou ruminants (bisons, antilopes), s'expliquent de même. D'autres réunions ont
pour cause le penchant sexuel agissant simultanément sur un grand nombre d'individus. Nous avons
signalé ce fait chez plusieurs poissons et plusieurs oiseaux. Les mammifères nous montrent des rassemblements analogues; le cerf, par exemple, a des « places
de rut » où il revient d'année en année provoquer ses
rivaux. D'autres groupes se forment pour un but déterminé de défense ou d'attaque. On sait quel effet
produit sur les oiseaux de jour l'apparition d'un hibou,
l'étonnement et l'indignation qu'ils ressentent à sa vue.
Un très grand nombre d'oiseaux se réunissent comme
le font, chez les insectes, les nécrophores et les *Ateuchus*

pour repousser un intrus, combattre un ennemi, s'emparer d'une proie. Les corbeaux réunis attaquent des lièvres, des agneaux, de jeunes gazelles, qu'ils ne pourraient capturer seuls. Les loups se réunissent de même pour des expéditions difficiles. Mais le fait est d'ailleurs assez rare ; il est probable que, dans les cas où l'action concertée est d'ordinaire utile à un groupe, ce groupe devient permanent. Ainsi, les chiens qui chassent en meute restent constamment unis. Les plus extraordinaires des réunions temporaires sont celles qui ont lieu entre les oiseaux d'une même contrée dans le seul but de se trouver ensemble et de satisfaire le besoin de la vie sociale indépendamment de tout autre. Ce fait éclaire tous les autres d'une vive lumière en ce qu'il nous montre chez les oiseaux un penchant social latent, toujours prêt à se manifester quand nul autre penchant ne le combat, à plus forte raison quand un but utile peut être poursuivi en commun. Ainsi, le matin, à la lisière des bois, on voit tous les oiseaux non carnivores des alentours s'attrouper et saluer joyeusement l'aurore. « Vers le soir, dit Brehm des corneilles, elles se réunissent en grand nombre à des endroits déterminés pour se communiquer les impressions de la journée... elles ne s'y rendent qu'avec une prudence extraordinaire et après avoir eu soin d'envoyer plusieurs fois des espions pour inspecter la localité » (vol. I, p. 293). Nous avons vu à Dijon, chaque hiver, des bandes immenses de corneilles (1) se rendre tous les soirs, à la nuit tombante,

(1) Certaines bandes comptaient plus de cinq cents oiseaux ; l'assemblée en comprenait plus de dix mille. Plusieurs bandes devaient franchir au moins 15 kilom. pour atteindre le lieu de réunion.

de tous les points de l'horizon vers le Parc des Condé et, là, se livrer au plus haut des airs à de majestueuses évolutions accompagnées de grandes clameurs, avant de s'endormir. Vers la fin de l'hiver, elles firent au milieu de la journée les mêmes exercices ; à partir de ce moment (1), les rassemblements devinrent chaque jour moins nombreux pour cesser bientôt tout à fait. « Dès que les jeunes étourneaux sont éclos, les deux parents s'occupent de les nourrir et le père n'a plus le temps de faire entendre sa voix. Il sait cependant dérober une heure à ses devoirs paternels, et, vers le soir, on voit les mâles se réunir et chanter de concert (I, p. 244). » Au Havre, les passereaux de tout le quartier du port se donnent rendez-vous chaque soir par milliers sur un bouquet d'arbres, devant le théâtre, à une place où nul aliment ne peut les tenter, et là, ou immobiles, ou sautillant de branche en branche, poussent des cris assourdissants jusqu'à la nuit : ils recommencent le lendemain dès l'aube avant de se séparer. Un très grand nombre d'oiseaux qui vivent épars pendant le jour se réunissent ainsi le soir et chantent, puis conversent encore quelque temps le matin. (Ex : serins des Canaries, Meinas, Paleornis, Parasididés, Streptopélies.) Dans la haute Guinée, les chimpanzés font de même (p. 20). Les gibbons qui vivent en troupes poussent tous ensemble de grands cris au lever et au coucher du soleil. Le Semnopithèque nasique a la même habitude. Houzeau raconte qu'il a vu, « dans un

(1) 29 février 1876. Nous avons assisté au même spectacle sur la rivière de Morlaix, au point du jour, en janvier 1873. Le nombre des oiseaux ainsi assemblés dépasse l'imagination.

settlement du Texas, les jeunes chiens des colons se réunir à la même place, tous les jours dans l'après-midi, pour se livrer à leurs exercices et à leurs jeux. Après une heure et demie ou deux d'absence, chaque animal retournait chez lui. Les chiens adultes ne prenaient aucune part à ces assemblées » (vol. II, p. 67).

La périodicité de ces réunions nous conduit à celles qui durent un certain temps, comme un mois ou une saison de l'année, d'une manière continue. Une seule promenade dans nos campagnes, à l'approche de l'hiver, montre à qui veut y prêter quelque attention, les bandes d'étourneaux et d'alouettes qui se forment dès le mois de septembre; les roitelets eux-mêmes se rapprochent au nombre de 6 ou de 8; ainsi font les passereaux, les mésanges et bien d'autres. Mais nous avons déjà touché en passant un trop grand nombre de faits analogues pour que nous nous y arrêtions ici.

Ce sont, dans toutes les classes, les jeunes qui se forment le plus facilement en bandes. Nous en verrons tout à l'heure la raison. Les sociétés quelque peu durables composées de tels éléments sont très communes chez les oiseaux. Tandis que les grands corbeaux adultes vivent par paires, les jeunes forment des bandes; ainsi des jeunes hiboux, des jeunes Téléphones, etc.; mais il est inutile de prolonger cette énumération, puisque tous les oiseaux dits sociables (1)

_____

(1) Nous serons forcé de donner, conformément à l'usage, le nom de sociables aux animaux qui vivent en bandes (*gregarious* des Anglais), bien que, suivant nous, ceux qui ne vivent qu'en familles forment aussi société.

qui ne prennent pas leur livrée d'amour dès la première année, et se séparent par paires du printemps
jusqu'à l'automne, sont évidemment dans ce cas, les
jeunes restant seuls et unis ensemble toute la belle
saison. Plusieurs jeunes mammifères manifestent les
mêmes habitudes, particulièrement chez les cervidés,
et aussi les vieux mâles. Dans certaines espèces d'oiseaux et de mammifères, les femelles fécondées forment de grandes troupes d'où les autres individus sont
exclus. Chez les chauves-souris, les mâles, sauf le
court moment de l'accouplement, vivent toujours séparés des femelles. Mais en général, dans les espèces
sociales, après la naissance des petits, la peuplade se
reforme au complet sous l'empire des penchants étudiés
plus haut.

Nous voici arrivé en présence de la peuplade, le
plus élevé des groupes sociaux qu'il nous soit donné
d'observer chez les animaux. Elle est, ce semble, composée de familles. Nous devons chercher tout d'abord
quels rapports la société ethnique soutient avec la
société domestique dans l'ensemble de la série zoologique au-dessous de l'humanité.

Nous nous efforcerons d'établir les trois propositions
suivantes :

1° Le seul passage qu'il y ait de la famille à la peuplade se trouve non dans les relations du père avec la
mère et de ceux-ci avec les jeunes, mais dans les relations des jeunes entre eux ;

2° Même à l'origine, la famille et la peuplade sont
antagoniques ; elles se développent en raison inverse
l'une de l'autre ;

30

3° Le véritable élément de la peuplade est l'individu ; et l'amour d'un être pour ses semblables en tant que tels, ou la sympathie, y est la source de la conscience collective.

4° Si l'on se demande par quelle voie on peut passer de la famille à la société supérieure, on s'aperçoit, non sans quelque surprise, que tant que la famille subsiste il ne s'en trouve aucune. En effet, d'après ce que nous avons essayé de démontrer, le père, en général, est surtout attaché à la mère, et la mère à ses jeunes. Or, la possession sexuelle réciproque ne peut être étendue qu'à un petit nombre d'individus ; elle est nécessairement jalouse, de la part du mâle tout au moins, et cela suffit pour clore la famille de ce côté. Celui-ci ne peut manquer de déchaîner sa colère contre toute atteinte portée au droit qu'il s'attribue, et, comme il a la force, la femelle est condamnée par sa volonté à lui rester unie. On comprend qu'elle se résigne à partager son privilége avec un certain nombre de compagnes ; mais enfin ce nombre est nécessairement limité, et le fût-il moins, la nature du lien qui unit ces femelles multiples au mâle reste la même, quelle que soit son étendue. Donc, l'affection réciproque du mâle et de la femelle ne souffre point de partage dans la plupart des cas, et quand elle en admet, ce n'est que d'un côté et dans des limites assez étroites. D'autre part, la mère ne peut suffire à l'éducation que d'un petit nombre de jeunes. De même que les forces du mâle restreignent le nombre des femelles sur lesquelles il s'arroge l'empire, de même les forces de la femelle limitent le nombre des pétits qu'elle peut

élever. Et quand le nombre des petits est multiplié en
cas de polygamie par celui des femelles, bien que la
bande ainsi formée soit plus considérable, le lien qui
unit les parents aux jeunes ne change pas pour cela de
nature; nous sommes toujours en présence d'une
famille, bien que cette famille soit composée. Que si la
femelle et le mâle s'attachent à d'autres individus de la
même espèce, ce ne peut être, par conséquent, que le
temps des amours passé, et sous l'empire de penchants
qui n'auront rien de commun avec les sentiments
domestiques. Quant aux jeunes, ils forment en effet
entre eux une société qui ne repose sur aucun lien ni
de sexe, ni de filiation, et qui n'a point la reproduction
pour but; les affections qui la cimentent peuvent
s'étendre sans obstacle à un nombre bien plus considérable d'individus, et ainsi on conçoit que, quand la
famille se dissout, une peuplade puisse naître des fruits
qu'elle laisse après elle.

2° Suivons maintenant cette agglomération des
jeunes, germe du groupe ethnique. Jusqu'à ce que les
individus qui la composent deviennent adultes, la
société subsistera, du moins les sentiments domestiques n'y auront mis aucun obstacle. Mais que va-t-elle
devenir à ce moment? La jalousie, comme un dissol-
vant énergique y pénètrera; elle y suscitera entre les
mâles des batailles furieuses; elle séparera les femelles
pour les unir à des mâles ennemis. Les couples une
fois formés, les besoins de la famille croissant avec le
nombre de ses membres, la recherche des aliments
allumera entre eux de nouvelles hostilités. Un territoire
de plus en plus étendu ne tardera pas à les séparer. La

peuplade sera dispersée au moins pendant un temps, et cela précisément sous l'action des affections domestiques. C'est par ces causes que, comme nous l'avons dit, les deux tiers des sociétés d'animaux sont rompues pendant la belle saison. Quant aux espèces qui ne sont pas sociables du tout, c'est le plus souvent encore parce que la voracité des jeunes étend le territoire de chasse des parents et fait la solitude autour d'eux. Chez les mammifères, même antagonisme entre la famille et la société. Il n'est pas parmi eux une bande composée de familles qui ne soit troublée et, sinon toujours dissoute, au moins relâchée par les effets de l'amour et les nécessités de l'éducation. Et là où la famille est étroitement unie, nous ne voyons pas de peuplade se former, du moins le cas est-il rare et suppose-t-il des circonstances éminemment favorables, entre autres l'absence du régime carnassier. Livingstone (*Journal*), raconte qu'une espèce de chimpanzé, appelée *Soko* par les naturels, forme des peuplades de dix ou douze couples monogames. Au contraire, les peuplades s'établissent en quelque sorte naturellement là où règne soit la promiscuité, soit la polygamie. Les peuplades de singes polygames sont beaucoup plus nombreuses que celles dont nous venons de parler. Nous voyons donc que partout la cohésion de la famille et les probabilités pour la naissance des sociétés sont inverses. Il faut, pour que la horde prenne naissance, que les liens domestiques se soient détendus en quelque sorte et que l'individu ait repris sa liberté. C'est pourquoi les peuplades organisées sont si rares chez les oiseaux. Les familles juxtaposées, en

nombre immense quelquefois, s'y rencontrent souvent ;
mais nulle part elles ne montrent hiérarchie ni gouvernement. En revanche, c'est parmi les mammifères
que nous trouvons des sociétés quelque peu organisées, précisément parce que dans cette classe l'individu ne se laisse pas absorber par la famille. On comprend, du reste, que les affections domestiques liées de
si près à l'amour de soi aient les mêmes effets, par
rapport à la formation de sociétés plus amples, que
l'égoïsme individuel, ou mieux, des effets plus énergiques. L'égoïsme domestique est d'autant plus impérieux
qu'il a pour centre un moi plus compréhensif et qu'il
y a en lui du dévouement. La conscience collective de
la peuplade ne peut donc pas avoir à sa naissance de
plus grande ennemie que la conscience collective de la
famille. N'hésitons pas à le dire : si une société supérieure à la famille s'est établie, ce ne peut être qu'en
s'incorporant des familles profondément altérées, sauf
à leur permettre plus tard de se reconstituer dans
son sein à l'abri de conditions infiniment plus favorables.

3° Ce n'est donc pas à l'origine le couple ni la famille
en qui nous devons voir l'élément essentiel d'une société supérieure. Il est certain que si l'individu qui
entre comme élément dans une peuplade n'était pas
sexué (hypothèse absurde, car comment existerait-il
comme individu sans exister comme espèce ?) la peuplade ne pourrait durer au delà de sa vie. Il est certain
— et cette raison est plus sérieuse — que si les jeunes
n'étaient façonnés dès leur naissance par leur éducation
commune à la vie sociale, jamais ils ne se fussent con-

stitués en peuplade sur aucun point de la série zoologique. On ne soutient donc pas que la société ethnique eût pu se former sans être précédée de l'organisation. domestique; on ne nie pas que la famille soit la condition prochaine de la peuplade. Ce qu'on soutient, c'est que, quand l'individu se trouve amené à vivre avec ses frères, à former avec eux un groupe permanent, ce n'est ni le penchant sexuel, ni l'un des sentiments qui attachent les parents aux jeunes et les jeunes aux parents qui l'y pousse, mais une disposition qui n'attend pas l'âge des amours pour se manifester, qui dure après que cet âge est passé, une disposition, enfin, qui rencontre le plus souvent dans les affections domestiques, non des appuis, mais des obstacles. Mais, dira-t-on, c'est de l'amour fraternel qu'il s'agit ; n'est-ce pas une affection domestique? Nous répondrons que l'amour fraternel lui-même doit son existence à la disposition que nous venons de signaler, qu'il en est un effet. L'affection des frères les uns pour les autres ne résulte pas des *liens du sang :* ces liens sont ignorés des animaux. Un jeune d'une autre famille élevé avec les petits d'une famille de même espèce sera considéré par eux comme un frère sans aucune restriction. L'influence de la famille dans la formation de la société se réduit donc à assurer pour les premiers temps qui suivent la naissance la vie en commun à un certain nombre de jeunes; quant à la disposition qui se développe pendant ce temps et d'où doit sortir la société, elle se manifeste en dehors de la famille comme en elle, elle unit tout animal avec son semblable. C'est en effet en raison de leur ressemblance seule que deux

organismes suffisamment centralisés et capables de représentation réciproque sont nécessairement attirés
l'un vers l'autre. S'il est vrai que, comme nous l'avons
déjà supposé, la représentation s'exécute au moyen
non du cerveau seul, mais de tout le système nerveux
et du corps tout entier, en sorte que l'être intelligent
qui imagine une attitude, qui reproduit en lui-même
idéalement un son, commence toujours en quelque
degré à prendre cette attitude, à proférer ce son, la
représentation la plus facile à chaque animal doit être
celle d'un animal semblable à lui. La plus facile est en
même temps la plus agréable (1). C'est donc un plaisir
pour tout être vivant d'avoir présents autour de lui des
êtres semblables à lui, et ce plaisir fréquemment ressenti ne peut manquer de créer un besoin. Plus ce besoin sera satisfait, plus il deviendra impérieux, et la
sympathie se développera davantage à mesure qu'elle
sera plus cultivée. Le ressort de toute société normale
dépassant la famille est donc la sympathie. C'est elle
qui explique et que les sociétés permanentes se soient
presque toutes formées entre animaux de même espèce et que quelques-uns aient pu prendre naissance
entre animaux d'espèces voisines. C'est elle qui nous
donne la raison des faits exprimés tout à l'heure et qui
nous apprend pourquoi, dans certaines espèces, les
jeunes s'unissent aux jeunes, les mâles aux mâles, les
femelles fécondées avec les femelles fécondées. C'est

---

(1) Un animal intelligent a d'autant plus de peine, partant de déplaisir,
à se représenter un autre animal, que celui-ci est plus éloigné de lui
dans l'échelle (pourvu que la comparaison reste possible); ainsi, un singe
montre en présence d'un caméléon la terreur la plus comique.

elle enfin qui nous permettra de comprendre comment plusieurs consciences n'en font qu'une seule et comment une société composée d'individus ne cesse pas d'être individuelle, bien que ces individus n'aient entre eux aucune communication physiologique.

Est-ce à dire que le lien social est pour nous exclusivement intellectuel ? Tel serait, en effet, son caractère si l'intelligence et l'affection étaient deux puissances séparables. Mais elles sont au contraire étroitement unies. Le monde extérieur n'est représenté dans une conscience que comme utile ou nuisible, c'est-à-dire dans son rapport avec les fins de l'individu. A toute représentation correspond donc un désir ou une impulsion. Cette différence entre les deux ordres de phénomènes psychiques est, chez les mammifères supérieurs et probablement chez tous les vertébrés, la même qui existe entre les nerfs afférents et les nerfs efférents, entre les appareils sensitifs et les appareils moteurs. Dans la conscience comme dans l'organisme cette différence implique une corrélation. Les phénomènes par lesquels un être vivant se trouve lié à d'autres êtres sont donc doubles, c'est-à-dire à la fois représentatifs et appétitifs ; ils appartiennent à la fois à l'ordre de la pensée et à l'ordre du sentiment. Transportés dans l'humanité, on dirait d'eux qu'ils relèvent du cœur comme de l'esprit. La sympathie peut donc croître avec l'intelligence et la sociabilité avec l'aptitude représentative, sans cesser d'être rangées parmi les inclinations ; car on ne sait ce que serait un désir qui se développerait indépendamment de la connaissance de son objet au moins le plus immédiat.

Cependant cette corrélation nécessaire peut être ensuite voilée aux yeux et en apparence suspendue sous l'action de l'hérédité. Une représentation, maintes fois répétée dans les expériences individuelles de la race, peut finir par engendrer une conformation spéciale de l'appareil nerveux, en sorte que les jeunes individus héritent en naissant du fruit de ces expériences sans avoir eu à les recueillir eux-mêmes. Dans ce cas, la seconde partie du processus double indiqué plus haut subsiste seule ; l'activité de l'être se trouve sollicitée par des impulsions appropriées aux circonstances et répond aux excitations venues de l'extérieur par des combinaisons de mouvements convenables, et pourtant son intelligence n'a pu recueillir les renseignements, enchaîner les vues qu'exigent de telles combinaisons. En faut-il conclure que l'intelligence en est absente? Assurément non ; puisque l'activité n'a été sollicitée et le besoin ressenti que grâce aux effets des opérations antérieures. L'intelligence est là, dans les organes qu'elle a façonnés, dans l'inconscient qu'elle a éclairé, dans le mécanisme qu'elle a semé d'intentions. Telle est la sympathie; née de la représentation, elle devient, dans l'individu d'abord, dans la race ensuite, un penchant de plus en plus confirmé par les causes qui lui ont donné naissance ; et quand le psychologue l'envisage, elle ressemble à un désir irrationnel, à une inclination irréductile : la rupture semble définitive, en cette occurence comme en tant d'autres, entre l'entendement et la sensibilité.

La sympathie se trouve dans la famille mêlée en une large proportion à tous les penchants qui relient entre

eux les parents et ceux-ci aux jeunes, mais elle n'est
pas le ressort principal de cette association. Elle y
apparaît comme le couronnement, comme la forme
ultime de tous les sentiments domestiques ; elle n'est
pas un sentiment domestique proprement dit. Au contraire, elle est la cause première essentielle de la société ethnique. C'est sur ce fond commun que se dessinent les sentiments particuliers qui sont propres à
chacun des membres de la peuplade selon sa fonction.
Nous allons en étudier les déterminations variées.

Les oiseaux nous offrent d'abord deux sortes de
peuplades bien différentes, les unes qui ne durent que
pendant le temps de l'amour et de l'élevage, les autres
qui ne durent qu'en dehors de ce temps. La première
catégorie ne comprend que les sociétés d'oiseaux de
mer ; toutes les autres sociétés de la classe rentrent
dans la seconde catégorie. On sait quel singulier spectacle offrent quelques points des côtes continentales
(surtout au nord de l'Europe et, dans les contrées du
sud, partout où l'homme n'a que peu ou point pénétré)
et les îles inhabitées. Le nombre des oiseaux de mer
qui pondent leurs œufs et élèvent leurs petits en ces
endroits dépasse l'imagination. Les espèces qui présentent cette particularité de mœurs sont les Lummes,
les Mergules, les Macareux, les Alques, les Manchots,
les Bernaches, les Eiders, les Sternes, les Goëlands,
les Risses tridactyles, les Chroïcocéphales, les Fous,
les Frégates et les Cormorans. Nulle organisation ne
préside à ces sociétés qui sont presque toujours des
juxtapositions de familles innombrables. Le seul con-

cours général que se prêtent les membres a pour but
la défense commune contre les oiseaux de proie ; mais
leurs principaux ennemis sont les grands poissons
contres lesquelesils ne peuvent rien. Certaines espèces
donnent l'exemple d'un concours plus restreint, mais
plus efficace. Ainsi, les jeunes de certains plongeurs,
qui ont perdu leurs parents sont élevés par d'autres
couples ; chez les lummes les femelles se suppléent
pour l'incubation, et chez les eiders elles pondent et
couvent à plusieurs dans le même nid. Chez les manchots, en revanche, les femelles voisines s'enlèvent les
œufs de vive force, ce qui engage les mâles à se fixer sur
le nid aussitôt qu'elles le quittent. L'avantage de la société est, dans ce cas, fort douteux. Les même manchots
nous offrent un exemple curieux de l'attraction du
même au même. « Ceux qui sont sur terre, dit Bennet,
(BREHM, vol. II, p. 893) sont organisés comme un ré-
giment de soldats, et rangés, non seulement en lignes,
mais d'après leur âge. Les jeunes sont à une place,
les adultes, les couveuses et les femelles libres à l'autre.
Le triage est fait si rigoureusement que chaque catégorie repousse impitoyablement les oiseaux des autres
catégories. » On ne voit pas quel profit ils peuvent
tirer de cette habitude. Tels sont les faits : si nous cherchons quelle conclusion on en doit tirer au sujet de
l'origine de ces sociétés, il ne semble pas que l'assertion de Brehm puisse être acceptée sans réserve.
« S'ils forment, pour nicher, dit-il en parlant des
sternes, des sociétés nombreuses, c'est probablement
qu'ils ont conscience de pouvoir mieux résister à leurs
ennemis en réunissant leurs forces qu'en agissant iso-

lément » (BREHM, II, p. 788). Nous ne nions pas que,
chez les sternes particulièrement, l'association n'ait
cet effet ; et quand le même auteur affirme, par exemple, que les Chroïcocéphales adultes sont continuellement occupés à prévenir les dangers qui menacent
leurs petits, quand il nous dit que tout autre oiseau de
proie qui paraît dans le lointain cause une agitation
dans la colonie, qu'il s'en élève aussitôt d'épouvanta-
bles clameurs, et qu'on voit d'épaisses phalanges s'é-
lancer à l'instant pour fondre sur l'ennemi, son témoignage est assurément incontestable : il suffit à établir
que la coopération défensive est pratiquée dans une
telle société. Mais il en est tout autrement de la question de savoir si cette coopération est le résultat ou la
cause du groupement de tant de couples sur les « montagnes d'oiseaux. » Il est probable, d'abord, que l'occasion en a été rencontrée dans des circonstances fortuites
qui ont amené simultanément un grand nombre de ces
animaux à nicher en des lieux favorables, falaises ou
rochers, non loin les uns des autres ; ils ne pouvaient,
en effet, nicher sur la vague, et devant, pour subvenir
à leur alimention, rester près de la mer, ne trouvaient
sur les côtes qu'un nombre restreint de places avantageuses. Quant à la cause déterminante de leur rapprochement progressif, c'est encore à notre avis cette
attraction du même au même qui a opéré petit à petit
entre les bandes de manchots le triage dont nous avons
été témoins tout à l'heure. Ces animaux ont pris plaisir
à vivre réunis parce que nulle représentation n'est
aussi agréable à un être vivant que celle de son semblable. A mesure qu'ils ont été rapprochés de la sorte,

chaque individu a senti l'idée qu'il avait de sa force
accrue par l'idée qu'il a prise de la force de ses semblables, et c'est ainsi que l'habitude de la coopération
défensive s'est établie chez quelques-uns d'entre eux.
Entre la dispersion primitive et le concours normal, la
sympathie nous semble offrir un intermédiaire indispensable. Aussi voyons-nous ce dernier sentiment
cultivé par eux avec une sorte de passion. Les cris
qu'ils poussent constamment tous ensemble sur des
tons variés, les évolutions simultanées, les stations en
lignes aux endroits favoris occupent dans leur existence une bien plus grande place que les opérations
défensives, nécessairement espacées. On voit que c'est
un besoin pour eux de se sentir vivre côte à côte et
qu'indépendamment de tout autre but ils cherchent
pour lui-même le plaisir correspondant. Du reste, il
serait peu dangereux d'insister trop vivement sur les
différences qui séparent des phénomènes psychiques
éminemment complexes et toujours si voisins les uns
des autres. Quelle part le sentiment d'un accroissement de sécurité a-t-il eue dans l'agglomération première de ces oiseaux, c'est ce qu'il serait aventureux
de vouloir déterminer avec une entière exactitude ; qu'il
nous suffise de constater que le sentiment sympathique
a très promptement été cultivé pour lui-même et qu'il
a contribué pour une large part au développement des
autres.

C'est un principe très juste que celui si souvent
invoqué par Darwin que nul être ne revêt un attribut
nouveau si ce n'est un attribut avantageux à l'espèce.
Et pour le cas présent on voit que nous ne contestons

pas les résultats avantageux de la sympathie. Cependant il arrive très fréquemment : d'abord, que l'attribut nouvellement acquis, bien qu'utile pour l'avenir, soit acquis sous l'empire de motifs tout autres que celui de l'utilité ; ensuite, que cet attribut, utile en général et dans un grand nombre de circonstances, soit défavorable dans des circonstances particulières. Ainsi, il n'est certainement pas avantageux aux eiders de nicher en masse dans des lieux voisins des habitations humaines où ils sont exploités, non pas seulement pour leur duvet, mais aussi pour leur chair et pour leurs œufs ; et il n'est pas avantageux aux mergules de s'attrouper en groupes tellement compactes sous le fusil du chasseur que celui-ci peut en abattre trente-deux d'un seul coup. Mais le penchant social n'a pas été cultivé en vue de ces résultats ; il leur survit cependant. De même, les pingouins de l'île Saint-Paul n'ont pas pris l'habitude de nicher sur le haut des rochers, où ils ne se hissent qu'à grand'peine et où ils sont, eux et leurs jeunes, une proie facile pour les oiseaux carnassiers, en vue de subir ces inconvénients : l'habitude demeure en dépit d'eux. Il est donc possible que les nécessités de la défense collective ne soient venues qu'en seconde ligne parmi les causes qui ont déterminé les mœurs sociales des oiseaux de mer : sans cela pourquoi leur union ne subsisterait-elle pas toute l'année ? Nous inclinons à admettre que l'occasion fournie par le rapprochement inévitable des nids a contribué pour beaucoup à les faire naître, puis, que la sympathie croissante née de ces circonstances favorables a resserré les agglomérations et qu'ainsi elles n'ont servi que plus

tard à une action concertée qui n'a pu se produire tout
d'un coup. En tout cas, il n'est pas besoin de recourir,
pour expliquer la fixation de cette habitude, à une éli-
mination des peuplades où elle n'aurait pas existé ; il
en est qui ne la manifestent à aucun degré et qui n'en
prospèrent pas moins dans les lieux où l'homme n'est
pas établi.

D'autres sociétés également temporaires ne durent,
avons-nous dit, qu'en dehors du temps consacré à la
reproduction. Cette opposition est remarquable, et
nous devons tenter de l'expliquer. Remarquons d'abord
que les aliments ne se présentent pas au milieu des
continents avec la même prodigalité qu'au bord des
mers poissonneuses. Rien ne s'oppose à ce que les
oiseaux de mer nichent en aussi grandes quantités
qu'ils peuvent le souhaiter sur le même rivage ; les
poissons, les mollusques ne leur manquent jamais, quel
que soit le nombre des couvées à nourrir. De même
certains pêcheurs, qui vivent solitaires sur nos rivières
épuisées et près des bords où les armes à feu reten-
tissent souvent, habitent par joyeuses bandes les rivages
à demi solitaires du Nil (Céryle-pie). Il n'en est pas de
même au milieu des terres, où la nourriture, en proportions restreintes, est ardemment disputée. Il n'est
donc pas étonnant que les oiseaux continentaux aient
des habitudes différentes sur ce point de celles des
oiseaux maritimes, quand on songe surtout qu'un
grand nombre d'entre eux, qui se nourrissent de
graines pendant l'hiver, se nourrissent d'insectes pendant la saison des amours. A ce moment, force leur est
donc de s'écarter les uns des autres, sans préjudice

des autres motifs qui les invitent à s'isoler et que nous
avons signalés ailleurs. L'oiseau est-il petit, les aliments sont-ils, relativement à ses besoins, abondants,
ou les couples se poseront à petite distance, comme le
font les alouettes, ou ils cesseront de s'écarter et, laissant libre carrière à leurs sentiments sympathiques,
ne formeront qu'une seule société. Du reste, cette
cause n'agit pas seule, comme on le devine. De telles
généralisations sont toujours dangereuses, et il convient de revenir aux faits pour s'en tenir le plus près
possible.

Les oiseaux qui nichent par couples et se réunissent
en bandes le reste du temps sont en majorité les passereaux et les perroquets, auxquels il faut ajouter
quelques échassiers. Un certain nombre de passereaux
errent l'hiver en familles composées des vieux et des
jeunes de l'année ; nous n'avons plus à nous en occuper ici. D'autres errent en grandes bandes, souvent
mêlées d'espèces différentes, souvent aussi composées
d'oiseaux d'une seule espèce. Ces peuplades n'offrent
rien de remarquable comme organisation. L'imitation,
fruit de la sympathie, entraîne d'une manière presque
fatale la simultanéité des mouvements. Les perroquets
n'offrent pas, du moins si nous en croyons une lecture
attentive de Brehm, un état social plus élevé. Dans de
telles bandes, les yeux de chaque individu incessamment fixés sur ses compagnons et ses oreilles incessamment tendues vers leurs cris le rivent en quelque
sorte à la masse mobile dont il fait partie, et de même
la masse est attachée à chaque individu. La cohésion
n'est pas toujours aussi forte. Mais le nombre n'est pas

petit des sociétés où les liens de la représentation
réciproque sont si étroits qu'ils donnent aux actes de
leurs membres toute l'apparence d'un dévouement
absolu. En voici des exemples empruntés à différents
groupes. Audubon témoigne que, quand on a frappé
quelques individus dans une bande de perroquets, les
autres se lèvent, crient, volent en cercle pendant cinq
ou six minutes, reviennent près des cadavres de leurs
compagnons, les entourent en poussant des cris plaintifs et tombent eux-mêmes à leur tour, victimes de leur
amitié (BREHM, vol. I, p. 12). Wilson ajoute (I, p. 54)
que, dans de telles circonstances, les coups répétés des
chasseurs semblent surexciter le dévouement des perruches et qu'elles s'approchent de plus en plus de
celles qui ont succombé. On en tue ainsi des centaines.
« Ce qui domine tout son être, dit Brehm du bouvreuil,
c'est l'amour de ses semblables. Un d'eux est-il tué,
tous les autres se lamentent, ne peuvent se décider à
quitter le lieu où gît leur compagnon ; ils veulent l'em-
mener avec eux » (p. 93). Même témoignage au sujet
des Sizerins, des Mésangeais, des Cardinaux, des Orites
à longue queue, etc. Ces faits, bien que limités à
quelques espèces, expriment aux yeux en quelque
sorte l'unité de conscience qui tient attachés en un seul
tout ces êtres inconstants, mais capables de représentation et hantés de l'image de leurs congénères.

L'organisation, toute faible qu'elle est en de telles
bandes, n'est pas entièrement absente. Les perroquets
et les passereaux vulgaires ont des gardes à l'imitation
desquels toute la peuplade picore en paix ou s'enfuit
précipitamment. Ces fonctions toutes spontanées et qui

n'impliquent aucun commandement sont, paraît-il, remplies chez les perroquets par les plus âgés. Il y a aussi
chez ces derniers oiseaux une certaine entente, puisqu'ils savent, au moment où ils dévastent les récoltes,
étouffer tous ensemble leurs cris, d'ordinaire si épou-
vantables, de sorte que l'on n'entend que le bruit des
graines qui tombent à terre. Mais les échassiers sont
passés maîtres en ce genre de précautions et leurs
peuplades sont bien mieux organisées. Les vanneaux
rendent toute chasse impossible; ils servent d'avertisseurs non seulement à leurs semblables, mais à tous
les oiseaux. Ils savent agir de concert : « Des vanneaux, attaquant une buse, un milan, un corbeau ou
un aigle, offrent un spectacle des plus divertissants.
Dans ces circonstances les vanneaux se prêtent mutuellement secours, et leur courage augmente avec
leur nombre. L'oiseau de proie en est tellement har-
celé que, de guerre lasse, il finit par abandonner la
partie » (vol. II, p. 567). La grue mérite d'être prise
comme type de la famille tout entière au point de vue
où nous sommes en ce moment. « Réunie à ses semblables, elle pose toujours des sentinelles qui ont à
veiller au salut commun; a-t-elle été dérangée d'un
endroit, elle y envoie des éclaireurs avant d'y retourner. En Afrique, lorsqu'elles eurent connu nos procédés hostiles, elles envoyaient un éclaireur, puis plusieurs; ceux-ci examinaient tout; cherchaient s'il n'y
avait plus rien de suspect, revenaient vers la communauté qui n'avait pas toujours pleine confiance; alors
d'autres éclaireurs étaient envoyés comme pour contrôler leurs rapports; puis enfin la bande arrivait » (vol. II,

p. 575). Si l'on demande à quoi tient cette supériorité sociale des échassiers sur les perroquets, qui pour
le reste ne leur cèdent en rien, peut-être le trouvera-t-on
dans le régime de ces oiseaux : les seconds sont arbo-
ricoles et se nourrissent de substances végétales; ils
sont, à l'état libre, bruyants et étourdis; les premiers
sont des marcheurs; ils pêchent des poissons méfiants
ou chassent de petits mammifères agiles ; pour sur-
prendre les uns et les autres, ils sont forcés de rester
de longues heures silencieux et ainsi s'instruisent à
l'observation. Leurs démarches doivent être plus posées
et plus réfléchies.

De telles coutumes sont évidemment profitables et
nous ne doutons pas que les avantages ainsi obtenus
ne soient de puissants motifs pour le développement
de la société. Cependant il ne faut pas oublier que
l'agglomération n'est pas toujours un avantage et qu'à
suivre le principe Darwinien de l'utilité directe les
oiseaux cités plus haut auraient parfois le plus grand
intérêt à y renoncer, et y renonceraient en effet, si le
penchant sympathique ne les tenait enchaînés. Ainsi,
il ne peut être profitable aux perroquets pas plus qu'à
certains passereaux de se laisser massacrer jusqu'au
dernier quand l'un d'eux est tombé sous le premier
coup du chasseur. « Leurs instincts de sensibilité les
perdent, dit Brehm des Sizerins; l'un d'entre eux est-il
pris, il attire les autres qui se font prendre à leur
tour » (I, p. 118). D'autre part, si la société limitée
éveille la prudence, comme elle augmente la sécurité,
elle doit inspirer en proportion une confiance de
plus en plus marquée : l'oiseau se repose sur ses

compagnons. Qu'on suppose, dès lors, la société étendue jusqu'à un nombre considérable, ses membres devront éprouver une sotte confiance en leur nombre et oublier toute précaution. Les Loriquets d'Australie nous en fournissent un exemple : les Toucans, bien que différents des perroquets, nous en présentent un autre qui peut trouver place ici : « Ils sont curieux comme les corneilles dont ils paraissent avoir le régime ; ils poursuivent en commun les oiseaux de proie et se réunissent en grand nombre pour harceler leurs ennemis » (I, p. 29). Voilà donc des oiseaux habiles à l'action concertée. Cependant, s'il faut en croire Bates, « craintifs et défiants tant qu'ils sont en petites sociétés, ils perdent toute prudence lorsqu'ils sont réunis en grand nombre » (Vol. II, p. 203). Et en dehors des familles citées jusqu'ici, on sait à quel degré de stupidité arrivent les pigeons, quand ils traversent l'Amérique, formant ces bandes immenses qu'Audubon a décrites. Ainsi donc, la nombreuse société n'est pas toujours une garantie de sécurité à elle seule, et quand elle se produit sans être accompagnée d'une organisation capable de la régir, c'est sans doute plutôt à un autre motif qu'à celui-là qu'elle doit son existence ; car alors elle irait trop évidemment contre son but.

Les peuplades dont les membres restent toujours réunis ne sont pas à beaucoup près aussi fréquentes que les précédentes : mais elles occupent le sommet d'une série dont plusieurs formes sociales intermédiaires marquent les degrés. Il ne manque pas de sociétés où les couples sont assez rapprochés pour ne pas se perdre de vue même pendant le temps consacré à la reproduction : les combats entre les mâles, les nécessités de l'élevage troublent ces sociétés et les relâchent sans parvenir à triompher complétement du penchant qui les a formées. Telles sont les sociétés d'alouettes et d'Embérizidés (bruants). Les hirondelles de rivage et nos martinets, certains perroquets, les Céryles, les Guépiers, les Coccolarynx construisent déjà leurs nids plus rapprochés ; les hérons placent le leur sur des arbres voisins et plusieurs passereaux ainsi que les ibis sur le même arbre.

Quand les nids sont juxtaposés, certaines modifications peuvent résulter de leur voisinage, soit dans la part que chaque oiseau prend à la construction, soit dans l'architecture du nid lui-même. Les Salanganes présentent ce fait curieux que, comme chez les abeilles, chaque oiseau travaille indifféremments à tous les nids de la peuplade, ou peut-être seulement aux nids voisins du sien propre. Le Républicain social construit un nid ou plutôt un amas de nids recouverts d'une toiture commune. L'Alecto de Dinemelli, oiseau assez petit (20 centimètres de longueur), dispose également sur des arbres des branches de mimosas en si grandes quantités qu'elles forment un monceau de un mètre 50 à deux mètres de diamètre. A l'intérieur de ce buisson artificiel une peuplade peu nombreuse de trois à huit couples établit des couches moelleuses où les œufs sont disposés (BREHM, vol. II, p. 190). Tels sont les spécimens les plus accomplis de l'industrie collective chez les oiseaux (1). Si l'industrie d'une société est le miroir

(1) Citons encore les dindes, les Leipoas et le Mégapodes; couvaison en commun naturelle ou artificielle.

fidèle des relations réciproques entretenues par ses
membres, il faut reconnaître que celles-ci sont ché-
tives du moins pendant le temps des amours. C'est en
effet le moment où même chez les peuplades qui ne se
dispersent jamais les relations sont le plus faibles. A
d'autres époques, on voit les vols d'oiseaux adopter
certaines formes géométriques qui expriment en effet
la nature de leur coopération : il s'agit pour eux de voir
loin et de voler longtemps (1). Les pintades marchent
à la file. Les manchots et les autruches, oiseaux dont
l'aile est atrophiée, ont des sentiers battus, aplanis, autour de leur demeure (2). Mais tous ces phénomènes
ne constituent aux peuplades d'oiseaux que des titres
médiocres au point de vue sociologique. Agglomérations assez cohérentes, et capables d'une coopération
dont le but est d'assurer le salut commun, elles n'offrent pas d'autres partages des fonctions que celui d'où
résultent les familles et celui qui suscite les sentinelles
ou éclaireurs. Nulle part on ne trouve un chef com-
mandant la troupe. Aucune délégation d'autorité, partant aucune véritable organisation sociale. Du reste, le
langage dont se servent les oiseaux, d'autant plus
bruyant et plus tumultueux d'ordinaire que la société
est plus nombreuse et plus cohérente, ne semble en aucune façon se prêter à l'expression d'idées précises.
Bon à chanter l'amour, il paraît pauvre en infléxions
explicites. A moins qu'il ne soit considéré dans la

(1) Ibis, grues, oies sauvages, cygnes noirs, etc.
(2) L'attaque concertée d'un lièvre par deux corbeaux aux deux bouches
d'un couloir souterrain où il s'était réfugié (BREHM), la pêche en cercle des
pélicans, la première accidentelle, la seconde normale, se rattachent à
ce groupe de faits.

famille comme moyen de communication entre la mère
et les petits, chez la poule domestique, par exemple,
il est destiné plutôt à faire sentir aux membres d'une
peuplade la présence de leurs compagnons qu'à leur
transmettre des représentations ou des sentiments
distincts. Pour toutes ces raisons, la société ethnique
semble chez les oiseaux, en dépit du grand nombre
d'individus qu'elle embrasse quelquefois, fort loin
d'acquérir la perfection dont elle est capable. Du
reste, si la loi que nous avons posée quant aux rapports
de la famille et de la peuplade est vraie, la classe d'a-
nimaux où la famille est le plus hautement organisée
devait être celle où la société supérieure le serait le
moins.

L'organisation de la peuplade est un peu plus élevée
chez les mammifères, mais non pas dans les espèces
où la famille est elle-même organisée. Les grands carnassiers ne vivent jamais réunis. La plupart des chiens
se groupent en meutes à l'état sauvage, et ce sont précisément ceux dont les sexes ne forment que des paires
momentanées. Il est à remarquer que ces penchants de
sociabilité si prononcés, et auxquels l'homme a dû de
réussir presque partout dans la domestication de cet
animal, sont accompagnés chez le chien d'une fécondité extrême, certaines femelles ayant de quatre à
neuf et même quinze petits en une seule portée. Pour
former des meutes de cinquante à soixante individus,
il suffit donc d'un petit nombre de ces groupes naturels,
accoutumés dès le jeune âge à l'action concertée sous
la direction de la mère. Les Colsùns (*Canis primœvus*),

qui habitent le Dekhan, viennent à bout; grâce à cet esprit de combinaison, des proies les plus redoutables. Ils coupent la retraite au cerf et au léopard, et tandis que les uns attaquent le sanglier par devant, d'autres le saisissent par les côtés. Ils livrent des combats au tigre même et à l'ours, combats où les individus sont plus ou moins maltraités, mais où la meute est souvent victorieuse. La bande formée par les Colsuns n'atteint que le nombre de huit à douze individus, en sorte qu'on ne peut, faute de témoignages précis, décider si elle est famille ou peuplade. Celles des chiens errants en Egypte sont bien plus considérables; elles montrent une certaine cohésion comme le témoignent les luttes soutenues de l'une à l'autre. « Malheur au chien qui s'égare sur le territoire d'un voisin ! J'ai vu bien des fois les autres chiens se ruer sur le malheureux et le déchirer, à moins qu'une prompte fuite ne le mît à l'abri » (BREHM, d'après Hacklænder). Quartier par quartier, nos chiens domestiques laissent voir de faibles traces de cette solidarité. La plupart des rongeurs sociaux, étant monogames, sont incapables d'une organisation collective centralisée. Les marmottes se gardent au moyen de sentinelles et confient ce soin aux mâles; les chiens des prairies (*Cynomys ludovicianus*) font de même et vivent en étroites relations les uns avec les autres ; les lapins de garenne montrent des habitudes analogues; les couloirs des différents couples sont reliés entre eux. La Viscache construit des terriers plus centralisés où huit ou dix familles vivent tout près les unes des autres au fond de couloirs qui débouchent au dehors par une cinquantaine d'ouvertures, chaque groupe restant distinct des autres au sein, d'une vaste agglomération. La Gerboise et l'Alactaga forment des peuplades moins nombreuses, mais dont l'économie est la même. Enfin, les castors, bien que séparés par famille (chaque hutte en contient une), construisent en commun ces digues étonnantes où se révèle l'unité de conscience de chaque peuplade. Cette opération complexe nécessite la convergence des volontés et des intelligences pour une multitude d'actions préparatoires dont la plus remarquable est le choix, l'incision, le transport et la disposition des grosses branches qui forment les pièces essentielles de l'édifice. Là se borne, du reste, la coopération dans ce groupe de mammifères. Les fourmis des bois semblent les égaler par leur industrie ; mais il ne faut pas oublier la différence capitale qui sépare les invertébrés les plus parfaits des vertébrés sous le rapport qui nous occupe : les premiers constituent des sociétés domestiques confuses dans lesquelles les mâles ne jouent qu'un rôle physiologique; les seconds constituent des peuplades dans lesquelles les familles ont une existence distincte et manifestent, chacune prise à part, une organisation élevée. Enfin, la texture des parois dans les huttes des castors est autrement compliquée que celle des murs dans la fourmilière, sans parler du caractère spécial que présentent nécessairement des substructions aquatiques. Ajoutons que les peuplades de castors ont été beaucoup moins exactement observées que les familles de fourmis. La prudence avec laquelle les mammifères savent se soustraire à nos investigations est à elle seule un témoignage de l'économie supérieure de leurs sociétés. Ce sont les plus parfaites, et par conséquent les plus intéressantes, sur lesquelles nous avons le moins de renseigr ~ments (1).

C'est encore un fait sur lequel il convient d'insister que le changement d'habitudes des castors partout où l'homme envahit leur domaine. Dans ce cas, ils ne tardent pas, comme on le sait, à transformer leurs constructions ostensibles en terriers semblables à ceux de la loutre et creusés comme les siens isolément dans la berge des fleuves. Un assez grand nombre de faits de cette nature ont été recueillis. Il en résulte que, si le danger modéré resserre au premier abord les liens sociaux, le péril extrême les relâche et quelquefois les rompt tout à fait. Ainsi, les perdrix ont appris à se garder sous la pression des poursuites hostiles de l'homme, mais sont-elles trop vivement pressées, elles se débandent ; et l'on sait que c'est le premier point de la tactique des chasseurs que de viser à ce résultat. Les peuplades des Kittes de la Chine, en présence de la brusque attaque d'un oiseau de proie, se dispersent à un signal, puis, le danger disparu, se reforment en s'appelant de tous côtés. Les femelles des Anis qui couvent en commun dans de grands nids, au nombre de trois ou quatre, au milieu de la sécurité profonde que leur offrent les savanes de la Guyane, renoncent à cette habitude dans les régions habitées du Brésil. Il est probable que plusieurs espèces solitaires qui appartiennent à des

---

(1) Voir un article que M. Wundt a consacré à l'examen de notre ouvrage dans le *Vierteljahrsschrift für wissenschaftliche Philosophie*, sous ce titre : « De l'état actuel de la psychologie animale. » Il reconnaît l'insuffisance des renseignements dont dispose la psychologie animale, notamment en ce qui concerne les singes.

familles sociables ont perdu leur penchant à la sociabilité sous la pression de semblables circonstances. Les
conditions les plus favorables à la société tant ethnique
que familiale sont donc celles qui assurent aux animaux, doués d'ailleurs de facultés intellectuelles suffi-
santes, une sécurité relative. La raison première de
cette loi est que la crainte des derniers périls absorbe
les facultés de l'individu, et lui interdit tout effort collectif. On ne s'associe pas pour mourir, mais pour vivre
et pour améliorer la vie. Un poète contemporain a
exprimé cette pensée dans un beau vers :

« Et chacun se sentant mourir, on était seul..... »

Il s'y joint cette autre raison que le penchant social
a besoin pour subsister d'être entretenu par la vie en
commun en dehors des moments où se produit la coopération active. Des jeux, des évolutions simultanées,
la jouissance paisible des émotions sympathiques sont
indispensables au développement de ce penchant.
Comment ces conditions seraient-elles réalisées là où
chaque individu ne peut se montrer sans avoir à
redouter des coups inévitables ? A côté des sociétés
humaines aucune société ne peut subsister que celles
que l'homme épargne volontairement.

C'est pourquoi les peuplades de ruminants, de chevaux et de singes ne se rencontrent plus que dans les
vastes espaces de l'Asie, de l'Australie, de l'Afrique et
du Nouveau-Monde où l'homme ne s'est point encore
multiplié. Les bovidés vivent en troupes considérables
qui comprennent des femelles et des jeunes en grand
nombre et aussi des mâles. C'est parmi ceux-ci que se

recrutent par voie de compétition violente les chefs ou
guides, ceux qui veillent à la sécurité de la peuplade
et sont suivis spontanément par les individus plus faibles. Les gouvernants ne sont pas non plus, ici, inves-
tis d'une action directe très marquée sur les gouvernés ;
il semble que leur initiative se borne à imposer leur
autorité à ceux-là seulement qui ambitionnent le même
pouvoir ; le reste se range à la suite du vainqueur.
Cependant jamais la primauté n'est exercée sans conteste pendant longtemps, et les chefs vieillis voient
surgir à côté d'eux dans les jeunes plus robustes des
rivaux capables de les surpasser. Dès que le combat en
a jugé, les vieux, incapables de subir la domination
qu'ils ont exercée, s'exilent du troupeau; ils vivent à
l'écart et deviennent redoutables à l'homme (1). Les
bisons ne se prêtent que difficilement à des observations suivies ; mais ces faits sont constatés tous les
jours dans les troupeaux de bœufs à demi sauvages de
l'Australie et de l'Amérique. Darwin, parlant de la
manière dont l'industrie de l'élevage est pratiquée sur
les bords de la Plata, expose ainsi l'un des procédés
qu'elle emploie : « Le principal travail que nécessite
une *estancia* est de rassembler le bétail deux fois par
semaine en un lieu central pour l'apprivoiser un peu et
pour le compter. On pourrait penser que cette opération présente de grandes difficultés, quand 12 à 15,000

(1) Il en est de même des vieux mâles chez les bisons, les éléphants,
les hippopotames. Dans l'Inde anglaise on donne des primes, dit Anquetil, à ceux qui débarrassent la contrée de ces redoutables éléphants
solitaires. Nous ne savons si le fait est exact. Mais il est certain qu'ils
sont très redoutés, en Afrique et en Asie, pour leur caractère farouche
et irritable.

têtes sont réunies dans le même endroit. On y arrive
cependant assez facilement en se basant sur ce principe
que les animaux se classent eux-mêmes en petites
troupes de 40 à 100 individus. Chaque petite troupe se
reconnaît à quelques individus qui portent des marques
particulières ; or le nombre de têtes dans chaque
troupe étant connu, on s'aperçoit bien vite si un seul
bœuf manque à l'appel au milieu de 10,000 autres »
(DARWIN, *Voyage*, p. 155). Darwin ne dit pas comment
chaque animal réussit à reconnaître sa bande. Un observateur qui a visité les pâturages d'Australie, M. de
Castella, a exposé, dans le *Tour du Monde*, la raison
de ce groupement volontaire. Comme les bœufs de la
Plata proviennent, ainsi que ceux de l'Australie, de
races européennes jadis soumises au joug uniforme de
la domestication, nous pouvons, sans forcer l'analogie,
appliquer aux unes ce qu'on nous rapporte ici des autres. Il s'agit d'un colon qui fait faire un long voyage à
un grand troupeau de bœufs et se trouve au bout d'un
certain temps plus conduit par eux qu'ils ne le sont
par lui. « Les animaux comme les hommes reconnais-
sent des chefs. Après quelques jours de route, l'œil
exercé du squatter remarquait facilement les bêtes in-
fluentes parmi les autres, ceux qu'on appelle les *lea-
ders*, les conducteurs. Quand tout le troupeau avait été
dispersé, il suffisait de s'assurer de la présence de
ceux-ci pour savoir qu'il était bien au complet. Si quelqu'un de ces conducteurs manquait, comme il n'était certainement pas seul, il fallait s'arrêter et passer trois ou
quatre jours à chercher les fugitifs » (*Tour du Monde*,
1861, p. 122). Ainsi, c'est moins sa bande que son

chef que chaque animal reconnaît; c'est ce chef qui fait l'unité du groupe. La réunion de plusieurs chefs constitue le gouvernement de l'immense troupeau; mais là s'arrête la concentration de la peuplade; entre les têtes prépondérantes, il n'y a point et il ne peut y avoir d'accord organisé.

Les antilopes, excepté au temps des migrations, vivent plutôt par familles que par peuplades; en dehors de ce temps, quand plusieurs familles se réunissent, la cohésion n'est jamais bien forte. Des sentinelles, cependant, gardent toujours un troupeau qui paît ou se repose, et quand un animal a fini sa faction un autre se lève pour le remplacer. Les mâles jouent partout le rôle de guides. Les rennes, qui se séparent par couples distincts au moment des amours, forment, le reste de l'année, des peuplades assez considérables de 300 à 400 têtes. Même pendant cette saison, les jeunes restent unis sous la conduite d'animaux plus âgés. Ce sont les doyens d'âge qui conduisent aussi la grande troupe. « Quand tous les autres sont à se reposer ou à ruminer, le conducteur est debout, en sentinelle. Se couche-t-il, un autre aussitôt se relève et prend sa place » (BREHM, vol. II, p. 483). Il exerce une sorte de gouvernement. Dans leur expédition au pôle nord, les hommes de la Germania furent témoins de la scène suivante. Pendant que les voyageurs faisaient halte eux-mêmes, une troupe de 20 ou 30 rennes vint se reposer sur une plaine de glace. Quand les hommes reprirent leur route, l'avant-garde des rennes se releva et se remit en chemin. Mais le gros du troupeau restait couché. Le conducteur « fit signe aux premiers d'arrêter, re-

broussa chemin vers les retardataires et, les frappant un
à un avec ses cornes, il n'eut point de répit que tous
ne se fussent relevés et remis en route comme une file
d'oies vers les pâtis nouveaux » (*Tour du monde*, 1874,
2ᵉ sem., p. 107). Ici, ce n'est donc pas la force, mais la
prudence qui appelle au pouvoir tels individus plutôt
que tels autres ; et cela se conçoit dans une peuplade
qui ne peut compter au même degré que les bœufs
sauvages sur la résistance ouverte et doit mettre tous
ses soins à éviter l'ennemi. Les lamas sont utilisés au
Pérou en troupes considérables pour le transport de
lourds fardeaux ; mais cet emploi ne leur enlève pas, à
vrai dire, leur liberté ; la bande garde ses allures naturelles dans les longs voyages qu'elle fait à travers les
montagnes. Elle est dirigée par un seul mâle richement
caparaçonné, qui porte une clochette au cou et un
drapeau sur la tête. Les chevaux sauvages forment des
peuplades douées d'une certaine cohésion. La volonté
des mâles résolus à garder les femelles sous leur domination, quand d'autres étalons tentent de les leur
enlever, est le lien extérieur qui maintient l'unité des
bandes. Là se trouve, en même temps que les phénomènes ordinaires d'obéissance et de protection spontanées, un phénomène d'un ordre un peu plus élevé et
qui touche au gouvernement. L'organisation sociale des
éléphants n'est pas complétement connue. « Un mâle,
dit Brehm, a d'ordinaire avec lui huit femelles », et ailleurs il estime que les troupeaux sont de 30 à 50 individus. Mais que sont ces individus ? Des jeunes ou des
adultes ? Si les observations de M. Th. Anquetil (*Aventures et chasses dans l'extrême Orient*, vol. II) sont

exactes, la peuplade serait bien caractérisée, puisque certains troupeaux s'élèveraient en Birmanie à cent ou cent cinquante individus. Il a vu un troupeau moins nombreux se livrer en sécurité à ses ébats sous la garde attentive de deux énormes mâles, placés sur les flancs de la bande aux extrémités de la clairière (p. 150). Aperçu, ce sont eux qui l'ont attaqué successivement; les autres prirent la fuite, quand deux balles explosibles eurent jeté bas les conducteurs.   •

Parmi tous les animaux que nous venons de passer en revue, il n'en est aucun qui possède le don d'exprimer différentes émotions avec quelque souplesse. Le chien sauvage aboie, mais il n'aboie que pour chasser (Colsun, Dingo). Les autres animaux sociables se bornent, pour avertir leurs semblables d'un péril, soit à fuir eux-mêmes, soit à frapper la terre de leurs pieds. Le singe est capable, au contraire, d'émettre des sons variés, et c'est sur cette faculté que repose le développement de ses aptitudes sociales. Plusieurs espèces cultivent cette faculté vocale pour elle-même dans des réunions qui n'ont pas d'autre but. « Ils se réunissent, dit Livingstone des Sokos, espèce de chimpanzés, et tambourinent, — les gens du pays disent que c'est avec des arbres creux, — puis tous ensemble poussent des hurlements fort bien imités par les indigènes dans leur musique embryonnaire » (Journal, *Tour du Monde*, 1875, 2ᵉ sem., p. 55). Un gibbon produit une octave complète (v. DARWIN, *Expression des émotions*). Mais quelle est l'origine de ce perfectionnement de la voix même, si ce n'est l'intelligence? Nous n'avons pas à rechercher la cause qui fait du singe le plus intelligent des mammifères. Certes sa main sert beaucoup au développement de son discernement, car elle lui donne de chaque objet des représentations beaucoup plus nettes que celles qu'un ruminant peut recueillir avec ses lèvres et son pied rigide. Mais n'est-il pas d'une science superficielle d'expliquer un ensemble de faits aussi étendu par un détail aussi mince, et ne convient-il pas mieux de dire que toute l'organisation du singe est sinon la cause, du moins la condition nécessaire de son développement intellectuel? La main et le cerveau, les sensations précises et l'esprit qui les combine ne sont certainement pas produits successivement et à part; ces deux ordres de faits sont connexes et ont dû prendre naissance ensemble, puis s'accroître parallèlement, grâce à un mutuel concours. Quoi qu'il en soit, c'est sans aucun doute à cette intelligence supérieure que sont dus et les signes multiples par lesquels ces animaux communiquent entre eux et la haute organisation de leurs sociétés. Celle-ci à son tour a réagi utilement sur leur intelligence.

Parmi les singes, les uns vivent en familles restreintes, les autres en bandes nombreuses. D'où vient cette différence, c'est ce qu'on ne pourrait dire sans une connaissance approfondie des mœurs de chaque espèce, et (si la théorie darwinienne est admissible) des mœurs des espèces souches. Peut-être un plus grand nombre étaient-ils sociaux autrefois, dans des circonstances plus favorables; les gorilles, par exemple, qui habitent des forêts sillonnées continuellement par les excursions de nombreuses tribus nègres, vivent seuls ou en petites

32

familles, et les chimpanzés paraissent avoir été vus en troupes tantôt plus, tantôt moins nombreuses, selon le degré de sécurité dont ils jouissaient; une espèce (Soko, des indigènes) forme des bandes permanentes de plusieurs couples monogames, et on a trouvé au sein des forêts tranquilles qu'ils habitent, jusqu'à cinq de leurs nids à parasols, ou huttes de feuillage, réunis sur un même arbre. Il est certain, d'ailleurs, que la grande taille du gorille le réduit à l'isolement par l'énorme quantité d'aliments végétaux de nature spéciale qu'elle lui rend nécessaires. Enfin, ce singe paraît le moins intelligent, et de beaucoup, des quatre espèces anthropoïdes. Mais nous nous sommes déjà trop longtemps arrêté à ces conjectures; mieux vaut attendre, pour agiter cette question complexe, de plus amples informations.

Ce qui distingue les troupes de singes de celles des autres animaux, c'est premièrement le concours que chaque individu y apporte aux autres, ou la *solidarité* de ses membres, secondement, l'obéissance de tous, même des mâles, à un seul chef chargé de veiller au salut commun, ou la *subordination*.

La solidarité ne se manifeste pas ici par des travaux élevés en commun, mais par des secours directs accordés par chacun aux personnes mêmes de ses compagnons. Ainsi, les singes se débarrassent réciproquement de la vermine; ils s'enlèvent, après une course à travers les buissons, les épines qui se sont attachées à leur peau; ils forment une chaîne pour franchir le vide entre deux arbres; ils s'unissent à plusieurs pour lever, au besoin, une pierre trop lourde; les adultes défendent tous indistinctement les jeunes, dont l'éducation est très

longue (1). Lorsque les ouistitis sont réunis en captivité
et que l'un d'eux tombe malade, les autres s'empressent autour de lui, et il est vraiment touchant de les
voir lui prodiguer leurs soins. Aucun animal n'est
capable de prêter secours à ses semblables, comme le
fait celui-ci, parce qu'aucun ne possède les instruments
de préhension dont celui-ci dispose. Houzeau a observé
plusieurs fois l'indifférence absolue avec laquelle une
vache voit sa compagne tomber dans la vase au bord
des fleuves; et, en effet, comment un penchant secou-
rable aurait-il pu se développer en l'absence de tout
moyen capable de le satisfaire? Il est vrai que les troupeaux de chevaux et de ruminants concourent souvent à la défense commune ; mais, impuissant en
beaucoup de cas comme celui que nous venons de citer,
leur instinct de solidarité ne s'élève nulle part aussi
haut que celui du singe. En voici un exemple : Un
grand aigle avait attaqué un petit Cercopithèque.
« Aussitôt, dit Brehm, toute la bande se mit sur pied,
et en moins d'une minute l'aigle se vit entouré d'une
dizaine de grands singes, qui se jetèrent sur lui avec
des grimaces horribles et en poussant de grands cris ;
saisi de tous côté, le ravisseur avait oublié sa capture
et ne cherchait qu'à sortir du mauvais pas dans lequel
il se trouvait engagé. Les singes tenaient bon et l'auraient étranglé si, après de grand efforts, il n'avait
fini par échapper à leur étreinte. Il s'envola rapidement, et de nombreuses plumes qui voltigèrent dans

(1) Au Muséum, un jeune papion, dont la mère était morte, était l'objet
de soins très attentifs de la part de son père, et dormait chaque nuit
entre ses bras. *Il avait déjà trois ans.* (LEUR. et GRAT., I, p. 538.)

l'air témoignèrent qu'il avait payé cher sa liberté. Je
doute que cet aigle ait jamais depuis attaqué des
singes » (Vol. I, p. 62). Darwin a emprunté à Brehm le
récit d'un acte de dévouement accompli par un vieux
Cynocéphale pour sauver un petit de sa bande des dents
des chiens. Les Cynocéphales vont jusqu'à tenir en respect, par leur étroite solidarité, le léopard et le lion (1).
L'homme lui même, sans armes à feu, trouverait en
eux de redoutables adversaires : dans les vallées en
pente où ils se tiennent, ils lâchent tous ensemble
d'énormes pierres qui font courir un sérieux danger à
l'agresseur ; souvent même, quand le chasseur n'est
pas armé, ils se précipitent de plusieurs côtés contre
lui (2), comme nous avons vu les Cercopithèques le faire
contre un aigle. Nous avons montré la famille de singes
obéissant à un chef; la peuplade est aussi fortement
organisée. Chaque mère s'occupe de son petit (3),
mais le chef veille sur tous; et les mâles qui sont la
partie militante de la troupe, règlent tous leurs mouvements sur les siens. Le commandement s'exerce par la

---

(1) BURTON, *Tour du Monde*, 1860, p. 381. « Deux de ces singes noirs
viennent facilement à bout d'un lion, car tandis que l'un attaque l'animal en tête, l'autre lui saisit les jarrets et les brise » (*Rev. scient.* du
20 nov. 1873).

(2) BREHM, I, p. 83. « Quant aux chimpanzés, ce n'est que dans le cas
où le chasseur a tué un des membres de la bande que tous les mâles se
précipitent sur lui, et malheur au chasseur si la bande est nombreuse »
(B., p. 28).

(3) Duvaucel, « ayant tiré et atteint près du cœur une femelle qui portait un jeune sur son dos, vit cette pauvre bête réunissant le peu de
forces qui lui restaient saisir son petit, l'accrocher à une branche et,
après cet acte, tomber morte à ses pieds » (BREHM, vol. I, p. 52). Voir
plus loin un fait analogue raconté par M. Ed. André, au sujet d'une femelle de singe hurleur, dans le *Tour du Monde* de cette année.

voix : « De temps en temps, dit Brehm des Cercopithèques, le guide prudent monte au sommet d'un
grand arbre et du haut de cet observatoire examine
chaque objet d'alentour ; lorsque le résultat de l'examen
est satisfaisant, il l'apprend à ses sujets en faisant
entendre des sons gutturaux particuliers ; en cas de
danger, il les avertit par un cri spécial » (BREHM, vol. I,
p. 62). Ainsi, nous atteignons le plus haut degré d'organisation collective dont une troupe d'animaux soit
capable : entre les membres, une solidarité, non pas
seulement passive, comme celle des antilopes, mais
active comme celle des chiens, des chevaux et des
bisons, une solidarité coopérante, se manifestant d'une
manière beaucoup plus constante encore, dans des
cas plus variés, — et une subordination obtenue non
pas seulement par l'imitation des mouvements, mais
par la transmission des pensées au moyen de signes,
subordination exigée d'ailleurs par un chef qui commande en même temps qu'il conduit, et par qui s'établissent les communications les plus complexes et les
plus difficiles que la bande ait à soutenir avec le monde
extérieur.

A défaut de la voix, la mimique seule suffirait presque à la transmission des idées entre les membres
d'une même peuplade. Le singe a une physionomie
individuelle et cette physionomie reflète avec vivacité
ses impressions (DARWIN, *Expression des émotions*).
La mesure de cette puissance expressive nous est fournie par ses effets sur l'homme même. Les passages
suivants empruntés à différents chasseurs de singes
en sont la preuve manifeste. « Il m'est arrivé, dit

Brehm (vol. I, p. 61), en chassant des singes ce qui
est arrivé à beaucoup de mes prédécesseurs : je fus un
jour radicalement dégoûté de cette chasse. Je venais de
tirer sur un Cercopithèque qui tournait la face de mon
côté ; il fut atteint, tomba sur le sol, resta tranquille-
ment assis, et essuya, sans pousser le moindre cri, le
sang qui coulait de ses nombreuses plaies. Il y avait
en ce moment quelque chose de si humain, de si noble
et de si calme dans son regard que j'en fus ému, au
point que je me précipitai sur le pauvre animal pour
lui passer mon couteau de chasse à travers le corps
et mettre ainsi fin à ses souffrances. Depuis, je n'ai plus
tiré sur de petits singes et j'en détourne ceux que des
travaux scientifiques ne forcent pas à le faire. Il me
semblait toujours que je venais de tuer un homme et
l'image du singe mourant m'a réellement poursuivi,
quoique j'eusse déjà tué maint et maint animal ».
« A l'issue du repas, écrit le capitaine Jonhson, je pris
mon fusil pour aller chasser les singes et j'en tirai un
qui se sauva rapidement au milieu des branches, où
il s'assit en essayant d'arrêter avec ses mains et de
faire coaguler le sang qui coulait de ses plaies. Ce spectacle me causa une grande émotion et me fit perdre
toute envie de continuer ma chasse ». Quand à la mimique muette s'ajoute la voix désolée de l'animal, l'effet
est irrésistible ; Schomburk, qui avait sacrifié des êtres
vivants sans nombre dans ses longues excursions de
naturaliste, éprouve une émotion semblable : « A la
vue de ces animaux, je voulus naturellement essayer
aussitôt ma chance de chasseur. Je tuai un mâle et
une femelle, mais je ne pus m'empêcher de le regretter

en entendant les gémissements plaintifs de la femelle
que je n'avais que fortement blessée. Ces plaintes res-
semblaient à celles d'un enfant » (BREHM, p. 118). L'impression de M. Ed. André est la même : « Sur les
cédrèles et les jacarandas, de grands singes hurleurs
riaient et grimaçaient à l'envi. Ils appartenaient à
l'espèce au pelage noir (Stentor niger), la plus grande
des Alouates. L'un d'eux nous a laissé un souvenir
empreint de tristesse. C'était une femelle qui allaitait
son petit. Au lieu de fuir devant nous, elle s'assit à
l'enfourchement d'un *Cecropia* et nous regarda. Les
naturalistes sont sans pitié : une balle vint frapper la
pauvre mère en pleine poitrine... Au lieu de s'accrocher à la branche par la main ou par la queue, comme
presque tous ses congénères blessés à mort, elle serra
son petit sur son cœur, étendit les bras, poussa un
cri déchirant et tomba. Ce sanglot d'agonie a longtemps
retenti à mes oreilles » (*Voyage dans l'Amérique
équinoxiale*, *Tour du Monde* 1878, 1ᵉʳ semestre,
p. 133). Et à propos d'un Cercopithèque fort attaché à
un petit singe qu'il avait adopté et qui venait de
mourir : « Sans cesse, dit Brehm, il s'efforçait de rani-
mer l'être qu'il venait de perdre, mais en vain, et
il recommençait ses plaintes et ses gémissements.
La douleur l'avait ennobli et il nous avait tous profondément émus » (BREHM, p. 74). De telles manifestations de sentiments tristes ou gais constamment
échangées d'un individu à l'autre de la peuplade établissent entre ses différents membres une communauté
étroite d'émotions et de pensées; on peut donc dire
que l'unité sociale, si nettement représentée par le

chef, est une unité de conscience dont les rapports
physiologiques ne sont que la condition : c'est une véritable individualité. Nous n'avons plus besoin d'établir
par de longs développements et il nous suffit de remarquer que le penchant qui unit les membres d'une telle
peuplade est la sympathie telle que nous l'avons définie, diversifiée en deux penchants plus spéciaux, d'une
part le penchant de subordination du faible au fort,
d'autre part le penchant à la domination du fort sur le
faible (1). Tels sont les liens purement psychiques par
lesquels cet organisme social est constitué. Les penchants domestiques y exercent leur empire; mais
seulement pour constituer au sein de l'organisme total
les groupes particls qui entrent dans sa composition.
Ils affermissent la base d'un édifice vivant dont la sympathie occupe le sommet.

Ici, plus rien de géométrique. L'intelligence est par-

(1) « C'est une chose assez singulière que la manière dont les nouveaux venus acquièrent le droit de domicile dans la vaste cage où les
singes de la ménagerie se réunissent pour jouer. Presque tous cherchent
querelle à celui qu'ils voient pour la première fois ; cependant, ce n'est
pas sans prendre quelque précaution, celle, par exemple, de savoir s'il
est fort et si ses dents sont longues. Un de leurs premiers mouvements
est d'ouvrir leurs lèvres pour montrer leurs dents, et il est arrivé qu'en
présence du gardien un bonnet chinois est allé lui-même écarter les
lèvres d'un arrivant, pour juger s'il fallait le respecter ou le battre. Cette
habitude des singes obligerait à tenir les petits constamment éloignés
des autres, si quelques singes des plus forts, les papions et les hamadryas,
ne se faisaient les protecteurs des plus faibles. Les cynocéphales, quoique
naturellement cruels, aiment beaucoup les petits et, comme ils sont de
nature changeante, ils préfèrent les nouveaux venus à ceux qu'ils connaissent déjà. On profite de cette disposition et on place avec eux pour
dormir dans la même case les singes auxquels il faut un protecteur.
Leur connaissance est bientôt faite, et on peut les laisser aller ensemble
sans rien craindre pour les plus faibles » (LEURET et GRATIOLET, vol. I,
p. 336).

tout et varie à l'infini les combinaisons des individus
dans la marche, l'attaque et la défense, suivant les exigences variées du milieu. Un grand nombre de mammifères vont à la file dans leurs marches comme le font,
parmi les oiseaux, les pintades et aussi les oies sauvages qui volent en file double. Ce sont les Kanguroos
qui sautent en colonne (1), les Ichneumons d'E-
gypte (2), les loups, les cariacous de Virginie qui se
suivent de même un à un. Les buffles se défendent en
formant un cercle au milieu duquel se placent les jeunes, et les chevaux adoptent la même tactique. Mais les
mammifères qui tracent des chemins (éléphants, hippopotames) ne leur font suivre aucun plan régulier : et
dans les peuplades de singes, si le chef marche souvent le premier, sa vigilance l'appelle aussi ailleurs :
chacun suit, sous sa garde, ses convenances personnelles. L'unité de la peuplade n'est jamais visible aux
yeux sous une forme concrète géométrique; elle ne se
révèle qu'à l'esprit, quand il envisage la cohésion continue du groupe.

(1) De Castella, *Tour du Monde*, 1861, p. 107. « L'homme marche en
avant, portant ses armes seulement ; la femme vient ensuite , puis les
enfants par rang de taille, tous les uns derrière les autres, comme font
les kanguroos et les cygnes noirs. Sans doute cet usage vient aux natifs
de la crainte des serpents, car où un premier a passé, les autres peuvent
marcher sans danger. Jamais on ne rencontre plusieurs noirs de front,
même quand ils sont très nombreux. Lorsque toute la tribu voyage à
travers les plaines, on voit de loin une longue file noire se mouvoir au-
dessus des hautes herbes. »

(2) En été on voit l'ichneumon rarement seul, mais presque toujours
accompagné de sa famille. Le mâle marche le premier, puis vient la
femelle, derrière laquelle arrivent les petits l'un après l'autre, et de si
près qu'on dirait que la bande ne forme qu'un seul animal, une sorte de
long serpent. (Brehm.)

Cette cohésion s'affirme par des luttes, non pas seulement contre des ennemis comme les chiens et les léopards, mais contre d'autres peuplades de singes. Dans les montagnes abyssiniennes, les Géladas et les Hamadryas ne se rencontrent jamais sans en venir aux mains. Du reste, les mêmes conflits existent entre les troupeaux de chevaux tartares pour la possession des femelles et entre les troupeaux de bisons en Amérique. Cependant, il faut reconnaître que les instincts destructeurs sont de beaucoup effacés chez les singes par les instincts sociaux. Certains d'entre eux se mêlent spontanément à d'autres groupes, par exemple les Sajous, tels que les Capucins et les Appelles. On sait ce qui se passe dans une ménagerie où l'on a enfermé plusieurs singes : une certaine camaraderie ne tarde pas à s'établir entre eux, et le plus fort exige bientôt des plus faibles la même obéissance qu'il obtiendrait de ses pareils dans une peuplade de formation naturelle. « En captivité, dit Brehm, toutes les espèces vivent en bonne amitié, et on observe alors les mêmes lois de domination que dans une colonie libre ». Les espèces anthropoïdes, le chimpanzé surtout, considèrent les autres animaux, même les singes, comme leurs inférieurs : vis-à-vis de l'homme, il est tout différent ; il lui témoigne autant de considération qu'il a de mépris pour les autres animaux. Le singe s'attache à tous les mammifères domestiqués comme lui, surtout aux jeunes ; l'instinct de sociabilité ne saurait être poussé plus loin et suppose, arrivé à ce développement, une culture très avancée et très généralisée des sentiments sympathiques. Mais, par là, nous sommes ramené aux phènomènes qui furent notre point de départ, à savoir les rapports entre animaux d'espèces différentes. Le cercle de nos études se trouve donc parcouru.

Si les individualités collectives sont des êtres vivants, elles doivent être limitées dans leur durée et offrir des phases diverses de naissance, d'accroissement, de décadence et de mort. De tels faits sont peu manifestes dans les réunions accidentelles ; ils le deviennent davantage dans les sociétés périodiques et davantage encore dans les sociétés permanentes. Mais celles-ci ont été rarement observées à ce point de vue. Ce qui s'y oppose surtout, c'est la longue durée des individualités collectives qu'un même homme voit rarement naître et mourir. On a recueilli cependant un petit nombre de cas. Une colonie de choucas a été vue naissant d'un seul couple et une colonie de cormorans de quatre. Chaque fois qu'un troupeau domestique se forme au moyen d'un couple unique, le fait se reproduit, mais dans des conditions toutes spéciales où il perd une grande partie de sa signification. A l'état libre, on sait que les peuplades nouvelles de chevaux prennent naissance en raison de la nécessité ou se trouvent les jeunes mâles de se constituer une famille en dehors des peuplades existantes où les vieux ne les souffrent plus. Chez les singes, lorsqu'une peuplade devient trop nombreuse, une partie s'en détache sous la direction d'un autre mâle, devenu assez fort pour lutter avec le chef, et une nouvelle lutte commence pour la direction générale des intérêts de la bande qui vient de se former (BREHM, vol. I, p. 9). On peut donc dire que les peu-

plades nouvelles ou colonies (le mot devrait être réservé pour cette seule acception) se forment comme
les colonies de polypes par épigénèse, c'est-à-dire que
du sein d'une masse non organisée surgissent une à
une et s'ajoutent les unes aux autres les diverses parties d'un organisme nouveau, qui jamais ne naît constitué mais doit se pourvoir lui-même successivement
de ses organes. L'évolution dynamique de l'individu
composé suit donc la même loi que celle de l'individu
simple : il ne doit qu'à lui-même son unité; quant aux
premiers matériaux qui font sa substance ainsi qu'à
l'impulsion directrice sans laquelle ces matériaux ne
sauraient l'ordonner, il les reçoit d'un organisme
antérieur.

Reste l'extinction des peuplades : sur ce point les
renseignements font défaut. On sait comment sous la
pression de circonstances défavorables elles se dispersent ou disparaissent. Ainsi les « villages » des chiens
des prairies (*Cynomys ludovicianus*) sont parfois
dépeuplés par les serpents à sonnettes. « Au bord de
la rivière Jeton, dit Geyer (1), à vingt-cinq milles environ de son confluent avec le Missouri se trouvait un
grand village de chiens des prairies... Je fis le voyage
pour m'en convaincre... Les reptiles venimeux avaient
complétement détruit les habitants ». Ainsi les chèvres
disparaissent bientôt dans les îles de peu d'étendue où
on lâche des chiens. L'homme est, comme on l'a vu,
le plus terrible ennemi des sociétés animales, non
seulement par les poursuites incessantes qu'il dirige

(1) Lire tout ce passage, (BREHM, vol. II, p, 74.)

contre elles, mais encore et surtout par l'extension progressive de ses cultures. Mais ce n'est pas là ce qu'il est intéressant de connaître; on voudrait savoir si les peuplades se désorganisent et meurent d'elles-mêmes au terme d'une période limitée comme les individus plus simples qui les composent. Nous n'avons pu recueillir aucune observation qui l'établisse. Un petit nombre de faits indiquent seulement que quand une société quelconque, famille ou peuplade, entre en décadence, la division du travail y décroît. Ainsi les nids d'hyménoptères sociaux en voie de dépérissement ne contiennent plus que des mâles. Quant à la cause du dépérissement même, elle reste inconnue et peut être extérieure, tandis que l'individu vivant simple ne dure qu'un nombre déterminé d'années, quelque favorables que puissent être ses conditions extérieures d'existence.

CONCLUSION

L'exposition des faits présentés par les sociétés animales est maintenant terminée. Il nous reste d'abord à recueillir ceux d'entre eux qui offrent un certain degré de généralité et de constance, pour les proposer à part sous forme de lois. Les lois une fois connues, nous aurons à fixer la nature de l'être chez lequel elles se manifestent; et nous pourrons résoudre alors les problèmes posés au début de notre essai : Qu'est-ce qu'une société animale? Comment, dans l'animalité, une conscience collective est-elle possible? Cela fait, nous n'aurons plus qu'à montrer comment la nature de la société est le principe des actes habituels des animaux qui la composent, en d'autres termes le principe de leurs mœurs et, si le mot convient, de leur moralité.

§ 1er

Lois des faits sociaux dans l'animalité.

Les lois que nous cherchons ne sont pas celles dont l'activité de l'homme a besoin pour s'éclairer dans son commerce avec les animaux. Notre but n'est pas d'apprendre aux éleveurs comment ils peuvent former un troupeau, aux chasseurs comment ils doivent attaquer celles de leurs proies qui vivent en bandes. C'est le rôle de lois particulières propres à des espèces déterminées. Nous voudrions, au contraire, saisir, s'il se peut, un certain nombre de lois générales dont l'usage — car toute théorie aboutit directement ou indirectement à une pratique — serait d'éclaircir les rapports de la Sociologie animale avec la Biologie d'une part, avec la Politique de l'autre. Ces aperçus synthétiques méritent-ils le nom de lois ? Il semble qu'on ne puisse guère leur en donner d'autres ; car bien que les lois physico-chimiques revêtent avec la rigueur numérique leur plus haut degré de précision et d'utilité, cependant quelques-unes d'entre elles retiennent encore le caractère de relation qualitative ; telles sont les propositions suivantes : que le son ne se transmet point dans le vide, que la lumière se propage en ligne droite, que le rouge et le vert sont des couleurs complémentaires, que l'électricité tend vers les pointes à vaincre la résistance de l'air. Toutes ont offert ce même caractère à leur origine et elles le reprennent dès qu'elles sont résumées en vues très compréhensives, comme dans

le principe de la transformation des forces. Plusieurs
des vérités les plus essentielles de la Biologie sont
dénuées de tout élément numérique, surtout quand
ces vérités sont générales comme celles que M. Milne
Edwards a émises au début de sa Physiologie. Il en est
de même en sociologie; et si la statistique y est indispensable, on n'en est pas moins forcé, si on veut constituer cette science systématiquement, d'y envisager
de haut les phénomènes et de ne retenir que leurs
rapports les plus compréhensifs. Cela est surtout nécessaire alors que cette branche des connaissances
humaines en est encore à ses premiers rejetons. C'est
donc ainsi que nous allons procéder, cherchant les
faits ou mieux les relations de faits les plus étendues,
mais sans sortir un seul instant des sociétés animales
auxquelles ce que nous dirons s'appliquera exclusivement.

I. — *Concours.* — Tout corps social est un tout
organisé, c'est-à-dire fait de parties différentes, dont
chacune concourt par un genre particulier de mouvements à la conservation du tout. Le concours est pure-
ment physiologique dans la première classe de sociétés; il est obtenu par la connexion d'organes continus.
Il est demi-physiologique et demi-psychologique dans
la seconde classe; la famille, qui n'existerait pas sans
des connexions organiques, commence et s'achève par
l'action correspondante de centres nerveux situés à
distance dans des individus distincts. Enfin, ce même
concours est purement psychologique dans la peuplade. Mais quelles que soient les sociétés, elles reposent invariablement sur la solidarité et la conspiration

des parties ; elles sont toutes organisées, les plus élevées étant seulement mieux organisées que les autres.

II. — *Distinction des parties* (a) *simultanées.* —
Tout corps social est composé de parties organisées
ou d'organismes. Au plus bas degré, chez les Infusoires, la société est composée d'organismes élémentaires irréductibles ; mais à mesure que l'on monte
dans l'échelle, les organismes composants sont eux-
mêmes de plus en plus composés, sans que leur individualité souffre de cette composition, pas plus, du reste,
que ne souffre de sa composition l'individualité du tout.
Là où chaque type social atteint son entier développement, on peut même dire que l'individualité du tout
est en raison de l'individualité des parties et que mieux
l'unité de celles-ci est définie, plus leur action est indépendante, mieux l'unité du tout et l'énergie de son
action sont assurées. L'individualité des sociétés, loin
d'exclure la composition, la suppose donc et a pour
condition l'individualité de leurs éléments. Cette loi
s'applique à celles qui ont pour but l'exercice en commun de la vie de relation comme aux autres : et l'on
peut dire des consciences qui les composent ce que
nous venons de dire des organismes intégrants en
général. — (b) *successives.* — Ce qui est vrai de la
composition dans l'espace est vrai de la composition
dans le temps. Tout organisme social est non seulement plusieurs, mais plusieurs fois plusieurs successivement. Et plus il a ce caractère à un haut degré, plus
son identité (unité dans le temps) demeure, plus il est
capable de progrès.

III. — *Formation par épigénèse.* — Toute société se

33

forme par épigénèse, c'est-à-dire par accessions successives entièrement spontanées. En d'autres termes,
il serait inexact de croire que, dans la nature, les sociétés
se forment de toutes pièces de fragments de sociétés
antérieures déjà complétement organisées; non, elles
naissent d'abord à l'état de germe et ne sont, comme
tout germe, qu'une petite masse de matière confuse,
douée seulement d'une virtualité cachée. Bientôt, au
sein de cette masse, des parties mieux définies surgissent çà et là, les parties essentielles apparaissent les
premières et le travail de l'organisation commence (1).
Ce travail est entièrement spontané de la part de chaque élément. Il n'y a ici rien qui ressemble à une action
mécanique, à une fabrication extérieure, à une composition artificielle. Quand chaque élément apparaît, il
apporte avec lui des tendances définies, propres à le
diriger dans l'accomplissement de sa fonction, et, bien
que ces activités soient toutes convergentes, *chacune
s'exerce comme si elle était seule*, ne se proposant, en
apparence, qu'elle-même pour but. Ainsi, tout corps
social commence par se faire lui-même, comme y est
obligée chacune de ses parties, par un développement
autonome, par une croissance (growth) successive et
spontanée à partir d'un germe.

IV. — *Division du travail.* — Dans cette évolution,
le concours ultérieur a pour première condition le par-

---

(1) « Ainsi, la société humaine dans cette race (Grecs) n'a pas grandi à
la façon d'un cercle qui s'élargirait peu à peu, gagnant de proche en
proche. Ce sont, au contraire, de petits groupes qui, constitués longtemps
à l'avance, se sont agrégés les uns les autres (DE COULANGES, *Cité antique*, p. 147). Ainsi naît une langue par la convergence des patois.

tage de la fonction commune en un certain nombre de fonctions diverses, ou, comme on l'a dit, la division du travail. Mais si cette condition, maintenant bien connue, est nécessaire, elle n'est pas suffisante. Division, c'est dispersion : le concours exige le groupement. Celle-ci s'opère en deux phases successives.

V. — *Attraction des parties similaires et coordination.* — Premièrement, le concours s'obtient par la réunion des parties semblables. C'est une loi très générale dans les sociétés que l'attraction du même au même. Dans les sociétés purement organiques, la raison de cette attraction est simple. Pourquoi les spicules du corail se réunissent-elles toutes pour former le squelette du polypier? Pourquoi les cellules de chaque sorte se groupent-elles, ailleurs, par masses contiguës? C'est sans doute parce que chaque élément histologique est produit par ses semblables et reste lié nécessairement à ceux qui lui ont donné naissance. Mais, dans les sociétés psychologiques, la cause de l'attraction est plus complexe. Elle réside d'abord dans la sympathie, c'est-à-dire dans la plus grande facilité qu'a tout être capable de représentation de se représenter son semblable et dans la conscience d'une augmentation d'activité (plaisir) qui en résulte. Mais le rapprochement des semblables a encore sa raison dans la loi qui fait que les mêmes causes produisent sur des êtres analogues des effets identiques et qui amène plusieurs intelligences à tirer de circonstances extérieures analogues des conclusions concordantes. Ce premier groupement peut prendre le nom de *Coordination*. On le voit, de même que l'intelligence ne s'oppose en rien à la divi-

sion du travail, mais s'y plie, au contraire, plus aisément
que l'organisme matériel, en variant presque indéfiniment les fonctions que les structures organiques con-
damneraient à une sorte d'immobilité, de même l'intelligence favorise la coordination au lieu de la combattre,
puisqu'elle permet à des éléments dispersés et distants
de s'unir dès qu'ils peuvent voir leurs ressemblances.
La loi d'attraction du même au même est donc générale et s'applique aux sociétés représentatives comme
aux sociétés physiologiques

VI. — *Délégation des fonctions et subordination.* —
Le concours s'obtient en second lieu par la délégation
des fonctions. Il n'est pas possible qu'un grand nombre d'individus, se partageant des fonctions diverses,
remplissent tous des fonctions d'importance égale. A
l'un ou à plusieurs d'entre eux devra échoir la fonction
prépondérante, essentielle, dominante. Plus il la rem-
plira, mieux il devra s'en acquitter ; et ainsi elle se
retirera peu à peu des régions les plus éloignées de
l'organisme social pour se fixer en un centre. C'est
ainsi que, même sans que les autres individus ou
groupes d'individus l'aient voulu délibérément, un individu ou un groupe d'individus central deviendra prépondérant et se *subordonnera* tous les autres. Dès lors
il représentera à lui seul le corps tout entier, dont la vie
sera comme résumée en lui. Les destinées de tous
seront attachées à la sienne et, en raison de la solidarité organique, il recevra l'écho de toutes les modifications des parties, de même que les parties recevront
le contre-coup de toutes ses modifications : de plus,
s'il réagit, il sera centre de mouvement, comme il est

centre d'impressions. C'est là le plus haut degré du concours. Mais cette loi, comme les précédentes, loin de ne s'appliquer qu'aux corps sociaux composés d'organes contigus, s'étend aux corps sociaux composés d'individus capables de représentation, et y trouve une confirmation nouvelle. C'est là que le concours atteint son summum, grâce à une délégation formelle (peuplades de ruminants, de pachydermes, de singes) et à la facilité avec laquelle le chef, avant de réagir sur le monde extérieur quand il en a reçu une impression, réagit sur les membres subordonnés de sa troupe.

VII. — *Spontanéité des impulsions dirigeantes.* — La partie dirigeante n'est elle-même qu'un organe. Son action est donc spontanée et se soumet comme celle des autres organes à la loi de différenciation et de concentration progressives. Mais à mesure qu'on monte dans l'échelle, elle est plus considérable et la réflexion y a plus de part. C'est donc celle qui se découvre le plus facilement à nous. Il doit donc y avoir une tendance chez celui qui l'observe à ne voir qu'elle et à négliger les actions spontanées moins conscientes et moins énergiques prises isolément, qui se subordonnent à elle. Mais, bien que cette action centrale paraisse indépendante des autres, bien qu'elle ressemble, aux yeux d'un observateur inattentif, à celle d'une pièce maîtresse qui imprime le mouvement aux rouages inertes d'un mécanisme, cependant dans tous les cas la partie dirigeante fait corps avec l'organisme ; elle emprunte aux parties subordonnées le mouvement qu'elle leur distribue. Dans la limite où les peuplades les plus élevées ont l'apparence de machines, ce sont elles qui se donnent cette apparence; en sorte que, si la contrainte y joue un rôle, ce sont toujours, en somme, les volontés individuelles qui le lui attribuent. La vie sociale diffère donc profondément par sa spontanéité (1) du jeu d'un appareil artificiel : l'activité plus ou moins réfléchie par laquelle elle se gouverne repose elle même sur les impulsions inconscientes de qui résulte la délégation du commandement.

VIII. — *Caractère organique de l'industrie ou des œuvres.* — Les forces disponibles dans un organisme collectif se manifestent de trois manières : tantôt par la constitution même du corps social, tantôt par l'accommodation d'une portion de matière aux fins communes, tantôt par diverses actions appropriées qui ne laissent sur la matière aucune trace. Plus les manifestations se conforment à des figures régulières, géométriques, moins l'activité commune est capable de variété, de souplesse et d'invention, plus en un mot l'organisme est inférieur. Mais, quoi que fasse un corps social, qu'il se constitue lui-même, qu'il se construise un instrument ou qu'il adapte son action par la pensée aux circonstances diverses, il ne peut que suivre les lois de l'organisme, et ainsi toute œuvre sociale porte le sceau de l'organisation comme la société qui l'a créée. Si la pensée est pour quelque chose dans cette œuvre, celle-ci aura le même caractère à un plus haut degré, c'est-à-dire qu'elle offrira, avec une variété plus riche,

---

(1) La spontanéité signifie pour nous non la création absolue du mouvement, mais, par opposition au déplacement résultant d'une impulsion extérieure, l'emploi de forces de tension préalablement élaborées au sein de l'organisme.

une concentration plus énergique, en un mot, plus d'harmonie, plus d'ordre, plus de beauté.

IX. — *Progrès du type social.* — La loi est le rapport constant des phénomènes successifs, le type, le rapport constant des formes simultanées. Au plus bas degré de l'échelle des sociétés les formes typiques sont figurées dans l'espace; mais à mesure qu'on monte, le type n'est plus que le rapport idéal des parties ou la constitution sociale. Cette constitution offre une grande fixité. Il ne semble pas qu'une société puisse modifier sa structure fondamentale, bien qu'elle soit capable de perfectionnements partiels. Tous les perfectionnements qu'elle réalise la poussent plus avant, en quelque sorte, dans le même sens et accentuent les caractères qui la séparent des autres. Plus deux sociétés dissemblables se développent, plus elles divergent. On ne peut donc ranger les sociétés suivant une série linéaire, et l'expression d'échelle que nous employons quelquefois pour les désigner dans leur ensemble n'est pas aussi juste qu'elle est fréquemment usitée. On tirerait de la disposition des branches dans un arbre une comparaison plus exacte. En effet, de l'une à l'autre des structures essentielles il n'y a pas de passage; et il faut, quand on atteint l'extrémité d'un de ces rameaux qui s'est développé, comme nous venons de le dire, en divergeant et en montant le plus possible, il faut redescendre beaucoup plus bas pour reprendre à son origine le rameau supérieur. Cependant, à l'extrémité de chacun de ces rameaux des ressemblances doivent se produire si les sociétés obéissent aux mêmes lois dans leur développement; et, en effet, il y a des analogies, mais seulement des analogies, entre les trois groupes de sociétés que nous avons décrits : blastodèmes, familles et peuplades. Par exemple, la société des abeilles, qui est purement domestiqûe, prend en raison de son haut développement l'apparence d'une peuplade. Ces analogies suffisent pour qu'une comparaison de l'une à l'autre soit possible, surtout si l'on choisit des points éloignés de· la série sociologique comme termes de comparaison. Envisagée dans son ensemble, cette série manifeste un progrès, c'est-à-dire une accentuation constante des caractères que nous estimons bons pour les êtres vivants en général, à savoir la complexité organique et la puissance d'action qui en résultent. La classification est une hiérarchie.

X. — *Nombre des éléments.* — Le nombre est une cause d'énergie dans le concours, à une condition, c'est que la structure organique corresponde au nombre des éléments. Chaque structure en comporte un nombre déterminé. Cette limite dépassée, l'augmentation en volume du corps social lui devient préjudiciable. Il y a donc un rapport étroit entre le nombre des éléments et l'économie de l'organisme social. Non seulement la forme des sociétés est·déterminée par le type, mais encore, en des limites assez larges, le volume.

XI. — *Universalité du fait social.* — Si l'on excepte les êtres vivants les plus infimes, tous les animaux sont à divers degrés des sociétés ou des éléments de sociétés. La série ou classification zoologique ne se compose donc pas en réalité de types individuels, mais de types sociaux. C'est ce que les naturalistes ont impli-

citement admis eux-mêmes quand ils ont fait entrer le
couple sexué dans la définition de l'espèce. « Les
séries spécifiques, dit M. de Quatrefages, ne nous apparaissent plus comme composées seulement d'individus, mais bien comme formées de familles qui se
succèdent et dont chacune provient d'une ou de deux
familles précédentes. » Là où existent des peuplades,
c'est-à-dire en général dans les régions supérieures de
l'animalité, ce sont elles qui méritent plus que les familles de figurer dans les séries spécifiques. En effet,
nul être ne peut se perpétuer comme espèce en dehors
de son groupe naturel. Ses mœurs font partie de lui-
même, au point que Latreille veut qu'on divise les
fourmis suivant leurs mœurs et que M. Rouget dit la
même chose des guêpes, Brehm des oiseaux. Mais les
rapports des individus avec leur milieu social constituent la part la plus importante de leurs mœurs; ces
rapports déterminent donc aussi bien que les particularités de structure organique le rang spécifique de
chacun des animaux.

XII. — *Phases de la vie.* — Toute société, se développant à partir d'un germe, naît et grandit; les analogies et un certain nombre de faits nous engagent à
croire que toute société meurt après une décadence
inévitable. Mais on ne sait quelles sont les limites de
temps entre lesquelles s'accomplit cette évolution. Certaines familles sont annuelles, et d'autres durent un
peu plus longtemps, et quelques-unes vivent plusieurs
années. Mais la durée de la peuplade n'est point connue. Il est certain seulement qu'elle est de beaucoup
plus longue que la vie des individus.

XIII. — *Déterminisme des faits.* — Les sociétés
n'ont pas toujours existé, puisque l'apparition des espèces a été successive. Leur évolution prise dans son
ensemble n'est pas moins nécessaire que l'évolution de
chacune d'elles. De même que les phénomènes particuliers que manifeste une société particulière obéissent
à un déterminisme rigoureux, bien que plus ou moins
voilé par l'aptitude de l'intelligence à des actes divers
et le libre essor qui semble propre à l'amour, de même
les phénomènes, qui dans l'histoire de la vie ont provoqué leur formation, ont été soumis à un déterminisme que l'apparente irrégularité des formes ne doit
pas nous dissimuler. Nous avons signalé quelques-
unes des causes qui font que la société ici se borne à la
famille, là s'étend jusqu'à la peuplade, ici est permanente, là reste momentanée, et Aristote avait ouvert
cette voie en montrant que toutes les espèces préda-
trices sont relativement solitaires; ce travail sera con-
tinué à mesure que la sociologie animale sera cultivée
plus efficacement; mais dès maintenant le déterminisme
des faits sociaux, évident s'il s'agit de leur succession
actuelle, peut être avec une suffisante certitude affirmé
de leur genèse. Du reste, comment les lois qui sont vraies
du mode d'existence d'un être quelconque ne le seraient-elles pas de son mode d'apparition : la naissance
est-elle donc autre chose que l'existence même à sa
première phase?

§ 2

De la nature des sociétés animales.

Si telles sont les lois des sociétés, il n'est pas difficile de dire quelle est leur nature. Sans aucun doute ce sont des êtres vivants. Mais cette première solution n'est pas entièrement satisfaisante, car il n'est guère admissible' qu'il n'y ait aucune différence entre les organismes matériels et les organismes sociaux et que la sociologie soit un simple prolongement de la biologie. Ce n'est pas assez de dire qu'une société est un être vivant, il faut chercher quel être vivant elle constitue et, par suite, en quoi la sociologie diffère de la science immédiatement inférieure.

Or, si l'on examine de plus près ce que deviennent les lois que nous venons d'exposer (lesquelles sont exactement les lois de l'organisation) quand on les applique aux sociétés les plus élevées du règne animal, on ne tarde pas à voir qu'elles prennent un aspect nouveau sans changer complétement de nature. A mesure, en effet, que l'on s'éloigne des commencements de la vie, on voit les groupements d'êtres vivants s'accomplir non plus sous l'impulsion des forces physico-chimiques ou des excitations physiologiques, mais sur l'invitation de penchants de plus en plus ressentis et d'attraits de plus en plus remarqués. On passe insensiblement du dehors au dedans, d'un jeu de mouvements plus ou moins compliqué (la vie est-elle autre chose?) à une correspondance de représentations et de désirs, à la conscience. Encore une fois, si on examine les rapports de ces phénomènes, rien n'est changé; ils se groupent suivant les mêmes lois que les éléments de l'organisme et n'ont, comme les phénomènes vitaux, pas d'autre but que la conservation et le développement de l'être collectif; mais ces phénomènes qu'une même harmonie enchaîne ne sont plus de même ordre et ne sont pas connus de nous de la même manière. Chaque phénomène organique est connu directement par un sens approprié ; les phénomènes intérieurs ou psychiques ne sont connus que par interprétation et doivent, pour ainsi dire, être traduits en fonction de la conscience après avoir été recueillis sous leur aspect matériel. Si nous ne nous reconnaissons pas capables d'en être les auteurs, si nous ne les pouvons réduire en termes intelligibles à notre propre conscience, ils n'existent pas pour nous. En un mot, nous constatons les uns tels qu'ils nous apparaissent, nous comprenons les autres par analogie, d'après ce que nous savons de notre moi. Par cela même, les termes par lesquels nous désignons les deux ordres de faits diffèrent notablement : là nous ne parlons que d'attraction et de répulsion, de cohésion et de dissipation des molécules ; ici il est question seulement d'intelligence et d'amour. En passant d'un ordre à l'autre, le consensus organique devient solidarité, l'unité organique figurée dans l'espace devient conscience invisible, la continuité devient tradition, la spontanéité du mouvement devient invention d'idées, la spécialisation des fonctions reprend le nom de division du travail, la coordination des éléments se change en sympathie, leur subordination en respect et en dévouement, la détermination elle-même des phénomènes devient décision et libre choix. Ainsi tout prend une face nouvelle : du sein de l'organisme matériel nous voyons surgir tout un monde, régi par les mêmes lois que l'autre, mais bien différent de lui; monde vraiment distinct, puisque des idées ou des représentations y remplacent les figures et que les désirs y jouent le rôle des mouvements. Eh bien ! ce monde est celui de la société : la vie de relation en trace les contours; partout où des êtres peuvent échanger des impressions il y a place pour la société, et réciproquement partout où naît une société on peut dire qu'il y a un commerce de représentations. Faut-il donc exclure du tableau de la vie sociale la première classe de groupements que nous avons décrite? oui, si l'on y cherche la société épanouie, arrivée à son développement normal; non, si l'on se contente d'y avoir une ébauche, une préparation de ce qui sera plus tard la société même; préparation essentielle d'ailleurs, assise nécessaire de l'édifice au sommet duquel s'est placée l'humanité. La sociologie se développe parallèlement à la psychologie; mais, comme elle, elle a ses racines dans la biologie dont elle est suffisamment distincte. Le but de notre livre est de montrer leurs rapports; on pourrait se placer à un autre point de vue et insister sur leurs différences. Il n'est pas une seule science qui ne puisse être ainsi l'objet de deux thèses opposées, à propos des rapports qu'elle soutient avec ses voisines. Ces deux thèses sont vraies toutes deux suivant le point de vue d'où l'on envisage les sciences connexes; ce qui revient à dire qu'absolument parlant elles se-

raient fausses toutes les deux. Mais quel esprit n'a pas
son point de vue propre? Et comment s'abstraire, à
moins d'être *plus qu'homme,* comme dit Descartes, des
tendances dominantes dans le milieu scientifique contemporain? L'absolu n'est pas de notre domaine : suivant l'excès qui tendra à prévaloir, ce seront par opposition, tantôt les affinités, tantôt les différences que l'on
sera porté à faire ressortir. L'équilibre exact, s'il doit
jamais s'établir, sera le résultat d'une longue série
d'oscillations en sens contraire.

Corrigeant donc notre première définition, nous
dirons qu'une société est, il est vrai, un être vivant,
mais qui se distingue des autres en ce qu'il est avant
tout constitué par une conscience. Une société est une
conscience vivante, ou un organisme d'idées. Nous
échappons par là à un reproche mérité par plusieurs
sociologistes, celui d'expliquer un mode d'existence
supérieur par le mode d'existence inférieur. Au lieu
d'essayer de rendre compte de la conscience par l'organisme matériel, nous serions plutôt tenté d'expliquer
l'organisme matériel par la conscience. Car toute
explication part de nous-mêmes et consiste à projeter
la lumière saisie au clair foyer de l'esprit sur l'obscurité croissante qui nous environne. Quant aux lois qui
régissent l'un et l'autre ordre de phénomènes, surtout
la partie des phénomènes sociaux manifestée par l'animalité, elles ne peuvent être autres pour la conscience
que pour la vie; car, de même qu'il n'y a qu'un seul
univers, il ne peut y avoir qu'une seule loi fondamentale, celle de l'évolution.

Cette solution renferme, nous le savons, une contra-

diction apparente. D'une part, en effet, quand on proclame que l'évolution est la loi de toute existence, on
emprunte à la science de la vie la clef des rapports qui
unissent les phénomènes de la pensée, on explique,
en un mot, l'esprit par la nature ; et, d'autre part, quand
on dit que la société même la plus humble ressemble
plus à la conscience qu'à toute autre chose, on penche
à chercher dans la pensée le secret de la vie, on explique la nature par l'esprit de l'homme. Mais cette contradiction peut être levée par une distinction déjà ancienne et qu'il ne nous faut pas oublier. Tout être offre
deux aspects : d'un côté il est une suite de phénomènes
se succédant suivant une loi, de l'autre il est une virtualité efficace d'où ces phénomènes émanent incessamment. Il soulève donc deux sortes de questions ; les
premières se résument en celle-ci : comment, selon
quel mode nous apparaît-il et se manifeste-t-il à nous
(τὸ ποῖον) ? les secondes se résument en cette autre :
qu'est-il ? par quel état de notre moi pouvons-nous
nous le représenter dans l'intimité de sa nature (τὸ τί) ?
Les premières questions ont donné naissance à la Physique prise dans son sens le plus général, et la réponse
a été, depuis Descartes, en s'éclaircissant de plus en
plus ; la Physique moderne est de plus en plus résolûment mécaniste. Les secondes questions ont donné
naissance à la Métaphysique, et, comme nous ne pouvons nous représenter l'intérieur d'un être que par
notre conscience, la Métaphysique a été de tout temps
et est de plus en plus, malgré les apparences, idéaliste.
Avec Aristote, avec Leibniz, elle a même été jusqu'à
prêter notre nature aux existences évidemment aveu-

gles et inconscientes commes les forces inanimées. Mais si c'est là une belle témérité, ce n'est pas ceux à qui elle sourit qui se plaindront de nous voir, sans rien retrancher de plus aux lois du mécanisme que ne l'a fait l'auteur du système des monades, définir la société même animale, par son analogie avec la conscience humaine.

Mais comment une conscience multiple est-elle possible ? Il nous tarde d'aborder de front ce problème, car tout ce qui précède le suppose résolu ; mais nous ne pouvions non plus le résoudre avant d'avoir sous les yeux l'exposé de faits que nous venons d'achever. Qu'on veuille bien le remarquer tout d'abord : nous ne visons qu'à une interprétation de ces faits ; il ne s'agit ici que des animaux sociables. Nous n'avons donc pas à nous demander si, en effet, les traces d'une fusion de consciences multiples en une seule se rencontrent dans l'humanité, si l'amour dans la famille, si le patriotisme dans l'Etat, si le mélange des sangs, des traditions, des idées, réalisent entre les âmes des hommes une communication effective et concentrent les activités éparses en foyers distincts, capables à leur tour de se renvoyer leurs rayons : tel n'est pas, ici, notre sujet. A ne considérer que les sociétés animales, voici ce que nous trouvons. Premièrement, et même chez les animaux qu'aucun lien organique n'a jamais réunis, chez les membres d'une même peuplade, par exemple, une telle solidarité de sentiments que la crainte d'un extrême péril ne réussit pas toujours à en empêcher la manifestation. Leur attachement va jusqu'à la mort. Ne voit-on pas que cet entraînement irréfléchi serait

impossible si le moi de chacun n'embrassait véritablement celui de tous les autres, si le sentiment que
chacun a de lui-même n'était dominé par le sentiment
qu'il a de la communauté? C'est qu'en effet la conscience chez les animaux n'est pas une chose absolue,
indivisible. C'est une réalité, au contraire, capable de
diffusion et de partage. Elle est composée de deux
groupes de phénomènes, les représentations et les impulsions, et ces deux sortes de phénomènes sont au plus
haut degré *communicables*. L'intelligence s'ajoute à
elle-même ; nous en avons vu de nombreux exemples.
Une perception passe par les signes d'une conscience
en une autre et c'est ainsi que les animaux sociables ont
en effet beaucoup plus d'idées ou d'images que les
animaux solitaires, toutes choses étant égales d'ailleurs. Mais même le discernement s'accumule, chaque
opération mentale passant, par ses effets extérieurs,
dans l'intelligence de ceux qui en sont les témoins et
s'y ébauchant tout au moins pour y servir de point de
départ à des opérations nouvelles. C'est ainsi qu'une
société comme celle des fourmis manifeste au total un
nombre infiniment plus grand d'actes adaptés aux
exigences du milieu et de combinaisons variées qu'une
égale quantité d'insectes dits solitaires pris au hasard.
Une fourmilière est, à vrai dire, une seule pensée
en action (bien que diffuse), comme les diverses cellules et fibres d'un cerveau de mammifère. D'autre part,
les émotions et impulsions ne s'accumulent-elles pas?
N'avons-nous pas vu la sympathie et l'antipathie, la
satisfaction et la colère, la sécurité et l'inquiétude,
l'élan vers un but désiré ou l'entraînement de la fuite

34

passer de proche en proche dans les individus d'une agglomération permanente ou s'y répandre instantanément sur le signe d'un chef? Et l'énergie de ces tendances comme des émotions qui les accompagnent n'est-elle pas en raison directe du nombre et de la cohésion organique de la société? L'intensité de ces phénomènes appétitifs n'est-elle pas, comme l'étendue et la précision des phénomènes perceptifs, l'effet d'une sorte de répercussion, analogue à celle de l'écho, dans plusieurs foyers successifs de représentation et de volonté? Mais si les éléments essentiels de la conscience s'ajoutent et s'accumulent d'une conscience à l'autre, comment la conscience elle-même, prise dans son ensemble, ne serait-elle pas l'objet d'une participation collective? Rappelons-nous, d'ailleurs, que, comme nous l'avons indiqué en plusieurs passages, la conscience croît comme l'organisme et parallèlement à lui, renfermant des aptitudes, des formes prédéterminées de pensée et d'action qui sont des émanations indirectes de consciences antérieures, éclipsées un instant, il est vrai, dans l'obscurité de la transmission organique, mais réapparaissant au jour avec des caractères de ressemblance non équivoques, bientôt de plus en plus confirmés par l'exemple et l'éducation. Une génération, c'est un phénomène de scissiparité transporté dans la conscience. Tout concourt donc à nous pénétrer de cette idée que la pensée en général et l'impulsion éclairée par elle sont, comme les forces de la nature, susceptibles de diffusion, de transmission, de partage, et peuvent, comme elles, ici dormir latentes si elles restent éparses, là s'aviver et s'exalter par leur concentration. Ce sont des monades sans doute que les êtres doués de tels attributs; mais ces monades sont ouvertes et communiquent; elles ont jour les unes sur les autres et par là se renvoient, tantôt par minces rayons, tantôt en larges ondes la lumière et le mouvement.

Eh quoi! dira-t-on, n'y a-t-il donc rien de plus dans la conscience de chaque animal que ces modifications superficielles qui passent si facilement de cette conscience dans une autre? Que deviendra l'idée de l'individualité? Les *moi* eux-mêmes ne vont-ils pas, si çette doctrine est acceptée, s'échanger en quelque sorte, se transformer les uns dans les autres, et se confondre au milieu d'une promiscuité absolue? N'y a-t-il pas là une flagrante absurdité? Comme si un moi pouvait à la fois rester lui-même et endosser un autre moi! comme si un individu pouvait passer dans un autre individu! — Assurément, il y a dans chaque animal quelque chose de plus que ces modifications communicables; il y a une substance permanente qui lui appartient en propre et qui ne peut être considérée comme un objet d'échange sans une évidente contradiction. Mais cette substance n'est pas ce je ne sais quoi des scolastiques, cet être mystérieux qui se tient caché sous les phénomènes et qu'en effet nul n'a jamais vu. Car de deux choses l'une, ou cette substance est particulière à chaque individu, et alors c'est un composé d'attributs déterminés, saisissables à l'observation, bref, un groupe de phénomènes extérieurs ou psychiques; ou elle est la même chez tous et, au lieu d'être une source de distinction entre les êtres, elle n'est plus qu'un fond commun en qui tous, sans démarcation de groupes, de races, d'espèces et même de règnes, trouvent une même nature et finissent par s'absorber confondus (1). Ce n'est donc point de cette substance qu'il s'agit ; c'est d'abord du fond d'idées et de tendances inconscientes qui, sous les diverses conditions imposées par les influences héréditaires et les circonstances extérieures, ont pris dans chaque individu un pli particulier, une tournure propre. Ces aptitudes individuelles permanentes ne se transmettent point par la représentation aussi facilement que les modifications momentanées qui font l'objet d'incessantes communications dans un groupe social. C'est ensuite et plus profondément la structure organique elle-même qui, sous les mêmes conditions, inévitablement spéciales à chacun des individus, s'est déterminée d'une certaine manière pour toute la vie de chacun d'eux. Voilà ce qui leur appartient en propre; voilà ce qui fait leur moi. Encore ne faut-il pas exagérer la part de l'individu ; car la structure organique et les penchants instinctifs hérités sont en une mesure considérable des éléments spécifiques ou des caractères de race, en sorte que s'ils sont actuellement incommunicables d'un organisme à l'autre et d'une conscience à l'autre, ils sont, grâce aux

---

(1) M. LACHELIER, De l'induction, p. 31. V. SCHELLING, Système de l'Idéalisme transcendental, pag. 317, 318, cité par Hartmann, p. 136 du vol. II de la Phil. de l'Inc. « Celui qui dit qu'il ne peut concevoir aucune action sans un substratum avoue par là même que ce substratum prétendu, que sa pensée conçoit, n'est qu'un produit pur de son imagination. C'est sa propre pensée qu'il est forcé de supposer indéfiniment derrière les choses comme ayant une réalité propre. Par une pure illusion de l'imagination, après qu'on a dépouillé un objet des seuls prédicats qu'il possède, on affirme que quelque chose subsiste encore, on ne sait quoi. »

croisements dans la race et dans l'espèce, l'objet d'un
lent échange et deviennent à la longue, sinon identiques, du moins fortement semblables, mettant ainsi
à l'unisson, dans un groupe donné, les impressions
les plus obscures et les mouvements les plus involontaires.

Si c'est là ce qu'il faut penser des consciences animales, tant dans les sociétés que dans les individus, et
si, qu'elles restent éparses ou qu'elles se concentrent,
elles n'ont pas d'autres substratum, en dernière analyse,
que les organismes où elles se manifestent, il semble
que cette solution doive miner tout notre édifice. En
effet, nous avons fait reposer sur la conscience et
ses harmonies toute notre théorie des sociétés animales, et voici que la conscience ne repose sur rien,
n'est rien et s'évanouit dans le mécanisme qui la sup-
porte. Il n'en va pas ainsi, et non seulement la conscience est pour nous quelque chose de réel, mais elle
est plus réelle que tout le reste et prête à tout le reste
sa réalité.

Qu'est-ce que la réalité, en effet? C'est le caractère,
tout d'abord, que revêtent les phénomènes sensibles,
non pas quand les sensations qu'ils nous font éprouver
sont énergiques, — le rêve, l'hallucination seraient, à ce
compte, les meilleurs juges de la réalité, — mais quand
les représentations que nous en obtenons sont liées
avec les représentations puisées ailleurs et peuvent
entrer dans le système de nos connaissances sans y
créer de disparates. Et encore serions-nous seuls au
monde, ce critérium ne serait peut-être pas assez sûr;
mais quand nous voyons notre connaissance d'un

groupe de phénomènes se lier régulièrement avec la connaissance que les autres hommes ont du reste de la nature et trouver, pour ainsi dire, sa place toute prête dans l'œuvre de la raison commune, c'est alors que nous croyons à la réalité de ces phénomènes. Que si quelque trouble survient dans nos pensées, si la violence de la passion ou l'effort de la maladie en altère les rapports et que nous le sentions confusément, c'est sur la raison collective que nous nous appuyons pour retrouver notre équilibre intellectuel. Divers témoignages venant coïncider pour nous peindre une situation sous les mêmes couleurs, divers conseils se rencontrant pour nous représenter une action comme seule accommodée aux circonstances, l'unanimité et la constance des jugements d'autrui, telles sont les barrières qui contiennent en nous la fantaisie prête à prendre essor et qui forment en quelque sorte la règle dernière de nos jugements sur le monde. Qu'est-ce qui fait, par exemple, l'erreur des hommes affectés de daltonisme, si ce n'est l'unanimité des témoignages contraires de la part du genre humain? Ainsi donc, être regardés commes conformes à l'expérience et à la raison collectives dans l'humanité, voilà le signe sans lequel des phénomènes ne peuvent pas être tenus pour réels. Mais n'est-ce pas là un caractère insuffisant, et ne peut-on concevoir une réalité plus intime que celle-là? Il semble que si un être au lieu d'être seulement pour autrui est pour soi, c'est-à-dire au lieu d'être connu par une conscience autre que la sienne se connaît et se possède dans sa propre conscience, cet être jouit d'une réalité mieux fondée. En effet, il n'a pas

besoin, pour exister, d'attendre qu'il soit perçu (auparavant, qu'on y songe en effet, son existence n'est
que possible); il trouve en lui-même l'attestation de sa
vie et le sentiment de ses puissances : quand même
toutes les intelligences seraient abolies, il ne cesserait
pas de s'affirmer, d'être, en un mot. Au premier caractère de conformité avec les faits et les lois qui résument l'expérience de l'humanité, il faut donc, pour
constituer à nos yeux une existence réelle, qu'on en
joigne un second, celui d'*exister pour soi;* sans cela,
qui nous garantit que les phénomènes même réguliers
qui se manifestent à nous ne sont pas un vain décor,
un trompe-l'œil, mais permanent et derrière lequel il
nous serait défendu de pénétrer?

De ce double point de vue, les sociétés nous apparaissent comme aussi réelles que possible. En effet,
nous avons vu qu'elles sont constituées *pour nous* par
un vaste ensemble de phénomènes réguliers, établis
par d'universels témoignages, autorisant la prévision
et la confirmant depuis des siècles, régis par des lois
cohérentes avec celles de la vie et de la pensée. Loin
d'être une anomalie dans la nature, elles forment une
transition nécessaire entre l'individu physiologique et
la société pleinement organisée. A ce titre, elles méritent d'être l'objet d'une science à part, comme tous
les autres groupes de phénomènes naturels; et il n'y a
pas plus de raison pour leur refuser ce droit que pour
le refuser aux phénomènes chimiques et biologiques.
Mais les sociétés sont plus réelles encore que ces groupes de phénomènes; car, à partir des Ascidies composées, elles manifestent une concentration d'impressions

et d'impulsions suffisante pour révéler à nos yeux un commencement de conscience. Dès lors, les consciences sociales deviennent de plus en plus concentrées et de plus en plus énergiques. Elles existent *pour elles-mêmes* et, par là, doivent êtres comptées parmi les plus hautes des réalités. Descartes voit dans la conscience que le moi humain a de lui-même la preuve irrécusable de notre existence, c'est-à-dire que, pour lui, l'être qui se pense est le seul vraiment réel. Pourquoi ce qui est vrai de l'homme ne le serait-il pas de l'animal ? Il faut reconnaître que nous ne pénétrons pas dans la conscience sociale des animaux et que c'est du dehors que nous la jugeons capable de se penser. Mais l'erreur n'est guère possible en présence des phénomènes si manifestes que nous avons énumérés. Si les différents individus qui composent les sociétés n'étaient pas présents à la pensée les uns des autres, ils ne vivraient pas agglomérés : l'idée est, comme nous l'avons vu, la force qui tient unis ces éléments épars. Non seulement, donc, les sociétés sont réelles comme ensemble de phénomènes réguliers, mais elles sont réelles encore comme consciences existant en elles-mêmes et pour elles-mêmes.

J'ajoute que si elles ne sont pas réelles, rien ne l'est. Car, nous l'avons vu, excepté chez les derniers des infusoires et chez les peuplades, toute conscience individuelle fait partie d'une conscience individuelle supérieure. Si donc, dans les plus hautement organisées des consciences collectives (peuplades), on nie la réalité du moi social, on se trouvera en présence de nouvelles consciences collectives (familles), désormais seules réelles. Mais en vertu du même principe il faudra leur refuser encore la réalité, l'existence substantielle ; on en viendra donc aux individus (blastodèmes) que l'on sera tenté de considérer, cette fois, comme les seuls êtres véritablement existants. Cependant, on ne le pourra pas davantage. La conscience de ces derniers, en effet, est (nous l'avons démontré) un tout de coalition, une unité muliple dont la vie des éléments histologiques et des organes forme le contenu. Nouveau pas à faire dans la voie de l'analyse et de la négation. Ce pas franchi, la conscience collective du blastodème (c'est-à-dire de l'individu, au sens ordinaire de ce mot) une fois réduite à l'état de pure abstraction, il ne restera plus que les organes et organites à qui je ne pense pas qu'on accorde plus volontiers l'existence substantielle, car d'abord il est douteux qu'ils soient des consciences, et ensuite leur fonctionnement se ramène trop facilement au jeu des forces physico-chimiques pour qu'on ne soit pas poussé à les confondre avec la matière environnante. N'existant pas pour soi, ils n'existeront pas du tout, en sorte que rien n'existera réellement. Il faut donc choisir : ou accorder la réalité aux consciences collectives supérieures et obtenir ainsi le droit de l'attribuer aux consciences collectives inférieures, aux simples individus, ou le refuser aux unes et aux autres également comme à des abstractions réalisées et, par là, s'engager à ne rien voir dans le monde vivant au-dessous de l'homme que des unités artificielles et nominales.

Si, maintenant, dans une société donnée, nous cherchons à déterminer la valeur de chaque élément par

rapport au tout, no. evons que l'unité sociale ne
subsiste que par les individus qui la composent, mais
que ceux-ci empruntent pour une plus large part au
tout lui-même ce qu'ils ont de réalité. En effet, les
individus changeant, celui-ci demeure identique tant
que le rapport qui unit les éléments reste le même. Et
c'est en lui que les individus puisent les impulsions,
tant organiques que psychiques, par lesquelles ce rapport est entretenu; car les impulsions organiques sont
transmises par la génération qui a lieu au sein du
groupe social; quant aux impulsions psychiques, dont
le germe est déposé également en chacun par la même
voie, elles sont en dernier lieu développées par l'éducation et l'exemple, donnés encore au sein du groupe.
L'individu est donc l'œuvre bien plus que l'auteur de
la société; car l'action qu'il exerce sur elle compte
pour un, tandis que les modifications qu'il en reçoit
sont représentées par le nombre des autres membres.
De plus, l'action individuelle est limitée à un temps
fort court, tandis que l'action collective pèse sur l'individu de tout le poids des instincts acquis et des changements de structure obtenus pendant tout le passé
de la race.

Faut-il donc comprendre dans un seul et même tout
organique tous les représentants d'une espèce (1)?
S'il s'agit de la société polypoïdale, la société se limite

(1) DUJARDIN, *Infusoires :* « On pourra imaginer tel infusoire comme
une partie aliquote d'un infusoira semblable qui aurait vécu des années
ou même des siècles auparavant et dont les subdivisions par deux se
seraient, continuant à vivre, développées successivement ». A ce compte,
chaque espèce ne serait qu'un individu, et, si la théorie de Darwin est
vraie, tout le règne animal. Ce point de vue est faux selon nous.

facilement à l'arbre développé sur une même souche ;
autant d'arbres, autant de sociétés. S'il s'agit de la
famille, les unions annuelles sont autant de sociétés
distinctes séparées comme les individus distincts par le
germe qui les doit perpétuer ; les unions durables ont
une individualité aussi nettement définie. Quant aux
peuplades, nous avons vu à quel moment elles commencent ; c'est quand elles méritent le nom de colonies,
je veux dire de sociétés fondées à quelque distance des
anciennes par des éléments qui se sont détachés de
l'une d'elles. Il est donc visible que ni l'espèce, ni
même la race ou la variété ne sont des entités réelles
chez les animaux. Elles peuvent le devenir chez des
êtres capables de conserver de longues traditions et de
former des consciences sociales très compréhensives.
L'étendue et la durée des sociétés sont en rapport avec
la perfection organique de leurs éléments ; et on conçoit
une société qui serait aux plus hautes peuplades ce que
sont celles-ci aux infusoires agrégés.

§ 3

De la moralité des animaux.

Et cependant, si nous mesurons le chemin parcouru,
quel progrès réalisé de l'infusoire aux peuplades de
mammifères ! Là, l'extrême férocité et l'extrême im-
puissance, une dépendance absolue vis-à-vis des influences extérieures. Ici, un commencement de domination sur la matière, la défense assurée et les instincts

destructeurs vaincus, dans une sphère étendue d'activité, par les instincts sympathiques. Or, si nous résumons ce qui a été dit de chacune des impulsions qui ont amené ce progrès, nous voyons que c'est l'amour de soi qui les a toutes suscitées; l'amour de soi, disons-nous, mais développé par une harmonieuse nécessité, de telle sorte que l'amour d'autrui en est devenu inséparable.

Aux derniers échelons du règne animal, la lutte pour l'existence est universelle et incessante. Dans ces régions, l'être vivant ne se montre allié qu'avec ses propres parties non détachées de sa substance et avec lesquelles il entretient des rapports physiologiques. Si l'on admettait que dans chaque partie de telles agglomérations se cache un sentiment quelconque du *moi*, il lui faudrait bien accorder en même temps un sentiment du *nous*, puisqu'une soudure enchaîne en une même masse continue les différentes parties du tout. A un degré plus haut d'organisation, deux êtres primitivement séparés peuvent faire trève un instant à la concurrence vitale, mais à la condition de constituer deux moitiés d'un tout physiologique qu'ils doivent reformer pour obtenir satisfaction de besoins individuels; ici encore, l'amour d'autrui et l'amour de soi ne font qu'un, une communauté organique aussi étroite que courte absorbant les deux moi sexués en un seul nous. Considère-t-on les produits de cette union, si l'attention de plus en plus marquée et de plus en plus durable qu'ils obtiennent des parents restreint de plus en plus le domaine de la concurrence vitale, c'est parce qu'ils ont été pendant quelque temps partie intégrante de ces organismes créateurs et que ceux-ci n'ont pu s'aimer eux-mêmes sans embrasser dans le même amour la portion d'eux-mêmes qui venait à peine d'être expulsée de leur corps. L'impulsion qui attache les jeunes aux organes nourriciers relève de la même origine : la mère représente pour eux, avant tout, l'aliment et la protection. Sortons-nous de la famille, montons-nous d'un degré dans la série sociologique, nous trouvons que des êtres vivants peuvent s'unir sans y être contraints par les insuffisances mutuelles de leurs organismes, à une condition cependant, c'est que les êtres ainsi unis soient de même espèce ou d'espèces voisines, c'est-à-dire puissent reconnaître et embrasser en autrui leur propre image, et jouir d'eux-mêmes en la contemplant : telle est la plus durable et la plus étendue des barrières opposées à la concurrence vitale ; elle est fondée encore sur l'amour de soi ; mais plutôt sur l'amour de sa propre idée que sur l'amour de son organisme, bien que les avantages qui en résultent ne manquent pas de la consolider. Mais s'aimer dans son image, c'est aimer tous ceux qui la reproduisent, tous ceux, du moins, en qui on peut la reconnaître ; tous les membres de la peuplade font donc partie du moi de chacun, ou plutôt il n'y a pas de moi distinct pour eux, il n'y a qu'un nous. Ainsi donc l'évolution des sentiments sociaux est essentiellement une transformation croissante de l'égoïsme en altruisme ou de l'amour du moi en amour du nous.

Ce qui prouve, d'ailleurs, la pénétration du moi et du nous et la diffusion, en quelque sorte, du premier dans le second, c'est qu'il n'est pas un nous qui ne soit, lui aussi, limité et antagonique par rapport à un autre nous, en sorte que l'on voit par là clairement qu'il n'est qu'un moi étendu. Les affections sympathiques les mieux définies ont pour conséquence la haine des êtres où l'image, bien que voisine, n'est pas reconnue comme semblable et leur exclusion du moi collectif. Et on peut affirmer comme une loi générale que la netteté avec laquelle se pose une conscience sociale est en raison directe de la vigueur de ses haines pour l'étranger. L'altruisme est donc bien vraiment un égoïsme étendu, et la conscience sociale une conscience individuelle.

S'il en est ainsi au point de vue de la représentation, il doit en être de même au point de vue de l'action. Puisque l'amour de soi, loin d'être exclusif de l'amour des autres, comprend naturellement cet amour (dans des limites définies, bien entendu), ce que chacun fait pour les autres, il le fait d'abord pour soi. Leibniz a bien vu que chaque individu est pour soi le centre du monde et qu'il ne peut puiser qu'en lui-même le principe de son activité. Une action pour autrui n'est possible que là où plusieurs moi sont fondus en un seul. Or, dans toute société, les actes qui sont nécessaires à l'existence du nous s'imposent à l'individu aussi impérieusement que les actes nécessaires à l'existence du moi. S'y soustraire est aussi difficile pour les individus engagés dans une conscience sociale qu'il leur est difficile de se soustraire aux actes d'où dépend leur propre conservation. Ils veulent leur société comme ils se veulent eux-mêmes, en vertu d'une impulsion primitive par le seul fait de leur constitution essentielle :

être et vouloir persévérer dans son être ne faisant qu'un, être collectivement et vouloir persévérer dans son existence collective, vouloir, en un mot, le bien de la société, ne font également qu'un seul et même acte.

On peut aller plus loin et soutenir qu'en vertu de la même impulsion un membre d'une société animale hautement organisée est plus attaché à la conscience collective et à sa prospérité qu'à sa propre conscience et à son intérêt. En effet, si on songe à la continuité de la vie en commun et au nombre des pensées qui représentent ses différentes manifestations dans la conscience individuelle on sera surpris du petit volume qu'y occupent les images, les fins et les actes afférents à l'individu seul. Une conscience aussi peu développée .. que celle de l'animal est sans cesse hors d'elle-même, et où veut-on qu'elle soit attachée si ce n'est aux compagnons de l'animal sans cesse présents à tous ses sens ? Il n'est donc pas étonnant, si l'action et la pensée sont corrélatives, que les penchants dont la société est le terme aient une importance égale. Les penchants sociaux doivent donc l'emporter de beaucoup, dans la plupart des cas, sur les penchants individuels, les inclinations généreuses sur les inclinations intéressées.

Là est le principe de ce qu'Agassiz, dont on connaît la circonspection habituelle, n'a pas craint d'appeler la morale des animaux. « Qui a pu voir, dit-il, le Sun-fish (*Pomotis vulgaris*) se balançant sur ses œufs et les protégeant pendant des semaines, ou le chat marin (*Pimelodus catus*) se mettant en mouvement

avec ses petits comme une poule avec ses poussins,
sans demeurer convaincu que le sentiment qui les guide
dans ces actes est de la même nature que celui qui attache la vache à son nourrisson ou la mère à l'enfant?
Quel est l'observateur qui, après avoir constaté cette
analogie entre certaines facultés de l'homme et certaines facultés des animaux supérieurs, peut, dans
l'état actuel de nos connaissances, se dire prêt à tracer
la limite où cesse ce qu'il y a de naturellement commun
aux uns et aux autres?... La gradation des facultés
morales dans les animaux supérieurs et dans l'homme
est tellement imperceptible que, pour dénier aux premiers un certain sens de *responsabilité* et de *conscience*,
il faut exagérer outre mesure la différence qu'il y a
entre eux et l'homme » (*De l'Espèce*, p. 90). Nous ne
sommes pas surpris de voir Agassiz, qui, comme naturaliste, connaissait tous les faits passés en revue dans cette
étude et bien d'autres qu'il avait été à même d'observer, affirmer avec autant d'assurance la moralité des
animaux supérieurs. S'il est vrai qu'ils exécutent des
actes qui sont avantageux à leur groupe, même à leur
propre détriment, et s'ils sont sollicités à de tels actes
par une impulsion psychique impérieuse que les fonctions de nutrition et de reproduction n'expliquent à
aucun degré, comment, en effet, ne seraient-ils pas des
êtres moraux? Seulement, nous ne croyons pas que le
sentiment de la responsabilité puisse leur être attribué
avec la même certitude. C'est à peine si les animaux
domestiques les plus intelligents en manifestent quelque trace, et encore est-il difficile, dans la plupart des
cas, de le distinguer de la crainte du châtiment. Même

on trouverait sans peine parmi les sauvages actuels des exemples d'actes coupables accompagnés d'un très faible sentiment de responsabilité (1). La moralité dont il s'agit est donc une moralité rudimentaire, qui n'est pas accompagnée du cortége de sentiments et d'idées qui caractérisent la moralité dans la conscience actuelle de l'humanité civilisée et reste à une énorme distance de la faculté que Kant a si excellemment décrite.

Dans tout acte, on peut considérer deux choses, la matière et la forme, l'objet de l'acte et ses effets d'une part, d'autre part la nature de la détermination qui le provoque. Examinons d'abord ce second point.

Le caractère que tout le monde attribue à l'activité de l'animal, c'est la spontanéité ou l'irréflexion. Les motifs de ses déterminations ne sont pas nettement distingués dans sa conscience, et cela parce qu'il lui manque deux choses : d'abord, de se représenter le but ultime auquel tendent ses actes, ensuite, de concevoir avec une généralité suffisante les diverses catégories de motifs qui peuvent entrainer sa volonté. Mais il s'agit de savoir si la claire vue des résultats possibles d'un acte jusqu'en ses conséquences les plus loin-

(1) « Les maris (pays du Grand-Bassan, sur la côte d'Afrique) ont le droit de vie et de mort sur leurs femmes; ils en font souvent abus. Je vis un chef rasé; c'est, en général, un signe de deuil. Je lui demandai pourquoi il s'était fait couper les cheveux; il me répondit avec une tranquillité parfaite, en continuant à tresser un panier de pêche : « J'ai tué ma femme. » Je reculai de trois pas : il n'avait nulle conscience de son crime. Il me dit en manière d'acquit : « Elle a fait périr mon fils par maléfices. » C'était faux : ce fils, appartenant à une autre femme, avait été soigné par la victime avec la tendresse d'une mère. Je le lui dis; il le nia. « Après tout, où est le mal? me dit-il...; elle était vieille, elle ne pouvait plus avoir d'enfants! » (L'amiral DE LANGLE, *Croisières à la côte d'Afrique*, cité par Compiègne, *Afrique équat.*, p. 62.)

35

taines est nécessaire pour imprimer le caractère de
la moralité sur les déterminations de l'agent. On en
peut douter, car en aucun cas ces conséquences qui se
prolongent et qui se multiplient de proche en proche
à l'infini ne peuvent être prévues au-delà d'un certain
temps et d'une certaine distance, et cette limite est
assez rapprochée même si l'on considère les déterminations des plus grands génies politiques dans l'humanité. Pour le commun des hommes et surtout pour les
ignorants et les simples, le but visé est un but immédiat. Cependant, leurs actes ne servent pas moins
utilement les intérêts du groupe dont ils font partie.
C'est une ruse fréquemment employée par la nature
(ou plutôt c'est un de ses procédés sélectifs très ordinaires) que de plier au développement de la société des
instincts acquis en apparence sans raison ou du moins
pour de tout autres fins, en sorte que l'égoïsme entre
normalement comme facteur dans des combinaisons
hautement harmoniques et d'une étonnante opportunité. Des actes non plus égoïstes, mais inspirés, au
contraire, par l'affection et le dévouement n'ont donc
pas besoin, à plus forte raison, d'être accompagnés de
la représentation de leur fin et de leur utilité sociales
pour prendre le caractère de services sociaux, d'actes
bien intentionnés, bons, en un mot, moralement. C'est
ainsi que les hommes primitifs ont été formés à ce
qu'il a fallu de vertu sociale pour que la famille et la
tribu subsistassent, c'est ainsi encore que, dans les sociétés civilisées, beaucoup sont de bons citoyens sans
savoir que leur conduite est un des éléments de l'ordre
universel, ou même de l'ordre social; leurs instincts

sympathiques, leurs sentiments de douceur et de déférence au pouvoir les guident pas à pas et d'instant
en instant. Il en est de même des animaux supérieurs.
La raison dernière de leurs actes de dévouement, à
savoir la conservation du groupe dont ils font partie,
ils l'ignorent sans aucun doute; ils n'en travaillent pas
moins à ce résultat, poussés par des sentiments qui
sont bons puisqu'ils y conduisent et que les sentiments
contraires seraient, au point de vue du groupe, détes-
tables et pernicieux. L'humanité n'a pas coutume d'ho-
norer moins les vertus spontanées que les vertus réfléchies, et on ne peut s'empêcher de remarquer, en effet,
que l'élan irrésistible qui entraîne l'homme de bien au
secours de ses semblables est plus sûr dans ses effets
que la délibération qui discute et qui hésite. Lequel est
le plus vraiment vertueux de l'homme qui balance entre
deux résolutions, l'une intéressée, l'autre généreuse,
ou de l'homme qui ne conçoit même pas, qui ne soup-
çonne pas un moment la possibilité de la résolution
intéressée et suit, par conséquent, inévitablement son
penchant à l'abnégation? Ce n'est donc pas une raison
suffisante, de ce qu'un acte est dû plutôt à une impulsion de sentiment et à la vue bornée d'une satisfaction
sympathique qu'à une prévision lointaine de ses effets,
pour lui refuser à quelque degré le caractère moral. —
Si maintenant nous examinons le degré de généralité
atteint par les conceptions morales de l'animal, nous
trouverons qu'il ne faut pas songer à lui prêter des
motifs abstraits, des principes généraux d'action.
Aucun de ceux qui nous ont lu attentivement ne nous
attribuera la pensée de mettre, à cet égard, sur la même

ligne l'homme et l'animal (quel homme, d'ailleurs, et quel animal?). Ces paradoxes à la Montaigne sont on ne peut plus déplacés dans les ouvrages qui aspirent à quelque précision scientifique. Depuis de longs siècles l'homme s'est élevé à la conception du bien pour le bien comme motif dominant de ses actes et il a opposé nettement dans sa conscience ce motif conçu sous sa plus haute généralité à un certain nombre d'autres motifs généraux classés méthodiquement; et si de nombreuses fractions de l'humanité sont restées, à cet égard, dans un état d'inconscience relative, les parties les plus éclairées ont pris ces mêmes motifs comme règles de leurs actions dans la pratique quotidienne. L'enfant n'analyse point ses motifs et ne sait pas les abstraire les uns des autres pour les ériger en principes; mais enfin, il est appelé à le faire dès qu'il deviendra adulte et dès qu'il aura été mis à même par l'éducation de profiter de la longue élaboration des idées morales dans les générations antérieures. Il n'en est pas de même pour l'animal même supérieur, même domestiqué. Cette limite qui sépare l'action spontanée, non réfléchie, de l'action en quelque sorte méthodique et régie par des principes abstraits, cette limite que l'humanité a franchie une fois et que les individus comme les peuplades encore attardées franchissent incessamment, aucun animal ne la dépasse et ne la dépassera jamais. Nous ne croyons pas cependant qu'il en faille conclure qu'il est au-dessous de la moralité; car le fait qu'un homme conçoit sous une forme abstraite ses principes d'action ne fait pas seul de lui un être moral; et le rôle de l'intelligence méthodique, de la pensée savante dans la moralité est moins prépondérant qu'on ne le croit. Même dans les raisons les plus hautes, le progrès moral se fait surtout sous l'impulsion du sentiment; c'est elle, ce sont des tendances plus ou moins aveugles, anciennes dans la race, héréditaires, qui, sommeillant jusque là au plus profond de la conscience, se réveillent à de certains moments dont l'intelligence ne fait que signaler l'opportunité, et qui, sans rien devoir au raisonnement, entraînent l'action avec une puissance souveraine. La société progresse grâce à une extension croissante des sentiments sympathiques et, à moins que l'intérêt ne parle haut, il faut que la pitié, la générosité, l'amour interviennent constamment pour faire faire un pas en avant à la solidarité humaine. L'intelligence peut frayer la voie, elle ne fournit pas l'impulsion; toute vertu est spontanéité dans sa racine. L'idée même du droit, c'est-à-dire celle de la justice et de l'égalité, qui est dans la morale son œuvre propre, n'aboutirait sans l'affection qu'à d'interminables conflits, en supposant qu'elle puisse naître sans son secours. Il faut donc reconnaître que les premières lueurs de la moralité peuvent se montrer bien au-dessous de cette limite que nous indiquions tout à l'heure, et avant que l'analyse ait dégagé les principes généraux de l'activité morale.

Un principe d'action est un motif distinctement conçu et érigé en loi ou règle universelle; l'animal, même élevé dans l'échelle, ne nous offre rien de tel, et il est probable que chacune de ses déterminations a pour cause une impulsion particulière, un sentiment. Les conflits même qui ont lieu dans sa conscience entre des im-

pulsions diverses ne sont qu'un rudiment de délibération parce que n'ayant point converti ces impulsions
diverses en idées abstraites ou principes, il est plutôt
le théâtre de leurs luttes qu'il n'en est l'instigateur et
l'arbitre. Son intelligence lui représente à peine avec
quelque clarté les diverses manières d'agir possibles
en chaque cas; encore moins sait-elle attribuer chacune
de ces manières d'agir possibles à diverses catégories.
Cependant nous pouvons, nous, après avoir examiné
en détail les actes de l'animal et présenté des conjectures sur la cause la plus probable de ces actes, chercher à en dégager le principe le plus général : nous
allons voir combien il se rapproche de ce que nous
appelons un principe moral, non pas chez un Kant ou
un Franklin, mais chez un enfant ou un sauvage.

On peut distinguer ici trois sortes d'impulsions : le
besoin physiologique qui crée l'union sexuelle chez
les êtres inférieurs et attache les jeunes aux parents
comme aussi dans certains cas (lactation) les parents
aux jeunes, — la sympathie fondée sur le plaisir de la
représentation réciproque, — et l'intérêt qui résulte
d'expériences consolidées d'avantages obtenus grâce
aux relations sociales. Or, si le lecteur veut se rappeler
nos recherches particulières sur chaque groupe d'animaux, il verra combien il serait inexact de déclarer
en général que tel ou tel de ces principes d'action est
la source exclusive des actes qui annoncent la moralité
dans la série zoologique. Chacun contribue pour sa
part à faire naître ce commencement de vie morale
dans des proportions qui diffèrent suivant les espèces
et leur degré de perfection organique. Ainsi la sym-

pathie, loin d'exclure les relations nées du besoin, commence, grâce à elles, à s'affirmer dans les espèces capables de représentations quelque peu distinctes et durables, à l'occasion des relations sexuelles. C'est ensuite la sympathie qui orne la famille animale de ses plus nobles attributs, c'est elle qui fonde la peuplade. Mais elle n'empêche pas l'intervention de l'intérêt, qui vient cimenter les liens qu'à lui seul il n'aurait sans doute pas réussi à former. Les expériences où sont notés des avantages recueillis dans la vie sociale ont dû, en effet, suivre l'établissement de la vie sociale elle-même, et quand bien même ces deux phénomènes seraient, comme cela est possible, simultanés, la vue de l'utilité est une représentation trop analytique, trop abstraite, en quelque sorte, pour influer d'un manière durable sur l'activité d'êtres aussi primesautiers que les animaux ; il faut y joindre la sympathie, sentiment plus profond et plus impulsif, force plus concrète et partant plus permanente, là surtout où l'exercice ordinaire de la pensée n'est pas encore possible. Les seules associations dont l'intérêt soit le principe dominant sont vraisemblablement celles dont nous avons parlé au début de cet ouvrage et que nous avons appelées accidentelles, parce qu'elles n'ont pas lieu entre individus de la même espèce. C'est bien l'intérêt qui a déterminé les relations des fourmis avec les pucerons et, en général, tous les faits de mutualité. Mais on peut remarquer que ces associations sont le plus souvent temporaires, partielles, incomplètes, et que là où la sympathie est impossible, là où elle ne vient pas corriger par ses charmes désintéressés la rigueur du calcul utilitaire, le concours se change presque toujours en exploitation, le plus fort finissant toujours par se subordonner le plus faible et par abuser de lui. Telle est devenue chez l'homme même la domestication des animaux trop éloignés de lui pour qu'il sympathise avec eux. Le mutualisme, ne l'oublions pas, nous est apparu comme la forme du concours qui vient immédiatement au-dessus des formes adoucies de concurrence, le parasitisme inoffensif et le commensalisme. Au fond de tout commerce auquel la sympathie ne mêle pas sa douceur, il y a un antagonisme latent. Donc, sans vouloir effacer le rôle des autres mobiles, nous ne pouvons refuser à celui-ci la première place parmi les agents de la sociabilité et de l'action bienveillante chez les animaux. La sympathie est agréable, il est vrai; mais il ne s'ensuit pas qu'elle soit intéressée, sans quoi il faudra dire que chez l'homme la vertu trouve sa perte dans la satisfaction qu'elle produit, ce qui serait manifestement absurde. Certes, elle est utile; sans elle, aucune société ne subsisterait et aucun des avantages si nombreux et si importants que la vie sociale procure à ceux qui la partagent ne leur serait assuré; cela n'empêche pas que les animaux capables de sympathie ne l'exercent souvent indépendamment de toute vue d'utilité personnelle. Car il ressort clairement des exemples contenus dans notre exposition que les actes les plus remarquables provoqués par la sympathie sont utiles non à celui qui les accomplit, mais à celui qui en est l'objet, et qu'ils sont souvent pour le premier une occasion de travail, de souffrance ou de péril. Si l'idée d'échange et le calcul utilitaire pouvaient entrer dans l'intelligence des oiseaux et des mammifères sociables, on serait fondé à leur attribuer l'espoir de services réciproques qu'ils comptent obtenir de leurs compagnons en retour de leur dévouement actuel. Mais on sait que cette idée des avantages futurs, problématiques, de la solidarité est de beaucoup au-dessus de leurs facultés mentales, et d'ailleurs elle ne trouverait aucune application au sein de la famille, où de toutes façons la sollicitude des parents est gratuite en raison de la dispersion prochaine des jeunes. Il n'y a pas même lieu d'invoquer ici la recherche d'une utilité pour le groupe, puisque nous venons de voir que chez la plupart les instincts sympathiques sont acquis en vue d'une utilité ultérieure, d'un progrès spécifique, et que les animaux sociables n'ont aucun soupçon du parti que la nature en tirera pour la race, dans un avenir plus ou moins éloigné. On peut appliquer ici la remarque si souvent faite au sujet des facultés ou organes dont la sélection est appelée intempestivement à expliquer l'origine. Au moment où ces instincts se développent dans une espèce, ils sont si faibles qu'ils ne sauraient être encore d'une utilité appréciable et quelquefois ils peuvent nuire accidentellement. Il semble donc que, sinon dans tous les actes des animaux sociables, du moins dans certains actes de dévouement des vertébrés supérieurs, *la sympathie soit exercée pour elle-même et qu'elle s'élève à ce que nous appelons de la bonté pure ou de l'abnégation.*

Il faut remarquer, enfin, qu'au moment où ce mobile désintéressé pèse sur l'agent, il a le caractère d'une impulsion impérieuse, nécessitante à laquelle il est extrêmement difficile de résister. Il est devenu une habitude native, un penchant instinctif; il n'y a pas lieu pour l'agent d'en rechercher la valeur, il est, en un sens tout particulier, absolu. Et cependant ce n'est point une impulsion purement mécanique, puisqu'il est connu, au moins obscurément, et que son opposition avec les penchants égoïstes est plus ou moins nettement ressentie. Ainsi donc, *une impulsion désintéressée, à quelque degré consciente quoique non réfléchie, connue comme impérieuse, mais n'allant pas jusqu'à la contrainte et laissant subsister, bien qu'à un faible degré, la possibilité d'un refus, telle est la forme essentielle de l'obligation qui règle l'activité animale en vue de la société.* Si ce résultat nous est accordé, il sera difficile de trouver un autre mot pour la qualifier que celui d'activité morale, à moins qu'on ne soit entièrement certain que ce genre d'activité ne comporte pas de degrés et se rencontre partout où il apparaît tel qu'il est dans la conscience d'un philosophe moderne, ou n'est absolument pas.

L'examen de la matière de ces actes achèvera d'en éclaircir la nature. Quels sont-ils et à quoi tendent-ils? Tout d'abord ils ont pour effet d'imposer à l'animal le respect de la vie chez l'animal de sexe différent auquel il veut s'unir ou vient de s'unir. Les araignées femelles ne s'élèvent point jusque-là puisqu'elles mangent leur mâle; les instincts destructeurs tiennent encore ici les instincts moraux en échec. Dans presque toute la classe des insectes, c'est au contraire un progrès acquis définitivement. Cependant les abeilles neutres tuent les mâles; mais cette exécution utile à la société a,

quelque chose des caractères d'un devoir. Il n'y a pas
que des devoirs de douceur dans la vie sociale et, même
au sein de l'humanité, la suppression violente d'un
groupe d'individus peut devenir un acte vertueux dans
des circonstances données. A partir de ce moment, on
voit le respect réciproque du mâle et de la femelle
aller croissant ; nous avons montré ce respect se trans-
formant en amour et obtenant des époux non seulement
des services mutuels, mais une fidélité durable et un
absolu dévouement. La fidélité conjugale est une des
manifestations les plus curieuses à étudier de cette part
de l'activité animale qui se rapproche de la moralité,
parce qu'elle est évidemment combattue chez certaines
espèces d'oiseaux par des désirs contraires, et tantôt
succombe, tantôt l'emporte. Mais, nous l'avons vu, ces
devoirs, d'un ordre tellement élevé que certains hommes ne les soupçonnent point, ne sont observés que là
où la famille annuelle atteint le plus haut développement dont elle soit capable, c'est-à-dire chez les plus
intelligents des oiseaux. Les vertus conjugales ne se
montrent donc dans leur perfection que là où les affections maternelles et paternelles exercent déjà leur empire. La mère, à l'origine, reconnaît seule que certaines
obligations l'attachent à sa progéniture ; le père, surtout chez les mammifères, reste encore çà et là vis-à-vis
d'eux à l'état de « nature », c'est-à-dire d'hostilité sans
merci ; il les mange si la mère ne peut les soustraire
à sa voracité. Cependant, dans d'autres embranchements, le père joue le rôle d'une mère dévouée et n'a
point de souci plus cher que l'éducation des jeunes.
Chez les oiseaux seuls, le père et la mère préparent en-

semble le nid et élèvent ensemble leur progéniture,
également pénétrés des mêmes obligations. Ces obligations en entraînent d'autres : 1° celle d'un travail
quelquefois très pénible (construction, incubation, recherche de la nourriture, conduite, etc.); 2° celle d'une
défense souvent très périlleuse. Tout le monde a assisté
à l'hésitation douloureuse d'une hirondelle ou d'une
autre femelle d'oiseau à qui l'on enlève ses petits, qui,
d'une part, craint pour elle-même et, d'autre part, se sent
obligée de les assister autant qu'elle le peut. Nous savons par ce qui précède jusqu'où va le dévouement des
oiseaux pour leur progéniture. Le trait suivant, raconté
par Schomburgk (BREHM. vol. I, p. 114), parle assez haut
par lui-même en faveur du dévouement maternel des
mammifères supérieurs. Il a cela de particulier qu'on
y voit les deux mobiles, égoïste et affectueux, en conflit,
et le premier vaincu finalement par le second. « J'ai
été témoin (c'est Schomburgk qui parle) d'un trait
touchant d'amour maternel dans une circonstance analogue. J'allais regagner mon bateau, lorsque la voix
craintive d'un jeune singe abandonné par sa mère dans
sa fuite désordonnée se fit entendre sur un arbre au-
dessus de ma tête. Un de mes Indiens y grimpa. Dès
que le singe vit cette figure qui lui était étrangère, il
jeta les hauts cris, auxquels répondirent bientôt ceux
de sa mère qui revenait chercher son petit. Celui-ci
poussa alors un cri nouveau tout particulier qui trouva
un nouvel écho chez la mère. Un coup de feu blessa
celle-ci; elle prit immédiatement la fuite, mais les cris
de son petit la ramenèrent aussitôt. Un second coup
tiré sur elle, mais qui ne l'atteignit point, ne l'empêcha

pas de sauter péniblement sur la branche où se tenait son petit qu'elle mit rapidement sur son dos. Elle allait s'éloigner avec lui, lorsqu'un troisième coup de feu tiré malgré ma défense l'atteignit mortellement. Elle serra encore son nourrisson dans ses bras pendant les convulsions de l'agonie et tomba sur le sol en essayant de se sauver.» Si l'éducation résume en quelque sorte tous les devoirs des parents, l'obéissance et la confiance sont les devoirs des jeunes. On voit chez les chats, par exemple, des manquements à ces devoirs sévèrement réprimés par les parents. Les corrections paternelles ou maternelles ne sont pas rares non plus chez les ours (1) et chez les singes. Par où il est évident que les parents estiment que les jeunes doivent se considérer comme obligés en quelque chose vis-à-vis d'eux. Dans les peuplades, les devoirs des individus subordonnés sont analogues à ceux des jeunes dans la famille, et ceux du chef analogues à ceux des parents : les uns savent qu'il faut obéir, l'autre met tous ses soins au gouvernement de la troupe. Mais tous ensemble sont unis par les liens de la sympathie et du dévouement, de la sympathie qui les oblige à un respect mutuel, du dévouement qui les jette au devant de la mort, le chef avant tous les autres, pour sauver la communauté. En général, même les carnassiers, le plus souvent soli-

(1) «Un jour les oursons se battaient (deux oursons des Pyrénées); la mère impatientée leur donna un vigoureux coup de patte qui les sépara. Si elle est mécontente d'eux, elle grogne et les bat; quoiqu'elle soit maintenant plus faible qu'eux, ils ne se défendent pas contre elle » (LEUBET et GRATIOLET, vol. I, p. 433). Voir, dans l'ouvrage d'Anquetil déjà cité, le récit d'une leçon de natation donnée par une femelle d'éléphant à son petit et les corrections que la résistance de ce dernier lui attirait (Vol. II, p. 106).

taires, respectent leur image dans les individus de même espèce qu'eux, en dehors du temps des amours, à une condition toutefois, c'est qu'ils n'empiéteront pas sur le territoire de chasse. Un grand nombre d'animaux connaissent, en effet, la propriété et savent quelles obligations son acquisition et sa défense leur imposent. En général, les limites d'un territoire et les provisions amassées sont respectées des individus voisins de la même espèce, comme le nid lui-même. On se dérobe bien çà et là des matériaux; on tente quelque incursion sur les territoires occupés; mais la construction achevée, le domaine défini, les forces et les convoitises se font équilibre : chacun reste chez soi paisiblement, respectant, en quelque sorte, le droit d'autrui.

Ainsi donc le respect, puis le dévouement réciproque des époux, la constance dans l'affection privilégiée, l'éducation des petits, le travail, l'épargne, le courage; l'obéissance chez le faible, la sollicitude chez le fort; le sacrifice, enfin, chez tous, c'est-à-dire l'abnégation du moi individuel pour le bien du moi collectif, telles sont les ébauches de vertus auxquelles l'animal est appelé par la vie sociale et qu'il pratique en effet sous l'empire des sentiments qu'elle lui a inspirés, parfois à son insu. Ces vertus lui accordent quelque dignité, mais elles ne sont pas un vain ornement; gardons-nous de voir en elles autre chose que les conditions d'existence des sociétés mêmes où elles se manifestent, et n'oublions pas que si elles cessaient d'être exercées, les sociétés et avec elles les races mêmes disparaitraient du même coup.

APPENDICE I

Pendant que le présent volume était sous presse, M. Carrau a publié son excellente traduction de « *la Philosophie de l'His-toire en France et en Allemagne* », par Robert Flint (Paris, Germer-Baillière, 1878). Les deux volumes sont, pour la biblio-graphie du sujet et l'analyse exacte des nombreuses théories émises en France et en Allemagne sur la vie de l'humanité, bien supérieurs à notre Introduction. Mais, comme M. Robert Flint se place à un point de vue différent du nôtre et qu'il n'a pu, d'ailleurs, que malaisément, encombré qu'il était des détails sans nombre que comporte une étude aussi complète et gêné par son mode d'exposition fragmentaire, montrer le déve-loppement de la science sociale dans son ensemble et sa suite, nous croyons que notre essai ne fait pas double emploi avec son œuvre. En général, les informations si précises de M. Robert Flint confirment nos indications sommaires ; il est un point, ce-pendant, où notre revue offre (nous le savions) une lacune re-grettable que le livre anglais nous eût permis de combler si nous l'avions connu plus tôt. Je veux parler de la philosophie sociale de Krause (1781-1832), disciple indépendant de Schelling. Il faut croire que cette philosophie sociale n'a pas joué un rôle aussi important que le pense M. Flint, puisque Schæffle n'en parle pas dans son Introduction : l'obscurité de la langue où cette philosophie est exposée, obscurité telle, que les Allemands les plus instruits ont déclaré ne pas la comprendre mieux que le

sanscrit ou l'arabe, a certainement contribué à retarder sa diffusion. Mais elle se répand de plus en plus de nos jours, propa-
gée par des disciples éminents de Krause, comme Ahrens, professeur de philosophie et de science politique à Leipzig, qui
fit jadis un cours à Paris (1836-38), le baron Leonhardi, professeur à Prague, et les élèves que Julio Sans del Rio a laissés
dans l'Université de Madrid où il l'a enseignée pendant près de
vingt ans (destitué en 1868). Krause prétend construire la philosophie de l'histoire a priori, comme Schelling et Hegel; et il
dérive sa théorie de l'organisme social d'une métaphysique
nébuleuse quoique puissante, d'un caractère monistique pro-
noncé. Mais, tandis que les prétendus récits de notre Rousseau
sur l'origine de la civilisation sont des conceptions tout à fait
arbitraires, il arrive, au contraire, comme nous l'avons déjà vu
pour Hegel, que les prétendues constructions a priori de
Krause sont souvent des inductions très heureuses, tirées de
vues historiques sommaires. Le monde reproduit à sa façon la
vie divine et il est organisé dans toutes ses parties comme dans
son ensemble. Les sociétés sont des « totalités organiques »,
c'est-à-dire des êtres vivants. Nous empruntons ici deux passages de M. Robert Flint. Ils suffiront pour montrer ce qu'il y
avait de vague et de chimérique dans les idées du philosophe
allemand, malgré le principe vrai qui en faisait le fond.

« Krause nous montre l'humanité remplissant de sa vie tout
l'espace et toute la durée (?); elle est composée d'une infinité
d'âmes individuelles, dont le nombre ne peut être ni augmenté
ni diminué et dont chacune doit atteindre sa destinée rationnelle; à chaque moment elle réalise parfaitement sa nature,
mais seulement de la manière qui est appropriée à ce moment;
elle est une vaste société, dont l'humanité terrestre tout entière
n'est qu'un membre, vivant actuellement dans une relation
qu'elle ignore avec des sociétés supérieures (?). Chaque individu
a pour mission de réaliser à sa façon l'idée totale de l'homme;
chacun est en soi une fin; tous sont essentiellement égaux.

Néanmoins, l'individu ne peut entrer en possession de son véritable *moi* et remplir sa destinée que par l'association et le commerce avec ses semblables. — D'autre part, la société entière du genre humain doit être considérée comme un seul grand individu, et chaque société plus restreinte comme un individu moindre. La fin de ces sociétés, personnes morales collectives, c'est de développer, de cultiver tous les éléments de la nature humaine et de réaliser toutes les aspirations de la vie humaine avec ordre et harmonie. L'humanité de l'univers et, par suite, l'humanité terrestre doivent devenir de plus en plus organisées et prendre une conscience de plus en plus claire de leur unité sociale. Toutes les nations du globe finiront par être reliées entre elles par les liens étroits de l'association et de la fédération.

« Notre auteur passe ensuite à l'analyse et à la description de l'organisme interne de la société. Une société est composée de sociétés plus restreintes; une association, d'associations. Il y a deux principales sortes d'associations; celles dont les fins sont générales et celles dont les fins sont spéciales, et, comme ces dernières peuvent se diviser en deux classes, on peut dire qu'il y a trois séries d'associations. La famille, la communauté des amis, le groupe formé par les habitants d'une même contrée, la race elle-même appartiennent à la première série, et leur fin n'est rien moins que d'aider l'individu à réaliser la destinée de son être. Il y a ainsi de nombreuses sphères, de plus en plus générales et compréhensives, et telles que les individus qu'elles enferment leur appartiennent, pour ainsi dire, par toutes les facultés de leur être et que leur coopération n'a pas seulement pour objet quelque fin spéciale et déterminée, mais toutes les fins supérieures de la vie. Il y a une autre classe d'associations; ce sont celles qui existent expressément pour accomplir certaines œuvres imposées à l'humanité : par exemple, l'éducation, la science, l'art. Enfin, il y a ou il devrait y avoir une troisième classe d'associations, correspondant à toutes

36

les phases essentielles de la vie humaine, à toutes les fins distinctes de notre nature : la justice, la moralité, la beauté et la
religion. Ces trois séries d'associations ne sont pas simplement
juxtaposées dans le monde, qui présenterait ainsi le spectacle
d'une confusion inextricable; les associations de la première
série sont unies les unes aux autres comme formant des degrés
successifs dans l'évolution de l'humanité collective, mais, de
plus, elles comprennent les associations des autres séries, et
toutes sont unies et coordonnées par leur relation avec l'homme
et avec la fin suprême de l'humanité, de telle sorte que le développement harmonieux de la vie est assuré. Krause termine
cette partie de son ouvrage par une exposition de ses idées sur
deux grandes associations qui ont respectivement pour objet de
réaliser la justice et la religion : c'est l'Etat et l'Eglise (Recht-
bund et Gottinnigkeitbund...) (p. 236).

« Krause a vu qu'il y avait la liaison la plus étroite entre la vie
et l'histoire, entre la science de l'une et celle de l'autre. Il a vu,
il a proclamé expressément et à plusieurs reprises que la théorie de l'histoire doit, pour une grande part, être comprise dans
une théorie générale de la vie, que la philosophie de l'histoire
doit être édifiée sur la large base de la biologie universelle
(allgemeine Biotik). Il était réservé à un philosophe contemporain de populariser cette idée; mais il ne l'a pas embrassée
d'une manière plus compréhensive et plus énergique et il n'en
a pas mieux senti toute l'importance. Krause a vu aussi clairement et il a répété avec autant de force que M. Spencer que le
progrès de la vie et le progrès de la société sont des processus
parallèles et même identiques et que les pages de l'histoire
doivent rester en grande partie indéchiffrables et inexplicables,
tant qu'on n'en a pas trouvé la clef dans la nature et les lois de
la vie. Selon moi, M. Spencer n'a fait entrer dans l'idée de la
vie rien qui en ait été exclu par Krause. Celui-ci, on n'en saurait douter, a compris parmi les lois générales de la vie, que
présuppose, à l'en croire, une philosophie de l'histoire, les véri-

tés sur lesquelles M. Spencer a le plus insisté : par exemple,
que le développement de toute vie implique une série de changements successifs et une pluralité de changements simultanés ;
— que ce développement va, d'un côté, par un processus de
division et de différenciation, de la simplicité à la complexité
et, d'un autre côté, par un processus de combinaison ou d'intégration, de l'indétermination à la détermination ; qu'il y a, enfin,
une corrélation qui s'établit continuellement entre les états
internes ou facultés de l'être vivant et son milieu. Il est vrai
que Krause a mêlé confusément ces vérités avec d'autres et
aussi avec des erreurs et de pures fantaisies, et à peine peut-
on dire qu'il en ait donné une preuve digne de ce nom ; tandis
que M. Spencer les a distinguées et définies avec précision ; il
les a vérifiées et démontrées par des exemples avec une merveilleuse abondance de connaissances scientifiques » (p. 248).

Malgré ces éloges donnés à la tendance générale de Krause
et de Spencer, M. Flint repousse toute assimilation entre l'organisme et la société (1), et sa philosophie est plutôt nominaliste
que réaliste à l'endroit de la conscience sociale.

----

(1) A ce sujet on consultera avec intérêt le *Programme de Sociologie ou
d'Histoire naturelle des Sociétés*, publié, en 1872, par M. Gaëtan Delaunay (Paris, Hurtau, galeries de l'Odéon ; 33 pages). L'idée que « la Sociologie n'est que la Biologie des sociétés » y est exposée sommairement dans
ses conséquences principales avec une grande rigueur de déduction : l'auteur a, lui aussi, devancé la Sociologie de Spencer ; mais les discussions
et les preuves ne pouvaient trouver place dans son esquisse. M. Gaëtan
Delaunay appartenait au groupe où s'est formée la Société de Sociologie,
sous la présidence de M. Littré (voir, dans la *Revue positive*, le Programme de Sociologie présenté à cette société par son président).

APPENDICE II [1]

THÉORIE DES INDIVIDUALITÉS

A) *Individualités morphologiques.*

§ 213.

Par le mot *individu,* on a désigné d'abord l'unité organique
à laquelle parvient une espèce animale ou végétale au plus
haut degré de son développement. En créant ce mot, on avait
surtout en vue les animaux supér'eurs et l'homme; de là l'expression *individuum,* indivisible. Mais dès qu'on veut étendre
cette désignation à l'ensemble du monde organique, il faut
écarter aussitôt l'idée de l'indivisibilité de l'individu. La reproduction par scissiparité, si habituelle chez les organismes unicellulaires et existant aussi chez les Cœlentérés, Echinodermes,
Vers, puis ce fait que nombre d'animaux peuvent impunément,
durant toute leur existence, subir des divisions nombreuses,
enfin, les expériences de transplantation qui réussissent, même
chez les animaux les plus élevés (transport d'un os d'un animal
dans le corps d'un autre, etc)., voilà autant de motifs qui nécessitent un changement dans l'idée de l'individualité.

---

(1) Les pages qui suivent sont extraites du *Manuel de zoologie* de
M. Jæger, qui a bien voulu nous autoriser à les publier. Nous nous
félicitons de pouvoir donner ici la traduction qu'en a faite un naturaliste éminent, M. Giard, professeur à la Faculté des sciences de Lille.

Les progrès de la morphologie ont montré d'une façon non douteuse que la forme finale à laquelle arrive une espèce animale ou végétale après avoir parcouru les diverses phases de son développement est d'une valeur morphologique très inégale. Si, par exemple, nous appelons *individu*, au sens *morphologique*, la forme finale des animaux supérieurs, nous devons appeler cette forme finale une réunion d'individus, une *société* chez un grand nombre de Cœlentérés et de Protentérés. Cette absence de correspondance morphologique entre les formes finales des animaux et des végétaux nous force à créer une désignation morphologique d'ordre plus élevé, embrassant à la fois toutes les formes terminales, individus ou réunions d'individus. Hæckel a créé le mot *Bion* (forme de vie).

Si nous voulons pousser plus loin cet essai de classification, l'unité de la nature organique nous oppose des difficultés qui sont réellement insurmontables, constatation qui, pour le naturaliste penseur, n'a rien d'affligeant, car l'unité de la nature est chose plus importante que la systématique. Zoologistes et botanistes, les uns après les autres, se sont efforcés avec plus ou moins de succès à jeter quelque lumière sur cette classification. La tentative la plus récente, celle de Hæckel, a fort étendu nos connaissances. Je ne puis, toutefois, l'accepter que partiellement. D'un autre côté, la nature même de cet ouvrage, qui n'est qu'un Manuel, me contraint de donner simplement ma manière de voir, sans discuter et rectifier les opinions de Hæckel : le désaccord est d'ailleurs fort peu considérable.

La difficulté consiste en ceci : *les formes de vie* ne présentent pas seulement les composés que nous appelons réunion d'individus, mais bien tous les autres composés possibles (de cellules, de tissus, etc.). Nous devons donc d'abord établir comment les individus *composés* se distinguent des individus *réunis*.

On devrait réserver l'expression *réunion d'individus* :

1° Pour les réunions qui se forment par la loi de ramification et chez lesquelles les parties constituantes prennent un *égal degré d'organisation*, ont la même valeur *morphologique*. Cette remarque permet de les distinguer suffisamment des animaux composés d'organes nés par bourgeonnement, car, chez ces derniers, le corps présente un degré d'organisation bien supérieur à celui de l'organe. Toutefois, nous ne devons pas cacher que les différences d'organisation peuvent parcourir tous les degrés possibles, de sorte qu'il *doit* exister des cas douteux où il est impossible de distinguer si l'on a affaire à un individu composé d'organes ou à une colonie d'individus formée d'un tronc et d'individus secondaires;

2° Pour les réunions linéaires d'unités organiques chez lesquelles les parties constituantes ont encore le *même* degré d'organisation et où, de plus, se présente une circonstance qui démontre la nature calicule : cette circonstance est que la réunion est temporaire et qu'il se produit facilement une séparation des parties constitutives. Naturellement, ici encore, il se présente des cas douteux où l'on se demande si l'on a sous les yeux une chaîne d'individus ou un individu composé de métamères. Mais l'existence de ces cas difficiles résulte de l'unité de la nature organique.

Nous pouvons opposer à ces réunions d'individus l'individu isolé morphologique, pour lequel je conserve l'expression *individuum*, et cela, qu'il fasse partie d'une suite d'individus ou reste indépendant. Voici sa caractéristique : Toutes les parties essentielles qui le composent sont disposées d'une façon concentrique. Les parties qui ne sont pas dans ce cas ont un degré inégal d'*organisation*. Ce degré peut varier dans de larges limites, et, comme il s'élève en comprenant des unités morphologiques de plus en plus élevées, nous devons ajouter quelques mots pour rattacher cette notion de l'individu morphologique aux diverses unités morphologiques que nous avons étudiées précédemment.

Un individu peut être :

1° Un *cytode* (p. e. Rhizopodes). Beaucoup de rhizopodes sont des réunions d'individus;

2° Une *cellule*; tous les organismes dits unicellulaires (Unicellulata, p. e. les Amibes);

3° Un *complexe de cellules*, et ici commence une diversité étonnante suivant le nombre, l'ordre, le mode d'union des cellules; cette diversité est surtout très grande chez les végétaux. Chez les animaux, il suffit d'opposer les complexes de cellules mal définis (considérés comme réunions d'individus) aux complexes de cellules disposées en couches, lesquels s'élèvent au rang d'individus;

4° Une nouvelle complication nous amène aux réunions de complexes de cellules stratifiées : ces réunions peuvent encore se faire de telle façon que l'ensemble mérite le nom de réunion d'individus ou constitue un individu unique. Dans ce dernier cas, nous appelons chaque complexe isolé un *segment*. Hæckel emploie le mot *personne* pour désigner les deux sortes de réunions de complexes cellulaires. Il désigne sous le nom de *personnes frutescentes* les complexes réunions d'individus pour les distinguer des *personnes proprement dites*, qui ont la valeur d'individus. Je ne puis accepter ces désignations, car le mot *personne* me paraît mieux s'appliquer seulement aux réunions ayant le caractère d'individus, c'est-à-dire aux animaux dont le corps est stratifié et segmenté.

Ces distinctions bien établies, nous pouvons étudier maintenant les différentes formes de réunions d'individus.

§ 214.

Les réunions d'individus, ordinairement appelées aussi *cormus d'individus*, se forment par les procédés génétiques suivants :

1° Par *bourgeonnement latéral* (cormus de bourgeon-

nement), c'est-à-dire par le même processus qui donne naissance à une partie des organes. Cela explique pourquoi, en
certains cas, il est impossible de trouver une différence entre
un organe et une individualité d'un cormus. Les cormus formés
par bourgeonnement latéral présentent un individu *primaire*
et des individus *secondaires*. L'individu primaire constitue ce
qu'on appelle *axe principal* du cormus, les individus secondaires produisent les axes supplémentaires et les *rameaux*.
Par suite d'un bourgeonnement latéral répété, il y a des
rameaux de 1er, 2e, 3e ordre, etc. Dans ce cas, il faut encore
donner un nom spécial aux rameaux de *dernier* ordre, et les
appeler individus *terminaux*. Si toutes ces individualités terminales sont de même forme, le cormus est dit *monomorphe*;
si, au contraire, elles sont de forme différente, le cormus est
dit alors *polymorphe*.

Ce polymorphisme peut se manifester des trois différentes
façons :

a) Par une *différence d'élévation* dans l'organisation des
individualités terminales : par exemple, chez les unes la cavité
digestive s'ouvre à l'extérieur par une bouche apicale; chez
les autres cela n'existe pas. Ou bien encore un individu peut
présenter un organe qui manque à d'autres individus de la
même espèce.

b) Par une simple différence de forme : un individu est cylin-
drique, un autre foliacé.

c) La différence la plus frappante se produit quand une partie
des individualités terminales forme un *complexe*, les autres demeurant simples. L'exemple le plus connu nous est fourni par
les plantes phanérogames, chez lesquelles l'individualité terminale, la feuille, forme par agrégation une individualité composée d'ordre plus élevé, la fleur. Deux groupes d'animaux
nous présentent aussi ce même processus.

d) Les *hydrozoaires* où, chez beaucoup d'espèces, plusieurs
individualités terminales (généralement quatre ou huit) dispo-

sées en cercle, se soudent, par leurs bords, pour former un perigonium. Un individu situé au centre demeure libre et joue, morphologiquement et physiologiquement, le même rôle que le pistil et l'ovaire dans un végétal. Cette forme composée d'individualités terminales, ce cercle d'individus mérite aussi, mais chez les animaux, le nom de *fleur*.

Cette fleur animale présente les mêmes distinctions que les fleurs végétales ; notamment, il existe des fleurs sexuées et des fleurs asexuées. Ces dernières se composent uniquement d'un périgone, l'individualité sexuée centrale fait défaut. Elles se trouvent, là où on les rencontre surtout (chez beaucoup de Siphonophores, par exemple), auprès des fleurs fertiles sur un seul et même cormus, et on les a d'abord désignées, en raison de leur fonction, sous le nom de *cloche natatoire*. Parmi les fleurs animales sexuées, nous en trouvons qui ont le périgone très développé, d'autres qui ont le périgone très réduit et même manquant complètement. Chez ces dernières, l'individu sexué central reste aussi généralement peu développé (sans cavité digestive et sans bouche). Les premières, à périgone très développé, montrent, au contraire, la disposition suivante qui ne se voit pas chez les plantes. L'individu sexué possède une bouche apicale et présente ainsi une organisation supérieure à celle des individus du périgone. Puis, la fleur se détache du cormus, et, comme elle peut se nourrir, elle prend un accroissement et une vie indépendants ; elle devient un *bion*. Ces fleurs animales autonomes ont été reconnues bien longtemps avant qu'on pût comprendre leur formation ; on les regardait comme une des manifestations de la génération alternante. Nous verrons, dans la partie embryogénique de ce livre, qu'il faut modifier l'ancienne manière de voir : nous ferons seulement remarquer ici qu'avant de connaître la vraie théorie de ces fleurs indépendantes on leur a donné le nom de *Méduses* ; maintenant on doit les appeler *fruits de médusaires*, et j'ai proposé pour le processus qui leur donne naissance le nom d'*anthogénèse*.

L'anthogénèse me paraît encore exister chez d'autres animaux pour lesquels on recourait jusqu'ici à des explications d'une tout autre nature. Je veux parler des Echinodermes, dont la forme sexuée finale bourgeonne sur une larve. Cette larve porte tous les caractères d'un *protentéré* et se comporte, par rapport à l'Echinoderme qui bourgeonne sur elle, absolument comme les cormus d'Hydraires par rapport aux Méduses, avec cette différence que la larve d'Echinoderme n'est pas un cormus, mais un individu, puisque cette larve ne produit qu'une seule fleur (il y a peut-être exception pour quelques Stellérides). Enfin, en règle générale, après la formation de l'Echinoderme, la larve périt, même avant que celui-ci soit détaché, parce que l'Echinoderme, dont le bourgeonnement forme le perigastrium, traverse la couche cutanée de la larve et, de plus, s'approprie l'estomac de cette dernière, lui enlevant ainsi toute possibilité de continuer son existence. Ce fait seul que, chez quelques Etoiles de mer, la larve continue à vivre après la séparation de l'Echinoderme prouve déjà que l'on est autorisé à établir une comparaison entre la formation de ces animaux et la fructification des Médusaires. Cette comparaison est encore justifiée par l'accord qui existe dans la constitution morphologique de la Méduse et de l'Echinoderme. Tous deux sont des cercles d'individus ; seulement, chez les Echinodermes, il n'y a pas d'individu central, mais seulement un périgone formé d'individus tous sexués. Toutefois, cette différence elle-même s'amoindrit, si l'on considère les Ophiures et les Crinoïdes, chez lesquels il y a une opposition si marquée entre le disque central et les bras périphériques, opposition qui, au point de vue de la sexualité, est aussi marquée que chez les Méduses; car, ou bien l'individualité centrale est sexuée et le périgone asexué (Ophiures, la plupart des Méduses), ou bien le contraire a lieu (Crinoïdes). On ne peut objecter non plus qu'il y a des Echinodermes qui sortent directement de l'œuf sans passer par les formes larvaires intermédiaires, car le même fait paraît aussi observé chez quelques Méduses. C'est un fait qui s'explique de la manière suivante : à l'une des deux extrémités de la série, il y a des *bions* chez lesquels le cormus (ou, pour parler plus spécialement, la larve) prédomine de beaucoup sur la fleur. Cette dernière reste sans périgone. A partir de là, commence une prépondérance croissante de la fleur sur le cormus ou la larve, jusqu'à ce que cette dernière ne joue plus que le rôle d'un embryon très éphémère et devienne si complètement éliminée de l'évolution individuelle qu'il ne nous est peut-être plus possible d'en saisir la trace.

Quoi qu'il en soit, cette façon de comprendre l'Echinoderme se recommande encore par ce fait que l'accord morphologique entre les Echinodermes et les Méduses, qui a depuis si longtemps reçu son expression en systématique, peut être ramené à une cause morphologique commune, l'anthogénèse, et que, par là, un besoin scientifique se trouve satisfait. La différence essentielle qui persiste encore entre les deux groupes consiste en ce que chez les Méduses cormus et fleurs sont cœlentérés, tandis que chez les Echinodermes la larve et le fruit sont pourvus d'un tube digestif : de plus, les individualités d'une Méduse ne sont pas composées de métamères et ont, par conséquent, la valeur d'un segment ; celles des Echinodermes sont articulées et ont la valeur d'une personne.

§ 215.

2° Il peut encore y avoir une formation de cormus par *division transversale incomplète* (Cormus en chaîne), c'est-à-dire par le même processus qui produit les métamères ; il en résulte que dans certains cas il est difficile de distinguer si l'on a affaire à un métamère ou à une individualité d'un cormus. C'est ce qui arrive, par exemple, chez les Vers rubanés. Ce qui fait que dans ce cas on doit se prononcer pour une chaîne d'individus, c'est d'abord que ces animaux sont en tout et en partie constitués de la même façon ; ensuite, lorsqu'ils se séparent sous forme de proglottis, ces anneaux mènent encore quelque temps l'existence indépendante de véritables *bions :* enfin, il y a une certaine opposition entre les animaux et l'individualité primaire, la tête, qui est le point de départ de la formation de la chaîne et le point où cette chaîne s'accroît. Des cormus en chaîne bien évidents et même des cormus de personnes nous sont fournis par beaucoup de vers, chez lesquels il se produit un accroissement intercalaire suivi d'une séparation de la chaîne de segments d'une seule personne en deux parties : l'une, antérieure, se complète par la formatiou de segments terminaux ; l'autre, postérieure, par la formation de segments céphaliques. Les deux personnes sont alors unies de telle façon que la tête de l'une est soudée à l'anus de l'autre. Souvent, on compte 3, 4 et jusqu'à 5 personnes unies de cette façon. Toutefois, les cormus formés de cette façon ne sont pas durables et les personnes qui les composent sont destinées à se séparer complètement plus tard.

Il en est de même des chaînes d'individus qui représentent un état passager de l'évolution des Méduses acraspèdes (celles dont les yeux sont cachés dans une cavité de l'ombrelle). Le premier individu fixé au sol, polypiforme, montre une formation progressive de métamères allant du pôle oral jusqu'au pôle aboral et résultant de ce que le périsome se couvre de crénelures en forme d'anneaux. Les métamères situés entre les crénelures prennent, par rapport aux enfoncements qui les séparent, une section si considérable qu'ils forment une chaîne de disques frangés dont les points médians ne sont plus unis entre eux que par un pont très mince de substance. Enfin, les métamères se détachent les uns après les autres et deviennent des *bions* sexués, des Méduses. On a appelé *strobilisation* ce processus de formation des *bions*.

Il faut remarquer ici que ce qu'on appelle les *chaînes* des

Salpa ne sont pas des *cormus en chaîne*, formés par division transversale; elles sont produites par bourgeonnement latéral sur un ovaire qui doit être considéré comme un organe de l'individualité maternelle : ou bien cet ovaire, chargé d'individualités secondaires, demeure uni à l'individu mère pour former un même cormus (doliolum), ou bien il se détache et la chaîne est formée de cet organe formateur des germes et des individus secondaires.

§ 216.

3° Enfin, il peut y avoir formation de cormus par *division longitudinale incomplète*, c'est-à-dire par le même processus qui donne naissance aux paramères. Une confusion avec les paramères n'est cependant pas possible: en effet, la scission se fait toujours en deux parties (dans la formation de paramères, il y a toujours, au contraire, plusieurs plans sécants qui se croisent); de plus, les deux individualités reposent sur une partie basilaire commune. Nous appellerons *bifurcation* la forme de division longitudinale incomplète qui se présente quand les individus sont réunis par la partie basilaire seulement. Il y a *fasciation* dans le cas où les deux individualités demeurent unies par toute leur partie latérale (Madrépores). Entre ces deux formes, il y a tous les passages. La fasciation produit les cormus en éventail ou, quand elle a lieu dans plusieurs directions, les cormus hémisphériques. La bifurcation produit les cormus arborescents, qui se distinguent des cormus de même genre produits par bourgeonnement latéral en ce qu'ils n'offrent pas la distinction entre individualités primaires, secondaires et terminales.

B) *Théorie des individualités biologiques.*

§ 217.

Celles-ci se composent d'individualités morphologiques (bions)
et se distinguent de ces dernières en ce que leur association
n'est pas morphologique, mais biologique. Toutefois, aucune
limite bien nette ne les sépare des individualités morphologiques, comme on le verra plus tard. Les processus génétiques qui
les produisent sont désignés sous le nom de reproduction et seront étudiés dans la partie de ce livre qui traite de la propa-
gation des animaux.

§ 218.

L'individualité biologique primaire est la *paire*. On l'observe
seulement chez les animaux à sexes séparés ; chez les animaux
bisexués, cette individualité biologique se confond avec l'individualité morphologique (le bion). La même chose a lieu pour
les cormus et les chaînes d'individus chez lesquels le cormus
est bisexuel : mais l'identité cesse pour le cas où les cormus
ont des sexes séparés.

Au point de vue biologique, nous distinguons :

1° d'après la durée :

a) La *paire temporaire :* c'est le cas où les deux individus
sexués n'ont de rapports ensemble que pendant le temps de
l'accouplement ; encore ces rapports ont-ils uniquement
pour objet la conservation de l'espèce et nullement celle de
l'individu.

b) La *paire copulée :* les deux individus demeurent unis
pour toute la durée de l'existence, et le but de leur réunion est
le plus souvent non seulement de conserver l'espèce, mais de
protéger l'individu.

2° D'après le nombre des individus qui se réunissent :

a) La *paire monogame*, composée d'une seule femelle et d'un mâle.

b) La *paire polygame* : l'un des sexes est représenté par plusieurs individus. Le cas le plus fréquent est celui de plusieurs femelles accouplées à un mâle ; il y a alors une copulation prolongée, comme, par exemple, chez les poules. Dans le cas contraire, où le nombre des mâles surpasse celui des femelles (beaucoup de poissons et d'amphibies), la réunion est le plus souvent temporaire et a pour but l'accouplement (les amas de grenouilles à l'époque des amours).

3° Au point de vue morphologique, nous distinguons :

a) La *paire homomorphe*, dans laquelle les deux sexes diffèrent seulement par l'appareil générateur, c'est-à-dire par les caractères sexuels primaires.

b) La *paire allomorphe*, dans laquelle les deux sexes diffèrent en outre par d'autres signes distinctifs (caractères sexuels secondaires). Ces derniers sont de nature très variée et se rapportent à des différences dans la forme, la couleur, la présence d'organes spéciaux (crêtes, éperons, bois des cerfs), ou dans la structure différente de certains organes, des différences de grandeur, et même dans les cas extrêmes des différences dans le degré d'organisation. L'un des sexes peut être dégradé, souvent même dans une large mesure. Une différence plus grande encore à deux points de vue peut se produire dans la paire allomorphe :

α) L'un des sexes, et il semble que ce soit uniquement le sexe femelle, peut être représenté par deux ou même trois formes différentes dont souvent l'une (la plus rare des deux) se distingue du mâle par des caractères sexuels secondaires. Ce cas, qui a été observé jusqu'ici particulièrement chez les papillons, a reçu le nom de Polymorphisme ou Dimorphisme des sexes.

β) Un cas analogue s'observe quand aux deux sexes qui

entrent en rapport pour l'accouplement se joint une troisième
forme neutre ou nourrice, qui est l'ancêtre de la paire. La
nourrice produit, en effet, sans accouplement, et cela souvent
après plusieurs générations de nourrices, une paire à sexes
séparés (pucerons, daphnies). L'individualité biologique peut
même devenir encore plus compliquée lorsque deux formes de
nourrices se présentent : une primaire (grand'nourrice) et une
nourrice secondaire, comme chez les Trématodes. On a même
observé des cas où il y a trois sortes de nourrices.

§ 219.

L'individualité biologique secondaire est la *famille*. Elle se
compose d'une réunion de *bions* qui ont entre eux des rapports
génétiques, les uns étant les parents, les autres la progéniture.
Nous distinguons :

1° *La famille acéphale* (sans chef), dans laquelle tous les individus sont entre eux dans le rapport de coordination : c'est ce
que nous appelons une *troupe*. C'est un mode d'association ex-
traordinairement commun chez les animaux inférieurs et même
chez ceux qui sont beaucoup plus élevés (corneilles, oiseaux
aquatiques), ou comme ces énormes bandes d'animaux marins
(crabes, mollusques, polycistines), auxquelles, à cause de leur
étendue de plusieurs milles, on a souvent donné le nom de *banc*
d'animaux (bancs d'huîtres, de coraux ; la mer Jaune, en Chine,
doit sa couleur aux Polycistines). Tantôt ces bancs sont formés
d'une seule espèce, tantôt de plusieurs espèces. Ces derniers
doivent s'appeler des *troupes agrégées*. Il faut remarquer que
les troupes de beaucoup d'insectes (cantharides, criquets) ne
sont pas formées par plusieurs générations ; les individus ont
bien une origine commune, mais ils sont tous du même âge.

2° La *famille céphalée* (horde, peuple, meute, compagnie),
où il y a à la tête de la société un chef de bande (animal
conducteur) vis-à-vis duquel tous les autres sont en rapport

de subordination; ce chef de bande est presque toujours un mâle (patriarchie), plus rarement (par exemple, chez les oies) une femelle (matriarchie). Chez les familles céphalées qui se forment seulement pour la durée d'une génération et qui se composent seulement des parents et de leurs enfants (perdrix), le chef de bande est l'un des deux parents. Chez les familles céphalées et de plus longue durée (grues, oies sauvages, éléphants, etc.), qui comprennent plusieurs générations, le chef de bande est choisi en partie à l'ancienneté, en partie aussi d'après les dispositions dont il a fait preuve pour la conduite de la troupe.

§ 220.

L'individualité biologique tertiaire qui se forme à l'aide de l'individualité secondaire de famille est l'*Etat*. Son caractère essentiel est la division du travail dans le sein de la société, ce qui entraîne souvent aussi une différence morphologique. Chaque spécialité de travail porte le nom de *métier*. Cette espèce d'individualité biologique se rencontre seulement chez certains insectes (termites, fourmis, abeilles) et chez l'homme.

Deux cas sont à distinguer très-nettement dans la formation des Etats :

a) L'Etat se forme à la suite de l'accroissement numérique de la famille par la reproduction : c'est ce que nous appelons des *Etats de génération*. La forme la plus inférieure de ces Etats est l'Etat sexuel; la forme la plus élevée et qui se rencontre seulement chez l'homme est l'Etat national.

b) L'Etat peut aussi se former par le concours en un même lieu d'individus qui n'ont entre eux aucun rapport de proche parenté et qui présentent des différences plus ou moins considérables. Cette sorte d'Etat se rencontre seulement parmi les hommes et porte le nom d'Etat international ou *d'agrégation* (Amérique, Suisse).

37

Les Etats par génération sont les plus naturels, puisque le principe régulateur de toute organisation, la subordination, y existe déjà par la présence d'ancêtres de divers degrés. Les Etats agrégés ont beaucoup plus de peine à acquérir une organisation, parce que leurs parties constituantes sont, au début, simplement coordonnées et que le principe d'ancienneté y est tout-à-fait sans action. En se développant, les Etats par agrégation présentent les stades suivants :

a) L'*Etat bilatéral* ou de *partis* (Amérique), puissance à l'extérieur, lutte à l'intérieur, situation anxieuse pour l'individu.

b) L'*Oligarchie*, souveraineté seigneuriale exercée d'abord par une *aristocratie d'argent* qui, par l'hérédité, se transforme en aristocratie de naissance que nous nommons *Patriciat* (républiques classiques, Suisse). Si un pareil Etat ne périt pas prématurément, il atteint le stade de tyrannie pour suivre ensuite le chemin de toute chair.

. . . .

§ 221.

En opposition au précédent et bien plus élevé se trouve l'*Etat de génération* formé de familles céphalées et dont tous les membres sont unis par les liens de parenté sanguine. Nous rencontrons déjà cette forme d'Etat chez les animaux, et nous pouvons partager de la manière suivante les stades d'évolution qu'elle présente :

1° L'*Etat sexuel*, qui comprend deux métiers : le *métier de reproducteurs* (individus sexués) et le *métier de travailleurs* (individus asexués). Le premier métier assure la conservation de l'espèce, le second celle de l'individu. Cet Etat présente les variétés suivantes : *a*) Le métier reproducteur est la partie primaire dominante de l'Etat : les travailleurs sont dans un rapport de dépendance (beaucoup de fourmis, bourdons, etc.). Cet Etat passe rapidement à un autre opposé. — *b*) Les travailleurs arrivent *matériellement* à la domination, mais seulement dans le même sens qu'on dit qu'un maître devient l'esclave de ses domestiques.

D'autres différences proviennent : *a*) Des divers rapports relatifs des sexes à l'intérieur de la Société : ou bien il n'y a qu'une seule femelle et beaucoup de mâles (matriarchie), (abeilles, guêpes, frelons) — ou bien les deux sexes sont en grand nombre. — *b*) D'une plus grande différenciation dans le métier de travailleur qui peut se diviser en métier de *défenseur* et en métier de *nourricier*. Cette forme, que nous nommons *Etat militaire*, se rencontre, en dehors des sociétés humaines, chez les Fourmis et les Termites.

2° L'*Etat à esclaves* est une forme secondaire plus élevée de l'Etat de génération et une conséquence de l'Etat militaire, lequel, par voie de pillage, s'incorpore un certain nombre d'individus qui n'ont avec lui aucun lien de consanguinité prochaine et qui, néanmoins, ne sont pas, comme dans les Etats agrégés, dans un rapport de simple coordination et par suite capables d'entraver l'organisation, mais dans un rapport d'ordination (maîtres et esclaves). Cette forme d'Etat se rencontre, hors des sociétés humaines, chez plusieurs fourmis. On connaît particulièrement les Etats esclavagistes de la Formica rufescens et de la Formica sanguinea. Au début, il y a parmi les maîtres une opposition entre ceux qui sont sexués et ceux qui ne le sont pas, mais ces derniers disparaissent et l'opposition précédente fait place à une autre : les maîtres sont tous sexués, et il peut arriver, comme dans l'Etat sexuel, que les maîtres soient dans une certaine dépendance par rapport à leurs esclaves (l'ancienne Rome et les Etats esclavagistes de plusieurs fourmis).

3° L'*Etat de propriété* est une suite immédiate du précédent. Tandis que l'esclavagisme est une incorporation d'individus qui peuvent encore avoir avec leurs maîtres des rapports sexuels, la propriété est l'adjonction d'espèces animales, avec lesquelles de semblables rapports ne sont plus possibles (for-

mation d'animaux domestiques, d'où les *Etats de pasteurs*,
ou, s'il s'agit de plantes et de cultures, les *Etats agricoles*).
Au point de vue du rapport qu'ont entre eux les Etats à propriétés et les Etats esclavagistes, il faut remarquer qu'il peut
se présenter deux alternatives : ils peuvent posséder exclusivement des esclaves ou des bestiaux ou bien posséder simultanément des esclaves et des bestiaux. En dehors de l'homme,
nous trouvons cet Etat chez beaucoup de fourmis. Chez les
fourmis, les animaux domestiques sont surtout les pucerons et
quelques espèces de coléoptères (Claviger).

On peut distinguer le bétail proprement dit des commensaux
qui ne sont que tolérés (Myrmécophiles) et qui appartiennent
pour la plupart à la classe des coléoptères Ces derniers vivent
des restes de leurs hôtes et, par conséquent, contribuent à
nettoyer l'établissement. Leurs rapports avec les animaux
formant la société sont plus ou moins intimes. Récemment, on
a trouvé chez certaines fourmis de l'Amérique du Sud des *Etats
agricoles* comme on en rencontre si souvent chez les hommes.
Ces Etats plantent, avec beaucoup de soin, une sorte de gazon
dont ils tirent leur nourriture : les graines sont semées avec
ordre et emmagasinées; les champs sont cultivés et labourés.

Nous avons énuméré les diverses formes d'Etat que nous
présentent les animaux Le développement ultérieur des
organismes états ne se produit que dans les sociétés humaines
et n'appartient plus à notre sujet : disons cependant que le
degré le plus élevé que puisse atteindre une société, la
monarchie constitutionnelle, ne peut être atteinte que dans la
période nationale des *Etats de génération*, tandis que l'agrégation ne peut conduire qu'aux formes moins élevées (république, fédération ou despotisme).

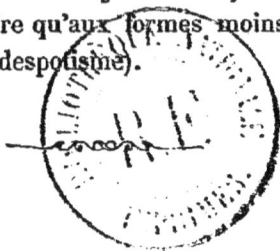

TABLE DES MATIÈRES

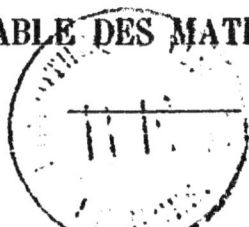

INTRODUCTION HISTORIQUE

MÊME SECTION

FONCTION DE REPRODUCTION. *(Suite)*

CHAPITRE II

Société domestique maternelle : la Famille chez les Insectes.

MÊME SECTION

FONCTION DE REPRODUCTION. *(Suite*

CHAPITRE III

*Société domestique paternelle : la Famille chez les Poissons,
les Reptiles, les Oiseaux et les Mammifères.*

SECTION IV

VIE DE RELATION

La Peuplade.

CONCLUSION

DIJON, IMP. DARANTIERE, HÔTEL DU PARC.

www.ingramcontent.com/pod-product-compliance
Lightning Source LLC
Chambersburg PA
CBHW070616270326
41926CB00011B/1707